NEW VISION
新视界

始 于 未 知　　去 往 浩 瀚

国家社会科学基金重点项目《丝绸之路经济带建设研究》（批准号: 14AGJ006）

亚欧地缘经济发展及其趋势

李　新◎等著

Азиатско-европейская геоэкономика: развитие и тренд

上海遠東出版社

图书在版编目(CIP)数据

亚欧地缘经济发展及其趋势/李新等著. —上海：上海远东出版社，2023
ISBN 978-7-5476-1942-1

Ⅰ.①亚… Ⅱ.①李… Ⅲ.①区域经济合作—研究—亚洲、欧洲 Ⅳ.①F130.54②F150.54

中国国家版本馆 CIP 数据核字(2023)第 161690 号

责任编辑 陈占宏
封面设计 徐羽情

亚欧地缘经济发展及其趋势

李　新　等著

出　　版 上海远東出版社
(201101　上海市闵行区号景路 159 弄 C 座)
发　　行 上海人民出版社发行中心
印　　刷 上海新华印刷有限公司
开　　本 710×1000　1/16
印　　张 21.25
字　　数 286,000
版　　次 2023 年 9 月第 1 版
印　　次 2023 年 9 月第 1 次印刷
ISBN 978-7-5476-1942-1/F·718
定　　价 98.00 元

序　一

中国学者李新在其新著中展开了中俄两国元首提出的当代最伟大的国际倡议:欧亚经济联盟与“一带一路”对接的现实问题。普京和习近平在2015年5月8日所做出的决定如今展现出了具体的轮廓。如正在实施的天然气运输领域庞大的共同投资项目,计划建设的洲际高铁和公路,俄中共同研制宽体客机。与此同时也还存在许多没有解决的问题,

本书从参与对接的所有国家的利益协调这一立场出发对这些问题进行了分析。

本书是首部反映中国学术界对“一带一路”与欧亚经济联盟对接问题的严谨的学术专著。它将会引起两国读者极大的兴趣，特别是俄罗斯读者对当代中国关于国际经济合作的看法还了解不多。欧亚经济联盟与“一带一路”对接能够成为俄罗斯总统普京在北京多国代表参加的“一带一路”高峰论坛上提出的大欧亚伙伴关系的基础。本书揭示了这一倡议的思想，用中国国家主席习近平的话说就是(建设人类命运共同体)将具有同一历史命运的人民联合起来实现共同创造未来的目标。

根据现代技术能力和联合国发布的人类发展目标来建设欧亚大陆，是一项伟大的共同工程。李新翔实地描述了这一工程的各个方面。他从“一带一路”的实质出发，描述了“一带一路”建设所取得的成果以及“一带一路”建设进一步实施的计划，展现了中国与欧亚经济联盟国家之间拓宽和深化经济合作的广泛可能性。本书开启了中俄专家合作前景的讨论，促进新的共同研究和投资项目的制订，向两国读者展现了在共同利益、互利并考虑欧亚国家竞争优势的基础上形成全新的国际经济合作体系的巨大工程，为经济增长和各国人民福利的增加创造新的机遇。

俄罗斯联邦时任总统顾问 C. 格拉季耶夫

欧亚经济委员会经济部部长

2022 年 11 月 15 日

序　二

现在我们发现，在欧亚大陆空间正在形成新的世界经济与政治中心。如果说19世纪是欧洲主导的时代，而21世纪特别是第二次世界大战结束后的时期是美国试图建立单极世界的话，那么现在正在开启历史的新时代，正在形成的多中心世界欧亚国家将会成为全球发展的最重要角色。欧亚地区在当代世界地位的上升是由西方实力和影响相对下降而形成的多中心所决定的。20世纪90年代初就已经显露出西方谋求全世界统治地位的同时，非西方的力量中心如中国、印度、俄罗斯、巴西等强势崛起。而这些新的力量中心大部分位于欧亚地区。

在各相关国家之间的协作缺乏必要的基础设施和具有理论依据的可持续发展构想的情况下，当代多中心世界的主要问题是不可能得到解决的。重要的理念应该是社会经济综合发展原则。“跨欧亚发展带”计划正是贯穿了这种综合发展的理念,这是“文明对话”国际研究所的各国专家5年来集体研究的成果。2014年向俄罗斯科学院提交了专门报告,中国学者李新教授也应邀出席科学院主席团会议并发表关于“一带一路”对接“跨欧亚发展带”的演讲。中国“一带一路”倡议也包含了类似的发展理念,它不仅规划了所有的经济走廊,而且还重点提出了地区和全球发展的参加国和人民利益为导向的综合倡议。正是这种对发展目标认识基本原则的相近的看法使得两大倡议开展广泛合作成为可能,二者之间不是相互竞争的关系,而是对所有相关各方提供最好的机遇。

要实际落实关于统一的欧亚经济空间的倡议,一个重要的条件就是学术界和企业界对提出的目标共同研究并制订实施计划。因此,上海政法学院李新教授的学术著作具有特殊的现实意义和重要的实践价值,并为欧亚空间实施具有良好前景的多边项目奠定了科学基础。

世界文明对话公众论坛基金会主席

俄罗斯铁路总公司时任总裁

B. 亚库宁

2022年12月21日

前　言

从地缘经济学的角度看,“一带一路”是一个横跨亚欧大陆并辐射周边,乃至影响世界的宏大构想,旨在实现各国互惠互利、共享共赢的一次伟大尝试,该构想强调合作、共赢,突出经济发展为重点,是一种建立在新型国际关系基础之上的国际经济合作互动大平台,而以合作逻辑为主导的地缘经济学理论恰恰可以为其提供理论上的支撑。

全球价值链的变化和区域经济合作的新态势,对中国如何根据竞争优势和发展需要,发起、倡议和构建区域经济合作方式提出了新要求。中国作为正在崛起的经济大国,一直致力于融入并推动全球经济一体化和国际经济合作。在抵御国际金融危机冲击的过程中,中国不仅对世界经济复苏做出了巨大的贡献,同时非常务实地发展与周边国家的双边和区域经济合作,不断探索国际合作与共赢的新模式。中国提出“一带一路”倡议,是主动适应国际经济发展新格局、新变化和国内经济发展进入“新常态”的现实,构建全方位对外开放新格局和国际合作共赢模式的新举措。中国希望通过实施“一带一路”倡议,实现众多层面的合作和互联互通,在为自身发展创造更好的环境的同时,让沿带沿路国家分享发展的机遇,致力于维护世界经济的稳定发展与和平,促进区域合作与一体化。

推进“一带一路”建设的关键在于与相关国家进行战略对接合作。“共建丝绸之路经济带”的倡议在中亚发出也首先在中亚地区形成共识,得到各国政府积极支持和战略对接的响应,并与中国相继签署了共建“丝绸之路经济带”的合作文件,或将“共建丝绸之路经济带”写入双边的政治文件中,特别是中国与哈萨克斯坦的产能合作成为典范之举。中亚是中国倡议的丝绸之路经济带建设的核心区域。中亚将成为丝绸之路经济带的物流、客流、信息流的集散中心。

中亚在俄罗斯帝国和苏联版图上存在了150多年(从1865年设立突厥斯坦算起),苏联解体后新独立的中亚国家仍旧与俄罗斯保持着紧密的联系,俄罗斯对该地区仍然具有很强的影响力。因此,必须吸引俄罗斯参与“一带一路”,特别是在中亚的丝绸之路经济带建设。2015年5月,中俄两国元首在莫斯科签署了《关于丝绸之路经济带建设与欧亚经济联盟建设对接合作的联合声明》。但是,怎么样实现对接?本书提出了硬件基础设施和软件基础设施对接齐头并进的思路,这也是本书的创新之处。“一带一路”与欧亚经济联盟硬件基础设施对接,即作为跨境交通基础设施互联互通的中蒙俄经济走廊。2014年2月,俄罗斯采纳了“‘丝绸之路经济带’建设研究”课题组提出的方案。习近平主席在索契参加冬奥会开幕式期间会见普京总统,正式邀请俄罗斯参与“一带一路”建设,普京回应道:用俄罗斯跨欧亚铁路对接“一带一路”,既有利于中国东北老工业基地的振兴,也有利于俄罗斯远东开发,更能发挥俄罗斯跨欧亚铁路物流大通道的作用。“一带一路”与欧亚经济联盟软件基础设施对接,共建习近平和普京协商一致的亚欧共同经济空间。主要是确立中国与欧亚经济联盟之间开展经济合作的制度安排。2016年10月,中国与欧亚经济委员会为主体开始谈判经济合作的制度安排,实现法律、规则、标准等软件基础设施对接。2018年5月,双方代表在阿斯塔纳正式签署了相互之间的经贸合作协定。

本书还辨析了俄罗斯提出的“大欧亚伙伴关系”与“一带一路”倡议之间的关系,分别从俄罗斯和中国的视角分析不同的“大欧亚”战略构想。揭示俄罗斯瓦尔代俱乐部关于“大欧亚”战略构想与美国对抗的地缘政治内涵和意图,剖析了中国“大欧亚”战略构想的首倡聚焦亚欧非经济一体化进程,以“一带一路”为纽带,以丝绸之路经济带与欧亚经济联盟对接，三大蓝色经济通道贯穿太平洋、印度洋、北冰洋、红海、地中海和波罗的海，环绕整个欧亚大陆，六大经济走廊陆上畅通亚太经济圈和欧洲经济圈为基本框架，整合欧亚经济联盟、上合组织经济合作、东盟乃至RCEP等亚欧地区现有众多经济一体化进程。也正因为此，本书对俄罗斯联邦总统顾问C.格拉季耶夫在他的关于实际落实大欧亚伙伴关系思想的构想和建议中赋予“大欧亚伙伴关系”更多经济内容给予了高度评价。

“围绕中俄发展战略对接以及‘一带一路’建设与欧亚经济联盟对接，致力于深化各领域务实合作，巩固中俄关系持续发展的物质基础。”本书从两国政治关系和经贸关系的现状出发，根据《中国制造2025》工业发展规划和《2024年前俄罗斯发展的国家目标和战略任务》总统令，寻求两国发展战略的契合点以及开展务实合作的领域、部门和方法。

目 录

ОГЛАВЛЕНИЕ

导　论

自从习近平主席于2013年发出"一带一路"倡议后，专家学者们从不同领域，不同视角采用不同方法进行了不同的诠释，形成了不同的观点和看法，得出了不同的结论。如有的认为这是新的对外开放战略；有的将其归结为人类命运共同体；有的则梳理"一带一路"沿线国家的国别基本概况、文化、经贸和投资关系、风险状况、法律规范等；有的对"一带一路"建设的推进进行了大胆的设想，提出了不同的有益的建议；也有的梳理了相关国家智库对"一带一路"的认识和看法。而从相关国家发展战略与"一带一路"对接的角度来研究"一带一路"的建设问题，则鲜有学者问津。

本书的最大特点就是从战略对接的角度，来探索"一带一路"与中亚国家经济发展战略对接以及与俄罗斯主导的欧亚经济联盟对接共建亚欧经济伙伴关系进行顶层设计。在对"一带一路"建设内涵进行深入研究的基础上，解析俄罗斯和中亚地区国家的长期社会经济发展战略，从中探索两者的契合点，确定双边合作的重点领域和合作方式，揭示合作的困难和风险，明确克服困难和防范风险的手段。

第1节　研究的背景和意义

2013年9月和10月，中国国家主席习近平在出访中亚和东南亚国家期间，先后提出共建"丝绸之路经济带"和"21世纪海上丝绸之路"（以下简称"一带一路"）的重大倡议，得到国际社会高度关注。加快"一带一路"建设，有利于促进沿线各国经济繁荣与区域经济合作，加强不同文明交流互鉴，促进世界和平发展，是一项造福世界各国人民的伟大事业。

“一带一路”建设是一项系统工程，要坚持共商、共建、共享原则，积极推进沿线国家发展战略的相互对接，让古丝绸之路焕发出新的生机活力，以新的形式使亚欧非各国联系更加紧密，互利合作迈向新的历史高度。

一、“一带一路”对国内经济发展和新一轮对外开放的意义

中国经济进入“新常态”，面临增速放缓，结构升级，驱动转换的任务。“一带一路”倡议立足区域经济协调发展，形成横贯东中西、联接南北方对外经济走廊。长江经济带和第二亚欧大陆桥将位于丝绸之路经济带的西部地区和位于海上丝绸之路的东部地区紧密联系起来，一方面进一步面向亚太全面开放，吸纳发达国家的资本、技术；另一方面通过横贯中部地区的长江经济带向中西部地区发展。并推动东北地区东部经济带，以及东北三省西部与内蒙古东部一体化发展，推动东北地区与环渤海、京津冀地区统筹规划，融合发展。

推进“一带一路”建设，形成全方位开放新格局。从“引进来”转向“走出去”，引进来和走出去更好结合，以开放促改革；在继续面向亚太地区开放的同时，实施向西、向南和向北开放的战略，形成全方位开放新格局；顺应世界区域经济一体化发展趋势，以周边为基础加快实施自由贸易区战略，实现商品、资本和劳动力的自由流动。

“丝绸之路经济带”立足中国西部地区的发展和开放。中国西北地区将通过彻底打通第二亚欧大陆桥，建设从太平洋到波罗的海的运输大通道，加强与中亚国家的能源和基础设施合作。中国和巴基斯坦共同建设“中巴经济走廊”，打通新疆经巴基斯坦进入阿拉伯海连接西亚南下印度洋的通道。中国西南地区致力于打造“孟中印缅经济走廊”，联通中国西南部地区与中南半岛和马来半岛以及南亚。中国东北振兴战略与俄罗斯开发和开放东西伯利亚和远东战略实现有效对接，共同打造中俄蒙经济走廊。

“海上丝绸之路”立足中国东南部沿海地区进一步向亚太地区开放。完成中韩、中澳自贸区谈判，加快中日韩自贸区谈判。深化与中国台湾

的投资、贸易、金融合作。打造中国与东盟自贸区升级版，加快互联互通基础设施建设，进一步拓宽合作项目融资渠道，加强区域经济一体化合作。

二、“一带一路”的国际意义

2008 年全球金融危机爆发后，发达经济体增长缓慢，部分欧美国家为求自保对经济全球化的质疑声调门抬高。美国从全球化的倡导者转向明显的贸易保护主义倾向，不少国家也纷纷采取了关税壁垒、禁令、配额等传统贸易保护主义措施以及出口鼓励、紧急贸易救助、政府采购优先权、政府补贴、本地化要求等新型贸易保护主义措施。特朗普就任美国总统后，扛起“美国优先”的大旗，相继退出 TPP 和《巴黎气候协定》等多个多边机制，甚至面向世界开打“贸易战”。美国减税计划不仅会促使国内企业大规模扩大投资，还会鼓励美国的海外资产大规模回流，而且还将刺激其他国家特别是新兴经济体出现大规模资本外流，这将使新兴经济体面临强大经济寒流的侵袭。这有悖于经济全球化发展趋势，阻碍世界经济复苏进程，自由化和全球化进程遭遇强劲“逆流”。

面对世界上贸易保护主义抬头和“逆全球化”妖风，2012 年中国与东盟十国、日本、韩国、印度、澳大利亚和新西兰共同决定建设“区域全面经济伙伴关系”(RCEP)；2013 年习近平主席向全世界发出共商、共建、共享“一带一路”的倡议，分享中国改革开放和经济发展的成果；2014 年 APEC 峰会接受习近平主席的倡议，将亚太自贸区建设提上议事日程，并批准了亚太自贸区路线图。为此，2013 年中国率先在上海建立自由贸易试验区，2015 年自由贸易试验区进一步扩大至广东、天津、福建，2017 年再延伸到辽宁、浙江、河南、湖北、重庆、四川和陕西，2018 年国务院批准海南全岛，2019 年上海自贸试验区增加临港新片区，并进一步增设山东、江苏、广西、河北、云南、黑龙江自贸试验区，中国自贸试验区总数达到 21 个，通过扩大对外开放倒逼国内经济改革。中国将继续推动全面对外开放，加强与国际规则对接，放宽市场准入。坚持“引进来”和“走出去”并重，扩大双向投资与贸易，共建开放型世界经济。秉持共商、共建、共享的原则推进“一带一路”建设，积极参与全球治理。推进相互谅解、包容、信任的务实合作。“推动建设相互尊重、公平正义、合作共赢的新型国际关系”。“促进贸易和投资自由化便利化，推动经济全球化朝着更加开放、包容、普惠、平衡、共赢的方向发展”，“构建人类命运共同体”。2017 年在达沃斯世界经济论坛上习近平主席纵论经济全球化，提出要打造富有活力的增长模式、开放共赢的合作模式、公正合理的治理模式和平衡普惠的发展模式。

中国为建设开放型世界经济和推动新型经济全球化积极参与全球治理，贡献的中国智慧和中国方案，基本上浓缩在了 2013 年中国国家主席习近平提出的“一带一路”倡议，第一次规划了与相关国家共商、共建、共享“一带一路”实现亚欧大陆经济一体化发展蓝图。国务院授权发布的《愿景与行动》在亚欧大陆规划了六大经济走廊，国家发改委和海洋局共同发布的《“一带一路”海上合作设想》规划了三大蓝色经济通道，其中包括中国—印度洋—非洲—地中海和经北冰洋连接欧洲，形成环绕亚欧大陆的海上运输通道。

“一带一路”以亚洲国家为重点方向，率先实现亚洲互联互通；以经济走廊为依托，建立亚洲互联互通的基本框架；以交通基础设施为突破，实现亚洲互联互通的早期收获；以建设融资平台为抓手，打破亚洲互联互通的瓶颈；以人文交流为纽带，夯实亚洲互联互通的社会根基。实现基础设施、制度规章、人员交流三位一体，政策沟通、设施联通、贸易畅通、资金融通、民心相通五大领域齐头并进。“一带一路”是一个横跨亚欧大陆的由铁路、公路、航空、海上运输、油气管道、输电线路和通信网络组成的综合性立体互联互通的交通网络。这个交通网络将作为世界经济引擎的亚太地区与世界最大经济体欧盟联系起来，给亚欧大陆带来新的发展空间和机会，最终形成亚欧共同经济空间。

“一带一路”承载的主要合作内容是提升经贸合作水平，共同培育新的贸易增长点，创新贸易方式，提高贸易便利化水平；拓展产业投资合作，契合沿线国家实现工业化的需要；深化能源资源合作，深入能源生产、运输、加工等各个环节；拓宽金融合作领域，扩大双边本币互换的规模和范围以及跨境贸易本币结算试点，共同防范金融风险，促进本地区金融稳定；密切人文交流合作，弘扬和传承丝绸之路友好合作精神；加强生态环境合作，共建绿色丝绸之路。

“一带一路”建设是一个宏大的世纪性的全球工程，涉及众多国家和地区在政治、安全、经济、人文等众多领域的合作。在具体的推进过程中，坚持命运共同体的理念，传承“丝路精神”，坚持开放性和包容性，建设服务于“一带一路”的系列融资平台，努力把“一带一路”打造成共建、共享、共赢的亚洲安全之路，实现共同安全、共同发展和共同繁荣。

截至2023年6月，中国已经同152个国家和32个国际组织签署200余份共建“一带一路”合作文件。其中，2015年中国与俄罗斯签署《丝绸之路经济带建设与欧亚经济联盟建设对接合作联合声明》，明确建设亚欧共同经济空间。2016年俄罗斯总统普京提出欧亚经济联盟、上合组织、东盟等结成“大欧亚伙伴关系”倡议，中国是第一个对此表示支持的国家。2016年两国签署的《联合声明》表示，“中国和俄罗斯主张在开放、透明和考虑彼此利益的基础上建立欧亚全面伙伴关系”。

第2节　“一带一路”研究文献综述

由于“一带一路”是中国国家领导人发出的倡议，什么是“一带一路”？“一带一路”具体要做什么？“一带一路”要达到什么目的？一系列问题需要中国学者去研究和回答，去向世界做诠释，所以，对“一带一路”的研究只有中国学者最具有权威性。鉴于此，本节文献综述仅局限于国内学者关于“一带一路”的研究成果，国外某些学者对“一带一路”产生的臆想和妄论不在本节讨论之中。不过，在本书的相关章节如“一带一路”

与俄罗斯和中亚国家的战略对接，比较全面地详述了当事国政界、学界对“一带一路”的看法及其对接建议。

一、《推动共建“一带一路”愿景与行动》白皮书发布之前的大讨论

习近平主席在正式提出“一带一路”倡议之前并没有在学术界进行过讨论。该倡议发出之后，在国内外引起强烈反响。国外的专家学者纷纷向中国学者询问，究竟什么是“一带一路”？其目的何在？如何建设？与相关国家有何关系，等等。国内的学者最初也是仁者见仁，智者见智，分别从自己的理解来对“一带一路”进行诠释。

国内专家普遍认为，无论是“丝绸之路经济带”，还是“21世纪海上丝绸之路”，都蕴含着以经济合作为基础和主轴，以人文交流为重要支撑，开放包容的合作理念。① 大部分学者认为“一带一路”是对古代丝绸之路的继承和发展，是在古代丝绸之路概念基础上形成的当代经贸合作升级版，是世界最长、最具有发展潜力的经济大走廊。② 也有学者从中国对外政策进行解读，认为“一带一路”的提出既是中国周边外交“亲、诚、惠、容”理念的重要体现，也是促进世界和平与发展的战略需要，核心目的在于弘扬“和平合作、开放包容、互学互鉴、互利共赢”的新丝路精神。③ 更有学者从国家对外开放角度去理解，认为“一带一路”的提出是加快沿边开放步伐，形成全方位开放新格局的客观需要，实质上是中国“引进来”和“走出去”战略逻辑的延伸。④

关于“一带一路”内涵的解读，专家学者主要是对领导讲话、政府文件的解读，如“一带一路”是建设性合作倡议，通过多边合作和共商、共建、共享，实现互利共赢、共同发展的目标；始终坚持开放包容原则，不搞“替代方案”或“集团”“联盟”，所有感兴趣的国家均可参与；明确不谋求

---

① 《“一带一路”研究若干观点要览》，《北京日报》，2014年10月2日。

② 石焰：《建设“一带一路”，打造繁荣的“命运共同体”》，《老年教育》，2014年第9期，第24页。

③ 田军、田丰伦：《丝绸之路经济带的重庆战略构想》，《重庆日报》，2014年6月12日，第21版。

④ 石泽：《“一带一路”与理念和实践创新》，《中国投资》，2014年第10期，第43页。

主导地位、不经营势力范围、不干涉别国内政,①并履行道义为先、义利并举、多予少取、先予后取的新型义利观;②"一带一路"的主体是经济合作、互联互通和人文交流,基本方式是平等协商、循序渐进,逐步实现基础设施互联互通和贸易、投资便利化。③ 也有学者认为,"一带一路"建设主要包含经济、安全、人文三重内涵。④

学者们认为,"一带一路"建设拥有难得的历史机遇和发展基础。首先,中国是古代丝绸之路的发源地,并从古至今与沿线国家保持着良好的经贸往来和合作。其次,"一带一路"倡议得到多数亚欧国家的积极支持和热烈响应,并逐步开展富有成效的磋商与合作。第三,中国与沿线的上合组织、东盟、海合会成员国等具有良好的合作基础。第四,中国国内相关省份广泛支持,纷纷制定相应的实施方案。⑤ 不过也有学者认为,"一带一路"建设面临众多挑战和问题,如中国与相关国家战略互信不足、某些国家存在"颜色革命"的潜在可能性、恐怖主义猖獗、相关国家之间水资源争端等传统和非传统安全因素将成为"一带一路"建设的制约因素;⑥美国主导的"新丝绸之路"计划和 TPP、俄罗斯主导的欧亚一体化进程、美日搅局南海围堵中国,以及国内各相关省份争打丝绸之路牌引发的无序竞争和恶性竞争都将是中国面临的主要挑战。⑦

"一带一路"的实践路径是许多学者研究的重点。在思想认识方面,有学者指出要避免三个认识误区:避免将"一带一路"视为一个简单的、单纯的经贸战略,而忽略了各领域合作交流和扩大对外开放的内涵;避免将"一带一路"视为简单的扩大对外投资,抢占发展中国家资源和市场

---

① 李庚香、王喜成:《新"丝绸之路经济带"的战略特点与河南的积极融入》,《区域经济评论》,2014 年第 6 期,第 44 页。

② 罗建放:《大国外交新思维与中国的国际责任》,《学习时报》,2014 年 5 月 5 日,第 3 版。

③ 段从宇、李兴华:《"一带一路"与云南高等教育发展的战略选择》,《云南行政学院学报》,2014 年第 5 期,第 134 页。

④ 本刊记者:《三重内涵:注入中国和世界发展新动力》,《财经观点》,2014 年第 10 期。

⑤ 袁新涛:《"一带一路"建设的国家战略分析》,《理论月刊》,2014 年第 11 期,第 7 页。

⑥ 万喆:《各国之思与我国之行》,《环球财经》,2014 年第 7 期,第 35-36 页。

⑦ 袁新涛:《"一带一路"建设的国家战略分析》,《理论月刊》,2014 年第 11 期,第 7-8 页。

的战略，而忽视了互利共赢和共同发展的内涵；避免国内地方政府借用“一带一路”简单地重复“招商引资”老路，恶性竞争，工程盲目上马，扩张低效率投资，而忽略了开放型经济和以开放促改革、促转型的内涵。① 在具体操作思路上，研究者更多地围绕政策沟通、道路联通、贸易畅通、货币流通、民心相通五个方面，从政治、经济、文化、社会、外交等路径提出了许多对策措施。② 专家们提出，要树立企业贸易投资合作的主体地位，引导企业特别是民营企业参与，按照市场规则守法诚信经营，强化企业社会责任意识和可持续发展意识。③

自从“一带一路”倡议提出之后，国内主要相关省份反响强烈，纷纷表示愿意加入“一带一路”规划中。尽管国家最终规划尚未出台，但相关省份已经迫不及待地开始地方层面的规划工作，努力推动相关政策实践，并取得了初步成果。新疆要成为“丝绸之路经济带”的核心区，甘肃致力于打造“丝绸之路经济带”的黄金段，陕西拟打造“丝绸之路经济带”的新起点，云南要打造“一带一路”连接交汇的战略支点，重庆要成为“丝绸之路经济带”新起点和“两带”建设的枢纽，福建突出“海上丝绸之路”战略枢纽，等等。都力图突出自身的重要战略位置，不可避免地存在激烈的竞争关系。有些城市甚至不计成本，高额补贴开通“渝新欧”“蓉新欧”“郑新欧”“苏满欧”等通往欧洲的货运班列。各省市实质上就是出于狭隘地方利益，各自为战，争先恐后挤入“一带一路”规划，向中央要政策、要项目、要投资。国内某些地方专家为本地区服务，热衷于挖掘本地区在古代丝绸之路上曾有的地位以期确立本地区在“引导要览”中的某种特殊地位。

---

① 王辉：《理解“一带一路”倡议英避免三个误区》，《环球经济》，2014 年第 7 期，第 23 页。

② 李朴民：《南北并进海陆统筹共同推进“一带一路”建设》，《中国财贸导刊》，2014 年第 31 期，第 4-5 页；本刊记者：《专家解读：“一带一路”建设策略》，《宁波经济》，2014 年第 10 期，第 32-33 页；于光军：《建设“丝绸之路经济带”与“21 世纪海上丝绸之路”研究热点述评》，《内蒙古社会科学(汉文版)》，2014 年第 6 期，第 11-12 页。

③ 《“一带一路”研究若干观点要览》，《北京日报》，2014 年 10 月 2 日。

二、国务院授权发布《推动共建“一带一路”的愿景与行动》白皮书主要内容

在前期广泛讨论的基础上，2015 年 3 月国务院授权国家发改委、商务部和外交部共同发布《推动共建丝绸之路经济带和 21 世纪海上丝绸之路的愿景与行动》白皮书，规划了“一带一路”的建设方向和内涵，明确了建设的基本原则和基本方式，①从而结束了国内讨论的无序，消除了国外的疑虑。

共建“一带一路”将致力于亚欧非大陆及附近海洋的互联互通，建立和加强沿线各国互联互通伙伴关系，构建全方位、多层次、复合型的互联互通网络，实现沿线各国多元、自主、平衡、可持续的发展。旨在促进经济要素有序自由流动、资源高效配置和市场深度融合，推动沿线各国实现经济政策协调，开展更大范围、更高水平、更深层次的区域合作，共同打造开放、包容、均衡、普惠的区域经济合作架构。“一带一路”的互联互通项目将推动沿线各国发展战略的对接与耦合，发掘区域内市场的潜力，促进投资和消费，创造需求和就业，增进沿线各国人民的人文交流与文明互鉴，让各国人民相逢相知，互学互敬，共享和谐、安宁、富裕的生活。

共建“一带一路”将秉持和平合作、开放包容、互学互鉴、互利共赢的理念，全方位推进务实合作，打造政治互信、经济融合、文化包容的利益共同体、命运共同体和责任共同体。其基本原则就是恪守联合国宪章的宗旨和原则，坚持开放合作、和谐包容、市场运作和互利共赢，以及共商、共建、共享的原则，积极推进沿线国家发展战略的相互对接。坚持开放合作，和谐包容，求同存异，共生共荣；坚持市场运作，遵循市场规律和国际通行规则；兼顾各方利益和关切，寻求利益契合点，坚持互利共赢。

“一带一路”建设的框架思路是打造促进共同发展、实现共同繁荣的

---

① 《推动共建丝绸之路经济带和 21 世纪海上丝绸之路的愿景与行动》，《人民日报》，2015 年 3 月 29 日，第 4 版。

合作共赢之路，增进理解信任、加强全方位交流的和平友谊之路。"一带一路"基本走向是贯穿亚欧非大陆，一头是活跃的东亚经济圈，一头是发达的欧洲经济圈，中间广大腹地国家经济发展潜力巨大。丝绸之路经济带重点畅通中国经中亚、俄罗斯至欧洲(波罗的海)；中国经中亚、西亚至波斯湾、地中海；中国至东南亚、南亚、印度洋。21世纪海上丝绸之路重点方向是从中国沿海港口过南海到印度洋，延伸至欧洲；从中国沿海港口过南海到南太平洋。根据"一带一路"走向，陆上依托国际大通道以沿线中心城市为支撑，以重点经贸产业园区为合作平台，共同打造新亚欧大陆桥、中蒙俄、中国—中亚—西亚、中国—中南半岛等国际经济走廊；海上以重点港口为节点，共同建设畅通安全高效的运输大通道。中巴、孟中印缅两个经济走廊是"一带一路"的重要组成部分。"一带一路"建设的宏大经济愿景是努力实现区域基础设施更加完善，安全高效的陆海空通道网络基本形成，互联互通达到新水平；投资贸易便利化水平进一步提升，高标准自由贸易区网络基本形成，经济联系更加紧密，政治互信更加深入；人文交流更加广泛深入，不同文明互鉴共荣，各国人民相知相交、和平友好。

"一带一路"建设的合作重点是：(1)政策沟通，这是"一带一路"建设的重要保障，沿线各国可以就经济发展战略和对策进行充分交流对接，共同制定推进区域合作的规划和措施，协商解决合作中的问题，共同为务实合作及大型项目实施提供政策支持；(2)设施联通，是"一带一路"建设的优先领域，沿线国家宜加强基础设施建设规划、技术标准体系的对接，共同推进国际骨干通道建设，逐步形成连接亚洲各次区域以及亚欧非之间的基础设施网络；(3)贸易畅通，投资贸易合作是"一带一路"建设的重点内容，着力研究解决投资贸易便利化问题，消除投资和贸易壁垒，构建区域内和各国良好的营商环境，积极同沿线国家和地区共同商建自由贸易区，激发释放合作潜力；(4)资金融通，是"一带一路"建设的重要支撑，深化金融合作，推进亚洲货币稳定体系、投融资体系和信用体系建设；(5)民心相通，是"一带一路"建设的社会根基，传承和弘扬丝绸之路友好合作精神，广泛开展文化交流、学术往来，为深化双多边合作奠定坚实的民意基础。

“一带一路”最终要通过区域和次区域经济一体化发展实现亚欧地区经济一体化，而自由贸易区是实现区域经济一体化的捷径。中国紧抓20世纪末重新兴起的区域经济一体化浪潮，积极实施自由贸易区(FTA)战略。中共十八届三中全会通过的《中共中央关于全面深化改革若干重大问题的决定》明确要求：“扩大同各国各地区利益汇合点，以周边为基础加快实施自由贸易区战略……形成面向全球的高标准自由贸易区网络。”①2013年和2014年中央政府先后批准了上海、广东、天津、福建四个自由贸易试验区，是中国主动适应经济发展新趋势、国际经贸规则新变化的试验田。通过在局部地区进行压力测试，积累防控和化解风险的经验，探索最佳开放模式，为对外谈判提供实践依据。2015年12月，国务院发布《关于加快实施自由贸易区战略的若干意见》，要求“坚持与推进共建‘一带一路’和共建对外战略紧密衔接，坚持把握开放主动和维护国家安全，逐步构筑起立足周边、辐射‘一带一路’、面向全球的高标准自由贸易区网络”，“全方位参与自由贸易区等各种区域贸易安排合作，重点加快与周边、‘一带一路’沿线以及产能合作重点国家、地区和区域经济集团商建自由贸易区”。② 截至2023年6月，中国已经与澳大利亚、韩国、东盟等19个国家、地区和国际组织签署了自由贸易协定，正在谈判的自贸区及其升级版有10个，其中包括中日韩、中国—海合会等，正在与哥伦比亚、加拿大、蒙古等8个国家研究自贸区以及亚太贸易协定的可行性，中国与欧亚经济联盟以及上合组织自贸区也将提上议事日程。2014年中国在北京峰会上推动APEC启动了亚太自贸区(FTAAP)进程，减少交易成本，便利投资与贸易，协调RCEP、TPP与FTAAP三者

---

① 《中共中央关于全面深化改革若干重大问题的决定》，《人民日报》，2013年11月16日，第1版。

② 《国务院关于加快实施自由贸易区战略的若干意见[国发(2015)69号]》，中国政府网站：http://www.gov.cn/zhengce/content/2015-12/17/content_10424.htm. 发布日期：2015-12-17。

关系，提高合作水平，除了贸易自由化、便利化等传统领域，向规制合作方向延伸。

“一带一路”建设主要是利用现有双多边合作机制，主要包括加强双边合作，开展多层次、多渠道沟通磋商，推动双边关系全面发展；强化多边合作机制作用，发挥上海合作组织（SCO）、中国—东盟“10＋1”、亚太经合组织（APEC）、亚欧会议（ASEM）、亚信会议（CICA）、中亚区域经济合作（CAREC）等现有多边合作机制作用，与相关国家加强沟通；继续发挥沿线各国区域、次区域相关国际论坛、博览会平台的建设性作用，支撑沿线国家地方、民间联合举办投资、贸易、文化交流活动，倡议建立“一带一路”国际高峰论坛。

三、《推动共建“一带一路”愿景与行动》白皮书发布之后的讨论

《推动共建丝绸之路经济带和21世纪海上丝绸之路的愿景与行动》白皮书发布之后，国内学者对“一带一路”的讨论逐渐明确了方向，认识逐步深入和广泛。

一部分学者梳理了“丝绸之路”的观念史和学术史，认为其兴衰变迁和空间转换包含着丰富的历史智慧，对今天的“一带一路”建设具有很好的启迪意义。古代丝绸之路和现代“一带一路”都是跨区域跨文化的，因而强调政治、文化、宗教与经济等因素的互动关系。“一带一路”是基于古代丝绸之路概念在当代国际政治经济与地缘环境下的经贸合作升级版。①

大部分学者延续了前一阶段关于“一带一路”对外开放的性质和意义的讨论。他们认为这是中国新一轮对外开放的大战略。② 丝绸之路经济带是实现发展的地区均衡的战略，是对外关系结构均衡的战略，一则

① 张亚光：《“一带一路”：从历史到现实的逻辑》，《东南学术》，2016年第3期，第10-16页；赵逵夫：《“一带一路”的战略构想与丝绸之路的文化传统》，《甘肃社会科学》，2015年第6期，第105-109页；张租群：《“关于对丝绸之路”的当代地缘政治、经济升级版》，《云南地理环境研究》，2015年第4期，第7-14页。

② 叶小文：《中国新一轮对外开放的大战略》，《人民论坛》，2016年1月下，第6页。

为西部的发展拓展新的空间，二则为发展与中亚、西亚等国家的关系提供新的平台与机遇，这对我国的整体发展和国家安全具有重要的意义；海上丝绸之路，中国要推动建设的是基于海上航行开放自由、海上共同安全和海洋资源共同开发的新秩序，是合作发展的沿海经济带。他们从对外开放的角度判断，“一带一路”的设计超越了自贸区和多边贸易体制，它推进了综合发展环境的构建，也突破了中国以我为主的利益观，而是强调共同建设、共同发展。“一带一路”的合作项目不是通过谈判，而是通过协商，是新型的发展合作方式。① 但是也有个别学者例如张租群将其提升到地缘政治高度，认为这是中国政府统筹国内、国际两方面格局，审时度势提出的一种新型开放大战略，具有互补共赢、地缘政治考量两个基本内涵。② 杨焕平甚至认为陆上和海上丝绸之路的连接改变的不单单是贸易和经济环境，它将有意无意地改变该地区的权力政治结构。③ 马良则将“一带一路”与国内经济所处的转型和升级的关键阶段联系起来，强调“一带一路”为推进亚洲区域和世界经济一体化进程提供了有力保障。④ 而张俊莉以“一带一路”为背景，进一步具体探讨了中国内陆开放型经济发展面临的机遇和风险，从制度层面提出了内陆发展开放型经济制度创新的必要性。⑤

在中国对外政策方面，苏格从全球视野来审视“一带一路”，认为它顺应了世界多极化、经济全球化、区域经济一体化、社会信息化的潮流，有助于促进经济要素有序自由流动、资源高效配置和市场深度融合，是对全球发展和治理新模式的积极探索。⑥ 于军强调“一带一路”要与相关

---

① 张蕴岭：《如何认识“一带一路”的大战略设计》，《世界知识》，2015 年第 2 期，第 28-31 页。

② 张租群：《“关于对丝绸之路”的当代地缘政治、经济升级版》，《云南地理环境研究》，2015 年第 4 期，第 7-14 页。

③ 杨焕平：《“一带一路”的权力政治分析》，《阴山学刊》，2015 年第 12 期，第 95-98 页。

④ 马良：《“一带一路”背景下对中国经济发展的思考》，《学理论》，2016 年第 2 期，第 99-100 页。

⑤ 张俊莉：《“一带一路”背景下内陆开放型经济制度创新》，《人民论坛》，2015 年第 35 期，第 68-70 页。

⑥ 苏格：《全球视野之“一带一路”》，《国际问题研究》，2016 年第 2 期，第 1-13 页。

国家实现三大对接，即发展战略对接、政策对接以及区域合作对接。他认为“一带一路”给中国外交提出了新的要求，构建四个全球性网络，即全球“伙伴关系”网络、全球战略通道网络、全球地区合作网络和全球治理网络。① 赵可金从“一带一路”倡议所提出的战略环境、战略目标、战略资源以及战略路径和方法判断，它本质上是中国寻求建立以合作共赢为核心的新型国际关系的重要载体，其战略思维是努力做一个负责任、敢担当的大国，坚持走中国特色的大国外交之路，其核心是中国要学习做建设性领导者，为国际社会提供更多的国际公共产品。② 有的学者严厉驳斥了西方将“一带一路”比作中国版的“马歇尔计划”，把“一带一路”类比于马歇尔计划，称之为“中国版马歇尔计划”，不仅不科学，有违事实，而且会对“一带一路”的价值认同及设施效果带来消极影响。张鑫认为，第二次世界大战结束之后美国提出的“欧洲复兴计划”，即马歇尔计划其根本目的是通关援助欧洲恢复经济，使欧洲成为抗衡苏联的重要力量，造成了美国控制西欧和西欧依赖美国的结果。这一计划对冷战的激化和两极格局的形成起了重要作用，进而奠定了美国的全球霸主地位。美国对西欧的单方面经济援助计划实质就是向欧洲国家输出产能，受援国处于被动接受与附属地位，不能自主决定经济政策。这与中国倡议的“一带一路”建设坚持的“共建、共享、共赢”的基本原则和“利益共同体”“命运共同体”“责任共同体”的建设目标，以及它的包容性、开放性具有根本的区别。③

还有许多学者将“一带一路”的研究视野进一步放大到各相关领域的研究，如有的学者高度关注“一带一路”背景下中国企业“走出去”的问题，“一带一路”对中国区域经济发展的影响，对中国外贸发展的影响，对

① 于军：《“一带一路”倡议与中国外交布局》，《黑龙江史志》，2016年第3期，第46-49页。

② 赵可金：《“一带一路”的中国方略研究》，《新疆师范大学学报》，2016年第1期，第22-32页。

③ 张鑫：《“一带一路”根本不同于马歇尔计划》，《人民日报》，2015年3月18日，第7版；程子豪，亲诚惠容：《共同发展：“一带一路”倡议与马歇尔计划的差异性分析》，《中外企业家》，2016年第15期，第261-262页；金玲：《“一带一路”：中国的马歇尔计划？》，《国际问题研究》，2015年第1期，第88-99页。

交通运输业格局的影响等等[①]。丝绸之路经济带沿线能源资源丰富，有学者据此判断丝绸之路经济带的发展将成为中国与中亚地区双方经济贸易合作，尤其是能源合作新一轮发展的起点，为双方能源合作带来了新的机遇。[②] 也有学者注意到，中亚地区生态环境先天脆弱，而能源产业具有环境污染特性，区域能源合作将进一步强化和放大环境污染效应，蕴含较高的环境风险。这将影响丝绸之路经济带战略设想的实施与区域经济社会的可持续发展，诱发能源合作环境风险的根本原因在于以能源为代表的经济利益与环境利益的冲突。[③] 基于生态环境视角，古丝绸之路的兴衰历史具有重要的借鉴意义，立足生态保护的草原丝绸之路经济带重点基础设施建设和产业发展研究显得更为重要和更具意义，如何构建和制定资源开发和生态环境安全的产业模式、高效可持续生态畜牧业发展模式和加强民间合作与面向牧区的实用技术推广模式等成为继续研究的内容。[④]

也有不少学者高度关注"一带一路"建设的问题和风险。[⑤] 李林研究了"一带一路"的穆斯林因素，认为"一带一路"绕不开伊斯兰教与国家安全战略这个主题，并断言伊斯兰教在中国构建新型国家安全战略过程中，必将是一个不可忽视的因素。[⑥] 丁兴安在分析海外利益风险的基础

---

① 陈兰艳：《"应对一路"背景下我国企业对外投资存在的问题及应对策略》，《科技经济导刊》，2016 年第 8 期，第 171 页；郝戊、王瑞琼：《"一带一路"对我国区域经济发展的影响》，《江苏商论》，2016 年第 13 期，第 77-78 页；刘瑞峰：《"一带一路"对我国外贸发展的影响即对策建议》，《经营管理者》，2016 年 2 月，下期，第 207 页；董锁成、程昊等：《"一带一路"交通运输业格局及对策》，《中国科学院院刊》，2016 年第 6 期，第 663-668 页。

② 曾加、王聪霞：《"一带一路"能源合作法律问题探析》，《青岛行政学院学报》，2016 年第 3 期，第 88-94 页。

③ 石莹、何爱平：《丝绸之路经济带的能源合作与环境风险应对》，《改革》，2015 年第 2 期，第 115-123 页。

④ 李元恒、侯向阳等：《生态环境视角下草原丝绸之路在"一带一路"经济带中发展作用与战略需求》，《中国软科学》，2015 年增刊上，第 32-38 页。

⑤ 唐彦林、贡杨等：《实施"一带一路"倡议面临的风险挑战及其治理研究综述》，《当代世界与社会主义》，2015 年第 6 期。

⑥ 李林：《"一带一路"的伊斯兰因素与新型国家安全战略》，《中国穆斯林》，2015 年第 6 期，第 22-23 页。

上，建议结合政治、经济、外交、法律及其他手段做好海外风险的防控工作。[①] 周平在赋予“一带一路”地缘政治意义的同时，剖析了一系列地缘政治挑战和风险。[②]

随着人们对“一带一路”的认识不断深化和系统化，产生了具有深厚理论基础的研究成果，学者们从不同的视角对“一带一路”建设进行了全面的深入的研究。而且，这些研究成果已经开始指导和推动“一带一路”建设的实践。

在“一带一路”倡议的内涵解读方面，刘伟从背景、共建、共享三方面详解了六大经济走廊、“一带一路”重点合作领域及其合作机制等[③]。刘卫东在对经济全球化及其局限性进行系统研究的基础上，分析了“一带一路”的宏观背景，将包容性全球化解读为“一带一路”建设的核心内涵[④]。厉以宁、林毅夫、郑永年等从历史、地缘、经济、外交等不同视角出发描绘了“一带一路”构建对外开放新格局，助飞新常态，重建亚欧大陆桥，迈向海洋强国的新图景，同时也提醒所面临的潜在风险[⑤]。靳玉言、李克回答了“一带一路”倡议要干什么及其将会给中国和世界带来什么的问题，梳理了“一带一路”实施推进的进程，分析了“一带一路”的中国考量，揭示了其他大国对“一带一路”的态度及其所面临的机遇和挑战[⑥]。秦玉才、周谷平等从战略构想、历史回顾、大国角逐、时代背景、框架思路、合作领域、机制平台、各地优势、合作成效、愿景展望等方面全方位解读了“一带一路”[⑦]。中国社科院国际研究学部推出集刊《“一带一路”与中国发展战略》，从地区合作和中国外交转型的视角，对“一带一路”建设

---

① 丁兴安：《“一带一路”建设中海外利益风险及其防控》，《兵团党校学报》，2016 年第 1 期，第 70-73 页。

② 周平：《“一带一路”面临的地缘政治风险及其管控》，《探索与争鸣》，2016 年第 1 期，第 83-86 页。

③ 刘伟：《读懂“一带一路”蓝图》，商务印书馆，2017 年。

④ 刘卫东：《“一带一路”引领包容性全球化》，商务印书馆，2017 年。

⑤ 厉以宁、林毅夫、郑永年：《读懂“一带一路”》，中信出版社，2015 年。

⑥ 靳玉言、李克：《崛起大战略：“一带一路”倡议全剖析》，台海出版社，2016 年。

⑦ 秦玉才、周谷平、罗卫东：《“一带一路”读本》，浙江大学出版社，2015 年。

进行战略思考和国际政治经济学分析①。王义桅回答了什么是“一带一路”,为什么要建设“一带一路”,以及如何建设“一带一路”三个重要问题②,认为“一带一路”是中国提出的围堵倡议和和国际合作公共产品,面临着全方位开放机遇、周边外交机遇、地区合作机遇和全球发展机遇,同时也面临着地缘风险、安全风险、经济风险、道德风险、法律风险等③。于洪君理解的“一带一路”涉及全球治理的中国方案的基本理念即合作共赢,认为“一带一路”是创新区域合作的新模式④。赵磊从文化经济学的角度认为,经济收益和文化收益的“双收益”既是中国想要的,也是真正能够赢得国际社会尊重的“一带一路”产品⑤。徐飞则运用国际政治学、人类文化学、伦理学、制度经济学、产业经济学、投融资学、竞争战略、博弈论等多学科理论和方法研究了共商共建共享的“一带一路”这个“道”与高铁技术和中国高铁“走出去”的战略战术这个“术”的融合⑥。张丽君、时保国选取中国沿边省份的陆路边境一类口岸,介绍了它们的起源、变迁和现状及其在“六大经济走廊”中的功能定位和作用⑦。郭业洲围绕民心相通研究了中国国内从中央到地方各级机构民心相通工作、中国与“一带一路”沿线国家人文交流的发展情况⑧。郝玉柱、孙志伟从宏观战略、物流创新、区域合作、企业策略和金融投资的角度对“一带一路”进行了深入解读⑨。

在“一带一路”相关国家情况研究方面,赵晋平系统剖析了“一带一路”合作机制、贸易、投资、基础设施建设、能源和产业园区合作等⑩。张

① 张蕴岭、袁正清:《“一带一路”与中国发展战略》,社会科学文献出版社,2017年。
② 王义桅:《“一带一路”:中国崛起的天下担当》,人民出版社,2017年。
③ 王义桅:《“一带一路”:机遇与挑战》,人民出版社,2015年。
④ 于洪君:《“一带一路”:联动发展的中国策》,人民出版社,2017年。
⑤ 赵磊:《一带一路:中国的文明型崛起》,中信出版社,2015年。
⑥ 徐飞:《纵横“一带一路”:中国高铁全球战略》,格致出版社,2017年。
⑦ 张丽君、时保国:《“一带一路”背景下的中国陆路边境口岸》,中国经济出版社,2017年。
⑧ 郭业洲:《“一带一路”民心相通报告》,人民出版社,2018年。
⑨ 郝玉柱、孙志伟:《国家战略:一带一路热点问题深度剖析》,中国经济出版社,2017年。
⑩ 赵晋平:《重塑“一带一路”经济合作新格局》,浙江大学出版社,2016年。

晓涛分国别对中国与“一带一路”沿线国家之间的经贸合作概况进行了研究[①]。詹小美、李君秩等主编的《全球空间与“一带一路”研究》从文化、旅游、海港、陆港、经济等方面描述了世界文化空间、经济空间和社会空间等[②]。李敬、雷俐等对“一带一路”相关国家的贸易投资关系进行了研究，对这些国家的经济实力、资源禀赋、地域特征、人口状况、产业发展等基本情况进行了梳理[③]。徐绍史主编的《一带一路双向投资丛书》重点宣传“一带一路”建设及推进国际产能和装备制造合作，分别从国别合作、行业布局、地方破局、企业生存之道，从宏观到微观对国际产能合作进行了深入研究[④]。冯维江和徐秀军从治理现代化的视角对“一带一路”各主要区域软硬基础设施状况及其与中国的关系进行了分析评估，并提出了推进“一带一路”建设和治理现代化的相应策略和建议[⑤]。中国社科院工业经济研究所组织专家从构建人类命运共同体理念出发，首次系统地对东南亚、南亚、中亚、西亚、中东和中东欧“一带一路”沿线 64 个国家的产业竞争力状况及其与中国经贸合作情况进行了分析，认为“一带一路”沿线国家大多数面临跨越“中等收入陷阱”的任务，发展是各国的最大公约数[⑥]。倪晓宁、孙俊新等以西亚阿拉伯国家作为研究对象，从政治经济状况、金融支持方式、国际合作风险、产能合作等方面研究了“一带一路”在西亚地区推进的可能性[⑦]。朴光姬、钟飞腾等主要探讨了中蒙俄能源合作和中蒙俄经济走廊建设，认为三国能源合作打破了东北亚能源合作冰

---

① 张晓涛:《中国与“一带一路”沿线国家经贸合作国别报告》，经济科学出版社，2017 年；《中国与“一带一路”沿线国家经贸合作国别报告(中东欧篇)》，经济科学出版社，2018 年。

② 詹小美、李君秩、曹小曙:《全球空间与“一带一路”研究系列丛书》，陕西师范大学出版总社，2016 年。

③ 李敬、雷俐、邓靖:《“一带一路”相关国家贸易投资关系系列丛书》，经济日报出版社，2017 年。

④ 徐绍史主编:《一带一路双向投资大型丛书》，机械工业出版社，2016 年、2017 年。

⑤ 冯维江、徐秀军:《一带一路:迈向治理现代化的大战略》，机械工业出版社，2016 年。

⑥ 张其仔等:《“一带一路”国家产业竞争力分析》，社会科学文献出版社，2017 年。

⑦ 倪晓宁、孙俊新、刘一娇、薛彤:《“一带一路”倡议实施与西亚阿拉伯国家产能合作分析》，对外经济贸易大学出版社，2017 年。

冷的局面①。

在"一带一路"建设风险防范方面，黄雯从企业经营管理的角度研究了中国对"一带一路"沿线国家直接投资的规模、发展趋势以及行业分部状况，重点梳理了中国企业对这些国家直接投资可能面临的国家风险②。中国税务学会编辑出版了《"一带一路"税收服务文集》，收录了部分沿线国家和地区的税制介绍③。为了强化国际经营中的法律风险防范，国务院国资委组织编写了《一带一路沿线国际法律风险防范指引》系列丛书，系统介绍了沿线国家投资、贸易、工程承包、劳务合作、财税金融、知识产权、争议解决等有关领域的法律制度，提示了法律风险，涉及伊朗、菲律宾等国家④。艾仁智、万华伟展望了"一带一路"沿线国家主权信用风险，对 5 个地区 36 个重点国家主权信用风险进行了评级⑤。

王灵桂则独辟蹊径，梳理了 16 个国家 39 个智库对"一带一路"的看法和观点，13 个国家 31 个智库对区域全面经济伙伴关系的认识，以及 12 个国家 19 个智库对亚洲基础设施投资银行的研究⑥，这对中国国内学者的研究提供了新的思路和视野。

综上所述，国内学界对"一带一路"的研究作出了杰出贡献。他们主要集中在对"一带一路"倡议的诠释，如有的认为这是新的对外开放战略，有的将其归结为人类命运共同体，有的则梳理"一带一路"沿线国家的国别基本概况、文化、经贸和投资关系、风险状况、法律规范等。只有少数学者梳理了相关国家智库对"一带一路"的认识和看法。而从相关国家发展战略与"一带一路"对接的角度来研究"一带一路"的建设问题，则鲜有学者问津。

---

① 朴光姬、钟飞腾、李芳：《"一带一路"建设与东北亚能源合作》，中国社会科学出版社，2017 年。

② 黄雯：《中国企业对"一带一路"沿线国直接投资的国家风险研究》，经济科学出版社，2017 年。

③ 中国税收学会：《"一带一路"税收服务文集》，中国税务出版社，2017 年。

④ 国资委：《一带一路沿线国家法律风险防范指引》，经济科学出版社，2015 年。

⑤ 艾仁智、万华伟：《"一带一路"沿线国家主权信用风险展望(2017)》，中国经济出版社，2017 年。

⑥ 王灵桂：《中国："一带一路"将带来包容性全球化》，社会科学文献出版社，2017 年。

第3节 研究的范围和内容

一、研究范围

本书基于国家社会科学基金2014年重点研究项目“丝绸之路经济带建设研究”。由于习近平主席是在中亚哈萨克斯坦提出的与中亚国家共建“丝绸之路经济带”倡议，而中亚在历史上是与俄罗斯有着千丝万缕的联系，所以必须邀请俄罗斯参与“丝绸之路经济带”建设，因而“丝绸之路经济带建设研究”这一项目申请的初衷即为丝绸之路经济带与俄罗斯和中亚国家的战略对接。随着俄罗斯和中亚国家与丝绸之路经济带对接的思路越来越趋于广泛，如哈萨克斯坦和蒙古试图通过与丝绸之路经济带对接寻求太平洋出海口（哈萨克斯坦在连云港，蒙古在渤海湾），俄罗斯也寻求其北方海航道与“一带一路”对接并开放符拉迪沃斯托克（海参崴）为自由港。鉴于此，该项目的研究范围已经不再局限于“丝绸之路经济带”，也包括一部分“21世纪海上丝绸之路”，如经过北冰洋连接欧洲的蓝色经济通道“冰上丝绸之路”。因此，本书研究对象不是区别于“21世纪海上丝绸之路”的“丝绸之路经济带”，而是泛指“一带一路”与俄罗斯和中亚国家的战略对接。根据中俄两国政府达成的战略对接方案，在丝绸之路经济带对接欧亚经济联盟基础上以上合组织为平台吸收中亚、南亚乃至西亚和东盟国家建设亚欧经济伙伴关系。

二、研究内容

本书研究的内容除导论外，共分七章。

第一章阐释“一带一路”建设地缘经济理论基础。这是本书研究所采用的基础理论。从地缘经济学的角度看，“一带一路”是一个横跨亚欧大陆并辐射周边，乃至影响世界的宏大构想，旨在实现各国互惠互利、共享共赢的一次伟大尝试，该构想强调合作、共赢，突出经济发展为重点，是一种建立在新型国际关系基础之上的国际经济合作互动大平台。而以合作逻辑为主导的地缘经济学理论恰恰可以为其提供理论上的支撑。

第二章揭示中国“一带一路”倡议提出的背景。全球价值链的变化和区域经济合作的新态势，对中国如何根据竞争优势和发展需要，发起、倡议和构建区域经济合作方式提出了新要求。中国作为正在崛起的经济大国，一直致力于融入并推动全球经济一体化和国际经济合作。在抵御国际金融危机冲击的过程中，中国不仅对世界经济复苏做出了巨大的贡献，同时非常务实地发展与周边国家的双边和区域经济合作，不断探索国际合作与共赢的新模式。

第三章诠释“一带一路”倡议的宗旨与内涵。中国提出“一带一路”倡议，是主动适应国际经济发展新格局、新变化和国内经济发展进入“新常态”的现实，构建全方位对外开放新格局和国际合作共赢模式的新举措。中国提出“一带一路”倡议，希望实现众多层面的合作和互联互通，在为自身发展创造更好的环境的同时，让沿带沿路国家分享发展的机遇，致力于维护世界经济的稳定发展与和平，促进区域合作与一体化。

第四章研究“一带一路”对接中亚经济发展。“共建丝绸之路经济带”的倡议在中亚地区形成共识，得到各国政府积极支持和战略对接的响应，并与中国相继签署了共建“丝绸之路经济带”的合作文件，或将“共建丝绸之路经济带”写入双边的政治文件中，特别是中国与哈萨克斯坦的产能合作成为典范之举。中亚是中国倡议的丝绸之路经济带建设的核心区域。中亚将成为丝绸之路经济带的物流、客流、信息流的集散中心。

2015 年 5 月，中俄两国元首在莫斯科签署了《关于丝绸之路经济带建设与欧亚经济联盟建设对接合作的联合声明》。但是，怎么样实现对接？本书提出了硬件基础设施和软件基础设施对接齐头并进的思路，这也是本书创新之处。第五章探讨“一带一路”与欧亚经济联盟的对接。2014 年 2 月，俄罗斯采纳了“‘丝绸之路经济带’建设研究”课题组提出的方案。习近平在索契参加冬奥会开幕式期间会见普京正式邀请俄罗斯参与“一带一路”建设，普京回应道：用俄罗斯跨欧亚铁路对接“一带一路”，既有利于中国东北老工业基地的振兴，也有利于俄罗斯远东开发，更能发挥俄罗斯跨欧亚铁路物流大通道的作用。

2016 年 10 月，中国与欧亚经济委员会为主体开始谈判经济合作的制度安排，实现法律、规则、标准等软件基础设施对接。本章对 2018 年 5 月双方代表在阿斯塔纳正式签署的相互之间的经贸合作协定进行了评估。提出了“一带一路”对接欧亚经济联盟的条件和路线图。

第六章辨析俄罗斯提出的“大欧亚伙伴关系”与“一带一路”倡议之间的关系，分别从俄罗斯和中国的视角分析不同的“大欧亚”战略构想。揭示俄罗斯“大欧亚”战略构想与美国对抗的地缘政治内涵和意图，剖析中国“大欧亚”战略构想的首倡聚焦亚欧非经济一体化进程，以“一带一路”为纽带，以丝绸之路经济带与欧亚经济联盟对接，3 大蓝色经济通道贯穿太平洋、印度洋、北冰洋、红海、地中海和波罗的海，环绕整个亚欧大陆，6 大经济走廊陆上畅通亚太经济圈和欧洲经济圈为基本框架，整合欧亚经济联盟、上合组织经济合作、东盟乃至 RCEP 等亚欧地区现有众多经济一体化进程，对亚欧经济伙伴关系建设进行顶层设计。

第 7 章重点探讨“一带一路”构建亚欧经济伙伴关系的基础和出发点，即“民心相通”，分析俄罗斯和中亚国家居民对中国及其“一带一路”和经济发展和崛起的认同感。揭示“一带一路”构建亚欧经济伙伴关系可能遇到的政治、安全、经济等方面的各种风险。

第 4 节　研究的方法和创新

一、研究方法

本书坚持马克思主义唯物辩证法，以实事求是和尊重事实的客观唯物主义统领本课题研究的态度和方法，论证相关国家与“一带一路”实现战略对接促进本国社会经济发展的客观必要性、可能性和现实性。坚持理论联系实际，理论指导实践，并以实践检验真理，务实探索"一带一路"与相关国家发展战略的契合点与合作领域和合作方法。本书是在对相关国家相关部门、智库、科研机构等进行大量广泛调研的基础上开展研究的。

本书系多学科多领域研究，涉及国际关系学、经济学、世界经济学、地缘政治学和地缘经济学、国际经济地理学、产业经济学等不同的理论和方法，通过这种跨学科理论和方法的有机结合来论证"一带一路"与相关国家社会经济发展战略对接的合理性，并进行顶层设计。

本书采用理论研究和实证分析，定性分析和定量分析相结合的方法，来论证"一带一路"与相关国家社会经济发展战略实现对接的有效性。

本书还采用了比较分析的方法，通过对"一带一路"的内涵、政策与相关国家社会经济长期发展战略的内容进行比较，探寻并发现二者之间的契合点，并引出二者合作的领域、部门和合作方法。

二、创新之处

本书最突出的特点就是务实，由此引申出的创新之处如下：

1. 本书首次将"一带一路"建设与周边和"一带一路"相关国家经济一体化发展联系起来构建以"走出去"为特征的新一轮全面对外开放的新格局，而且更重要的是与打破地域、部门限制和保护壁垒，通过国内不同地区在"一带一路"建设中的地位和作用布局以及"长江经济带""东北振兴""京津冀协同发展""长三角一体化发展""粤港澳大湾区"等国内区域经济协调发展和上海、天津、浙江、福建、广东等自由贸易试验区建设联系起来，形成全面对内对外开放新格局的新特点。

2. 始终站在"一带一路"研究的最前沿。自从习近平主席提出"一带一路"倡议之初，"'丝绸之路经济带'建设研究"课题组就在深刻领会并研究"一带一路"的内涵、重点和难点。在2013年10月提交给中央领导的报告中，第一次明确了丝绸之路经济带的内涵在于横跨亚欧大陆的由铁路、公路、航空、海上运输、油气管道、输电线路和通信网络组成的综合性立体互联互通的交通网络，并承载着货物和服务贸易、能源资源合作、投资和产能合作、资金融通和金融风险防范，以及人文交流；第一次明确了丝绸之路经济带建设的重点在中亚地区；鉴于俄罗斯与中亚地区历史上的特殊关系，第一次明确了丝绸之路经济带的建设必须有俄罗斯的参与；第一次明确了丝绸之路经济带建设在中亚地区可能遇到的安全风险。这些都得到国家最高领导人的肯定。

3. "'丝绸之路经济带'建设研究"课题组实际参与"一带一路"与相关国家战略对接的顶层设计是本书的突出亮点，也是本书最突出的创新之处。始终把握相关国家对"一带一路"从疑惑到释怀再到积极对接合作的态度变化，并对相关国家释疑解惑以及提供相应的对接合作建议，得到相关国家最高领导人的首肯。尤其是"'丝绸之路经济带'建设研究"课题组通过时任俄罗斯铁路公司总裁B.亚库宁先生向俄罗斯提供的与欧亚经济联盟软件基础设施对接和中国东北振兴与俄罗斯远东开发对接基础上跨境硬件基础设施对接进而发挥俄罗斯跨欧亚铁路物流大通道的建议，均得到了两国领导人的认可。

4. 本书最大特定就是从战略对接的角度，来探索"一带一路"与俄罗斯主导的欧亚经济联盟对接共建亚欧经济伙伴关系，与俄罗斯"跨欧亚发展带"、蒙古国"草原之路"对接共建中俄蒙经济走廊，与俄罗斯"北方海航道"对接共建"冰上丝绸之路"和蓝色经济通道；与哈萨克斯坦"光明之路"和"2050年发展战略"，乌兹别克斯坦"2021年进一步发展行动战略"，塔吉克斯坦"2030年国家发展战略"，吉尔吉斯斯坦"新时代40步（2040年发展战略）"，以及土库曼斯坦"2024年发展战略"和"2030年发展战略"对接。本书旨在对"一带一路"建设内涵研究的基础上，深入解析俄罗斯和中亚地区国家的长期社会经济发展战略，从中探索二者的契合点，确定双边合作的重点领域和合作方式，揭示合作的困难和风险，明确克服困难和防范风险的手段。

5. 本书第一次系统地和全面地研究了俄罗斯提出的在丝绸之路经济带对接欧亚经济联盟基础上以上合组织为平台建设所谓“大欧亚伙伴关系”或“大欧亚共同体”建议，揭示了其与美国对抗的地缘政治企图，提出了中俄达成的“构建欧亚全面伙伴关系”应聚焦区域经济一体化进程而非地缘政治集团定位的建议，并得到两国领导人的采纳，将“欧亚全面伙伴关系”界定为“欧亚经济伙伴关系”。

三、一点说明

“欧亚”(Eurasia，Евразия)一词经常出现在欧美和后苏联地区的文献中。在地理范畴上它是泛指欧洲和亚洲地区或亚欧大陆。在政治范畴上它最初是指欧洲和亚洲分界线穿越其领土的国家和地区的总称，即“欧亚国家”，包括俄罗斯、哈萨克斯坦、阿塞拜疆、格鲁吉亚和土耳其。而前面四国均曾经是俄罗斯帝国和苏联的一部分，因而“欧亚”一般特指后苏联地区。俄罗斯“大欧亚”战略也暗示着俄罗斯的主导地位要超越“小欧亚”，即后苏联地区走向整个亚欧大陆。

按照亚洲人的习惯，对欧洲和亚洲的总称或相互关系一般称作“亚欧”(Aseuropa，Азевропа)。因此，在中文当中比较合理的是使用“亚欧”一词。本书将更多地使用“亚欧”概念如“亚欧经济伙伴关系”。鉴于2016年、2017年和2018年的《中俄联合声明》已经多次使用了“欧亚”概念，如“欧亚全面伙伴关系”“欧亚经济伙伴关系”“欧亚伙伴关系”[①]，本书也不排除有时会使用这一官方概念如“欧亚经济伙伴关系”，以便与官方文件保持一致。

---

① 《中华人民共和国和俄罗斯联邦联合声明》，《人民日报》，2016年6月26日，第2版；《中华人民共和国和俄罗斯联邦关于进一步深化全面战略协作伙伴关系的联合声明》，《人民日报》，2017年7月5日，第3版；《中华人民共和国和俄罗斯联邦联合声明》，《人民日报》，2018年6月9日，第3版。

第1章

“一带一路”建设地缘经济理论基础

在地缘因素与经济利益不断融合的今天，冷战后兴起的地缘经济学理论也越来越广泛地被应用到各国国家发展战略的制定和实施中。顺应国内外形势的需要，中国发起了“一带一路”的倡议。从地缘经济学的角度看，这是一个横跨亚欧大陆并辐射周边，乃至影响世界的宏大战略构想。无论是“丝绸之路经济带”还是“21世纪海上丝绸之路”，都是由中国倡导而非主导的、未来将会有几十个沿线国家共同参与并利用地缘优势进行利益协调和经济整合的、旨在实现各国互惠互利、共享共赢的一次伟大尝试。“一带一路”构想强调合作、共赢，突出经济发展为重点，是一种建立在新型国际关系基础之上的国际经济合作互动“大平台”。而以合作逻辑为主导的地缘经济学理论恰恰可以为其提供理论上的支撑。

第1节 地缘经济与地缘政治

地缘经济和地缘政治都是当代国际经济和政治理论中的重要概念。二者都以“地缘”为研究基础，分别对应地缘经济学和地缘政治学两大学科。其中，地缘政治学是长期以来在国际关系理论中发挥重要影响的学科，而地缘经济学是冷战后逐渐兴起的新兴学科。地缘经济与地缘政治既有明显的差异，又有紧密的联系，二者都是现代民族国家维护自身利益和安全，并处理与其他国家、国际组织和地区的重要工具。尤其是地缘经济，在世界各国经济利益和安全不断被强调的今天，所发挥的作用日益突出。

一、地缘政治学与国家间政治行为

一般认为，地缘政治学属于西方政治地理学范畴，是将国际政治理论与地理学相结合，研究地缘要素在国际关系和国家对外政策中的影响与作用的理论。作为在近现代国际关系领域有影响力的理论，地缘政治学的许多理论和学说成为各国对外政治行为和国家资源空间配置的重要理论依据。总的来说比较有影响力的地缘政治理论包括海权论、陆权论、边缘地带论等。这些理论基本上都是围绕海洋、陆地等自然地理环境的重要性展开的。

海权论认为海洋才是一个国家走向强盛的最重要的地缘要素。海权论的代表人物是美国历史学家马汉，他指出：“海洋战略不仅事关军事和海防，而且与政治、经济、贸易、资源密切相关……在很大程度上，海权的历史就是关于国家之间的竞争、角逐、暴力冲突的一种客观的再现。”① 而影响一个国家海权战略和海上实力的六要素是：地理位置、形态构成、领土范围、人口数量、民众特征和政府特征。② 可见，海权论把控制海洋作为国家对外政治行为的中心。由于海洋占地球表面积的71%，并包围着陆地，更兼海洋贸易的便捷性、海运物流成本的低廉性、海上军事力量投送的机动性，因而通过建设并保持强大的海军，确保对海洋的控制，是保证一个国家政治和经济利益的基础。自马汉之后一百多年里，海权论仍然具有重要影响力。直至今天，围绕海洋权益和资源的争夺愈演愈烈。各国普遍视海洋为本国本民族的重要生存空间，包括对主要航道、运河、海峡、半岛、岛屿、大陆架的控制，以及海洋油气、矿产、生物等资源的争夺，成为国际关系和国家间政治行为的焦点。

与海权论相对应的是陆权论，其代表人物是英国地理学家麦金德和

---

① [美]阿尔弗雷德.塞耶.马汉著，熊显华编译，《大国海权》，南昌：江西人民出版社，2011年。
② 同上。

美国地缘政治学家斯皮克曼，前者提出了“世界岛”理论，后者提出了“边缘地带说”。根据“世界岛”理论，亚欧大陆的中心是世界政治的枢纽，这被称之为“枢纽地带”或“心脏地带”，而欧、亚、非大陆就是世界岛，“谁统治东欧，谁就能主宰心脏地带；谁统治心脏地带，谁就能主宰世界岛；谁统治世界岛，谁就能主宰全世界”。① 而斯皮克曼则认为，“心脏地带”理论是错误的，“边缘地带”的人口和经济都超越“心脏地带”，世界战争主要都发生在边缘地带，“谁支配着边缘地区，谁就控制欧亚大陆；谁支配着欧亚大陆，谁就掌握世界的命运”。② 可见，两种观点都把控制亚欧大陆作为大国影响甚至支配世界的前提。从近现代世界历史来看，世界强国之间争夺国际秩序的主导权基本上都是围绕着亚欧大陆进行。战后，美国与苏联争霸，两大军事集团对立，美国还围绕中国沿海建立C形包围圈，从地缘政治的角度看，都是针对亚欧大陆的地缘重要性进行的。亚欧大陆是人类文明的主要发源地，也是世界主要宗教的发源地。直至今天，占世界陆地面积三分之一以上的亚欧大陆，仍然集中了世界上60%以上的人口、经济总量和贸易额。除美国以外，世界主要的经济大国、军事大国都集中在这块大陆及其周边，许多能源、资源大国也位于这块大陆。主要大国对世界秩序主导权的竞争，以及处理国际关系的基本方略也将围绕这块大陆的展开。亚欧大陆注定是世界地缘政治形势最复杂的地域。

此后，在地缘政治学领域还产生了“空权论”“欧亚棋局论”“新边疆论”等理论学说。③ 这些学说实际上都是随着现代技术的演进，以及战争模式和国家间竞争方式的变化，而提出的针对更多地缘要素的国家战略和政治行为的调整。

---

① [英]哈．麦金德著，林尔蔚、陈江译，《历史的地理枢纽》，北京：商务印书馆，1985年，第44-63页。

② [美]斯皮克曼著，刘愈之译，《和平地理学》，北京：商务印书馆，1965年，第64-83页。

③ 韩银安：《地缘经济学和中国地缘经济战略》，北京：世界知识出版社，2011年，第38-40页。

二、地缘经济学及其主要观点

与地缘政治学相比，地缘经济学的产生相对较晚。随着20世纪90年代美苏争霸格局的结束，在经济全球化和区域一体化的推动下，世界各国在经济上的联系日益紧密，国与国之间的相互依存性不断加深。在这种背景下，以合作性思维为主导、重视国家经济利益的地缘经济学兴起。包括美国、俄罗斯、意大利等多个国家的学者纷纷介入这一领域的研究，使其影响力不断上升。

地缘经济学的代表人物包括美国的E.路特瓦克和理查德·H·索罗门，俄罗斯的A.涅克列萨和Э.科切托夫，意大利的保罗·萨翁纳等人。① 总的来看，尽管存在不同流派，各个流派的观点、学术思想也不尽相同，但总体上看，地缘经济学主要还是围绕地缘因素，研究国家间为维护各自经济利益而产生的竞争与合作关系。地缘经济学也研究国家经济利益与政治、文化等其他领域利益的关系，但视经济利益为根本利益，并强调经济手段在维护国家利益中的作用。地缘经济学的主要观点包括：

(1) 经济全球化条件下，国家间的依赖程度增加，世界各地广泛的经贸往来和资金流动使国家间的经济利益不再受政治疆界约束，经济因素越来越成为主导国家关系的重要力量。在这种情况下“合作思维”正逐渐取代“对抗思维”而成为“主流”。

(2) 政治和军事手段在国家间处理利益关系中的地位有所下降，而经济上的竞争与合作正成为国家行为的主要方面。国家间的竞争更多地依赖于贸易和金融，②综合运用国家在产业、经济、技术上的政策或影响，并维持本国企业在国际市场上的竞争力，以便在世界经济版图中占据优势，越来越为世界主要大国所重视。

---

① 李敦瑞、李新：《地缘经济学研究综述》，《国外社会科学》，2009年第1期，第42-48页。

② E. Luttwak, “From Geopolitics to Geoeconomics: Logic of Conflict, Grammar of Commerce”, *The National Interest* (Summer 1990) pp. 17-23.

(3) 国家的作用为跨国公司、国际组织日益频繁的活动所减弱,但民族国家仍在国际关系中居于主导地位。每个国家如同企业或"经济人"一样,都在竭力谋求本国利益的最大化。[①] 这和地缘政治理论中的国家,在本质上并没有区别。但国家越来越多地关注经济利益。

(4) 在经济关系为主、政治军事关系为辅的国际新环境中,国与国之间致力于探索构建新型的国际关系。特别是当今世界政治与经济不断地融合,国家安全的范畴也在不断扩大,已经由政治层面和军事层面扩展到经济层面,与之相对应国家实力和影响力除了军事力量外,还包含了经济实力和技术力量。[②]

(5) 尽管世界各地经济联系日益密切,但地缘因素在各个国家维护自身经济利益和安全时,仍占据重要位置。各个民族国家的经济不断"跨国化",并积极融入世界生产和分配体系中。[③] 利用本国的地缘条件,在世界经济体系中找准自身定位,并以此为基础处理、协调与其他国家或区域性组织的关系,成为国家维护地缘经济利益的工作重心。

(6) 保障国家地缘经济利益的手段以产业、金融、贸易、技术、能源或自然资源等方面的手段为主,这与地缘政治所强调的占领领土或控制战略要道截然不同,但军事和政治的手段在维护经济利益中的作用也不容忽略。

总体上看,"地缘经济学就是在世界经济全球化和区域经济集团化不断加深的国际环境下产生的一种解释国际关系和世界秩序的新理论"。[④] 地缘经济学也承认竞争的存在,但这种竞争更多的是在经济层面上的。相对于地缘政治学的"冲突逻辑"或对抗思维而言,地缘经济学更

---

① E · N · Luttwak, "From Geopolitics to Geoeconomics: Logic of Conflict, Grammar of Commerce", *The National Interest* (Summer 1990) pp. 17-23.

② Richard · H · Solomn, "America and Asian Security in an Era of Geoeconomics", *US Department of State Dispatch*, May 25, 992, pp. 410-414.

③ Э · Г · 科切托夫:《世界跨文明和谐与地缘经济学范式》,《上海财经大学学报》,2007 年第 5 期,第 3-10 页。

④ 李敦瑞、李新:《地缘经济学研究综述》,《国外社会科学》,2009 年第 1 期,第 42-48 页。

多的体现一种合作的理念。地缘经济学既强调世界共同的经济体系,也认可民族国家的利益独立性。因此,在世界地缘经济体系中,国家竞争的手段更多的存在于经济领域,各国的政治、军事行为和关系也越来越多地被赋予经济内涵。在现代世界体系中,国家间的伙伴关系、合作关系正逐渐成为主流,对抗和冲突仍在,但更多的是局部的,这种状况也促使各国的外交也更加务实。必须强调的是,在地缘经济学理论中,国家安全的范畴扩大了,包括政治、军事、经济,甚至还有文化等领域。可以说,这是一种全方位的国家安全概念,而这至少也是今天世界各国维护国家利益和安全的手段不断多元化的一种反映。

三、地缘经济与国家利益

从地缘的角度看,世界经济版图不同于世界政治版图。各国的经济利益边界也不同于各国的领土疆域。在经济全球化的时代,随着各国经贸往来的频繁,大多数国家的经济边界超出领土边界,并与其他国家发生重合,这实际上会产生两个效应。一种是合作效应,即在一定的地域范围内,两国或多国之间有着共同利益所在,通过加强合作可以实现共赢,甚至可以整合已有的区域一体化机制,形成区域整体利益的放大。另一种是竞争效应,即国与国之间由于经济边界的重合,产生利益上的冲突,例如资源的争夺、市场的占有、技术上的追赶等,在这种情况下竞争变得不可避免。当然竞争效应与合作效应的相互关系是辩证的,二者共存于今天的世界经济格局中,当国际条件发生改变时,二者也会相互转化。例如,在一些区域合作计划中,各国均会在权衡利弊的基础上,决定是否参与合作以及参与的程度;当面对现实的利益时,互利共赢成为共识,竞争效应便会消减,合作效应便会得到放大。在许多情况下也会出现这两个效应的“共生”现象,即在允许某些领域存在竞争的前提下,在其他领域实现合作,这既是今天世界各国务实精神的反映,也是地缘经济合作思维的体现。

除经济领域的竞争与合作之外,政治、外交、军事领域也存在竞争与合作。不同领域的“竞争与合作”也存在相互交织、相互协调、相互转化的情况。无论合作还是竞争，抑或是二者的转化或共生，归根结底都是国家利益的需要。在世界形势总体比较缓和的前提下，政治冲突仍然普遍存在，军事也存在于局部区域，而国与国之间经济利益的冲突和协调却逐渐上升为国际关系的主要方面。从地缘经济的角度来看，一方面国家安全的范畴在不断扩大，所涉及的领域越来越宽泛，但另一方面，经济领域的利益在国家利益中的比重越来越高，在维护国家利益的诸多手段中经济手段的使用频率越来越高。可见，地缘经济实质上是围绕国家利益而展开的与地缘因素紧密相关的经济现象、经济活动和经济关系，以及处于辅助地位的政治、文化等领域的行为和关系。

诚然，国家利益受地缘条件影响的大小，还取决于一国的经济开放程度、经济影响力等因素。通常，经济开放程度越高、在世界经济中影响力越大，则地缘因素的重要性也就越高，反之则越低。现代信息技术和发达的运输系统，一度使人们认为国家利益对地缘经济的依赖度有所降低，但恰恰是这些技术和条件的存在和不断改善，才是各国经济相互依存、经济一体化和区域整合的前提，这也是世界地缘经济体系形成的基础。制造业等传统产业和贸易受地缘条件的约束较大，而对其依赖度较大的国家应当重视地缘因素的影响。即使是金融、信息等产业，虽然受地缘条件约束较小，但是在实现了“无缝对接”和“资本无眠”的全球金融市场中，各个国家都要考虑自身的地理位置和所处时区，以及自身在全球货币金融体系中的利益所在。金融、贸易、技术、产业、能源关乎每一个民族国家的生存与发展，而这些都不同程度地受地缘因素制约，因此现代国家的利益与地缘经济的结合程度也正日益紧密。

第2节 地缘经济与区域经济整合

在经济全球化不断深入的今天，区域经济一体化也正以多种形式不断深化。各种以地缘为纽带的多边或双边的经济合作机制、自由贸易区、贸易金融协定层出不穷。这也是各个国家借助区域经济机制，维护自身地缘利益的体现。从这一点看，区域经济的整合也是民族国家在世界地缘经济体系中维护自身利益的重要平台。

一、区域经济整合是地缘经济的一种体现

国内学者张丽君认为，“地缘经济最本质的特征是区域经济整合，即区域经济一体化或区域经济集团化”。① 伴随现代国家经济职能的不断扩大，各国都力图使本国在国际贸易、金融体系中占据有利地位，经济领域的竞争越来越多地取代政治领域的竞争，甚至政治、外交、军事等方面的许多政策、措施也在为经济利益服务。因而，借助地缘纽带运用合作的思维，倡导或参与区域内的经济一体化或集团化，成为获得国际竞争优势、实现本国利益最大化的有效途径。

应该说，区域经济一体化或集团化，适应了冷战后地缘政治让位于地缘经济的趋势，便于在区域内消除贸易壁垒并扩大经济开放，也有利于经济资源和生产要素在区内实现优化配置。② 以地缘为纽带的一定区域范围内的国家和地区之间的经济合作，就是实现不同程度的一体化，并且这种一体化天然会对区域之外的国家或经济体形成区分甚至壁垒。但随着世界政治、经济格局的演变，新兴经济体的崛起，传统发达国家实力的相对衰落，以及世界各国谋求和平发展的共同愿望，使以合作思维为主导的更具包容性的区域甚至跨区域经济整合的计划或机制，也正不断涌现。可见，区域经济整合是地缘经济的一种体现。

二、区域经济整合的深度

一般而言，国家间的区域经济合作方式包括部门一体化、自由贸易

---

① 张丽君:《论地缘经济背景下的西部大开发》,《解放军外国语学院学报》,2001 年第 2 期,第 119-122 页。

② 同上。

区、关税同盟、次区域经济合作、经济共同体、经济联盟等。不同的合作形式反映出区内国家间在贸易、金融、财政、产业、政治等方面联系程度的差异。在这些合作方式中，部门一体化往往仅限于一种或几种产业上的合作或者一体化，区内成员国就合作的产业在关税、配额、价格、投资等方面达成合作协议。从欧洲煤钢共同体的历程来看，部门一体化是地缘关系紧密的国家间实现局部一体化的一种方式。尽管合作程度相对较浅，却是这些地理位置临近，且在政治、经济、历史、文化都有着千丝万缕的联系的西欧大陆主要国家，在战后经济走向一体化、政治走向和解的重要步骤。

目前，从合作的深度上看，欧盟是一体化程度最高的区域组织。在“联盟”中，不仅要在经济、贸易、金融等方面高度一体化，准许资本、技术、人口在区内国家间自由流动，还使用共同的货币，设置共同的治理机构。未来甚至还可能会走向政治、经济、防务的全面一体化。形成这种“联盟”的前提条件包括经济发展水平差异较小，政治、文化等领域相似度较高，在地缘上有着密切的关系和深厚的历史积淀，等等。因此，欧盟这种模式很难在世界其他地方“复制”。

自由贸易区主要是两个或多个国家之间就进出口产品的自由流通达成协议，通常取消配额、降低或免除关税。自由贸易区对地缘关系的要求相对较低，但从合作的程度上看，可以涵盖大部分乃至所有的产业部门和贸易领域。因而，建立自由贸易区几乎是世界上最为普遍的区域合作方式。今天，自由贸易区遍及全球，成为各个国家增强经济实力、维护地缘经济利益的重要平台。例如，北美自由贸易区、中韩自由贸易区、中国—东盟自由贸易区、南亚区域合作联盟自由贸易区等等。

可见，不同的区域合作方式在深度上体现了合作的不同层次。除国际大环境等因素外，区内国家经济发展的阶段、经贸往来的规模和趋势、区内国家相互关系，以及政治制度、历史文化等地缘因素成为区域合作深度重要决定因素。

三、区域经济整合的广度

“现代的特征就是把小的、相对独立的国家结合成范围更大的民族国家和被贸易壁垒所包围的民族经济体。”①客观地说，区域范围的经济合作乃至实现一体化，在空间上既是国家经济的向外延伸，同时也与区域之外的国家或经济体存在“区分”。无论是自由贸易区，还是其他形式的合作机制，其实都是各个国家凭借地缘优势加强区内合作、赢得对区外竞争优势的重要途径。一个国家的地缘经济利益从空间的意义上说有着区域和跨区域的特征，这体现了区域合作在地缘上的广度。

区域的概念本身是相对的，国家的地缘利益首先体现在与周边的经济外交以及和临近国家的合作上。因此，从民族国家的自身来看，围绕周边的地缘经济战略首选临近的次区域合作、自由贸易区、经济联盟，然后才是更大范围的经济合作。当然有些大国由于自身幅员辽阔，其周边的地缘经济圈就已覆盖大范围的地域。例如，而俄罗斯所主导的“欧亚经济联盟”就是以原苏联国家为地缘主体的战略联盟，旨在实现货币合作、建立共同的能源市场和经济要素的自由流动。

近些年来，随着现代物流、信息体系的进一步发展，以电子商务为代表的商业模式的演进，区域经济整合在地缘上的广度不断得到拓展，范畴还在进一步延伸。尤其是大国主导或倡导的跨区域的合作机制，形成更大范围的经济集团化。例如，TPP（跨太平洋伙伴关系协议）和 TTIP（跨大西洋贸易与投资伙伴协议）就是分别以太平洋和大西洋为地缘纽带，依托制海权，而形成的试图对全球贸易格局和贸易规则产生颠覆性影响，且旨在确保本国及其盟国继续主导世界经济格局的一种跨区域经济集团化。

在合作性思维的推动下，体现强大包容性的跨区域合作平台也开始出现。例如，中国所提出的“一带一路”倡议，就是地跨亚欧非大陆，涵盖

① ［美］罗伯特·吉尔平著，杨宇光、杨炯译：《全球政治经济学——解读国际经济秩序》，上海人民出版社，2006 年，第 311 页。

沿线100多个国家，人口达40多亿，经济总量占世界三成的跨区域经济合作大平台。中国将主动发展与沿线国家的经济合作伙伴关系，同时欢迎周边乃至世界各国的积极参与。“一带一路”将沿线国家已有的双边或多边的一体化或区域合作机制作为这种大范围合作平台的重要抓手或分支，并在不断深化合作的基础上发展新的合作平台。可见，与以往区域合作机制对区外国家有较高的“壁垒”相比，“一带一路”最大的特征在于其包容性。“一带一路”倡议摒弃了地缘政治的对抗性思维，以务实合作的精神，将经济放在首要位置，并努力协调各国在文化、宗教、政治上的差异以及其他方面的利益冲突。本着亲、诚、惠、容的理念和求同存异的精神，中国可以与其他各国协调利益关系，以务实合作实现互利互惠，在增进互信、深化合作的基础上加强经贸往来、实现互联互通，最终打造命运共同体和利益共同体。①

第3节　保障地缘经济利益的手段

德国学者海纳·穆勒-莫巴齐认为，在世界的地缘经济格局中，欧洲、北美和东亚三足鼎立，这三个区域在价值体系、宗教信仰、语言、凝聚力等方面最有影响力，在今天乃至未来的世界中居于主导地位。② 这实际上揭示了地缘经济虽然强调以经济为主导，但涉及政治、经济、军事、文化、宗教等多个方面。因而，从保障国家保障地缘经济利益的方式或手段来看，也涉及多个方面。

一、经济手段

当代国家保护本国地缘经济利益主要通过贸易、产业、金融等手段

① 李敦瑞：《中缅经贸合作的前景及其战略价值》，《学习时报》，2015年9月7日，第2版。

② Heiner · Muller-Merbach, "Business Education for Global Management", www.ctw-congress.de/ifsam/download/track_17/pap00527.pdf, 1998.

进行。站在战略的态势看，地缘经济集中在对区域或者世界经济主导权的争夺，对高科技及人才的争夺，对世界能源和市场的争夺，以及围绕世界经济运行规则的制定和修改。① 归根结底，国家地缘经济利益的维护主要取决于在国际政治经济体系中的话语权甚至主导权，以及全球资源的配置能力，这也正是各国展开激烈博弈的领域。

从经济竞争和资源配置的基础性手段来看，市场的机制和力量构成地缘经济的基础。市场经济是当今世界各国公认的比较有效的经济发展模式。② 作为国家地缘经济的微观主体，跨国公司和企业成为今天世界经济舞台最为活跃的因素。在市场力量得以充分发挥的条件下，价格、供求、竞争等机制引导这些公司和企业的行为，使之有效地将各种生产、分工、交换、分配等活动有效地组织起来，形成完整的经济体系。经济全球化使各国经济相互依赖、融合，并使市场经济在世界范围得以整合。跨国公司和企业高效的经济组织、完善的生产和交易系统成为经济活动和经济利益跨越国界的主要渠道。因此，培育市场力量并参与世界市场，是保护民族国家地缘经济利益和经济安全的最基本的手段。

从争夺经济利益的主要方式来看，占据全球价值链的高端和全球经济治理的主导地位是地缘经济的高级形式。在经济全球化时代，世界各国成为国际分工和世界市场的组成部分，在全球价值链中所处的环节以及在国际经济秩序中的话语权大小，直接决定着各国在世界利益分配格局中的地位和所能获取的资源量。由于平台竞争在现代经济的竞争中居于中心的地位。包括金融平台、信息平台、技术平台、商务物流平台、创业平台等各类平台构成今天国家经济甚至国家集团经济的核心竞争力。从世界主要经济体的情况来看，平台的体系和质量决定着经济体本身是否能够占据价值链的高端，是否拥有主导权和话语权，是否能够真

---

① 韩银安：《地缘经济学和中国地缘经济战略》，北京：世界知识出版社，2011年，第83页。

② 丁志刚：《地缘经济安全——一种新型的国家安全观》，西北师范大学学报(社会科学报)，2001年第3期，第85-90页。

正地引领未来的经济发展。因此，各个国家尤其是主要经济大国，围绕本国货币在世界货币体系中的地位和策略、本国金融市场的影响力、世界或区域贸易和投资的规则、产业技术基础和科技创新能力等构成平台经济的基本要素，无不展开激烈的竞争。但同时世界日益融为一体，相互的合作也必不可少。例如美元、欧元、人民币、英镑、日元等世界主要货币，对于维护稳定的、健康的国际货币体系，乃至稳定世界经济负有共同的责任，也有共同的利益所在，毕竟各个国家都是世界经济体系的组成部分。可见，围绕全球价值链的高端和全球经济的治理权而出现的“竞争中有合作、合作中有竞争”的现象，是各个国家维护地缘经济利益的新常态。

从适应国际经济环境的策略来看，融入世界市场，积极参与区域一体化，借助地缘集团的力量增强竞争力，是地缘经济的现实体现。地缘经济优势的塑造，从根本上说是当产业技术基础夯实以后，产业链延伸到一定程度后水到渠成的结果。借助一体化的区域合作机制，通过本区域内的贸易与投资便利化，以及货币金融政策等方面的协调，区内国家可以为本国的产业发展和经济结构的升级营造较为有利的区域性环境。包括投融资渠道、政府服务、贸易政策、基础设施、文化交流等一系列因素在内的环境塑造，产业发展在微观层面往往会表现为企业成长、企业业务范围不断拓展、新领域新企业不断涌现等方面；在宏观层面也易于形成经济增长、贸易扩大、金融市场繁荣的局面。特别是在当代，科技创新、商业模式创新层出不穷，海量数据、信息爆炸、市场环境瞬息万变成为世界经济的又一新常态，各国借助地缘条件加强合作是适应新变化、新挑战、新机遇的又一途径。从这里来看，区域经济一体化或经济集团化将是各国保障本国地缘经济利益最务实的手段之一。

二、政治和外交手段

尽管地缘经济学正不断兴起，地缘经济在世界舞台中的影响正不断上升，但地缘政治仍是影响民族国家行为的重要因素，政治与经济之间的相互作用也并未发生本质的变化。尤其是当今世界各国的政治行为和外交政策越来越务实灵活。例如,存在领土争端、政治上比较冷淡的国家之间可能在经济上往来密切,而经济上联系较少的国家之间也可能在政治、安全上相互依赖。各个国家之间在一些领域的竞争完全可能与在另外一些领域的合作共存。在经济手段日益成为保障国家地缘经济利益重要手段的今天,政治和外交手段的重要性仍然不可小视。

首先,地缘政治的影响始终存在。尽管电子商务、金融等依托互联网平台和信息技术的产业对区位条件的依赖性下降,经济发展甚至出现在空间上分散化的趋势,但是金融中心的所在仍然对世界经济影响甚大,电子商务的物流通道、贸易航道、能源运输通道等都依赖于交通基础设施和油气管道。各国无不运用各种政治和外交手段,包括建立各种区域性组织、双边战略伙伴关系等,以确保本国与世界各地人员、物资和能源交流的畅通。

其次,政治关系和经济关系总体上是可以实现相互促进的。在目前世界形势下,整个世界融入了一个市场经济大竞争的时代,激烈的竞争要求各国动用外交手段为本国企业开拓市场。① 能源和原材料的供应、生产资料和生活资料的进口等也有赖于国际上的良好政治关系作为保障。绝大多数国家都致力于通过与其他国家的政治接触乃至实现政治互信以保障本国的地缘经济利益。对外援助、扩大投资、低息贷款、减免债务等经济上的优惠政策有助于优化本国的国际形象,并成为推动政治关系的润滑剂。经济上的密切关系通常也会使国与国之间的政治关系产生了较为坚实的利益基础,甚至在存在领土争端或重大战略冲突的情况下,也有助于将政治冲突的控制在一定的限度内,并为政治对话扩大了空间。

最后,经济上的矛盾也需要通过各国政治上的磋商和协调以缓和或

① 丁志刚:《地缘经济安全——一种新型的国家安全观》,《西北师范大学学报(社会科学报)》,2001年第3期,第85-90页。

促进解决。由于国际经贸往来日益密切，各国的经济利益不断突破领土疆界，形成以本国为中心的地缘经济圈，这样各个“圈”势必发生重叠，难免会存在不协调和冲突；并且，在各种国际经济组织中，各国也时常产生矛盾，或是争夺组织中的话语权和规则制定权，或是建立新的组织以削弱原有的组织。但同为世界地缘经济体系的组成部分，在根本利益一致的前提下，各国政府间往往可以通过的政治和外交活动建立双边或多边的对话机制，以较低的代价实现利益的协调。

三、军事手段

军事手段实际上是政治手段的一种极端表现形式。在当今经济全球化不断深化的背景下，任何一个国家要想摆脱地缘经济因素的影响来扩大自己的实力都是不可能的；但是，一个国家将自己的发展战略完全依赖于地缘经济上，而忽视加强自己的军事力量，又将是不切实际的。[①]在地缘政治仍发挥重要影响的今天，对抗性思维在国际政治、经济活动中仍有很大市场，制海权、制陆权、制空权始终对于掌控世界局势发挥着无可替代的作用。尽管爆发世界性战争的风险已经大大降低，但军事手段从来都是国家安全的有力屏障，武装力量也是国家在保障地缘经济利益中可供选择的途径之一。就地缘经济而言，运用军事手段至少表现为这样几个方面：

其一，确保本国的能源供应，甚至对能源资源的控制。俄罗斯地缘经济学家科切托夫认为：“地缘经济成为寻求世界性问题解决的巨大场地，其中最核心的就是能源问题。”[②]这在客观上揭示了能源对于世界经济的重要性，能源问题也几乎成为所有国家的核心利益所在。而对于能源产地的控制、能源运输通道的掌握、国际能源交易秩序的维护都需要军事手段做后盾，必要的军事保护和适当的战略威慑必不可少。

① 郭学堂：《“地缘经济”的发展及其现实意义》，《社会科学》，2000年第4期，第25-28页。

② Э.科切托夫：《世界跨文明和谐与地缘经济学范式》，《上海财经大学学报》，2007年第5期，第3-10页。

其二,确保在对交通要道、战略要地的争夺中取得优势。除了能源之外,诸如粮食、矿产等战略资源也是任何国家生存和发展的必需品,而且分布或生产也很不平衡。随着人口增长和经济发展,对这些资源的需求又在不断上升。更何况,在跨国经济活动日益频繁的今天,贸易商品和人员的交流也呈上升趋势,也是国家经济利益的重要来源。因而,拥有资源的战略要地和运输资源、商品、人员的通道成为地缘经济的焦点。当这些或是面对其他国家的竞争时,或是面对恐怖主义和海盗等犯罪活动的威胁时,显然离不开军事手段的保护。

其三,发挥军事经济共同体的作用。在世界发展到地缘经济的模式下,武装力量将在军事经济共同体内与经济内容相结合。① 这种军事经济共同体可以体现为两个方面。一是军事力量在护卫能源、资源领域的商业项目中发挥作用。二是国防采购、武器出口使得军工产业带动本国上下游产业发展。要维护本国的地缘经济利益,正确协调地缘经济因素和国家的军事职能之间的关系至关重要。军事经济共同体的存在让国家的地缘经济利益与军事手段能至少在部分领域产生融合的趋势。

其四,利用军事战略或武装冲突,制造紧张氛围以限制或打击地缘经济竞争对手。扩大在某一区域的军事存在,以形成战略威慑,可以使竞争对手的地缘经济利益受到直接的压力。借助领土争端、民族冲突,在军事上支持一方并打击或防范另一方,能够借以限制甚至破坏竞争对手所在区域经济的一体化或集团化。在竞争对手的地缘经济圈范围内制造小规模冲突,或是直接参与战争,也可能会造成金融市场的恐慌,以确保本国货币的国际地位和本国金融市场的影响力(特别是大宗商品的定价权)。所有这些都是在对抗性思维主导下,利用军事手段打击对手,确保本国地缘经济利益的表现。

四、其他手段

地缘要素还涉及历史、文化、宗教等多个方面的因素,因而保障地缘

---

① Э.科切托夫:《世界跨文明和谐与地缘经济学范式》,《上海财经大学学报》,2007年第5期,第3-10页。

经济的手段也涵盖这些领域，至少包括：

（1）文化交流。各个国家之间在历史文化方面差异较大，即便是地理位置相邻的国家之间往往也存在交大的差异。这在一定程度上，影响了对各自战略、倡议或理念的理解，容易在区域经济整合过程中造成不必要的质疑和猜测。一个国家本国地缘经济利益的维护，除了各国的利益需求和优势互补以外，还应充分运用自身的深厚文化底蕴和文化影响力，与其他国家加强文化领域的合作，在提升文化软实力的同时，以文化交流作为消除不信任和疑虑的“润滑剂”。在此基础上，文化交流完全可以成为各个国家之间增进互信、实现平等协商与互惠互利的又一途径。

（2）宗教宽容。宗教信仰是关乎绝大多数国家和人口的大问题。人类世界有着众多的宗教信仰，也面临着纷繁复杂的宗教问题。宗教问题往往也与民族问题、领土问题、政治问题交互错杂，常常使一定地缘范围内的国家之间的相互间关系错综复杂。因宗教问题而引起的战争、恐怖袭击、民族冲突屡见不鲜。这给许多国家和地区的经济发展，也给许多跨区域的地缘经济计划的实施，带来了障碍。因此，能够比较成功地维护本国地缘经济利益的国家，通常采用宗教宽容的方式，以开放性的政策对待各个民族的各种宗教，以极具包容性的姿态与不同宗教信仰的国家以地缘为纽带，实现经济整合，推进双边甚至多边的互利共赢。

（3）大国责任。在人类面临的诸多共同问题，如气候问题、人口问题、资源问题、贫困问题、妇女问题、恐怖主义问题等，需要各国共同的努力与协作。但其中大国的责任尤为重要。政治、经济、军事等领域居住主导地位的大国，对今天的国际秩序和世界地缘经济体系发挥着举足轻重的作用。大国凭借自身在国际事务中的分量，在诸多人类共同问题中承担相应的责任，使自身得以发挥影响力，并树立良好的国际形象，同时当本国所提出的地缘经济战略或者倡议时，也更加为其他国家所理解和支持，甚至还会在国际上拥有更多的追随者，这样更利于地缘经济利益在更广泛的范围内得以实现和扩大。

(4) 民族和解。民族问题往往有着深层次的历史、政治和经济原因。但民族冲突无疑是破坏经济一体化和各国利益的原因之一。人类的历史已经无数次证明，在民族冲突激烈的区域内，国家地缘经济利益难以保障。而实现民族和解则是，保障甚至扩大国家地缘经济利益的有效途径。例如，二战后，欧洲的德国与法国等其他国家实现和解，为欧洲战后的和平稳定与繁荣发展奠定了坚实的政治基础。尽管欧盟经济前景不容乐观。但欧元仍是世界第二大货币，欧盟依然是世界最大的经济体之一，依然在世界地缘经济版图中举足轻重，在各种国际政治经济组织或机制中拥有较高的话语权。而实现了与周边国家和解的德国，依旧保持了强劲的国际竞争力，其经济影响力和参与各种国际事务的能力举世公认，其地缘经济利益得到了充分有效地保障。

(5) 科技进步。科学技术是经济实现内生增长的必要条件，也是民族国家占据全球价值链高端的前提。民族国家维护地缘经济利益时，还应重视科技进步的作用。通过科技手段，增强国际竞争力，提升产业技术水平，这也是在世界地缘经济体系中，获取有利位置，增强话语权的有力保障。

第4节 中国的地缘经济战略选择

“对外政策是地缘经济权利运用的核心，是一个国家利益与安全的外在价值体现，是一个国家在国际社会中的灵魂。”[①]鉴于所处地缘环境的特殊性，中国如何对自身的地缘经济战略作出选择，并延续、深化长期以来所奉行的外交理念和对外经济政策，成为保障中国地缘经济利益的现实课题。“一带一路”倡议的提出，从地缘经济学的角度看，也是中国依托亚欧大陆和西太平洋、印度洋、地中海的地缘关系，借助经济外交和

① 韩银安：《地缘经济学和中国地缘经济战略》，北京：世界知识出版社，2011年，第191页。

区域经济合作，推进沿线国家经济共同繁荣，共同为各个相关国家提供经济发展新机遇的一种有益探索。

一、中国的地缘环境及周边的地缘意义

中国陆地面积960万平方公里，幅员辽阔，人口众多。从地理位置上看，东临西太平洋，南临马六甲海峡和东南亚诸国，西南与巴基斯坦、印度、缅甸等印度洋沿岸国家接壤，北接俄罗斯的亚洲部分和蒙古，西部与中亚接壤，东北部临近朝鲜半岛，与日本隔海相望。从地缘条件上看，中国既有自身发展的基础，也有与周边国家形成互利合作的潜力。

其一，周边国家和地区是中国对外经济往来的首选。中国周边及临海国家中既有人口大国，也有经济大国和政治大国；既有发达国家，也有发展中国家和转轨国家。地理位置的临近，以及地缘上的关系，为人员流动、物资运输和文化交往提供先天性的优势。近年来，随着中国对外经济贸易联系的加强，以及海外与中国经济联系的加深，周边国家和临海国家与中国经贸往来规模不断扩大。例如，2013年中国提出“一带一路”倡议时，与周边国家贸易额已达到1.3万亿美元，超过了中欧贸易和中美贸易的总和，其中中俄贸易额近900亿美元。中印贸易额维持在600亿美元以上，中越贸易额也已突破500亿美元。① 据商务部统计数据，2014年中国非金融类对外直接投资已达1 028.9亿美元，其中东南亚、中亚等周边国家和地区已成为我国企业重要投资目的地。

其二，周边国家和地区是中国实施“走出去”战略的重要通道。无论是中国企业走出去，还是与境外的物流、人流交互往来，都需要途经周边国家和地区的领陆、领海、领空，便于实现国内发展战略与国际战略通道相结合。以缅甸为例，该国南临印度洋，东北毗邻中国云南省，又位于印度、孟加拉国和泰国、老挝等东南亚国家的中间。仅从地理位置上看，与缅甸展开深入的经贸合作对于推进“孟中缅印经济走廊”建设、“21世纪

---

① 李敦瑞：《亚信机制与中国对外开放的新机遇》，《学习时报》，2014年6月2日，第2版。

海上丝绸之路”建设和中国国内区域经济发展，就有着不可估量的战略价值。①

其三，中国与周边国家形成的各种双边或多边的经贸合作机制，为中国进一步拓展海外经济利益打下良好基础。近些年来，借助地缘上的便利，中国先后与韩国、东盟、俄罗斯、哈萨克斯坦等多个周边国家开展各类形式的经贸合作机制。例如，“大湄公河次区域经济合作”和“中国—东盟自由贸易区”等区域合作机制，促进了中国与包括缅甸、泰国、越南等国在内的东南亚国家的经济联通和贸易往来。未来随着中国不断扩大贸易、投资领域的合作，在实质上提升了这两个重要区域合作机制的成效，客观上促进了它们对海上丝绸之路建设的支撑。中韩自由贸易区的建立，在使两国互利合作迈向一个新阶段的同时，也直接对中国与周边国家乃至更大范围的区域的地缘经济合作产生了良好的示范效应。

其四，深化与周边地区的地缘经济关系是中国立足于世界地缘经济版图，提高中国在全球经济治理中的制度性话语权的关键步骤。亚欧大陆无论从面积、人口数量、资源能源储量还是经济影响力，都在世界地缘经济版图中居于举足轻重的位置。而亚欧大陆的东西两端恰恰属于经济相对发达的区域，中间则属于相对经济发展水平“凹陷”的区域。从这一角度来看，中国在经济总量和资本积累达到一定阶段以后，同时与在世界金融危机后复苏乏力的欧洲实现大范围的互联互通，并以此带动整个亚欧大陆。

其五，加强与周边国家的地缘经济合作，也是中国自身实现区域协调发展的需要。中共十八届五中全会提出，要“推动区域协调发展，塑造要素有序自由流动、主体功能约束有效、基本公共服务均等、资源环境可承载的区域协调发展新格局”。② 在当前，全面开放的新格局日趋形成，

① 李敦瑞：《中缅经贸合作的前景及其战略价值》，《学习时报》，2015年9月7日，第2版。

② 中共中央：《中国共产党第十八届中央委员会第五次全体会议公报》。人民网：http://cpc.people.com.cn/n/2015/1029/c399243-27755578.html? mType=Group，2015-10-29。

国内区域的协调发展，同样是在一个开放的环境中实现。要素的有序流动和资源的合理高效配置，都需要纳入新的大格局中进行考量。而同周边国家深化地缘经济合作，进而在更大范围内实现资源优化配置，乃至站在全球价值链战略的高度，实现内外联动，既有利于内陆、延边地区与沿海地区优势互补，也有助于各个区域参与国际竞争，在更广泛的空间内进行国际产能合作。

二、与周边国家间的地缘经济关系协调

国家或区域之间的地缘经济关系既有可能存在冲突，同时也需要协调。在今天国际政治经济博弈日趋错综复杂的条件下，中国与周边国家间的地缘经济关系也趋向复杂，但客观上这种关系也存在着协调的基础。

1. 非经济因素对中国与周边国家地缘经济关系的影响

政治、军事、民族、宗教、意识形态等许多非经济因素时常会对国家间的地缘经济关系形成干扰。从中国所处的地缘环境来看，这些因素主要有：一是南海、藏南、钓鱼岛等地区的领土纠纷，会给中国与相关国家的经贸合作造成干扰。例如，中日两国钓鱼岛纷争以及围绕海洋权益展开的竞争，势必会从大的格局上影响到两国的经济关系，中日韩自由贸易区迟迟难以实现恰恰反映了这样一种情况。而在南海，围绕岛礁的争端时常使中国与部分东盟国家的正常经贸往来受到干扰。二是恐怖主义、民族分裂势力会对我国对外开放和贸易往来的通道、经济走廊的安全造成威胁。例如，我国西北地区与中亚各国之间的经贸往来，就需要防范这种威胁带来的安全隐患。三是宗教、文化上的差异所造成的影响。例如，中国企业正不断“走出去”，在一些国家，中国企业在生产经营、使用劳工等方面就需要面对融入当地文化的问题。四是其他一些地缘政治风险所造成的影响。例如，朝核问题影响着东北亚地区的稳定，影响中国北方地区与周边的经济关系；缅北民族冲突对中国西南地区面向缅甸、孟加拉等国在内的战略通道产生影响；此外，周边其他国家之间

的矛盾、域外大国的政治和军事战略的调整也都会影响到中国与周边国家之间的地缘经济关系。

2. 经济性因素对中国与周边国家地缘经济关系的影响

国家之间的经济竞争或国际经济秩序话语权的竞争也影响着中国与周边国家的地缘经济关系，贸易、投资、市场、援助等等，都成为竞争的重要领域。这包括：一是对于投资、市场、人才、技术等要素的竞争，使国家之间的经济利益容易产生冲突，包括政策环境、政治关系等都可能成为进行竞争的手段。例如，中国与日本近年来针对高铁建设就在印度尼西亚、印度、泰国等国家展开了激烈的竞争。二是周边的大国面对中国的崛起，存在关于地区“经济秩序”等方面的疑虑，容易引发相关的竞争行为。例如，日本和印度两个大国，为了平衡中国的经济影响力，除了政治、军事领域的接触以外，也正不断地加强经济领域的合作。2013 年 9 月，日本就与印度达成协议，把两国之间的货币互换额度从 150 亿美元扩大到 500 亿美元。2014 年 9 月，印度总理莫迪访问日本，日本首相安倍承诺未来五年向印度的私人与公共投资项目投资 3.5 兆日元，向印度的金融公社提供 500 亿日元的贷款，为改善印度东北地区排水设施，计划提供 156 亿日元的贷款。[①] 三是周边一些小国也存在对中国影响力日渐上升的担忧，在与中国经贸合作的同时，也不断引入与其他大国的经济影响力；甚至为了在大国之间寻求平衡，防止中国影响力在其国内过大，而对中国投资形成限制。例如，蒙古国就曾于 2012 年实施了《战略领域外国投资协调法》，使以中国投资者为主的外国投资者的经营活动受到一定的限制。[②] 四是域外大国因素的经济影响。例如，随着 TPP（跨太平洋伙伴关系协议）的推进，中国周边的部分国家或地区的加入势必会对中国的贸易利益产生影响，同时也会对其他国家产生吸引力，而

① 张洁等：《中国周边安全形势评估——“一带一路”与周边战略（2015）》，社会科学文献出版社，2015 年，第 59-60 页。

② 张洁等：《中国周边安全形势评估——“一带一路”与周边战略（2015）》，社会科学文献出版社，2015 年，第 199 页。

中国也需要通过不断推进贸易投资便利化或实施自贸区战略以应对正在变化的国际贸易秩序。

3. 中国与周边国家地缘经济关系的协调

从中国所处的地缘环境来看，无论是要深度融入世界经济，还是发展更高层次的开放型经济，都需要克服各种各类经济或非经济性因素的不利影响，协调好与周边国家的地缘经济关系。近几年，中国的对外经济交往正逐渐从"单向依赖"到"相互依存"，中国经济的发展离不开世界，世界经济的发展也越来越离不开中国，中国对世界经济发展的贡献日益增大。① 在此基础上，中国与周边国家在整体上进行地缘经济关系协调的基础仍然坚实。

从维护地缘经济利益的方式来看，协调中国与周边国家的地缘经济关系，首先要加强经贸往来，并使之成为增进互信、合作共赢的重要途径。今天经济全球化与区域经济一体化趋势不断深化的条件下，在中国已成为大多数周边国家最大的贸易伙伴和重要的投资国。中国与许多周边国家之间也签订了多个双边或多边的贸易协定、战略合作协议。今后围绕贸易上的"互通有无"、投资上的"你来我往"、金融上的"融汇交通"以及基础设施领域的"互联互通"，中国与周边各国完全可以形成广泛的合作，共同构建互利共赢的国际合作大平台。尽管国家之间存在竞争和纠纷，但缅北的民族冲突、藏南领土争端等地缘政治风险性因素仍在可控范围之内，尚不足以影响中国与周边大多数国家进行深度合作的大局。即使是与中国存在战略竞争的周边大国甚至是域外大国，在经贸领域仍有与中国合作的广泛基础和现实需求。而恐怖势力和民族分裂势力会给许多国家的和平稳定制造麻烦，也给中国部分地区发挥对外开放的桥梁作用带来负面影响。② 这也需要中国与周边各国加强打击的力度，在政治和军事领域强化合作，从安全领域维护各国的地缘经济利益。

---

① 唐珏岚：《以更高层次的开放融入世界经济》，《文汇报》，2015 年 11 月 29 日，第 6 版。

② 李敦瑞：《亚信机制与中国对外开放的新机遇》，《学习时报》，2014 年 6 月 2 日，第 2 版。

总之,合作思维是地缘经济关系得以协调的前提。在当今世界经济体系中,任何一个国家都只是其中的一部分,在对抗性思维下“以邻为壑”或“隔岸观火”,终究只能是彼此的利益受损。中国及周边区域各个国家应寻求更广泛的利益交汇点,并不断巩固和扩大合作的成果。中国作为日益崛起的经济大国,应本着睦邻、安邻、富邻的诚意,逐步扩大对周边国家的投资、援助和贸易往来,而周边各个国家也应秉着合作的诚意加强与中国的相互依存程度。

三、“一带一路”倡议与中国地缘经济战略的契合

1. 中国地缘经济战略的选择

从地缘的角度来看,在世界政治、经济版图中居于重要地位的亚欧大陆及其周边,最东端是新兴的东亚经济,最西端是发达的欧洲经济,中间还有能源大国、新兴发展中国家和许多处于经济“凹陷”状态的发展中国家。从中国自身的情况来看,经济发展进入“新常态”,增长速度由高速转向中高速,资源环境约束、产能过剩等问题日益突出,同时经过改革开放40年的积累,中国也正逐渐由资本短缺的国家转向资本相对丰裕的国家,在打造经济升级的过程中,“走出去”的愿望日益强烈,而且在能源、生态、贸易、金融等领域的安全上也需要更广泛更深入的国际合作。从欧洲的情况来看,2008年以来金融危机的影响并未完全消除,欧债危机并未得到根本扭转,欧盟内部各国经济前景不尽相同,但从近年来英、法、德、意等欧洲主要经济大国的动向来看,“向东看”寻求加强与中国这个世界第二大经济体的经贸合作的愿望十分强烈。俄罗斯等能源大国经济发展对能源和原材料出口的依赖度并没有减弱,国际油价和原材料价格的波动加剧了这些国家的经济风险,在它们自身经济发展受地缘政治因素严重制约的条件下,加强与中国和其他大国的合作日益紧迫。新兴发展中大国印度开始转向快速发展的通道,但基础设施落后,工业基础相对薄弱,缺乏资金、技术和管理经验,客观上也有加强同中国等国家合作的需要。而其他许多发展中国家或新兴经济体,在国际贸易、财富

分配依旧失衡的世界经济体系中，为了谋求最为有利的发展环境，也都加强了经济外交，并试图加快与包括中国在内的其他经济体的合作。

同时需要注意的是，为维护自身利益，亚欧许多经济体在货币金融、贸易投资等领域也都参与了日趋激烈的竞争，围绕国际货币体系改革、国际金融治理、国际贸易规则修订的竞争与合作也是此起彼伏。面对世界经济格局和增长模式的深刻调整，为维护自身的战略利益，以至争夺国际政治经济中的话语权和主导权，各国越来越多地凭借地缘优势加强与其他国家的经贸合作，并不断深化区域经济合作。

顺应这种趋势，中国提出了"一带一路"倡议。可以说这一构想，是中国针对本国国情和发展阶段特征，并综合考察亚欧国家地缘经济实际情况和世界经济格局演变趋势的前提之下，而做出的地缘经济战略选择。"一带一路"意在打造沿线国家的命运共同体、利益共同体和责任共同体，充分依托中国与周边国家地缘条件，并向外延伸，依托亚欧大陆地缘优势，尽可能使沿线各国的区域合作战略与之相对接，力图构建极具包容性的国际合作大平台，最终实现中国与沿线各国乃至更大范围国家的共赢共富。

2. "一带一路"倡议与周边的经济外交

一个国家的经济利益边界并不等于该国的实际领土疆界。国家的领土面积固然有限，但可以通过投资、贸易、科技创新、市场开拓等方式，不断拓展经济边界。而在世界经济趋于融合的今天，无论是中国还是周边各个国家，乃至各个区域经济组织的经济边界往往是相互交叠重合的。客观上，这会推进更广范围内的国际性经济合作平台的加快形成。鉴于周边国家和地区的地缘重要性，中国的地缘经济战略首先就是要考虑与周边的经济外交，而"一带一路"倡议首先也是要与周边国家和地区形成区域经济合作，并使国内区域发展战略与之相对接。

从中国当前的发展状况来看，实际上是对内要实现区域一体化，对外要与周边国家和地区实现区域经济整合。从国内的区域一体化来看，京津冀一体化、东北振兴战略、长江经济带等区域发展战略，客观上可以起到打破行政地域疆界，推进要素和资源的自由流动的作用，便于更高层次地对外开放。从与周边的区域经济整合来看，围绕“一带一路”需要建设孟中印缅、中蒙俄、中巴等六大经济走廊，并使之与中国的东北、新疆、西南等边疆地区相对接，进而与中国腹地“长江经济带”和长三角、京津、珠三角等经济重心相联结。并通过中韩、中澳等自由贸易区协定，“大湄公河次区域经济合作”和“中国—东盟自由贸易区”等区域合作机制，以及与周边国家各种双边或多边的投资贸易协定，推进资金、人才、货物、技术、信息在国内国外畅通无阻，从而实现中国与周边区域经济的整合。

尽管实现这种区域经济整合客观上存在着长期的艰巨性，包括美国、日本等国的战略竞争，印度等国的战略疑虑，以及周边国家国内的各种不和谐的声音，以及各类地缘政治风险因素，都会造成不容忽视的影响。但随着中国国力的增强，尤其是经济影响力的不断扩大，这是任何一个周边国家或地区都不能忽视的。更何况，“一带一路”建设本身就是要构建一个包容性极强的国际合作交流平台，本着亲诚惠容的理念和求同存异的精神，中国可以与周边国家和地区寻求共同利益，以务实合作实现互利共赢。因此，从大局着眼中国与周边国家的区域经济整合尽管不能排除风险因素的干扰，但增进互信、深化合作、互利互惠仍是大势所趋。

3. “一带一路”倡议与更广泛的区域经济合作

中共十八届五中全会提出：“必须顺应我国经济深度融入世界经济的趋势，奉行互利共赢的开放战略，发展更高层次的开放型经济，积极参与全球经济治理和公共产品供给，提高我国在全球经济治理中的制度性话语权，构建广泛的利益共同体。”①这意味着中国经过几十年开放型经济道路的探索和实践之后，要以更加开放的姿态，深度融入世界经济中。

① 中共中央：《中国共产党第十八届中央委员会第五次全体会议公报》。人民网：http://cpc.people.com.cn/n/2015/1029/c399243-27755578.html? mType=Group，2015-10-29。

在空间格局上就是要打造“陆海内外联动、东西双向开放的全面开放新格局”。从中国的地缘经济战略上看，就是要在与周边国家和地区实现区域经济整合的基础上，在更广的范围内进行区域经济合作，使中国的地缘经济合作圈进一步向外扩大。

过去几十年，中国的对外开放主要是以东部沿海地区为主，区域经济合作偏重东部和海洋运输。但受周边地缘政治风险影响，特别是美国在军事、政治上“重返亚太”，经济上 TPP、TTIP、PSA 对全球贸易格局产生新的影响，使中国向东为主的开放格局受到严峻挑战，战略空间面临被挤压的威胁。[①] 而在新的开放格局下，伴随俄罗斯、中亚、欧洲国家向东寻求与中国加强经济合作的意愿不断增强，加之在高铁、油气管道、电信、公路、航空、港口等基础设施领域技术、资本的不断积累，中国依托沿边地区向北、向西、向西南等方向，在国内与周边经济合作不断增强的基础上，在更广的范围内实现地跨亚欧大陆，并影响到亚太和非洲的大区域合作日益成为现实。

随着“一带一路”建设的持续推进，中国的地缘经济合作圈的边界也正不断得到拓展。新亚欧大陆桥、中国—中亚—西亚等经济走廊的建设，辅之以各个战略节点的打造，使中国的区域经济合作经中国内地和长三角、珠三角、京津冀等经济重心，或是到西南边境省份和南部沿海，再面向东南亚、南亚国家乃至西亚、非洲，或是向西途径中亚、俄罗斯和西亚国家，最后延伸至欧盟国家。在努力实现政策沟通、设施联通、贸易畅通、资金融通、民心相通的前提下，尽可能使沿线各国发挥各自优势，实现投资贸易的便利化和物流、人流、资金流、信息流的频繁交流。可以说，中国提出的“一带一路”倡议符合大多数沿线国家的利益和愿望，也为以俄罗斯主导的欧亚经济联盟、蒙古国提出的“草原之路”计划等其他国家的地缘经济战略与之相对接提供了足够广阔的空间。在中国的新开放格局下，中国在陆上和海上的地缘经济战略越来越体现为更广泛的

---

① 李敦瑞：《亚信机制与中国对外开放的新机遇》，《学习时报》，2014 年 6 月 2 日，第 2 版。

区域经济合作，尤其是在推进亚欧经济一体化的进程中将发挥直接的作用，这也是中国经济日益融入世界经济的一种体现，更是中国发展更高层次开放型经济的需要。

当然，还必须要看到，“一带一路”沿线各国之间，由于历史、宗教、政治、文化、经济等领域差异较大，相互间关系复杂，各国共同实现“一个声音”难度较大。但各国的利益需求和优势互补为互信互利提供基础。中国作为负责任的大国，应当致力于协调各国寻求利益共同点，除贸易、投资、技术等领域以外，还需要和其他国家一道推动区域经济长久合作机制的完善，为实现各国平等协商、互惠互利提供平台。同时，作为热爱和平并拥有深厚文化底蕴的大国，中国需要与其他国家加强文化领域的合作，在提升自身文化软实力的同时，以文化交流作为消除不信任和疑虑的“润滑剂”。

第2章

“一带一路”倡议提出的背景

中国改革开放的初衷是要生产出更多的产品，解决消费品短缺问题。40年来，不仅体制内产能迅速扩大，而且个体、私有、外资等体制外非公有制经济的迅速崛起使得中国产能进一步扩大。不仅满足了中国人民对消费和生产的需求，而且随着加入WTO，出口导向经济的产能还满足了世界人民对消费和生产的需求。2008年金融危机后全球经济萎靡不振，TPP、TTIP、RCEP、欧盟 Earstern Partnership、EAEU、New Silk Road initiative、TRACECA 等区域经济一体化进程迅速发展。中国国内出口受到抑制，产能过剩问题凸显，中国经济进入“新常态”。

全球价值链的变化和区域经济合作的新态势，对中国如何根据竞争优势和发展需要，发起、倡议和构建区域经济合作方式提出了新要求。中国作为正在崛起的经济大国，一直致力于融入并推动全球经济一体化和国际经济合作。在抵御国际金融危机冲击的过程中，中国不仅对世界经济复苏做出了巨大的贡献，同时非常务实地发展与周边国家的双边和区域经济合作，不断探索国际合作与共赢的新模式。

第1节　世界经济发展动力不足

从全球经济发展现状和趋势看，2008年美国次贷危机引发的国际金融危机，使全球经济陷入严重失衡的境地，潜在增长水平和能力受到很大的伤害。根据世界银行数据，世界经济增长率从2007年的4.2%下滑至 2008 年的 1.8%,2009 年衰退至 1.7%。世界货物和服务出口从 2008 年的 19.9 万亿美元减少到 2009 年 15.9 万亿美元,减少 21.1%。世界外国直接投资净流入总和从 2007 年的 3.1 万亿美元减少到 2008 年的 2.5 万亿美元和 2009 年的 1.4 万亿美元,两年减少了一半还多。

一、新兴经济体异军突起

此次全球金融危机在发达经济体和新兴经济体之间表现出了巨大的反差,欧美发达经济体衰退严重。世界银行资料显示,美国经济增长率从 2005 年就开始下跌,2007 年比 2004 年下降了一多半,2008 年进入负增长,2009 年衰退 2.8%。欧盟经济增长率从 2007 年的 3.1%下降到 2008 年的 0.5%,2009 年衰退 4.4%。而新兴经济体虽然也受金融危机的影响,但经济增长率的下滑幅度并不是很大。2006 年新兴经济体增长率高达 8.1%, 2008 年新兴和发展中亚洲经济体下降到 6.1%,2009 年增幅进一步缩小到 3.1%。中国经济增长率从 2017 年的 14.2%减速至 2008 年的 9.7%和 2009 年的 9.4%。印度从 2007 年的 9.8%下滑至 2008 年的 3.9%,2009 年又反弹回 8.5%。巴西从 2007 年的 6.1%下降到 2008 年的 5.1%,2009 年衰退仅为 0.1%。菲律宾从 2007 年的 6.6%减缓到 2008 年的 4.2%和 2009 年的 1.2%。韩国从 2007 年的 5.5%减速到 2008 年的 2.8%和 2009 年的 0.7%。印尼在 2007—2009 间增长率从 6.4%微弱下降到 4.6%。新兴经济体在金融危机最严重的 2009 年只有少数国家陷入负增长,仍然保持了较高的增长速度。

为了应对全球金融危机,共渡难关,发达国家、新兴市场和发展中国家主要经济体及时搭建了 G20 平台,采取了协调一致的反危机措施。经过共同努力刺激经济发展,世界经济增长率大幅反弹。据世界银行资料,全球经济增长率从 2009 年的负 1.7%跃升至 2010 年的 4.3%,全球外国直接投资净流入也从 2009 年的 1.4 万亿美元增加到 2010 年的 1.9 和 2011 年 2.3 万亿美元,世界货物和服务出口占 GDP 比重从 2009 年的 26.6% 上升到 2010 年 28.8%和 2011 年的 30.5%。以上数据显示,这些经济刺激措施对全球经济走出危机发挥了一定的积极作用。

但是，由于刺激效应的衰减以及世界主要经济体倾向于从本国利益出发制定经济复苏计划和政策，导致各种保护主义抬头，区域合作与协调意愿下降。其结果是，世界经济增长率从 2010 年 4.3%下滑至 2012 年的 2.5%，后经过小幅反弹 2016 年又重新跌回 2.5%，见图 2.1。世界货物和服务出口占 GDP 的比重从 2011 年的 30.5%一路下滑至 2016 年的 28.5%。作为全球经济增长火车头的国际贸易增长速度，在 2013 年和 2014 年首次出现低于全球实际经济增长速度的局面，预示着以国际贸易高达两位数增长为重要特征的贸易全球化巅峰时代已经结束。全球对外直接投资(FDI)也出现了直线下降的趋势。世界银行资料显示，世界外国直接投资净流入从 2011 年的 2.3 万亿美元减少到 2014 年的 1.8 万亿美元，降幅高达 22%。据联合国贸易和发展会议发布的报告，2009 年全球外国直接投资量比 2008 年减少了 39%，2012 年全球外国直接投资额为 1.35 万亿美元，同比下降了 18%，2014 年为 1.23 万亿美元，比 2013 年下降 16%。

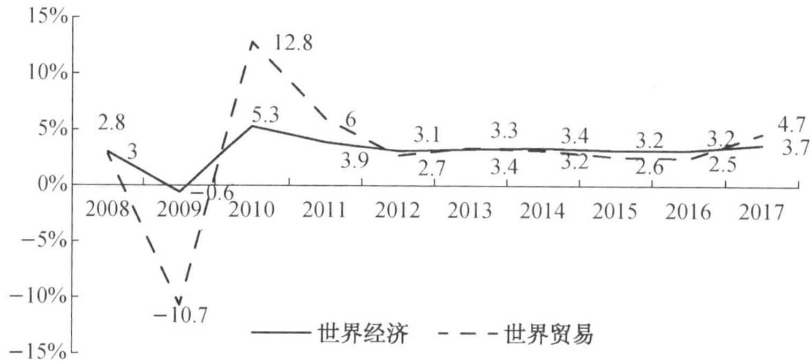

资料来源：世界银行数据：World Bank Group (US) | https://data.worldbank.org.cn/indicator.

图 2.1　世界经济发展趋势

二、世界经济主要经济体分化

这一时期，世界经济主要经济体出现分化。表 2.1 显示，2012—2016

年世界经济一直徘徊不前，主要是因为发达经济体直到2013年才触底开始反弹，尽管增幅并不是很大，约2%。相比发达国家，新兴经济体虽然开始在国际经济中崭露头角，危机之后时期经济增长率从未低于4%，但受制于国际资本大规模的流入流出、国际原材料与能源价格的剧烈动荡、自身经济的脆弱等国内外环境，经济发展与稳定仍然存在很大的不确定性和风险性，直到2015年才停止了经济增长率下滑的趋势，且增长率仍然只有全球金融危机之前的一半。

表2.1 2009—2017年世界经济增长趋势

年份	2009	2010	2011	2012	2013	2014	2015	2016	2017
世界经济	−0.4%	5.2%	3.9%	3.1%	3.3%	3.3%	3.2%	3.2%	3.8%
发达经济体	−3.4%	3.0%	1.7%	1.4%	1.3%	1.8%	2.1%	1.7%	2.3%
美国	−2.8%	2.5%	1.8%	2.8%	2.2%	2.4%	2.6%	1.5%	2.3%
欧元区	−4.5%	2.1%	1.6%	−0.7%	−0.5%	0.8%	2.0%	1.8%	2.3%
日本	−5.5%	4.7%	−0.6%	1.4%	1.6%	0.1%	1.2%	0.9%	1.7%
新兴经济体和发展中国家	3.1%	7.5%	6.2%	4.9%	4.7%	4.4%	4.1%	4.4%	4.8%

资料来源：根据国际货币基金组织2013年10月、2015年1月、2017年4月、2018年2月发布的《世界经济展望》整理。

结构性改革和增长方式转型仍低于预期。从全球金融危机爆发到2013年，世界经济仍未完全摆脱阴霾，多种力量碰撞交错，各经济体复苏态势分化加剧。美国货币政策的变化牵动着全球市场的神经。美元汇率波动、资产泡沫膨胀、资本大出大进、大宗商品价格起落，给不少发展中经济体带来挑战。发达经济体增长趋势出现分化，多数新兴经济体也呈现增速下滑趋势。在美国退出量化宽松之际，日本和欧洲等经济体却仍在维持甚至加大货币宽松力度，俄罗斯面临西方经济制裁和国内经济衰退压力，中国经济发展进入“新常态”，从高速增长转为中高速增长。即便如此，全球经济增长重心由发达国家向新兴经济体转移，发展中国家相对力量上升态势并未逆转。世界经济增长趋势如表2.1所示。

在经济形势渐趋稳定后，各国进行经济合作与协调的意愿明显降低，各种贸易和投资保护主义抬头。特别是一些主要国家在制定宏观经济政策时，仅从本国利益出发，基本不考虑国内政策的外溢效应。例如，美国、欧盟和日本为了刺激国内经济，均实行了大规模的量化宽松货币政策，造成全球范围内的流动性过剩，通胀压力上升，短期资本流动大幅增加，资本市场和外汇市场剧烈波动等。当美国宣布"再工业化"政策和退出量化宽松货币政策后，全球资本流动方向又发生了大逆转。这些都对新兴经济体乃至全球的宏观经济稳定构成了新的威胁。

第2节　世界经济区域一体化进程加快

在全球经济一体化不断深化的趋势下，全球经济再平衡不仅需要新的增长动力，更需要打破各种保护主义，推动国际贸易和投资的自由化、便利化，探索新形势下国际经济合作与发展的新模式、新路径。同时，后金融危机时期，发达国家反思"产业空心化"的教训，推出了"再工业化"战略，试图进一步提高其本来就具有比较优势的产业链和价值链中高端环节的竞争力，扩大市场份额。新兴经济体则通过产业转型升级和对外直接投资，延伸、扩展产业链，从而突破传统国际产业分工对发展空间的约束。全球价值链重构在推动国际市场竞争的同时，也促进了国际分工的深化和区域利益的融合。价值链重构带来市场竞争和动荡，促使各国争相加入或发起新的自由贸易制度安排，在寻求稳定和长期市场空间的同时，培育区域间组合的比较优势。

为此，后金融危机时期，区域经济一体化进程加快，欧盟出于地缘政治目的早在2004年就基本完成了东扩计划，并开始实施"欧洲邻国政策"，2009年又出台了旨在加强与六个后苏联空间新独立国家合作的"东方伙伴计划"。俄罗斯进入21世纪以来逐渐意识到后苏联空间对其地缘政治意义的重要性，特别是针对北约东扩和欧盟"东方伙伴关系"计划加速了原苏联空间的政治、经济一体化进程，打造欧亚经济联盟。针对苏联解体后中亚的地缘政治意义大幅提升，2010 年前后美国企图实施“新丝绸之路”计划，为中亚开辟南下印度洋的出口，使中亚摆脱对俄罗斯和中国的依赖；而欧盟也在积极筹划欧洲—高加索—亚洲交通走廊，试图把中亚拉入欧洲怀抱。而俄罗斯除了欧亚经济联盟还借助“南北”交通走廊将中亚纳入自己管控体系。

一、跨太平洋伙伴关系协定(TPP)

2002 年 10 月，第 10 次 APEC 峰会在墨西哥洛斯卡沃斯举行。峰会期间新加坡、新西兰和智利三国达成就缔结自由贸易协定达成一致，并于 2003 年 9 月在新加坡开始谈判，2005 年文莱加入最后一轮谈判，同年四国签署多边自由贸易协定《跨太平洋战略经济伙伴关系协议》，2006 年正式生效，旨在促进亚太地区的贸易自由化。2008 年美国宣布加入并于 2009 年提出扩大跨太平洋伙伴关系计划，澳大利亚和秘鲁参加，美国开始全方位主导谈判进程，推行自己的贸易议题，并更名为“跨太平洋伙伴关系”。后来，马来西亚和越南在 2010 年，日本在 2011 年，2012 年墨西哥和加拿大，2013 年韩国分别加入谈判。2016 年 2 月参加谈判的 12 个国家在新西兰签署了《跨太平洋伙伴关系协定》(TPP)。然而，2017 年 1 月特朗普刚一上任便签署命令正式退出该协定，2018 年年底没有美国参加的 CPTPP 正式生效。

TPP 涵盖的领域非常广泛，大大超越了 FTA 所要求的货物贸易、服务贸易、投资和原产地规则等传统条款，包括相互取消上万种商品的关税，以及投资、竞争政策、技术贸易壁垒、食品安全、知识产权、政府采购、绿色增长、劳工保护等领域。美国当时主导 TPP 的直接目的就是通过跨太平洋高度自由化和高标准的贸易协定来扩大美国对亚太地区的出口以及增加美国国内的就业。另一方面，则是针对中国经济的迅速崛起及中国推动“10＋3”和 RCEP 将形成亚洲主要贸易合作联盟将美国挤出东亚地区的威胁而对中国进行的围堵。对于中国而言，2014 年 APEC 峰会期间在中国的主导下启动了亚太自由贸易区进程，批准了APEC推动实现亚太自由贸易区的路线图。TPP的出现无疑是对中国推动的FTAAP的强有力替代，削弱中国在亚太地区经济一体化进程中的地位和作用，进而保持美国在该地区的主导地位。如果中国不加入TPP，继续推动FTAAP甚至RCEP将会困难重重，自然也就被孤立于亚太经济一体化进程之外；如果中国选择加入TPP，而高标准和高要求迫使中国在经济市场化、私有化乃至政治民主化方面作出巨大让步和主权的让渡。幸好2017年特朗普宣布美国退出TPP。2018年年底没有美国参加的新的TPP—CPTPP正式生效。

二、区域全面经济伙伴关系(RCEP)

1992年东盟6个成员国印尼、马来西亚、新加坡、泰国、菲律宾和文莱的国家和政府领导人在新加坡举行第4次会议，签署了《东盟经济合作框架协定》和《东盟自由贸易区共同有效优惠关税协定》，宣布建立东盟自贸区(AFTA)的目标。越南在1996年，老挝和缅甸在1998年，柬埔寨在1999年分别加入AFTA的建设过程。同时，东盟开始加强与域外邻国的合作关系。2000年开始与中国开展“10＋1”自贸区谈判，并与日本、韩国、澳大利亚、新西兰和印度开展了同一类型的自贸区谈判。2004年中国倡导了在“10＋3”(东盟加中、日、韩)基础上的东亚自贸区(EAFTA)的可行性研究。2006年日本牵头进行了“10＋6”东亚紧密经济伙伴关系(CEPEA)的可行性研究。2011年东盟在吸收中、日两国倡议的基础上与6个签署自由贸易协定的国家正式启动区域全面经济伙伴关系(Regional Comprehensive Economic Partnership，RCEP)。谈判成员国包括东盟十国、中国、日本、韩国、印度、澳大利亚和新西兰。RCEP是亚太地区规模最大，参与成员国最多的自由贸易区谈判协定，旨在通过整合现有资源，加强区域经济贸易合作，全面实现亚太地区的贸易和投资自由化，推动地区经济的繁荣发展。

RCEP的目标是消除区域内部贸易壁垒，创造和完善自由的投资环境，扩大服务贸易。此外，知识产权保护和竞争政策等领域也纳入了谈判议程。其自由化程度将远远高于东盟与6个国家分别达成的自由贸易协定。RCEP的顺利建成，有助于整合东亚地区现有的复杂的FTA碎片，深化区域合作，推动东亚区域经济一体化进程，促进区域经济发展。对中国来说，RCEP有利于改善中国贸易地位和经济形势。RCEP涵盖的主要谈判议题有：货物贸易、服务贸易、投资、经济技术合作、知识产权、竞争政策、争端解决机制和其他根据形势需要加入的谈判内容。RCEP谈判基于以下核心原则加以推进：第一，确保谈判内容符合WTO等多边贸易体制的监管规定，并在成员国之间现有的自由贸易协定内容相互兼容的基础上，在货物贸易、服务贸易、投资和其他议题上达成更加广泛和深入的贸易自由化承诺；第二，鉴于不同国家在经济发展水平上的差异，考虑引入灵活的安排机制和差别待遇条款，并对发展中国家和最不发达国家给予技术援助和能力建设，确保所有谈判成员国能够参与谈判，履行RCEP的权利和义务，分享谈判成果；第三，通过实现区域内部贸易自由化和投资便利化，增强贸易和投资的透明度，有利于各成员国全面参与全球和地区价值链；第四，关于投资议题谈判主要包括投资保护、促进、便利和自由化四方面内容，旨在构建自由、便利和竞争性的投资环境；第五，在取得谈判成员国一致同意的基础上，可以吸引其他外部伙伴国加入。

在当前贸易保护主义势力抬头和反经济全球化逆流凶猛的条件下，各方领导人均表示支持自由贸易和开放市场，维护多边自由贸易体系。从2017年开始RCEP成员国领导人举行年度会议，敦促谈判早日结束。2019年领导人会议宣布，除印度之外所有成员国已经结束谈判。2020年11月，15个亚太国正式签署了《区域全面经济伙伴关系协定》，2022年1月正式生效。标志着世界最大的自由贸易区正式启航。

三、跨大西洋贸易与投资伙伴协定(TTIP)

TTIP源于欧美于1995年达成的新大西洋议程关于创立“新跨大西

洋市场”的倡议。但一直没有太大进展，直到 2008 年全球金融危机爆发，双方才具有了动力。2013 年 2 月，双方领导人就尽快启动双边自由贸易协定谈判达成一致，6 月欧盟委员会主席巴罗佐和美国总统奥巴马在 G8 峰会期间正式宣布启动 TTIP 谈判。议题涉及服务贸易、政府采购、原产地规则、技术贸易壁垒、农业、海关和贸易便利化等多个领域。其目标确定为全面的和高水平的自由贸易协定，谈判的内容包括取消所有产品关税，服务和投资实现最高水平的自由化，减少直至取消制度性障碍和非关税壁垒，制订全新的贸易规则和标准。

早在第二次世界大战之后，美国就着手构建偏重于政治和安全的两洋战略，即大西洋联盟和泛亚太同盟体系。冷战结束后，美国的两洋战略被长期淡化。随着中国和俄罗斯的重新崛起和全球金融危机的爆发，美国开始重启经济版的两洋战略。以北美自由贸易区（NAFTA）为主干，TPP 和 TTIP 两翼联动，打造美国主导的排除中国和俄罗斯的跨太平洋和大西洋的巨大经济体。加上诸边服务业协议（Plurilateral Service Agreement，简称 PSA）、国际服务贸易协定（Trade in Service Agreement，简称 TISA）和美式新的双边投资条约范本（Model Bilateral Investment Treaty，简称 2012BIT 范本）的谈判，美国就能构建新的服务贸易领域和投资领域的战略，形成面向新世纪的区域一体化新格局。美国的区域一体化新格局体现了美国的诉求：一方面，希望通过全面而多层次的区域一体化，促进本国对外贸易的发展，带动经济增长和就业的增加，推动全球贸易自由化和经济一体化。另一方面，美国希望重构国际贸易和投资新规则，重构全球贸易版图。美国试图主导构建有利于本国的国际贸易新规则和新秩序，并进而推广成全球规则，迫使发展中国家按照美国的规则做出让步和扩大开放，维护和扩大美国的经济利益。这一发展趋势可能在发达经济体之间形成紧密联系，制约发展中国家拓展市场。

然而，继 TPP 在美国国内遭遇巨大阻力直至特朗普宣布退出之后，TTIP 也在欧洲遭遇重大挫折。经过 14 轮谈判，2016 年 8 月，德国副总理兼经济部长加布里尔表示，TTIP谈判事实上已经失败了，原因是“我们欧洲人不愿屈从美国人的要求”。美国要求欧洲国家尽可能地开放市场，但同时拒绝开放本国市场。此外，由于英国启动“脱欧”程序，美国也降低了TTIP的意愿，双方谈判陷入僵局。2016年10月第15轮谈判仍然无果，11月12日欧盟贸易专员Cecilia Malmstrom表示将暂停TTIP协商。特朗普打着“美国优先”的旗号入主白宫后，TTIP谈判遭遇冻结。

四、欧盟东扩与“邻国政策”和“东方伙伴关系”计划

2004年欧盟整体性接纳了8个东欧国家完成了实质性的东扩。随后，欧盟进一步东扩，成员国从15个扩大到28个，人口从3.75亿增加到5.05亿，在全球政治经济舞台上发挥着重大的影响力。欧盟东扩既促进了新成员国的经济发展，提升了新成员国的经济潜力和国际地位，也保障了欧洲的安全与稳定，有助于实现欧洲经济的繁荣与增长。但是欧盟的胃口并没有止于此，开始将触角伸向后苏联空间。2002年欧洲委员会开始制订欧洲邻国政策，包括16个国家，其中6个是原苏联加盟国：阿塞拜疆、亚美尼亚、格鲁吉亚、摩尔多瓦、乌克兰和白俄罗斯。2004年欧洲委员会公布的《欧洲邻国政策战略》①第一次确定了欧洲邻国政策的主要目的和工具。其主要目标包括：(1)使邻国地区分享扩大的优势，如和平、稳定繁荣；(2)致力于避免扩大的欧盟与邻国之间出现新的边界。欧洲邻国政策坚持“欧洲价值观”和市场经济原则。欧盟预算通过“独联体技术援助计划”(TACIS)、“欧洲邻国和伙伴工具”(ENP)、“欧洲邻国工具”(ENI)向受援国提供财政援助。作为“欧洲邻国和伙伴工具”的补充，成立了邻国投资基金，为国际金融机构向这些国家提供借款和贷款给予担保。

2007年结束的欧洲邻国政策的第一阶段并没有取得实质性的成果。

---

① European Commission, “European Neighborhood Policy. Strategy Paper”, COM (2004) 373 final, Brussels, 12 May 2004.

2008年波兰与瑞典决定提出“东方伙伴关系”方案，借此加强自身影响力。“东方伙伴关系”的制度化始于2009年布拉格特别峰会上发表的《关于建立“东方伙伴关系”的声明》，试图通过欧盟伙伴国接受欧盟各领域的法律规范和准则来扩大欧洲价值观和法律的行为空间，其任务是最大限度地鼓励对象国远离亲莫斯科的欧亚一体化。“东方伙伴关系”的主要约定形式选择了《联系协定》，其目标是欧盟与伙伴国之间政治上联合和经济上实现一体化。《联系协定》的主要部分是关于建立“深入和全面自由贸易区”(DCFTA)的规定。根据布鲁塞尔的评估，如果一般的自由贸易区只是要求取消成员国之间的贸易限制的话，那么深入和全面自由贸易区则要求这些非欧盟成员国在对外贸易调整、投资立法、反垄断调控和其他领域的立法与欧盟的法律规范完全一致。也就是说要比一般的FTA一体化程度更深入。“东方伙伴关系”计划从其启动之日起，就是为了培育欧盟在东方邻国的经济、政治和文化影响。其主要目的在于为加速欧盟和伙伴国之间的政治联系和经济一体化创造必要条件，支持伙伴国的改革，促进这些国家经济社会的发展，促进伙伴国密切同欧盟的关系，敦促伙伴国在国际法基础上尽早和平解决冲突，推进东方伙伴关系国之间的相互接近和建立多边信任等。2013年年底乌克兰在与欧盟经济联系协定签署前夕因俄罗斯的压力而放弃签字，从而引发乌克兰危机，结果欧盟“东方伙伴关系计划”破产：白俄罗斯与俄罗斯推行更加紧密的一体化；摩尔多瓦和阿塞拜疆宣布中立；亚美尼亚和吉尔吉斯加入俄罗斯主导的欧亚经济联盟。

五、欧盟“21世纪新丝绸之路”—TRACECA

早在1980年代，联合国亚太经社理事会提出了建设从伦敦到新加坡的欧亚陆路铁路和公路设想。直到1990年代，苏联解体后中亚出现了许多新的独立国家，中亚的世界地缘政治版图的地位和意义骤然提升。欧盟在亚太经社理事会《亚洲国家交通基础设施发展计划》基础上提出了欧洲—高加索—亚洲交通走廊(TRACECA)规划，旨在中亚和里海地区开辟新的市场。1993年阿塞拜疆、亚美尼亚、格鲁吉亚、哈萨克斯坦、吉尔吉斯斯坦、塔吉克斯坦、土库曼斯坦和乌兹别克斯坦8个国家的贸易和交通部长发表《布鲁塞尔声明》共同实施这一计划。资金主要由欧盟提供,第一笔拨款1 500万欧元,打通欧洲经过黑海、高加索和里海进入中亚的通道,完善和发展该地区的贸易和运输。设立贸易、公路运输、铁路运输和海上运输4个工作组。后来该计划又加入了乌克兰、蒙古和摩尔多瓦。1998年9月在巴库召开国际会议“TRACECA——复兴历史丝绸之路”,12个国家签署了《欧洲—高加索—亚洲交通走廊开发国际运输基础性多边协定》,目前共有13个国家签署了这一协定。2000年3月,保加利亚、罗马尼亚和土耳其在政府间委员会第一次会议上宣布加入。2009年7月伊朗加入,立陶宛成为TRACECA政府间委员会观察员国。

目前已经完成的投资项目有:哈萨克斯坦铁路修复项目,乌克兰伊尔伊切夫斯克和格鲁吉亚波季港电脑和信息系统,巴库、土库曼巴什、波季和伊尔伊切夫斯克港货物和集装箱换装设备,布哈拉出口棉花配送中心,阿克套铁路—轮渡码头修复等共14个项目,花费资金总额5 090万欧元。这些项目绝大部分是在世纪之交完成的,全球金融危机和欧债危机至今没有规划和完成一个项目。

欧盟的“21世纪新丝绸之路”计划和美国的“新丝绸之路”计划异曲同工,配合欧盟“东方伙伴关系”计划,完成对后苏联空间的渗透,将原苏联加盟共和国拉入自己的阵营,进一步挤压俄罗斯生存空间。

六、美国“新丝绸之路”计划

“新丝绸之路”计划最初由霍普金斯大学中亚高加索研究所的S.F.斯塔尔于1997年提出。对印度经阿富汗和中亚与欧洲联系起来的区域经济发展进行了设想和规划。这一设想被美国国会接受,于1999年通过了《丝绸之路战略法案》,重点援助高加索和中亚地区,与欧盟“东方伙伴关系”相辅相成。2005年S.F.斯塔尔撰写的《阿富汗及其邻国的“大中亚伙伴计划"》再次提出"新丝绸之路计划"。其主要内容就是,以阿富汗为核心,促进中亚和南亚在经济、政治、能源、安全、交通等领域的合作,目的是要组建由美国主导的中亚五国与南亚联动的新的地缘政治板块,进而实现美国在中亚和南亚地区的战略利益。美国参议院于2006年通过了《丝绸之路战略法案》。同年美国政府正式组建南亚与中亚事务管理局,确定美国大中亚计划的目标为:在军事上赢得阿富汗战争,在政治上对中亚进行民主改革,在经济上实现大中亚一体化。2010年5月,美国战略与国际问题研究中心和霍普金斯大学中亚高加索研究所共同发布《阿富汗成功的关键:新丝绸之路战略》报告。设想恢复阿富汗作为欧洲、中东、南亚和东南亚之间的交通和贸易枢纽地位,巩固美国在阿富汗的军事成果的同时将重心转移到经济和社会发展上。

作为国家战略,美国国务卿希拉里·克林顿于2011年7月在印度的第二次美印战略对话的演讲中首次提出了把南亚和中亚连接起来的设想,并将其命名为"新丝绸之路"。随后,美国务院将中亚和南亚政策统一为"新丝绸之路"计划,旨在以阿富汗为中心,将中亚和西亚丰富的能源输送到经济迅速发展的印度、东南亚和东亚地区,从而打造一个覆盖中亚、西亚和南亚的经济、交通、贸易发展带。短短几年时间美国已推动、促成并主导了多项区域经济一体化谈判的启动。2010年12月,土库曼斯坦、阿富汗和巴基斯坦三国总统、印度石油部长和亚洲开发银行行长在他克莫司签署协议,规划修建从土库曼斯坦东部气田经过阿富汗坎大哈和巴基斯坦木尔坦到印度西北部法兹卡的天然气运输管道(TAPI),全长1 735公里,投资80亿美元,计划2018年完工。2011年6月,在美国的支持下阿富汗和巴基斯坦两国政府共同发布《伊斯兰堡宣言》,开始执行《阿巴过境贸易协定》,旨在提升两国经贸关系。美国还在敦促塔吉克斯坦加入这一协定。2013年3月,美国促成了塔吉克斯坦、阿富汗和土库曼斯坦三国总统在杜尚别签署修建三国铁路项目备忘录,同年6月奠基,全长400公里。2014年2月,吉尔吉斯斯坦、塔吉克斯坦、阿富汗和巴基斯坦四国能源部长在华盛顿签署了实施吉尔吉斯斯坦和塔吉克斯坦向阿富汗和巴基斯坦输送电力的“中亚—南亚高压输电(CASA-1000)项目的政府间协议。该项目全长1 227公里,总金额约10亿美元,计划2024年投入运营,建成后每年可从土库曼斯坦输出天然气330亿立方米。2015年3月,在美国的鼓励下阿富汗与乌兹别克斯坦续签了铁路项目协议,乌兹别克斯坦为阿富汗维护、管理和运营海拉顿—马扎里沙里夫75公里的铁路。

美国试图通过建立一条经济和能源通道,使中亚和南亚形成经济利益共同体,采取经济手段加深对中亚地区的渗透,从而强化美国对该地区的影响。此外,中亚以其丰富的能源资源作为“第二个波斯湾”,美国不会坐视被俄罗斯和中国控制,它可以通过控制世界能源中心,来实现利用能源来控制其他大国的目的。美国企图借助“新丝绸之路”计划破除俄罗斯对中亚的能源控制权,从而进一步削弱俄罗斯在中亚地区的影响力。此外,美国对中国的迅速崛起心存忌惮,遏制中国是其不二选择。在亚太地区封锁中国的同时,“新丝绸之路”计划也是其断中国后路的一步棋。这步棋可以同时进逼中国和俄罗斯。

七、欧亚经济联盟(EAEU)

苏联解体后,新独立的国家与母体仍然藕断丝连,分家初期的子女具有强烈的恋家情怀。为了新独立的国家之间能保持正常经济联系的延续,早在1993年9月,独联体12个成员国在莫斯科签署了《经济联盟条约》。试图按照西欧一体化模式,分阶段建立自由贸易区、关税同盟、共同市场和货币联盟。1994就建立自由贸易区的决定达成一致。然而,包括俄罗斯在内的许多国家并没有批准这一协定。俄罗斯更是在对外关系上一心一意投入西方怀抱,后苏联空间被看作是沉重的“包袱”。只是到了20世纪90年代中期以后,俄罗斯才逐渐认清西方国家进一步挤压俄罗斯生存空间的真面目,开始意识到原苏联地区对自身国家安全的重要性。2000年和2008年发布的《俄罗斯联邦对外政策构想》均明确规定了独联体在地区优先发展方向上的首要地位,“俄罗斯对外政策的优先方向是发展与独联体国家的多边和双边合作”，①开始主导该地区的一体化进程。

1995年1月，俄罗斯、白俄罗斯和哈萨克斯坦（后来吉尔吉斯斯坦加入）签署了《关税同盟协定》。1999年2月签署了《关税同盟和统一经济空间条约》，塔吉克斯坦加入。2000年10月俄、白、哈、吉、塔五国元首在阿斯塔纳签署了《关于建立欧亚经济共同体条约》(2001年5月生效)。标志着后苏联空间经济一体化从自由贸易区（免关税贸易）通过关税同盟（对非同盟国商品实行统一关税税率）向共同市场（商品、资本、服务、劳动力自由流动，统一对第三国贸易政策，共同货币政策）的进一步发展。乌克兰、摩尔多瓦和亚美尼亚分别于2002和2003年取得观察员国资格。

进入2000年代，俄罗斯加快了该地区经济一体化的进程。2007年10月，俄罗斯、白俄罗斯和哈萨克斯坦签署了新的《关税同盟条约》，两年后签署了《关税同盟海关法典》，标志着关税同盟正式成立。从2010年1月正式运行。2010年12月，欧亚经济共同体峰会就建立欧亚经济联盟达成一致。2011年11月，俄、白、哈三国领导人签署《欧亚经济一体化声明》和《欧亚经济委员会协议》，决定从2012年1月1日启动统一经济空间。2014年5月，俄、白、哈三国领导人在哈萨克斯坦首都阿斯塔纳签署了《关于建立欧亚经济联盟的协议》，2015年1月1日生效。2015年亚美尼亚和吉尔吉斯斯坦正式成为欧亚经济联盟成员国。

然而，没有乌克兰的参与欧亚经济联盟将残缺不全，所以俄罗斯一直试图动员乌克兰加入欧亚经济一体化进程。乌克兰面临在欧盟和欧亚经济联盟之间的抉择。立陶宛东欧研究中心2012年发布的报告《欧亚联盟：欧盟和“东方伙伴关系”国家的挑战》认为，欧亚联盟计划是“对后苏联空间欧洲一体化的蛮横取代”，欧盟应当在迫近眉睫的欧亚一体

---

① Концепция внешней политики Российской Федерации. Независимая газета, 11 июля 2000 года; Российская газета, 12 июля 2008 года.

化威胁面前赢得主动。① 这让"东方伙伴国"不得不在欧盟主导的欧洲一体化和俄罗斯主导的欧亚一体化之间做出艰难的选择,从而激化了欧洲一体化的诱惑和与俄罗斯以及后苏联空间其他国家保持的深刻的联系之间的矛盾。结果导致了乌克兰国内的系统性危机。

欧盟制造的让乌克兰在两大地缘政治空间做出艰难选择的局面,最后导致惨重的代价,使得"东方伙伴关系"成员国放弃了"欧洲选择"。如亚美尼亚放弃了欧洲一体化方针,于2015年加入了俄罗斯主导的欧亚经济联盟;作为欧亚经济联盟成员国的白俄罗斯与欧盟在"东方伙伴关系"框架下的合作已经趋于零;阿塞拜疆和摩尔多瓦选择了中立,既不选择与俄罗斯的一体化,也丧失了与欧盟一体化的信心。

第3节 中国经济发展进入"新常态"

一、中国经济发展"新常态"要求推进改革开放

经过改革开放30多年来的经济高速发展,中国已经成为世界第二大经济体。但由于原有的掠夺式发展模式难以为继,需重构新增长模式和新发展源泉,中国经济发展步入"新常态"战略转型期。

中国经济进入"新常态"这一判断是2014年5月习近平主席第一次提出来的。他指出:"我国发展仍处于重要战略机遇期,我们要增强信心,从当前我国经济发展的阶段性特征出发,适应新常态,保持战略上的平常心态。"②2014年11月,习近平主席在在亚太经合组织(APEC)工商

---

① Public Institution Eastern Europe Studies Centre, "Eurasian Union: a Challenge for the European Union and Eastern Partnership Countries". Vilnius, 2012. http://www.eesc.lt/uploads/news/id459/Eurasian%20Union-a%20Challenge%20for%20the%20European%20Union%20and%20Eastern%20Partnership%20Countries.pdf.

② 《习近平总书记2014年5月在河南考察时的讲话》,《人民日报》,2014年5月11日,第1版。

领导人峰会上又对“新常态”进行了系统的阐述。他将中国经济“新常态”概括为：“一是从高速增长转为中高速增长，二是经济结构不断优化升级，三是从要素驱动、投资驱动转向创新驱动，四是政府大力简政放权，市场活力进一步释放。”①

2014 年 12 月，中央经济工作会议从消费需求、投资需求、出口和国际收支、生产能力和产业组织方式、生产要素相对优势、市场竞争特点、资源环境约束、经济风险积累和化解、资源配置模式和宏观调控方式等方面总结出如下“新常态”九大特征。②

（1）从消费需求看，我国居民消费模式发生重大变化，个性化、多样化消费渐成主流，必须采取正确的消费政策，释放消费潜力，使消费继续在推动经济发展中发挥基础作用。

（2）从投资需求看，传统产业相对饱和，但基础设施互联互通和新技术、新产品、新商业模式的投资机会大量涌现，对创新投融资方式提出了新要求，必须善于把握投资方向，消除投资障碍，使投资继续对经济发展发挥关键作用。

（3）从出口和国际收支看，出口成为拉动我国经济快速发展的重要动能，但是现在全球总需求不振，我国成本比较优势发生转化，必须加紧培育新的比较优势，使出口继续对经济发展发挥支撑作用。

（4）从生产能力和产业组织方式看，现在传统产业供给能力大幅超出需求，产业结构必须优化升级，新兴产业、服务业作用更加凸显，生产小型化、智能化、专业化将成为产业组织新特征。

（5）从生产要素相对优势看，现在人口老龄化日趋发展，农业富余劳动力减少，要素的规模驱动力减弱，经济增长将更多依靠人力资本质量和技术进步，必须让创新成为驱动发展新引擎。

（6）从市场竞争特点看，数量扩张和价格竞争正逐步转向质量型、

---

① 《习近平在亚太经合组织工商领导人峰会开幕式上的演讲：谋求持久发展，共筑亚太梦想》，《人民日报》，2014 年 11 月 10 日，第 2 版。

② 《中央经济工作会议在北京举行》，《人民日报》，2014 年 12 月 12 日，第 1 版。

差异化为主的竞争，统一全国市场、提高资源配置效率是经济发展的内生性要求，必须深化改革开放，加快形成统一透明、有序规范的市场环境。

(7) 从资源环境约束看，现在我国环境承载能力已经达到或接近上限，必须顺应人民群众对良好生态环境的期待，推动形成绿色低碳循环发展新方式。

(8) 从经济风险积累和化解看，伴随着经济增速下调，各类隐性风险逐步显性化，化解以高杠杆和泡沫化为主要特征的各类风险将持续一段时间，必须标本兼治、对症下药，建立健全化解各类风险的体制机制。

(9) 从资源配置模式和宏观调控方式看，全面刺激政策的边际效果明显递减，既要全面化解产能过剩，也要通过发挥市场机制作用探索未来产业发展方向，必须全面把握总供求关系新变化，科学进行宏观调控。

这些趋势性变化说明，我国经济正在向形态更高级、分工更复杂、结构更合理的阶段演化，进入发展、转型、升级融合的时期，正从高速增长转向中高速增长，经济发展方式正从规模速度型粗放增长转向质量效率型集约增长，经济结构正从增量扩能为主转向调整存量、做优增量并存的深度调整，经济发展动力正从传统增长点转向新的增长点。认识新常态，适应新常态，引领新常态，是当前和今后一个时期我国经济发展的大逻辑，也只有这样，中国才能实现有质量、有效益、可持续的发展。

中国经济发展“新常态”既是挑战也是机遇。一方面，中国在装备制造、基础设施、电力设备等领域积累了雄厚的资本和技术实力，切合了当下沿线各国的需求，具有“走出去”的巨大潜能。中国现阶段除常规制造与建造已经具有很强的优势和国际竞争力外，诸如高铁技术整合运用、某些重型机械制造以及大型工程建造领域等更是达到了世界先进水平。中国还积累了非常充裕的国民储蓄和数万亿美元的外汇储备。这些正好可以满足亚洲地区持续发展对基础设施投资的巨大需求，弥补现有国际金融机构因自身缺陷对广大发展中国家摆脱贫困、谋求发展的支持不力。另一方面，中国面临着经济从高速增长转为中高速增长，经济结构调整、转型升级，经济增长动力由要素和投资驱动转向创新驱动等趋势性变化。这些都需要通过加快改革开放来适应。在新常态下，为继续实现经济又好又快发展，必须打破固有的利益藩篱，不断推进改革开放，以开放倒逼改革，以改革促进继续发展。正是在这一背景下，中共十八届三中全会审议通过的《中共中央关于全面深化改革若干重大问题的决定》强调，要适应经济全球化新形势，以开放促改革的战略，提出“一带一路”倡议，“加快与周边国家和区域基础设施互联互通建设，推进丝绸之路经济带、海上丝绸之路建设，形成全方位开放新格局”。① 这表明中国已经找到了“新常态”下全面推进改革开的放突破口。

二、中国地区经济差距需要更加深入的改革开放来熨平

以开放促改革、以改革促发展，允许一部分人和一部分地区先富起来，并最终实现共同富裕，一直是中国的成功经验。这种开放包括对内开放和对外开放。对内对外开放不仅是完善社会主义市场经济体制的要求，也是实现国内外配置资源，借助外力冲破原有体制和既得利益障碍，缩小地区经济差距的最有效途径。

在对外开放上，我国以设立“经济特区”为起点，采取了由南到北，由东部沿海地区向沿江及内陆和沿边城市层层推进的政策措施，逐步形成了全方位、多层次、宽领域的对外开放格局。得益于区位优势和对外开放政策优势，我国东部沿海地区经济率先快速地发展起来，形成了珠江三角洲、长江三角洲和环渤海湾地区三个经济圈，成为中国乃至世界的经济增长高地。

在对内开放上，我国不断加强东中西部互动与合作，全面构建开放

① 《中共中央关于全面深化改革若干重大问题的决定》，《人民日报》，2013 年 11 月 16 日，第 1 版。

型经济。1999 年我国开始实施“西部大开发”战略。在国家不断加大投入力度和西部地区人民艰苦努力的情况下，西部大开发取得了巨大的成就。西部地区综合实力显著增强。自 2007 年起，西部地区主要经济指标增速持续超过东部地区和全国平均水平，基本扭转了与其他地区发展差距不断扩大的势头，并成为我国经济增长潜力最大的区域①，详见图 2.2 和图 2.3。2013 年西部地区经济增长速度继续保持全国领先，实现地区生产总值 126 002.8 亿元，比上年增长 10.7%，分别比东部地区、中部地区快 1.68 和 1.26 个百分点，比全国平均水平高出 1.24 个百分点，经济增速连续 7 年在全国保持领先，西部地区生产总值占全国 GDP 的比重达到了 20.0%，对中国经济增长的贡献率为 22.37%。在经济总量稳步增长的同时，人均 GDP 进一步提高。2013 年西部地区人均 GDP（按现价计算）达到 34 437 元，同比增长 9.2%。②

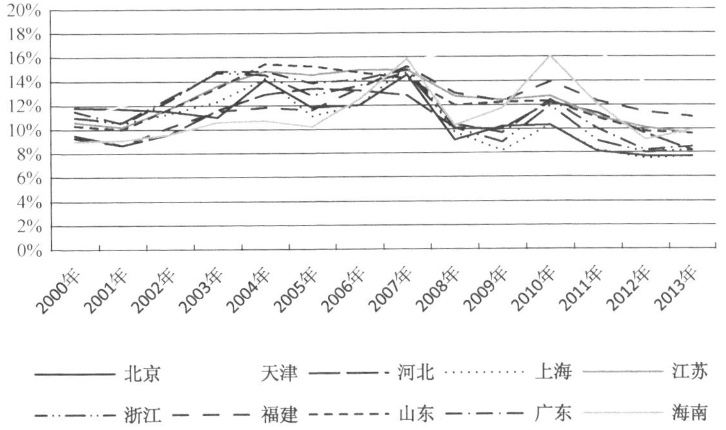

图 2.2　东部各省市地区总产值增长率

西部大开发以来，西部地区经济社会发展虽然取得了长足进步，但

① 根据《中国统计年鉴 2014》编者说明，东部地区有 10 个省（市），包括北京、天津、河北、上海、江苏、浙江、福建、山东、广东和海南。中部地区有 6 个省，包括山西、安徽、江西、河南、湖北和湖南。西部地区有 12 个省（区），包括内蒙古、广西、重庆、四川、贵州、云南、西藏、陕西、甘肃、青海、宁夏和新疆。东北地区有 3 个省，包括辽宁、吉林和黑龙江。

② 根据《中国统计年鉴 2014》相关数据计算得出，中国统计出版社，2014 年。

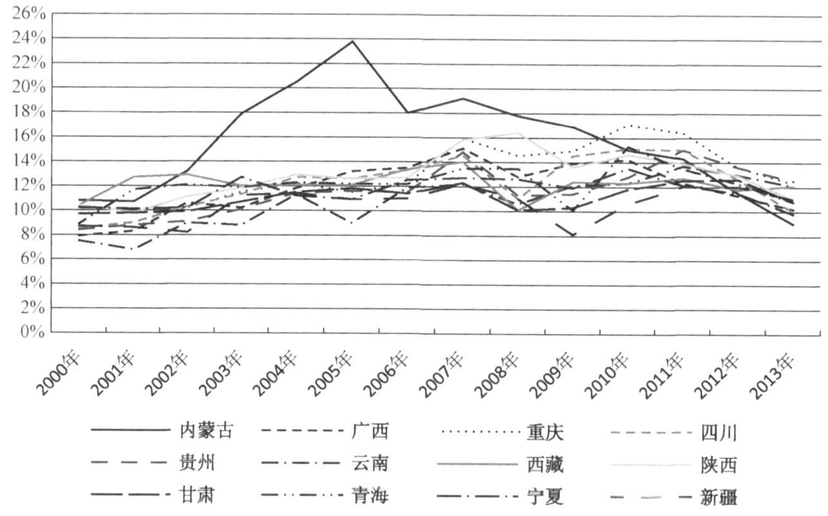

图 2.3 西部各省区市地区总产值增长率

资料来源：国家统计局国家数据：http://data.stats.gov.cn/easyquery.htm? cn=E0103

由于受特殊条件和自我发展能力不强等限制，西部地区经济落后，经济结构不合理，交通基础设施落后，水资源短缺和生态环境脆弱等状况还没有得到根本性的改变。经济发展和民生水平、基本公共服务能力都与东部地区存在非常大的差距。特别是与东部地区相比，西部地区自我发展能力不强，贫困面广量大，基本公共服务能力薄弱的问题仍然非常突出，民生发展水平仍然比较低，两者的绝对差距仍在扩大。西部地区占全国国土面积的 71%和总人口的 28%，经济总量却不到全国的 20%。2013 年西部地区人均 GDP 仅为全国人均 GDP 均值的 74%，为最高值的 35%，仅有一个省的人均 GDP 高于全国平均值。

2000 年东部地区总产值 5.4 万亿元，而西部仅为 1.7 万亿，相差 3 倍。西部最发达的四川省地区总产值仅相当于东部最发达的广东的 36.6%，而西部最落后的西藏地区总产值仅相当于东部最发达的广东的 1.1%，如图 2.4 和图 2.5 所示。

2013 年西部与东部的地区总产值落差大幅度缩小，但是西部地区落后于东部的局面并没有得到实质性改善。西部地区总面积占全国的

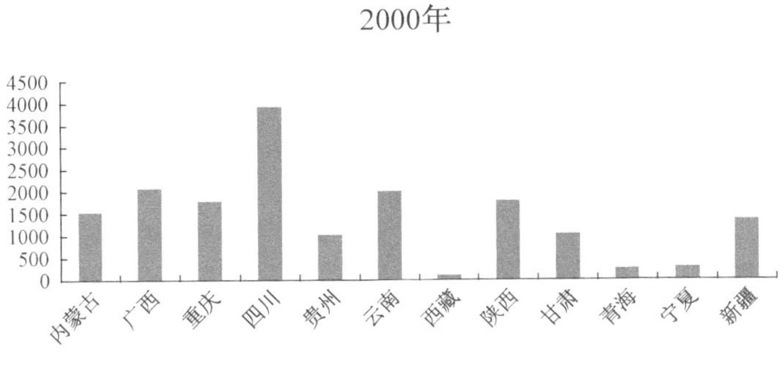

图 2.4 2000 年西部地区总产值,亿元

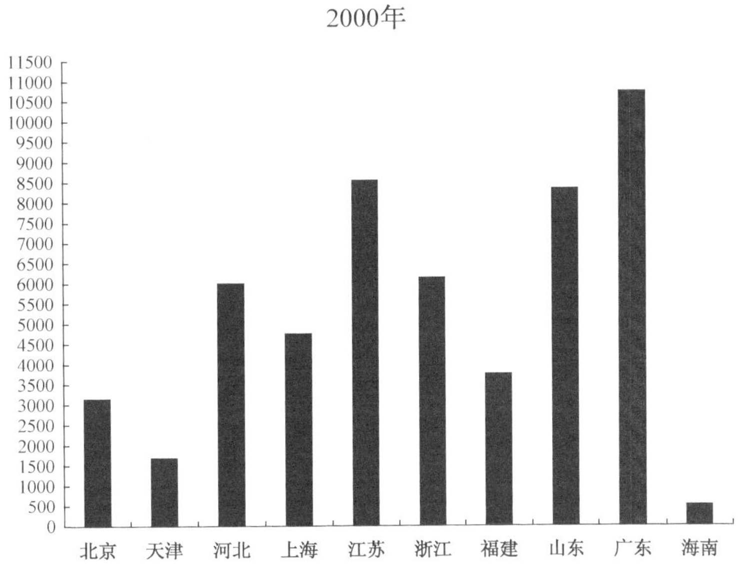

图 2.5 2000 年东部地区总产值,亿元

资料来源:国家统计局国家数据:http://data.stats.gov.cn/easyquery.htm? cn=E0103

71%,而总人口仅为 26.9%,创造的 GDP 也仅为全国的 22.3%,不足东部地区的一半,西藏与广东的差距与 2000 年相比仅缩小了 0.2 个百分点,四川仍然不到广东的一半,如图 2.6 和图 2.7 所示。2013 年西部地区人均 GDP 只有东部地区的 52.8%和全国平均值的 84.9%。西部地区人均 GDP 最低的贵州和甘肃只有 2.3 万元,而东部地区最高的北京和

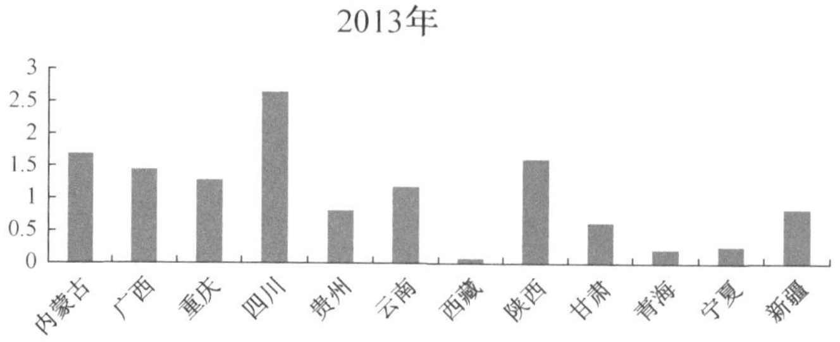

图 2.6　2013 年西部地区总产值，万亿元

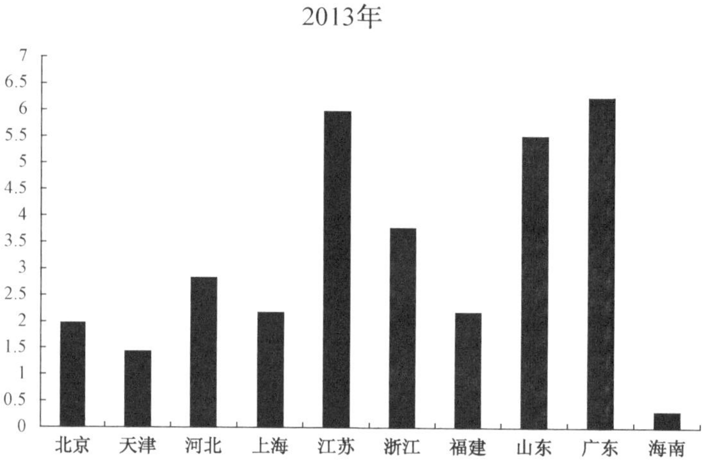

图 2.7　2013 年东部地区总产值，万亿元

资料来源：国家统计局国家数据：http://data.stats.gov.cn/easyquery.htm? cn=E0103

上海超过 9 万元，天津甚至接近 10 万元。二者相差 4 倍多。[①] 西部地区仍然是我国区域发展的"短板"，是全面建设小康社会的难点和重点，必须从全局和战略高度认识西部地区。建设"一带一路"倡议的提出，就是要在充分发挥国内各地区比较优势的基础上，实行更加积极主动的开放战略。西部地区的发展、繁荣和稳定，事关各族人民群众的福祉，事关我国改革开放和全面建成小康社会目标建设全局，事关民族团结、边疆稳定和国家长治久安，事关中华民族伟大复兴。为此必须从全局和战略高度出发，认识西部地区对于我国改革开放和社会主义现代化

① 根据《中国统计年鉴：2014》（电子版：http://www.stats.gov.cn/tjsj/ndsj/2014/indexch.htm）计算得出。

建设全局，对于国家长治久安和中华民族伟大复兴的重要性，通过加快对外开放的步伐来促进西部地区的繁荣、发展和稳定。建设“一带一路”倡议的提出，就是在要充分发挥国内各地区比较优势的基础上，实行更加积极主动的开放战略，进一步促进西部地区的开放和经济社会的发展。

三、立足区域经济协调发展，构筑全方位对外开放新格局

中国实行改革开放政策始于上个世纪70年代末80年代初。中国东部沿海得益于政策和优越的地理位置，始终走在开放的前面，与美、日、韩、澳、东盟国家在经贸等领域的合作越来越成熟，上海、广州、深圳、天津等城市的人均GDP相继达到发达国家和地区的标准。进入90年代，中国对外开放的步伐逐步由沿海向沿江和沿边城市递延。1992年2月，国务院决定开放长江沿岸的芜湖、九江、岳阳、武汉和重庆5个城市，推动了整个长江流域的经济迅速发展。之后又批准了合肥、南昌、长沙、成都、郑州、太原、西安、兰州、银川、西宁、乌鲁木齐、贵阳、昆明、南宁、哈尔滨、长春和呼和浩特17个省会城市对外开放。从1992年起，国务院还陆续批准了珲春、黑河、绥芬河、满洲里、二连浩特、伊宁、博乐、塔城、畹町、瑞丽、河口、凭祥和东兴13个沿边城市对外开放，加上辽宁丹东工批准了14个国家级边境经济合作区，实行优惠政策，鼓励开展对外经济合作。

2000年10月，中央关于制订第十个五年计划的建议，把实施西部大开发，促进地区协调发展作为一项战略任务。2001年3月，九届全国人大四次会议通过“十五”计划纲要，对实施西部大开发战略进行了具体部署，依托新亚欧大陆桥、长江水道、西南出海通道等交通干线，发挥中心城市作用，以线串点，以点带面，逐步形成中国西部地区经济又好又快发展。2006年、2011和2017年，国务院分别通过了西部大开发“十一五”规划、“十二五”规划和“十三五”规划。截至2017年，西部大开发累计新开工重点工程317项，投资总规模超过6.8万亿元。这些

项目大大改善了西部地区的基础设施条件，带动了该地区特色优势产业的发展。

然而，中国西部地区由于交通不便和基础设施落后，经济发展水平远远地落后于东部地区。尽管中国政府出台了一系列开发西部地区的政策措施，但仍然没有从根本上摆脱这一局面。

2013 年 9 月和 10 月，习近平主席分别中亚和东南亚提出的共同建设“丝绸之路经济带”和“海上丝绸之路”的倡议，就是要尝试加快西部地区发展的新思路和新战略，即在继续向东开放的同时加快向西开放的步伐，形成全方位开放的战略格局。正如中共十八届三中全会通过的《中共中央关于全面深化改革若干重大问题的决定》明确指出，“推进丝绸之路经济带、海上丝绸之路建设，形成全方位开放新格局”。①

这种全方位开放的战略格局从开放的内涵上来讲，就是双向开放，就是要从过去注重“引进来”转向“引进来”和“走出去”相结合，注重“走出去”，培育参与和引领国际经济合作与竞争的新优势，以开放促改革。从开放的广度上来讲，就是要在继续面向亚太地区开放的同时，实施向西、向南、向北开放的战略，以促进西部地区的发展。从开放的深度上来讲，就是要顺应世界区域经济一体化发展趋势，以周边为基础加快实施自由贸易区战略，实现商品、资本和劳动力等的自由流动。此次开放的另一个特点就是不仅对外开放，而且对内开放，实现国内区域经济协调发展。为此，国家将“一带一路”、长江经济带、京津冀协同、粤港澳大湾区和长三角一体化发展区域经济开发项目作为实现国内区域经济协调发展的重要抓手。

① 《中共中央关于全面深化改革若干重大问题的决定》，《人民日报》，2013 年 11 月 16 日，第 1 版。

第3章

“一带一路”倡议的宗旨与内涵①

2013年9月7日和10月3日，习近平主席分别在哈萨克斯坦首都阿斯塔纳纳扎尔巴耶夫大学和印度尼西亚国会发表演讲时，第一次提出以创新模式共同建设“丝绸之路经济带”和“21世纪海上丝绸之路”的倡议。中国提出“一带一路”倡议，是主动适应国际经济发展新格局、新变化和国内经济发展进入“新常态”的现实，构建全方位对外开放新格局和国际合作共赢模式的新举措，得到了沿带沿路国家和地区的普通认同和支持。提出“一带一路”倡议，是中国在国际国内新形势下主动参与全球治理和区域治理顶层设计的体现。“一带一路”倡议不仅包含国际国内多重目标，而且具有极其丰富的内容。中国希望通过实施“一带一路”倡议，实现众多层面的合作和互联互通，在为自身发展创造更好环境的同时，让沿带沿路国家分享发展的机遇，致力于维护世界经济的稳定发展与和平，促进区域合作与一体化。这一战略的实施，必将对中国实现经济社会的发展与转型，对促进区域经济合作与一体化乃至重塑世界经济的格局产生深远而又积极的影响。

第1节　“一带一路”立足点：国内区域经济协调发展

中国改革开放40年来形成的一条成功经验，就是以开放促改革、以

① 本章部分内容已以《“一带一路”视域下区域一体化发展探析》发表在《新疆师范大学学报》(哲学社会科学版)，2016年第4期。

改革促发展。它包括对内开放和对外开放，这是完善社会主义市场经济体制的要求，也是实现全球配置资源，借助外力冲破原有体制和既得利益障碍的最有效途径。

一、"一带一路"：协调国内区域经济发展

"一带一路"倡议的提出，就是要在充分发挥国内各地区比较优势的基础上，实行更加积极主动的开放战略。根据2015年3月28日国务院授权国家发改委、外交部、商务部发布的《推动共建丝绸之路经济带和21世纪海上丝绸之路的愿景与行动》，①"丝绸之路经济带"覆盖了新疆、陕西、甘肃、宁夏、青海、广西、云南、西藏、四川、重庆等西部地区。"海上丝绸之路"涵盖了辽宁、山东、江苏、天津、上海、浙江、福建、广东、海南等东部沿海地区。而包括江苏、上海、安徽、江西、湖北、湖南、重庆、四川在内的"长江经济带"和包括江苏、安徽、河南、陕西、甘肃、新疆在内的"新亚欧大陆桥"将"丝绸之路经济带"和"海上丝绸之路"连接起来。"东北振兴"与"环渤海经济合作"和"京津冀协同发展"统筹规划，推动东北地区东部经济带，以及东北三省西部与内蒙古东部一体化发展。如此形成"井字形"的区域经济协调发展的格局。以上海为中心的"长三角一体化发展"作为"海上丝绸之路"的核心一方面发挥上海、天津、福建和广东四个自由贸易实验区优势面向整个亚太地区进一步扩大开放；另一方面通过"长江经济带"和"新亚欧大陆桥"向西部地区传导从亚太国家承接的先进产业、资金、技术和管理经验，辐射整个中部和西部地区。而位于"丝绸之路经济带"上的西部地区在积累承接东部转移来的先进产业、资金、技术和管理经验的同时向西开放，走向中亚、西亚、南亚和欧洲，打通从太平洋到大西洋的陆路运输大通道。

改革开放以来，地方和部门利益造成了严重的地方和部门保护主义，进而成为社会主义市场经济体制的毒瘤，违背市场经济原则，利用行

① 《推动共建丝绸之路经济带和21世纪海上丝绸之路的愿景与行动》，《人民日报》，2015年3月29日，第4版。

政权力或手段，设置市场准入的种种障碍，封锁和分割市场，限制市场公正、公开、公平竞争，进而提高交易费用，限制区域专业化分工的发展。目前全国大部分地区市场分割严重，自成体系，互相排斥，各地区之间产业关联度小，没有形成彼此间的产业链，或者产业链很短。最主要的是行政壁垒严重，“诸侯经济”色彩浓厚，行政区划与经济区划不相协调，行政区划关系始终高于市场区际关系，地方行政主体利益导致资源难以优化配置，协调发展。“一带一路”建设就是要打破国内和国际“圈圈”式的“诸侯经济”，使得中国在经济全球化的竞争格局中占有一席之地。

二、长江经济带：联系“一带一路”的纽带

根据 2014 年 9 月 12 日《国务院关于依托黄金水道推动长江经济带发展的指导意见》(以下简称《意见》)，长江经济带包括上海、江苏、浙江、安徽、江西、湖北、湖南、重庆、四川、云南、贵州 11 个省市，面积约 205 万平方公里，人口和生产总值均超过全国的 40%。

中国提出依托长江黄金水道推动长江经济带的发展，打造经济新的支撑带，是党和国家在国际国内环境发生深刻变化，经济发展面临诸多矛盾的背景下，谋划中国经济新格局做出的重大战略决策。《意见》指出，长江经济带的主要任务是：提升长江黄金水道功能，建设综合立体交通走廊，创新驱动促进产业转型升级，全面推进新型城镇化，培育全方位对外开放新优势，建设绿色生态廊道，创新区域协调发展体制机制。

长江经济带横跨我国东中西三大区域，已发展成为我国综合实力最强、战略支撑作用最大的区域之一，具有交通便捷、自然资源和人力资源丰富、产业体系完备、城市密集，市场广阔等综合优势，拥有我国最广阔的腹地和发展空间，发展潜力巨大。正如《意见》指出：依托黄金水道推动长江经济带发展，有利于挖掘中上游广阔腹地蕴含的巨大内需潜力，促进经济增长空间从沿海向沿江内陆拓展；有利于优化沿江产业结构和城镇化布局，推动我国经济提质增效升级；有利于形成上中下游优势互补、协作互动格局，缩小东中西部地区发展差距；有利于建设陆海双向对

外开放新走廊，培育国际经济合作竞争新优势；有利于保护长江生态环境，引领全国生态文明建设，对于全面建成小康社会，实现中华民族伟大复兴的中国梦具有重要现实意义和深远战略意义。《意见》明确要求长江经济带要在促进创新资源综合集成，建设统一开放、竞争有序的现代市场体系原则下，促进上中下游要素合理流动，产业分工协作，推进信息化和工业化深度融合，产业发展有机融合，推动地区协同发展。促进中上游地区有序承接产业转移，提高要素配置效率，打造世界级产业集群，使长江经济带成为推动我国区域协同发展的示范带。进一步简政放权，清理阻碍要素合理流动的地方性政策法规，打破区域性市场壁垒，实施统一的市场准入制度和标准，推动劳动力、资本、技术等要素跨区域流动和优化配置。①

《意见》将长江经济带定位为：打造成具有全球影响力的内河经济带、东中西互动合作的协调发展带、沿海沿江沿边全面推进的对内对外开放带、生态文明建设的先行示范带。从建设"一带一路"倡议规划来看，"21世纪海上丝绸之路"的东部沿海特别是长三角地区集中了全国近一半的国内生产总值和大量资本、贸易、技术以及金融服务。通过长江经济带可以向位于"丝绸之路经济带"上的西部地区辐射资本、技术、服务和先进的管理经验，同时带动中部地区的发展。上海正在建设国际金融中心、贸易中心、航运中心和经济中心。上海地处中国东部沿海经济发展带长三角地区的核心，作为长江经济带的龙头将"丝绸之路经济带"与"海上丝绸之路"连接起来，通过"四大中心"、自贸区建设和发达的公路、铁路、航空、航运等立体交通主干网络形成对中国南部、北部和西部的经济辐射效应。特别是上海港连接亚欧陆桥与太平洋海运，是我国海陆双向开放的重要结点，是服务"一路一带"建设的亚欧海陆运输枢纽和经济辐射中心，是承接中国由东向西开放的桥头堡。因此，上海的经济地位决定了上海必将成为"一带一路"的龙头。2014年5月，习近平主席

① 中华人民共和国政府网站，http://www.gov.cn/zhengce/content/2014-09/25/content_9092.htm。

在上海考察时强调，要发挥上海在长三角地区合作和交流中的龙头带动作用，参与“一带一路”建设、推动长江经济带建设等国家战略。①

可见，在国家积极推进东部地区向中西部产业转移的背景下，长江经济带具有承东启西的作用，成为“一带一路”的纽带，对于扩大开放，调整区域结构，促进区域经济协调发展和经济稳定增长，实现中国经济转型升级具有重要的意义。

三、京津冀协同发展：与环渤海和东北地区相融合

京津冀协同发展又称京津冀一体化，是我国新时期实施的又一重大战略。京津冀协同发展旨在实现京津冀三地基础设施相联相通、产业互补互促、资源要素对接对流、生态环境联防联控、公共服务共建共享，推动京津冀开发区转型升级、创新发展，通过增强区域整体优势，进一步激活和带动环渤海经济圈发展。

北京、天津、河北三省市土地面积有21.6万平方公里，人口1亿多。长期以来，交通堵塞、环境污染等问题，困扰着京津冀三地的健康发展。2015年4月的《京津冀协同发展规划纲要》发布，表明京津冀协同发展上升为国家战略。面向未来打造新的首都经济圈、推进区域发展体制机制创新，实现交通、产业、科研、生态等诸多领域的协调发展，完善城市群布局和形态，并以此促进环渤海经济区发展，带动北方腹地发展的。要求加快破除体制机制障碍，推动要素市场一体化，构建京津冀协同发展的体制机制，加快公共服务一体化改革。②

2005年1月，国务院批准的《北京城市总体规划(2004—2020)》强调，要积极推进环渤海地区经济合作，加强京津冀地区的协调发展。但由于存在行政体制分割，各自为政，行政区划关系始终高于市场区际关

① 习近平在上海考察时强调，当好全国改革开放排头兵，不断提高城市核心竞争力。《人民日报》，2014年5月25日，第1版。

② 中共中央政治局召开会议，分析研究当前经济形势和经济工作，审议《中国共产党统一战线工作条例(试行)》《京津冀协同发展规划纲要》，《人民日报》，2015年5月1日，第1版。

系，地方行政主体利益导致经济圈内资源难以实现优化配置和协调发展等原因，京津冀协同发展战略始终在行政体制的怪圈中打转，进展非常缓慢。为了打破“圈圈”式的“诸侯经济”，使中国经济在经济全球化的竞争格局中占有一席之地，从 2010 年开始，特别是 2014 年以来，习近平主席和李克强总理发表重要指示，京津冀协同发展进入加速推进阶段。2014 年 8 月，北京市政府与河北省政府共同签署了《共同加快推进市场一体化进程协议》等 7 项协议。北京市政府与天津市政府签署的《贯彻落实京津冀协同发展重大国家战略推进实施重点工作协议》制定了 9 个方面、30 个重点领域的合作内容。包括共同做好推进京津冀协同发展相关规划的编制工作，制定实施交通、生态和产业三个重点领域率先突破工作方案；协同构建互联互通现代交通网络体系，共同配合国家有关部门编制《京津冀协同发展区域交通一体化发展规划》；协同改善生态环境；协同打造合作示范区；协同推动科技创新一体化发展；协同深化口岸合作，完善通关一体化和检验检疫一体化政策；协同促进区域投资贸易便利化；协同推进资源要素对接对流。

2015 年 4 月，中央政治局召开会议审议通过了《京津冀协同发展规划纲要》。纲要指出，推动京津冀协同发展是一个重大国家战略，核心是有序疏解北京非首都功能，要在京津冀交通一体化、生态环境保护、产业升级转移等重点领域率先取得突破。京津冀协同发展，要求在更高的层面进行全局性的统筹，通过把区域间负的外部性内部化，来解决以往利益不一致的问题。包括统一的沟通协调机制和机构、主要城市功能定位和产业分工、一体化交通网以及财政政策的创新突破等方面，最终实现“目标同向、措施一体、作用互补、利益相连”的协同发展目标。区域协调机制体系将是顶层设计的核心内容，这将有利于打破桎梏京津冀一体化的行政边界，同时也将对其他城市群协同的改革发展起到样板性的作用。基础设施、产业协同、资源流动、公共服务和生态环境预计将成为京津冀协同的五个重要领域。

四、东北振兴战略:跨区联动发展

20世纪90年代以前,东北地区曾是中国最重要的工业基地和经济相对发达的地区,为建成中国独立、完整的工业体系和国民经济体系,为国家的改革开放和现代化建设做出了重大的贡献。但随着东南沿海地区经济的快速发展,东北地区经济发展相对慢了起来,内生动力不足。为此,国家在进入新世纪后,提出了振兴东北地区老工业基地战略。2003年10月,中共中央、国务院发布《关于实施东北地区等老工业基地振兴战略的若干意见》,明确了振兴东北地区战略的指导思想、方针任务和政策措施,还成立了以国务院总理为组长的国务院振兴东北地区等老工业基地领导小组。2009年9月,又发布了《国务院关于进一步实施东北地区等老工业基地振兴战略的若干意见》,强调要深化省区协作,推动区域经济一体化发展,要鼓励东北地区实行跨省(区)经济合作,促进生产要素合理流动,提高一体化发展水平,加快规划内重大基础设施一体化建设,要推进内蒙古东部地区与东北三省的产业对接和合理分工。为此要求建立东北地区四省(区)行政首长协商机制,定期研究协调跨省(区)重大基础设施项目建设、产业布局,以及区域协调发展等问题。2014年发布的《国务院关于近期支持东北振兴若干重大政策举措的意见》,再次强调要加强区域经济合作,推动东北地区与环渤海、京津冀地区统筹规划,融合发展,要完善东北四省区区域合作与协同发展机制,探索部门与地方协同推进合作的有效渠道,健全推进落实措施,深化多领域务实合作,要大力推进东北地区内部次区域合作,编制相关发展规划,推动东北地区东部经济带,以及东北三省西部与内蒙古东部一体化发展。①

振兴战略实施10多年来,在国家相关政策、资金和项目的支持下,东北地区实行扩大内需政策,启动重大基础设施建设、调整结构和创新

① 中华人民共和国财政部网站,http://www.mof.gov.cn/zhengwuxinxi/zhengcefabu/201408/t20140819_1128567.htm.

能力项目、民生工程建设,给东北地区经济发展带来新的机遇。东北三省经济发展和社会进步取得了积极可喜的成绩,东北地区发展步伐加快,综合经济实力大大增强,体制机制创新取得重大突破,对外开放水平明显提升,居民生活水平显著提高,基础设施和生态环境改善,东北地区成为全国经济发展较为稳定、具有很大潜力和活力的地区。东北地区进入历史上发展最快、最稳定的时期。①

振兴东北地区等老工业基地战略是我国继实施沿海发展战略、西部大开发战略后提出的又一重大战略决策,由此促进了东北三省的经济增长,逐步缩小了与全国的发展差距。但由于面临着思想观念转变和体制机制创新,国企改革与重组困难大、装备制造业和资源型城市持续发展面临考验、就业民生和社会保障压力大等问题,振兴东北地区等老工业基地是一项长期、复杂和艰巨的工作。

建设"一带一路"为东北地区摆脱困局,走出振兴的新路提供了机遇。东北地区虽然不是"一带一路"的核心区域,但利用其区位优势,对内可以推动东北地区与内蒙古以及沿海地区合作与一体化。对外通过打造集铁路、公路、水运、航空、管道、电网、通讯光缆于一体的国际贸易大通道,可以继续扩大沿边开发开放优势,借"中俄蒙经济走廊"实现东北振兴战略与俄罗斯远东开发战略对接带动整个东北亚区域经济一体化发展的机遇,构建多层次、宽领域、跨境互动对外开放合作的新格局。

为全面准确贯彻"一国两制"方针,完善创新合作机制,建立互利共赢合作关系,共同推进粤港澳大湾区建设,2019 年 2 月中共中央、国务院印发了《粤港澳大湾区发展规划纲要》。

五、区域经济协调发展:打破地方行政保护主义

自从建设"一带一路"倡议提出之后,国内主要沿线省份反响强烈,纷纷表示愿意加入"一带一路"倡议规划中。2015 年 3 月 28 日,国务院

① 中华人民共和国财政部网站发布。http://www.mof.gov.cn/zhengwuxinxi/zhengcefabu/201408/t20140819_1128567.htm.

授权国家发展改革委、外交部、商务部经发布《推动共建丝绸之路经济带和21世纪海上丝绸之路的愿景与行动》后，相关省份纷纷开始进行地方层面的规划工作，努力推动相关政策的落实，并取得了初步的成果。新疆成为“丝绸之路经济带”的核心区，甘肃致力于打造“丝绸之路经济带”的黄金段，陕西拟打造“丝绸之路经济带”的新起点，云南要打造“一带一路”连接交汇的战略支点，重庆要成为“丝绸之路经济带”新起点和“两带”建设的枢纽，福建突出“海上丝绸之路”战略枢纽，等等。这些省市积极参与“一带一路”建设的热情是值得肯定的。

但主要省份在定位“一带一路”倡议时，都力图突出自身的重要战略位置，不可避免地存在激烈的竞争关系。比如重庆、河南和陕西同时竞争“丝绸之路经济带”的起点，突出自身的交通枢纽位置。新疆更将自身定位为“五个中心”和“丝绸之路经济带”的核心区。重庆、成都、郑州、连云港等相关城市甚至不计成本，高额补贴开通“渝新欧”“蓉新欧”“郑新欧”“苏满欧”等通往欧洲的货运班列。表面上是各省市出于狭隘地方利益，各自为战，争先恐后挤入“一带一路”规划，向中央要政策、要项目，要投资，其根源还在于地方保护主义。地方保护主义是社会主义市场经济体制的毒瘤，违背市场经济原则，片名强调地方的特殊性，打着“维护和发展本地经济”的幌子，制订与中央政策相背离的“土政策”，利用行政权力或手段，设置市场准入的种种障碍，封锁和分割市场，限制市场公正、公开、公平竞争的行为倾向。地方保护主义导致交易费用过高，市场狭小，限制了区域专业化分工的发展。例如，物流已经成为支撑我国国民经济发展的基础性和战略性产业。但由于我国流通体系存在着严重的环节多、成本高、效率低的问题，导致物流成本上升。2013年，我国社会物流总费用高达10.2万亿元，占到GDP的18%，占生产成本的30%～40%，而大部分发达国家则相应地只有8%～10%和10%～15%。为此，国务院在2014年9月发布的《物流业发展中长期规划(2014—2020)》中提出的主要原则之一，就是要“进一步简政放权，打破行业、部门和地区分割，反对垄断和不正当竞争，统筹城市和乡村、国际和国内物流体系建设，建立有利于资源整合和优化配置的体制机制”。①

实现我国东西联动和国内区域经济协调发展，需要打破条块分割，加强市场监管，清理整顿乱收费、乱罚款等各种“雁过拔毛”行为，形成物畅其流、经济便捷的跨区域大通道。实施“一带一路”建设和长江经济带等重大战略规划，就是要落实国家区域发展整体战略和产业布局调整优化的要求，通过打造面向中亚、南亚、西亚的战略物流枢纽及面向东盟的陆海联运、江海联运节点和重要航空港，建立省际和跨国合作机制，促进物流基础设施互联互通。具体要求是，东部地区要进一步提升商贸物流、制造业物流和国际物流的服务能力，探索国际国内物流一体化运作模式；中部地区要发挥承东启西，贯通南北的区位优势，构建服务于产业转移、资源输送物流通道和枢纽；西部地区要结合推进丝绸之路经济带，打造物流通道，改善区域物流条件；东北地区要加快构建东北亚沿边物流带，形成面向俄罗斯、连接东北亚及欧洲的物流大通道。

第2节　“一带一路”基本方向：率先实现亚洲互联互通

中国农村改革的一条重要经验就是“要致富，先修路”。罗马帝国鼎盛时期，意大利成为欧洲乃至整个世界的政治、经济、文化中心，以罗马城为中心修建了四通八达的道路，促进了帝国内部和对外贸易和文化交流。于是就有了“条条大道通罗马”（All Roads Lead to Rome）的典故。

2013年9月，习近平在阿斯塔纳呼吁共建丝绸之路经济带时着重强调了“五通”，即政策沟通、道路联通、贸易畅通、货币融通、民心相通。其中，关于道路联通，习近平主席指出，要打通从太平洋到波罗的海的运输大通道，逐步形成连接东亚、西亚、南亚的交通运输网络。②

① 中国政府网，http://www.gov.cn/guowuyuan/2014-06/11/content_2698918.htm.

② 习近平：《弘扬人民友谊　共创美好未来——在纳扎尔巴耶夫大学的演讲》，《人民日报》，2013年9月8日，第1版。

一、实现亚洲互联互通是“一带一路”的基本方向

“一带一路”范围广阔，涉及亚欧大陆众多的国家和人口。因此，实现亚洲的互联互通是“一带一路”建设的基本方向和目标。中共十八届三中全会通过的《中共中央关于全面深化改革若干重大问题的决定》明确指出，“加快同周边国家和区域基础设施互联互通建设，推进丝绸之路经济带、海上丝绸之路建设”①。2014年11月，习近平主席在北京举行的“加强互联互通伙伴关系”东道主伙伴对话会上，进一步阐述了共同建设“一带一路”与互联互通的相互关系。他指出，“一带一路”与互联互通相融相近、相辅相成，并将“一带一路”比喻为亚洲腾飞的两只翅膀，而互联互通就是两只翅膀的血脉经络。习近平还就亚洲互联互通提出了五点建议。第一，以亚洲国家为重点方向，率先实现亚洲互联互通。第二，以经济走廊为依托，建立亚洲互联互通的基本框架。第三，以交通基础设施为突破，实现亚洲互联互通的早期收获，优先部署中国同邻国的铁路、公路项目。第四，以建设融资平台为抓手，打破亚洲互联互通的瓶颈。中国将出资400亿美元成立丝路基金。第五，以人文交流为纽带，夯实亚洲互联互通的社会根基。习近平进一步强调，我们要建设的互联互通，应该是基础设施、制度规章、人员交流三位一体，应该是政策沟通、设施联通、贸易畅通、资金融通、民心相通五大领域齐头并进。这是全方位、立体化、网络状的大联通，是生机勃勃、群策群力的开放系统。②

可见，“一带一路”首先是一个横跨亚欧大陆的由铁路、公路、航空、海上运输、油气管道、输电线路和通信网络组成的综合性立体互联互通的交通网络。这个交通网络的重要性在于：一是将作为世界经济引擎的亚太地区与世界最大经济体欧盟联系起来，给亚欧大陆带来新的发展空

① 《中共中央关于全面深化改革若干重大问题的决定》，《人民日报》，2013年11月16日，第1版。

② 习近平：《联通引领发展 伙伴聚焦合作——在“加强互联互通伙伴关系”东道主伙伴对话会上的讲话》，《人民日报》，2014年11月9日，第1版。

间和机会，并形成东亚、西亚和南亚经济辐射区；二是实现该地区国家之间的政策沟通、设施联通、贸易畅通、货币流通和民心相通，从而带动该地区的经济发展，实现本地区的社会经济繁荣、和平、和谐和稳定；三是发展与这些国家的资金流、物流、人流和信息流等方面的合作，激活新的经济增长点，促进中亚、西亚和南亚，乃至东盟地区的经济繁荣和发展；四是推进贸易投资便利化，深化经济技术合作，最终形成亚欧大市场。

二、实现亚洲的互联互通的现实基础

亚欧大陆涵盖欧洲、中亚、西亚、南亚、东南亚和东北亚等地区。在历史上，古丝绸之路早已将地域广阔的亚欧大陆众多的国家连接在一起。如今，中国与亚欧大陆国家的合作日益密切，通过“一带一路”将更多的国家紧密联系在一起，实现亚洲的互联互通具有更加坚实的基础。

第一，与中国毗邻的中亚地区地处亚欧大陆的中心地带，是亚欧大陆由东向西、由南向北的交通要道，是中国向西开放的必经之地，也是建设丝绸之路经济带的第一环。由于中国与中亚国家的合作已进入全面发展的新时期，从中亚着手建设丝绸之路经济带不仅具有良好的基础，而且具有重要的基础性和示范性效应。首先，中国与中亚地区互联互通已经初具规模。例如，中哈之间已有两条铁路连接，2006 年建成了中国第一条陆上石油运输管道——中哈原油管道，2012 年底正式开通了中哈霍尔果斯口岸铁路，2006 年中国与土库曼斯坦达成天然气供销协议，并于 2009 年底建成中土天然气管道，等等。通过这些铁路、公路和油气管道，中国已经基本实现了与中亚国家的互联互通。其次，中国与中亚国家的经贸合作发展迅速，中国已经成为哈萨克斯坦和土库曼斯坦第一大贸易伙伴、乌兹别克斯坦第二大贸易伙伴。中国与中亚国家拥有许多共同的民族，文化相通，人文领域的合作与交流也不断扩大。再次，中国与中亚国家政治互信程度高。中亚国家独立后，中国是第一批与中亚国家建交的国家,并始终与中亚国家保持着良好的关系。中国坚决支持中亚国家的主权独立和领土完整,尊重中亚国家自主选择适合本国国情的发展道路。中国和中亚国家不存在任何难以解决的政治问题。中国还与中亚五国建立了战略伙伴关系,这在中国的周边地区是绝无仅有的。中国与中亚国家在上海合作组织框架下,在共同打击暴力恐怖势力、民族分裂势力和宗教极端势力,维护中亚地区稳定等方面的合作也日益密切。最后,“一带一路”建设得到中亚国家的普遍支持。中亚国家独立不久,都处于经济转型与发展时期,各国“求稳定、谋发展”的愿望迫切,希望加速本国工业化和现代化步伐,进一步融入世界经济和全球化进程,提高经济发展水平和民众生活水平,摆脱贫困落后的状况。由此,中亚国家普遍支持丝绸之路经济带建设,希望借此带动基础设施建设,促进本国经济发展。

第二,中国与南亚、西亚地区的合作与交往历史源远流长,近年来双边贸易发展不断深化。2012 年中印贸易额接近 700 亿美元,并提出了实现贸易额 1 000 亿美元的目标。中国与巴基斯坦已经建立期全天候战略合作伙伴关系。随着中巴经济走廊、孟中印缅经济走廊的建设,必将进一步促进中国与南亚地区的经济合作,推动各国经济发展。中国与西亚国家经济结构互补性强,经贸合作发展也很快。中国是沙特最大的贸易伙伴,西亚地区则是中国能源的主要进口来源地。2012 年,中国与海湾合作委员会 6 国贸易额达 1 550 亿美元,中国也是土耳其、伊朗等国家的主要经济合作伙伴。

第三,中国与欧洲国家合作的潜力巨大。据欧盟统计,2013 年中欧双边贸易额达到 5 659.9 亿美元。2012 年 4 月,中国—中东欧国家领导人在华沙举行首轮峰会,“16＋1”机制正式形成。2013 年 11 月,中国—中东欧国家领导人在布加勒斯特举行第二轮峰会,通过了旨在实现“合作共赢,共同发展”的《布加勒斯特纲要》,为加强中国与中东欧国家在经贸、金融、基础设施、人文等领域合作提供了广阔的空间。

中国与俄罗斯的关系正处于历史上最好的时期,两国已经建立了面向21世纪的全面战略协作伙伴关系。两国在能源、交通、科技、农业等领域具有巨大的合作潜力。作为"一带一路"上的重要国家，也是横跨亚欧大陆的最大国家，中俄经济合作必将促进两国经济的繁荣和和亚洲的互联互通。

具体来说，"丝绸之路经济带"立足的是中国西部和西南部地区的发展和开放。从西北地区出发，经中亚直至与欧洲连接，与新亚欧大陆桥一起形成丝绸之路经济带的主干，建设从太平洋到波罗的海的运输大通道，加强与中亚国家的能源和基础设施建设合作，将中亚"凹陷地带"与世界最大经济体和贸易体——欧盟和世界经济中心亚太地区紧密联系起来，致力于与欧洲建设自贸区。并通过和巴基斯坦共同建设"中巴经济走廊"，打通新疆经巴基斯坦到印度洋的通道。从中国西南地区出发，向南亚延伸形成"孟中印缅经济走廊"，打通印度洋的通道，实现中南半岛和马来半岛的互联互通。

"丝绸之路经济带"从中国东北地区出发与蒙古国"草原之路"和俄罗斯跨欧亚铁路相连接，形成中俄蒙经济走廊。中国东北老工业基地振兴战略则可以实现与俄罗斯开发和开放东西伯利亚和远东战略实现有效对接。中国政府在2014年发布的《国务院关于近期支持东北振兴若干重大政策举措的意见》提出，要进一步完善对外开放政策，加强东北振兴与俄远东开发的衔接，启动中俄远东开发合作机制，推动在能源、矿产资源、制造业等领域实施一批重大合作项目，加快筹备中俄地区合作发展(投资)基金。要发挥地缘和人文优势，务实推进对韩、蒙、日、朝合作。

"21世纪海上丝绸之路"立足的是中国东南部沿海地区进一步向亚太地区开放。"21世纪海上丝绸之路"从中国东部沿海地区出发，往北对接俄罗斯"北方海航道"形成"冰上丝绸之路"；往东和南延伸至太平洋、南亚地区、非洲东部，直至欧洲南部。主要通过启动与完成中日韩自贸区谈判，深化与中国台湾投资、贸易、金融合作，打造中国与东盟自贸区升级版，加快互联互通基础设施建设，进一步拓宽合作项目融资渠道，加强区域经济一体化合作。通过与澳大利亚自贸区的谈判，加强与亚太地区的互联互通。“21海上丝绸之路”还可以进一步向北延伸，与俄罗斯北方海航道(北极航线)连接，加强沿线港口等基础设施建设。

“一带一路”合起来形成一个起于中国内陆和东南沿海，贯通中亚、东南亚、南亚、西亚、欧洲和亚太地区的亚欧非新的经济圈，所涉及的国家绝大部分为新兴经济体和发展中国家。在全球经济一体化和国内经济发展进入“新常态”的现实情况下，中国提出并与相关国家共同实施“一带一路”建设，立足区域经济协调发展，构建全方位对外开放格局和国际合作新模式，以形成与沿线其他国家和地区互利共赢的新局面。这一构想及其实施对中国来说，将成为发挥地缘政治优势，拓展多边跨境贸易、交流合作的重要平台，有利于扩大对外开放，促进欠发达的中部与西部地区的发展，维护新疆地区的稳定，有利于在全球资源配置上减少对南中国海与马六甲海峡运输线的依赖，有利于冲破TPP和TTIP等对中国的孤立，扩大与沿线国家的经贸合作空间。这一构想及其实施对世界经济来说，适应了全球经济一体化的要求，有利于整合升级上海合作组织、欧亚经济联盟、中国—东盟(10＋1)、中日韩自贸区等国际合作，在更大范围内促进区域经济合作与一体化的深化，进而促进政治合作与地区安全，甚至有可能使“一带一路”成为全球发展的新的一极。

三、实现亚洲互联互通的方式与前景

“一带一路”建设符合相关国家发展经济、改善民生的根本利益和迫切要求，因而得到亚欧国家的普遍欢迎和积极合作。“一带一路”建设本着“合作、共赢”的宗旨，探索以“平等合作、互利共赢、开放包容、和谐和睦”为主要原则的新型国际合作观和发展观。“一带一路”建设不是机制化的国际组织，也不谋求建立超国家机构，而是采取灵活多样的合作方式，“以点带面、从线到片”，逐步形成区域大合作，以“五通”为主要合作领域，逐步实现亚洲的互联互通。

第一，“一带一路”建设坚持合作共赢的理念，主要依靠相关国家自愿和平等参与。“一带一路”建设追求共同发展，倡导平等对话，尊重道路选择；既欢迎相关国家自愿平等地参与，也欢迎域外国家为本地区发展稳定发挥建设性作用。“一带一路”建设目的在于创造一个包容性的发展平台，打破领土纠纷、政治制度和宗教文化差异等各种合作障碍，让沿线任何有合作意愿的国家自愿平等地参与，共商、共建、共享经济发展之路，最终形成互利共赢的“利益共同体”和共同繁荣发展的“命运共同体”。唯有找准“利益契合点”，相关国家才有参与“一带一路”建设的主动性和积极性，才能加强各国在经济发展战略和政策上的交流，协商制定推进区域合作的规划和措施，不断提升国家之间的经济合作水平，最终打造出“利益共同体”和“命运共同体”。

第二，通过加大各国基础设施建设推动互联互通。“一带一路”建设是要建立包括公路、铁路、航空、油气管道、光纤、通信等在内的立体的、多维的综合网络。为此需要相关国家共同推动互联互通等基础设施的建设，尤其要加大在交通领域的合作，改善相关国家交通运输状况。通过互联互通建设，促进地区经济融合和发展。

第三，通过加强技术和产业合作，促进经济结构转型与升级。亚洲国家虽然土地广阔，油气矿产资源丰富，但人口增长较快，水资源和粮食供求矛盾突出。各国均应加强包括节水灌溉和现代节水农业、绿色能源等技术和产业的合作，提高农业现代化水平，增加种植面积，提高产量，重视太阳能、风能技术等可再生能源的利用与开发，以实现经济结构转型、升级与可持续发展。

第四，通过加强人文、教育合作与交流，增进相互了解，实现民心相通。国之交在于民相亲。“一带一路”建设要让文化先行，加强相关国家教育文化的交流。习近平总书记在谈到建设丝绸之路经济带时，也特别强调了“民心相通”，强调“朋友越走越近，邻居越走越亲”。[①] 国外许多民众对中国提出的“一带一路”倡议并不十分了解，对中国的战略意图也不

---

① 习近平：《联通引领发展　伙伴聚焦合作——在“加强互联互通伙伴关系”东道主伙伴对话会上的讲话》，《人民日报》，2014年11月9日，第2版。

清楚。为此需要推动相关国家人民之间在文化、旅游、教育等方面的交流，促进亚欧大陆各国人民的友好交往，逐步使相关国家民众认同和支持“一带一路”建设，并从中受益。

第五，通过加强战略和政策的沟通和协商，制定推进区域合作的规划和措施。“一带一路”建设涉及的范围广阔，存在许多困难、阻力和风险，实施过程将是长期的。相关国家不仅在政治制度、决策机制、经济规模、发展模式、宗教文化等方面存在着巨大的差异，而且在边界问题、跨境水资源问题、国家安全问题上都存在矛盾。这些都会对丝绸之路经济带的建设产生不利的影响，需要各国在政策、利益等方面加强沟通和协商加以化解。

第3节 “一带一路”建设最高目标：人类命运共同体

2015年3月国务院授权国家发改委、外交部、商务部发布的《推动共建丝绸之路经济带和21世纪海上丝绸之路的愿景与行动》明确了共建“一带一路”的宗旨在于“全方位推进务实合作，打造政治互信、经济融合、文化包容的利益共同体、命运共同体和责任共同体”①。习近平主席更是明确指出，“不断朝着人类命运共同体方向迈进”，这是他提出“一对一路”倡议的初衷，也是这一倡议所要实现的最高目标。②

一、“一带一路”建设的宗旨

“一带一路”建设虽然包含多重目标，但总的来说是要打造命运共同体。“命运共同体”这一概念最早出现在2011年国务院新闻办发表的白

① 《推动共建丝绸之路经济带和21世纪海上丝绸之路的愿景与行动》，《人民日报》，2015年3月29日，第4版。

② 习近平：《开辟合作新起点 谋求发展新动力——在“一带一路”国际合作高峰论坛圆桌会上的开幕辞》，《人民日报》，2017年5月16日，第3版。

皮书《中国的和平发展》。其中指出："不同制度、不同类型、不同发展阶段的国家相互依存、利益交融，形成'你中有我、我中有你'的命运共同体。"①中共十八大报告明确提出在处理国家之间关系时，应坚持"合作共赢，就是要倡导人类命运共同体意识，在追求本国利益时兼顾他国合理关切，在谋求本国发展中促进各国共同发展，建立更加平等均衡的新型全球发展伙伴关系，同舟共济，权责共担，增进人类共同利益"②。以习近平总书记为核心的新一代中央领导集体确立后，"命运共同体"得到更加广泛的应用和倡导，逐步成为中国政府大力倡导的处理国际问题的新理念、中国外交政策的重要标签、具有清晰目标的外交战略，也是中国新一代领导集体在新时期进行的伟大外交实践。③

从世界形势和中国自身的发展背景来看，命运共同体这一新理念的提出和倡导恰逢其时，符合当前国际社会的发展趋势。首先，世界多极化、经济全球化，国家间互嵌式关系结构的特征更加明显，也带来一定的负面影响，如国际社会的矛盾和冲突，但合作的可能和愿望日益增强。而且随着交往的日益频繁，国家与国家之间、人与人之间的时空距离大大缩短。中国政府期待所有国家以更加包容和开放的态度展开合作，建设一个休戚与共的命运共同体。其次，全球性问题日益突出，传统安全与非传统安全问题交织在一起，诸如生态失衡、环境污染、网络安全、恐怖主义、毒品泛滥、非法移民等，对国际秩序和人类生存都构成了严峻的挑战。此外，在经济全球化背景下，一国的国内政策会产生跨越国界的溢出效应，以邻为壑会引发更多矛盾和冲突，唯有同舟共济才能使得各国都能受益。因此，在经济全球化日益发展的今天，国家间相互依赖的程度达到了前所未有的水平，如何同舟共济、协同处理国际问题，是摆在世界各国面前的难题，需要各国共同加强全球治理，构建多方面、多层次

---

① 《中国的和平发展白皮书》，《人民日报》，2011年9月7日，第14、15版。

② 胡锦涛：《坚定不移沿着中国特色社会主义道路前进为全面建成小康社会而奋斗——中国共产党第十八次全国代表大会上的报告》，北京：人民出版社，2012。

③ 李海龙：《构建命运共同体——中国外交的新思维》，《郑州轻工业学院学报（社会科学版）》，2014年第3期，第48-52页。

的利益汇合点，逐步形成多方面、多层次的利益共同体，才可能保持世界和平发展的良好态势。第三，习近平主席提出的实现中华民族伟大复兴的“中国梦”，即坚持走和平发展道路，努力实现中华民族伟大复兴的梦想不仅造福中国人民，而且能够惠及世界各国人民，成为推动实现包括中国人民在内的全世界人民梦想的不竭动力。中国的发展是不具有排他性的。把中国人民的利益同世界各国人民的共同利益结合起来，全方位地扩大各方利益的汇合点，就能推动实现中国和世界各国的共同和平发展。

“一带一路”建设要所要构建的命运共同体的核心要义是分享、合作、共赢、包容，在维护和追求本国安全和利益的同时，兼顾他国的合理关切，在谋求本国发展中推动各国共同发展。① 习近平主席在2015年博鳌论坛年会所做的主旨演讲概况了人类命运共同体所包含的主要内容：一是各国相互尊重、平等互信，坚持和平、发展、合作、共赢，是各国人民共同向往的时代主流，倡导所有国家遵守联合国宪章的宗旨和原则，维护公平正义，摒弃国家之间零和关系的旧观念，以开放的眼光看待世界格局的变迁，共同协商处理全球性挑战；二是合作共赢、共同发展。面对越来越多的全球性问题，任何国家都不可能独善其身，以邻为壑、转嫁危机可能导致全球利益链中断，认清“一荣俱荣、一损俱损”的连带效应，在竞争中合作，在合作中共赢，在追求本国利益时兼顾别国利益，在寻求自身发展时兼顾别国发展；三是实现共同、综合、合作、可持续的安全。要摒弃冷战思维，创新安全理念，努力走出一条共建、共享、共赢的亚洲安全之路；四是不同文明兼容并蓄、包容互鉴。② “万物并育而不相害，道并行而不相悖”（出自《礼记·中庸》）。万物相生相伴而不一定构成威胁，文明的多样性才是国际社会的进步特征，“世界上没有放之四海而皆准的发展模式，各方应该尊重世界文明多样性和发

① 李海龙：《构建命运共同体——中国外交的新思维》，《郑州轻工业学院学报（社会科学版）》，2014年第3期，第48-52页。

② 习近平：《亚洲新未来：迈向命运共同体》，《人民日报》，2015年3月29日，第3版。

展模式多样化”①。中国所提倡的“新型大国关系”、合作共赢和“亲、诚、惠、容”的外交理念、“与邻为善，以邻为伴”发展邻国关系等，都已成为命运共同体建构的本质内容。中国坚持把中国人民的利益与世界各国人民的共同利益结合起来，以更加积极的姿态参与国际事务，充分发挥负责任大国的作用，为人类社会贡献更多公共产品，与世界各国一道共同应对全球性挑战。

二、“一带一路”建设的总体目标

2015 年 3 月，国务院授权国家发改委、外交部和商务部发布《推进共建丝绸之路经济带和 21 世纪海上丝绸之路的愿景与行动》白皮书。该白皮书从经济合作和共同发展的角度勾画了“一带一路”建设的总体目标，即“致力于维护全球自由贸易体系和开放型世界经济”，“共建‘一带一路’旨在促进经济要素有序自由流动、资源高效配置和市场深度融合，推动沿线各国实现经济政策协调，开展更大范围、更高水平、更深层次的区域合作，共同打造开放、包容、均衡、普惠的区域经济合作框架”，“努力实现区域基础设施更加完善，安全高效的陆海空通道网络基本形成，互联互通达到新水平；投资贸易便利化水平进一步提升，高标准自由贸易区网络基本形成，经济联系更加紧密，政治互信更加深入；人文交流深入，不同文明互鉴共荣，各国人民相知相交、和平友好”。② 白皮书对这个区域做了进一步的明确，“共建‘一带一路’致力于亚欧非及附近海洋的互联互通，建立和加强沿线各国互联互通伙伴关系，构建全方位、多层次、复合型的互联互通网络，实现沿线各国多元、自主、平衡、可持续的发展”。③ 2019 年习近平主席在第二届“一带一路”国际合作高峰

① 习近平同坦桑尼亚总统基奎特举行会谈时强调，中坦发展互利共赢的全面合作伙伴关系，《人民日报》，2013 年 3 月 25 日，第 1 版。

② 《推动共建丝绸之路经济带和 21 世纪海上丝绸之路的愿景与行动》，《人民日报》，2015 年 3 月 29 日，第 4 版。

③ 同上。

论坛上再次强调,"共建'一带一路'倡议,目的是聚焦互联互通,深化务实合作,携手应对人类面临的各种风险挑战,实现互利共赢、共同发展"。①

"一带一路"倡议是一个多重的目标体系,包括经济、外交、文化和安全等方面的具体目标。例如,在经济上实现互联互通,推进贸易和投资便利化,形成互利共赢、多元平衡、安全高效的开放型经济体系;在外交上增进沿线国家政治互信和睦邻友好,形成更为开放、更为包容、更为信任、更为亲和的新的地缘政治经济关系;在文化上弘扬和传承丝绸之路友好合作精神,努力搭建促进中外文化交流的长效机制,密切沿线国家在教育、文化、旅游、体育、卫生、科技等领域开展全方位的人文交流合作,让相互尊重、平等包容的理念深入人心,使你中有我、我中有你的命运共同体意识深深扎根,使沿线国家广大民众成为"一带一路"倡议的坚定支持者、积极建设者和真正受益者,为沿线国家的全面合作奠定坚实的文化基础和民意基础。在国家安全上除了传统的军事领域之外,还要在信息、灾害、食品、航道、环境保护、公共卫生、跨国犯罪、恐怖袭击等非传统安全领域开展国际合作,搭建地区安全合作新架构,提升提供国际公共产品和服务的能力,建立沿线国家安全对话机制,构建安全合作新模式和新框架,建立沿线国家安全合作的新方式与新机制,共同维护沿线地区和平与发展的重任,保障沿线各国持久安全,推动相关国家形成责任共同体,努力走出一条共建、共享、共赢的沿线地区安全之路。

"一带一路"沿线国家的共同发展和繁荣,秉持构建命运共同体的精神理念,强调共商、共建、共享的平等互利方式。"一带一路"构想为古老的亚欧大陆开创出新的生机与活力,将为这片广袤大地的振兴插上两只

① 习近平:《齐心开创共建"一带一路"美好未来——在第二届"一带一路"国际合作高峰论坛开幕式上的主旨演讲》,《人民日报》,2019年4月27日,第3版。

强劲的翅膀。①

三、“一带一路”承载的主要内容

“一带一路”倡议包含的内容极其丰富，它以古丝绸之路为文化象征，在相关国家统筹制定区域发展规划和发展战略的基础上，通过建立立体综合交通运输网络，以沿线城市群和中心城市为支点，以经济、政治、社会、文化、生态等全方位合作为内容，以跨国贸易投资自由化和生产要素优化配置为动力，以货币自由兑换、政治高度互信、人民友好往来为保障，来推进亚欧大陆经济一体化和区域合作。②

习近平主席将“一带一路”的核心内容概括为“促进基础设施建设和互联互通，对接各国政策和发展战略，深化务实合作，促进协调联动发展，实现共同繁荣”③。因此，“一带一路”倡议既包括传统意义上的经贸往来和人文交流，也包括区域合作，共同建立经济走廊、经济开发区，实现互联互通、跨国运输线、金融合作等，希望通过多个层面的合作和沟通，让国际社会更好地分享中国发展的机遇，也为中国创造一个更好的发展环境。

2013 年 9 月 7 日，习近平主席在哈萨克斯坦首都阿斯塔纳第一次阐述了“丝绸之路经济带”的内涵和如何建设“丝绸之路经济带”④。建设“丝绸之路经济带”的目标是“为了使亚欧各国经济联系更加紧密、相互合作更加深入、发展空间更加广阔”。建设“丝绸之路经济带”的方式是“用创新的合作模式，共同建设‘丝绸之路经济带’，以点带面，从线到片，

---

① 王毅：《“一带一路”是新形势下中国推进对外合作的总体构想》，参见新华网：http://news.xinhuanet.com/world/2014-12/24/c_1113762915.htm。

② 白永秀、王颂吉：《丝绸之路经济带的纵深背景与地缘战略》，《改革》，2014 年第 3 期，第 64-73 页。

③ 习近平：《开辟合作新起点　谋求发展新动力——在“一带一路”国际合作高峰论坛圆桌会上的开幕辞》，《人民日报》，2017 年 5 月 16 日，第 3 版。

④ 习近平：《弘扬人民友谊　共创美好未来——在纳扎尔巴耶夫大学的演讲》，《人民日报》，2013 年 9 月 8 日，第 1 版。

逐步形成区域大合作”。“丝绸之路经济带”建设的内容就是“五通”:第一,加强政策沟通。各国就经济发展战略进行交流,协商制定区域合作规划和措施。第二,加强道路联通。打通从太平洋到波罗的海的运输大通道,逐步形成连接东亚、西亚、南亚的交通运输网络。第三,加强贸易畅通。各方应该就推动贸易和投资便利化问题进行探讨并作出适当安排。第四,加强货币流通。推动实现本币兑换和结算,增强抵御金融风险能力,提高本地区经济国际竞争力。第五,加强民心相通。加强人民友好往来,增进相互了解和传统友谊。

面对经济结构调整和改革创新的世界潮流,亚洲国家必须积极作为,在亚洲资源、亚洲制造、亚洲储蓄、亚洲工厂基础上,致力发展亚洲价值、亚洲创造、亚洲投资、亚洲市场,联手培育新的经济增长点和竞争优势。“一带一路”建设具体将与相关国家和地区在以下重点领域进行合作。

第一,促进基础设施互联互通。交通基础设施互联互通是“一带一路”建设的基础,也是丝绸之路经济带建设的优先领域。需要相关各国加强交通建设规划的对接,共同推进骨干通道建设,构建联通内外、安全通畅的综合交通运输网络。

第二,提升经贸合作水平。在巩固传统贸易的基础上,与沿线各国共同培育新的贸易增长点,在机电设备、高科技、能源资源、农业等方面开展贸易和投资领域的广泛合作,进一步创新贸易方式,不断提高贸易便利化水平。

第三,拓展产业投资合作。深化产业投资合作,契合了相关国家实现工业化的需要,是促进相关国家经济深度融合的重要途径,是丝绸之路经济带建设大有可为的重点领域。

第四,深化能源资源合作。本着互利共赢的原则,完善能源合作机制,稳定供求关系,深化能源生产、运输、加工等多环节合作,加强能效和新能源开发等领域的合作。

第五,拓宽金融合作领域。这是丝绸之路经济带建设的重要支撑。

进一步发挥上合组织银行联合体、中国—东盟银联体等作用,深化金融合作,积极推进筹建上合组织银行、亚洲基础设施投资银行,扩大双边本币互换的规模和范围以及跨境贸易本币结算试点,探讨区域金融合作的未来发展路线图,以促进本地区金融稳定,进而推动经济发展。

第六,密切人文交流合作。坚持弘扬和传承丝绸之路友好合作精神,为深化合作奠定坚实的民意基础,不断增加向相关国家提供政府奖学金名额,积极推动与相关国家互办多种形式的文化年、艺术节等活动,加强与相关国家旅游宣传推广合作,扩大旅游投资合作。

第七,加强生态环境合作。应对全球气候变化挑战、实现可持续发展,是丝绸之路经济带国家面临的共同课题。与相关各国建立健全有效的对话机制和联动机制,规划实施一批各方共同参与的重大项目,统筹推进区域内生态建设和环境保护,共建绿色丝绸之路。

四、"一带一路"建设坚持的基本原则

"一带一路"建设涉及的国家众多,涉及的领域也非常广泛。"一带一路"建设不仅将促进国际之间的经济要素有序自由流动、资源高效配置和市场深度融合,还将进行更大范围、更高水平、更深层次的区域合作,推动相关国家实现经济政策协调、国际合作以及全球治理新模式的探索。为此,2015 年 3 月国务院授权国家发改委、外交部、商务部联合发布的《推动共建丝绸之路经济带和 21 世纪海上丝绸之路的愿景与行动》确定了共建"一带一路"的五大原则。

一是恪守联合国宪章的宗旨和原则,遵守和平共处五项原则。这是基于国际关系确定的原则。要求在建设"一带一路"过程中,恪守国际法和公认的国际关系准则,尊重各国主权和领土完整、互不侵犯、互不干涉内政、和平共处、平等互利,弘扬民主、和睦、协作、共赢的精神。

二是坚持开放合作。这是基于国际合作理念确定的原则。中国倡导的"一带一路"建设,目的在于创造一个包容性的合作与发展平台,打破领土纠纷、政治制度和宗教文化差异等各种合作障碍,欢迎任何有合

作意愿的国家和国际、地区组织自愿平等地参与，也欢迎域外国家为本地区发展稳定发挥建设性作用，让共建成果惠及更广泛的区域。

三是坚持和谐包容。这是基于人类文明多样性确定的原则。文明多样性是人类社会的基本特征，也是人类文明进步的重要动力。“一带一路”建设应充分尊重人类文明的多样性，倡导文明宽容，尊重各国发展道路和模式的选择，加强不同文明之间的对话和相互借鉴，促进不同文明求同存异、兼容并蓄、和平共处、共生共荣。

四是坚持市场运作。这是基于国际合作具体方式确定的原则。建设“一带一路”既要充分发挥政府的指导和协调作用，更要遵循市场规律和国际通行的规则，充分发挥市场在资源配置中的决定性作用和各类企业的主体作用，按照相关国家的实际需求，实现优势互补互用，共同开发，共同发展。

五是坚持互利共赢。这是基于利益共享确定的原则。建设“一带一路”兼顾各方利益和关切，寻求利益契合点和合作最大公约数，体现各方智慧和创意，各施所长，各尽所能，把各方优势和潜力充分发挥出来，最终形成互利共赢的“利益共同体”和共同繁荣发展的“命运共同体”。

2014年6月，习近平主席在中国—阿拉伯国家合作论坛部长级会议发表的《弘扬丝路精神，深化中阿合作》讲话中，将“一带一路”建设应坚持的原则集中归纳为共商、共建、共享。他指出，共商，就是集思广益，好事大家商量着办，使“一带一路”建设兼顾双方利益和关切，体现双方智慧和创意。共建，就是各施所长，各尽所能，把双方优势和潜能充分发挥出来，聚沙成塔，积水成渊，持之以恒加以推进。共享，就是让建设成果更多更公平惠及中阿人民，打造中阿利益共同体和命运共同体。①

到第二届“一带一路”国际合作高峰论坛前夕，在各方共同努力下，“六廊六路多国多港”的互联互通架构基本形成，一大批合作项目落地生

① 习近平：《弘扬丝路精神 深化中阿合作——在中阿合作论坛第六届部长级会议开幕式上的讲话》，《人民日报》，2014年6月6日，第2版。

根，首届高峰论坛的各项成果顺利落实，150 多个国家和国际组织同中国签署共建“一带一路”合作协议。共建“一带一路”倡议同联合国、东盟、非盟、欧盟、欧亚经济联盟等国际和地区组织的发展和合作规划对接，同各国发展战略对接。从亚欧大陆到非洲、美洲、大洋洲，共建“一带一路”为世界经济增长开辟了新空间，为国际贸易和投资搭建了新平台，为完善全球经济治理拓展了新实践，为增进各国民生福祉作出了新贡献，成为共同的机遇之路、繁荣之路。事实证明，共建“一带一路”不仅为世界各国发展提供了新机遇，也为中国开放发展开辟了新天地。①

第 4 节　“一带一路”建设与自由贸易区战略

一、以周边为基础加快实施自由贸易区战略

中共十八届三中全会通过的《中共中央关于全面深化改革若干重大问题的决定》明确要求，“以周边为基础加快实施自由贸易区战略……形成面向全球的高标准自由贸易区网络”。② 中国坚持对外开放、参与经济全球化是靠多边和区域的“两个轮子”来推进的。中国紧抓 20 世纪末重新兴起的区域经济一体化浪潮，积极实施自由贸易区(FTA)战略。面对 1997 年亚洲金融危机的冲击，2000 年 11 月中国政府提出建立中国—东盟自贸区的设想，2002 年 11 月 4 日，我国与东盟签署了《中国—东盟全面经济合作框架协议》，决定在 2010 年建成中国—东盟自贸区，并正式启动了自贸区建设的进程。此外，中国政府还提出一系列以周边国家为基础的自贸区构想，如 10＋3(中日韩与东盟自贸区)、中日韩、中韩等自贸区。

① 习近平：《齐心开创共建“一带一路”美好未来——在第二届“一带一路”国际合作高峰论坛开幕式上的主旨演讲》，《人民日报》，2019 年 4 月 27 日，第 3 版。

② 《中共中央关于全面深化改革若干重大问题的决定》，《人民日报》，2013 年 11 月 16 日，第 1 版。

2007年10月，中共十七大报告第一次提出，“实施自由贸易区战略，加强双边多边经贸合作”。[①] 为适应区域经济一体化方兴未艾的经济全球化趋势，中共十八大报告进一步要求，“统筹双边、多边、区域次区域开放合作，加快实施自由贸易区战略，推动同周边国家互联互通”。[②] 中共十八届三中全会进一步细化为“以周边为基础加快实施自由贸易区战略”。[③] 这标志着我国自贸区战略逐渐走向成熟。2014年8月，中国与东盟自贸区升级版谈判启动，11月中韩自贸协定、中澳自贸协定相继实质性结束谈判，北京APEC会议决定启动和推进亚太自贸区（FTAAP）进程，中国的自贸区战略稳步推进。截至2020年4月，中国在建自贸区共33个，涉及40多个国家和地区。已经签订和实施了20个自由贸易协定或紧密经贸关系协定，涉及25个国家和地区，分别是中国与马尔代夫、澳大利亚、瑞士、哥斯达黎加、新加坡及其升级版、智利及其升级版、东盟及其升级版、毛里求斯、格鲁吉亚、韩国、冰岛、秘鲁、新西兰、巴基斯坦及其第二阶段自贸协定和中国内地与港澳更紧密经贸关系安排。正在谈判的自贸区有13个，涉及30个国家和地区，分别是中国与海湾合作委员会（GCC）、中日韩、中国与斯里兰卡、以色列、挪威、新西兰升级版、摩尔多瓦、巴拿马、巴勒斯坦、秘鲁升级版、柬埔寨、韩国第二阶段。正在研究的自贸区有8个，分别是中国与哥伦比亚、斐济、尼泊尔、巴布亚新几内亚、加拿大、孟加拉国、蒙古国和瑞士升级版。通过上述签署和正在谈判的自贸协定，中国自贸区全球布局初步形成。

在中国面临内部综合成本上升，传统竞争优势渐渐失去的挑战，以及国际贸易格局重构的挑战和机遇情况下，有必要通过加快推进自贸区战略来突围破局。中国自由贸易区战略需要充分考虑区域整合的势头

① 胡锦涛：《高举中国特色社会主义伟大旗帜，为夺取全面建设小康社会新胜利而奋斗》，《人民日报》，2007年10月15日，第1版。

② 胡锦涛：《坚定不移沿着中国特色社会主义道路前进，为全面建成小康社会而奋斗》，《人民日报》，2012年11月8日，第1版。

③ 《中共中央关于全面深化改革若干重大问题的决定》，《人民日报》，2013年11月16日，第1版。

超过了竞争性开放的势头，在亚太地区应加速区域整合，推动亚太自贸区和区域全面经济合作伙伴关系的谈判和建设，整合亚太地区众多自贸机制安排，减少交易成本，便利投资与贸易，协调区域全面经济伙伴关系（RCEP）、跨太平洋伙伴关系协议（TPP）与亚太自由贸易区（FTAAP）三者关系。同时，必须提高合作水平，“形成面向全球的高标准自由贸易区网络”。[①] 在与自贸伙伴国合作内容方面，应不限于贸易自由化、便利化等传统领域，要向规制合作方向延伸。

加快实施自由贸易区战略的意义在于，通过自由贸易区不断增加我国经济发展所需要的各种战略资源；规避我国多边框架协议困难，努力强化我国的新兴产品发展市场；营造稳定的市场环境，不断提升我国服务业和制造业企业的核心竞争力；扩大我国对外投资的区域范围，提高国内企业的经营管理水平；为日后的货币联盟、政治合作等方面打下坚实的基础；不断提高我国在世界各国中经济政治等诸多方面的影响力。

二、“一带一路”和自贸区布局接促进全面深化改革

中共十八届三中全会确立的我国全面深化改革的总目标是，完善和发展中国特色社会主义制度，推进国家治理体系和治理能力现代化。全面深化改革涉及经济社会发展各领域，重点是经济体制改革，核心是处理好政府和市场的关系，使市场在资源配置中起决定性作用和更好发挥政府作用。为此要求推进简政放权步伐，加快转变政府职能，让一切劳动、知识、技术、管理、资本的活力竞相迸发出来，让一切创造社会财富的源泉充分涌流出来，让经济发展成果更多更公平地惠及全体人民。自贸区建设最根本的目的，是要探索全面深化改革和扩大开放的新途径和新模式，倒逼政府对其职能和行政体制进行改革，促进转变经济增长方式，实现以开放促发展、促改革，形成可推广的经验，打造中国经济“升级版”。“一带一路”与自由贸易区建设共同扩大开放促推深层次改革，形

① 《中共中央关于全面深化改革若干重大问题的决定》，《人民日报》，2013 年 11 月 16 日，第 1 版。

成创新开放型经济体制与机制，使自贸区成为新形势下引领全面深化改革、加快创新驱动发展的标杆和引擎。

作为国家对外开放的大战略，“一带一路”建设涉及国内外广大的区域，需要以一些核心区域和重要节点作为战略支撑来推进落实。“一带一路”建设重点涉及国内18个省(区、市)：

西北地区主要是把新疆打造成“丝绸之路经济带核心区”、交通枢纽、商贸物流和文化科教中心，发挥陕西、甘肃综合经济文化和宁夏、青海民族人文优势，打造西安内陆型改革开放新高地。加快兰州西宁开发开放，推进宁夏内陆开放型经济试验区建设，形成面向中亚、南亚、西亚国家的通道、商贸物流枢纽、重要产业和人文交流基地。

北部和东北部发挥内蒙古联通俄罗斯和蒙古的区位优势，完善黑龙江对俄罗斯铁路通道和区域铁路网，以及黑龙江、吉林、辽宁与俄罗斯远东地区陆海联运合作，推进构建北京—莫斯科亚欧高速运输走廊，建设向北开放的窗口。

西南地区发挥广西与东盟陆海相邻的独特优势，加快北部湾经济区和珠江—西江经济带开放发展，构建面向东盟的国际通道，打造西南、中南地区开放发展新的战略支点，形成21世纪海上丝绸之路与丝绸之路经济带有机衔接的重要门户。发挥云南区位优势，推进与周边国家的国际运输通道建设，打造大湄公河次区域经济合作新高地，建设成为面向南亚、东南亚的辐射中心。推进西藏与尼泊尔等国家边境贸易和旅游文化合作。

东部沿海地区利用长三角、珠三角、海峡西岸、环渤海等经济区开放程度高、经济实力强、辐射带动作用大的优势，加快推进中国(上海)自由贸易试验区建设，支持福建建设21世纪海上丝绸之路核心区。充分发挥深圳前海、广州南沙、福建、广东、浙江、海南，内陆的重庆市。其中新疆被定位为“丝绸之路经济带核心区”，西安、兰州、西宁、重庆、成都、郑州、武汉、长沙、南昌、合肥为内陆节点城市。福建则被定位为“21世纪海上丝绸之路核心区”，上海、天津、宁波—舟山、广州、深圳、湛江、汕头、青岛、烟台、大连、福州、厦门、泉州、海口、三亚为沿海节点城市。推进落实

"一带一路"建设,需要以这些核心区域和重要节点为战略支撑。这些核心区域和重要节点就落在自贸区建设上。

自贸区建设的核心是制度创新,进行投资管理制度、贸易监管制度、金融创新制度和事中事后监管制度方面的改革试验。我国提出要努力把自贸区建设作为区域协同发展的新平台、改革开放的新高地、创新发展的新动力;要建立健全与国际通行规则相衔接、与市场经济要求相适应的体制与机制,不断优化投资和发展环境,吸引和聚集更多企业、项目与产业;要深化行政审批制度改革,全面梳理清楚政府职权,并且明晰权责主体,确保权力清单真实准确完整。这些也正是我国全面深化经济体制改革的要求和任务。

当前国际经济竞争和经济全球化的发展推动了全球贸易和投资规则的重构,发展趋势是实现全面的贸易自由化,包括金融领域在内的服务贸易自由化。例如,国际贸易的发展趋势是:从货物贸易向服务贸易转变;从实体贸易向数字贸易转变;从关税壁垒向监管壁垒转变;从自由贸易向公平贸易转变;从边境措施转向境内措施;从经济标准向价值标准转变。又如,TPP 和 TISA 谈判包含了国企竞争中立、知识产权保护、劳工环境标准、电子商务、金融领域开放等很多议题。国际形势和环境的变化赋予我国改革开放许多新的议题,自贸区建设则是深化和加快改革开放力度的最有效途径。自贸区在如何处理政府和市场的关系,如何处理发展和开放的关系等方面的大胆试验,不仅符合我国多领域的改革目标,也是深化和加快改革开放力度的最有效途径。

具体来说,自贸区试验与改革的内容包括以准入前国民待遇和负面清单为核心的外商投资管理体制改革,以货物状态分类监管为核心的贸易监管体制改革,开放金融、航运、商贸、文化服务以及社会服务等服务贸易领域,创新金融监管新机制,加快探索资本项目可兑换和金融服务业全面开放,推进政府职能转变,实现政府管理由注重事前审批转为注重事中、事后监管,等等。这些改革有利于简政放权,用政府的减法换取市场的加法,重新界定政府的职责边界,给市场更大的自由发挥空间,激发市场的创新创造活力，最终打造一个国际化、市场化、法制化的营商环境，解决我们现行体制存在的一系列问题。

2013 年 9 月，国务院正式批准设立中国(上海)自由贸易试验区。2015 年 4 月国务院批准上海自由贸易试验区扩大范围，从 28.78 平方公里增加到 120.72 平方公里。同时批准设立中国(广东)自由贸易试验区、中国(天津)自由贸易试验区、中国(福建)自由贸易试验区。2017 年 3 月，国务院再次批准设立 7 个自由贸易试验区，分别是中国(辽宁)自由贸易试验区、中国(浙江)自由贸易试验区、中国(河南)自由贸易试验区、中国(湖北)自由贸易试验区、中国(重庆)自由贸易试验区、中国(四川)自由贸易试验区、中国(陕西)自由贸易试验区。2018 年 4 月，习近平主席在海南建省办经济特区 30 周年大会上宣布，党中央决定支持海南全岛建设中国(海南)自由贸易试验区。2019 年 7 月，国务院批准上海自贸试验区增加临港新片区，8 月增设 6 个自贸试验区，分别是中国(山东)自由贸易试验区、中国(江苏)自由贸易试验区、中国(广西)自由贸易试验区、中国(河北)自由贸易试验区、中国(云南)自由贸易试验区、中国(黑龙江)自由贸易试验区。这 18 个自由贸易试验区都可以纳入“一带一路”范围内。这些自贸试验区尤其是上海自贸试验区在投资自由化、贸易便利化、金融国际化、行政管理简化等方面先行先试积累起来了丰富的经验。这样，以国内各地积极寻求对接“一带一路”和自贸区建设为突破口，加快推进经济体制改革攻坚的步伐，以点带面，由线到片，逐步实现国家层面与“一带一路”相关国家和地区的“政策沟通、道路联通、贸易畅通、货币流通、民心相通”和经济社会的发展。

2015 年 12 月，国务院发布的《关于加快实施自由贸易区战略的若干意见》(以下简称《意见》)强调，“加快实施自由贸易区战略是我国新一轮对外开放的重要内容”①，是我国适应经济全球化新趋势的客观要求，是

---

① 《国务院关于加快实施自由贸易区战略的若干意见[国发(2015)69 号]》。参见中华人民共和国中央人民政府网：http://www.gov.cn/zhengce/content/2015-12/17/content_10424.htm。

全面深化改革、构建开放型经济新体制的必然选择。要求“加快实施更加主动的自由贸易区战略，通过自由贸易区扩大开放，提高开放水平和质量，深度参与国际规则制定，拓展开放型经济新空间，形成全方位开放新格局，开创高水平开放新局面”；坚持互利共赢，共同发展，“全方位参与自由贸易区等各种区域贸易安排合作，重点加快与周边、‘一带一路’沿线以及产能合作重点国家、地区和区域经济集团商建自由贸易区”。《意见》设定的目标任务是：“近期，加快正在进行的自由贸易区谈判进程，在条件举办的情况下逐步提升已有自由贸易区的自由化水平，积极推动与我国周边大部分国家和地区建立自由贸易区，使我国与自由贸易伙伴的贸易额占我国对外贸易总额的比重达到获超过多数发达国家和新兴经济体水平；中长期，形成包括临近国家和地区、涵盖‘一带一路’沿线国家以及辐射五大洲重要国家的全球自由贸易区网络，使我国大部分对外贸易、双向投资实现自由化和便利化。”

《意见》对自由贸易区建设进行了战略布局，首先加快构建周边自由贸易区，力争与所有毗邻国家和地区建立自由贸易区，构建合作共赢的周边大市场；其次结合周边自由贸易区建设和推进国际产能合作，积极同“一带一路”相关国家商建自由贸易区，形成“一带一路”大市场，将“一带一路”打造成畅通之路、商贸之路、开放之路；争取同大部分新兴经济体、发展中大国、主要区域积极集团和部分发达国家建立自由贸易区，构建金砖国家大市场、新兴经济体大市场和发展中国家大市场等，逐步形成全球自由贸易区网络。

为建设高水平自由贸易区，《意见》还提出了提高货物贸易开放水平，扩大服务业对外开放，放宽投资准入，推进规则谈判，提升贸易便利化水平，推进规制合作，推动责任人移动便利化以及加强经济技术合作方面的要求。

三、与“一带一路”相关国家构建自贸区

从未来发展的趋势看，将中国自贸区和以周边为基础形成的自由贸

易区结合起来，加快构建面向亚欧的自贸区网络，促进双边/多边 FTA 或 BIT 协定谈判，落实推动多/双边直接投资政策，可以在此基础上构建“一带一路”自贸区，形成除大西洋贸易轴心和太平洋贸易轴心之外，新的以亚欧为核心的全球第三大贸易轴心。

从地缘上看，亚欧大陆面积将近 5 000 万平方公里，分别占到了亚洲和欧洲面积的 85%和 95%，覆盖总人口 46 亿，超过世界人口 60%。目前，由东向西共有三条亚欧大陆桥将亚欧大陆连接在一起，如图 3.1 所示。中国提出建设“一带一路”倡议后，已经有 65 多个国家和国际组织积极响应。随着“一带一路”倡议的落实和亚投行的设立，亚欧大陆有可能成为世界上跨度最长的经济大走廊。

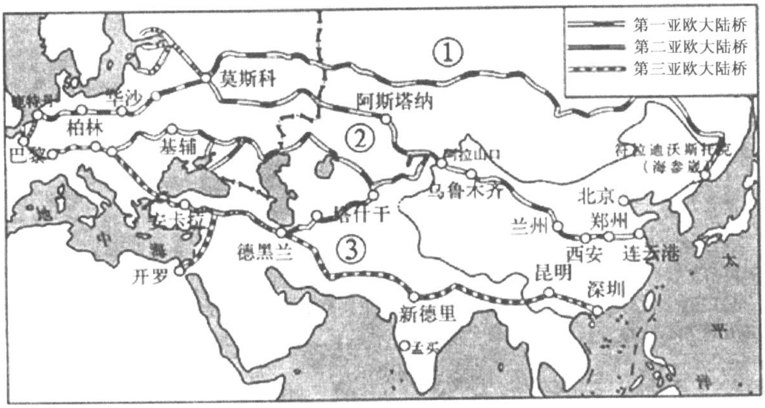

图 3.1 亚欧大陆桥

从经济发展趋势来看，“一带一路”沿线国家大都是发展中国国家，经济增长潜力巨大，对跨境贸易的依赖程度较高。2000 年各国平均外贸依存度为 32.6%，2010 年提高到 33.9%，2012 年达到 34.5%，远高于同期全球平均水平的 24.3%。据世界银行数据计算，1990 年至 2013 年间，“一带一路”相关 65 个国家贸易、跨境直接投资年均增长速度分别达 13.1% 和 16.5%，均高于全球 7.8%和 9.7%的年均增长速度。2010 年 2013 年间，“一带一路”相关国家对外贸易、外资净流入年均增长速度分别达 13.9%和 6.2%，分别比全球平均水平高出 4.6 个百分点和 3.4 个百分点。有专家预计未来十年,“一带一路”相关国家出口规模占比有望提升至1/3左右,成为中国的主要贸易和投资伙伴。

历史上,亚欧大陆曾经是世界的中心,古丝绸之路将中国海岸与西班牙海岸连接在一起。地理大发现开启了以西方为中心的全球化时代,西方很快发展成为世界的中心。从20世纪60年代到80年代,日本、“亚洲四小龙”和东盟、东亚一些国家和地区,大力发展外向型经济,实现了经济腾飞。但随着劳动力成本上升和各国的自然资源禀赋相对比较优势,一些劳动和资本密集型产业将由东向西转移带动亚欧大陆中部国家产业转型与升级,构建新的供应链、产业链和价值链体系。“一带一路”倡议将成为全球范围内最大的商业机会和世界经济增长引擎。自贸区则是推进“一带一路”倡议的一个平台。在原有自由贸易区的基础上构建“一带一路”自由贸易区,不仅具有可能性,而且将对促进亚欧经济一体化和和沿线国家经济的发展与转型产生重要的影响。

第4章

“一带一路”对接中亚经济发展①

2013年9月，习近平主席在哈萨克斯坦第一次提出了与中亚国家共建丝绸之路经济带的倡议。2015年3月国务院授权国家发改委、商务部和外交部共同发布的《推动共建丝绸之路经济带和21世纪海上丝绸之路的愿景与行动》指出，“‘一带一路’贯穿亚欧非大陆，一头是活跃的东亚经济圈，一头是发达的欧洲经济圈，中间广大腹地国家经济发展潜力巨大”。这里所说的“中间广大腹地国家”主要的就是中亚国家。2014—2015年，“共建丝绸之路经济带”的倡议在中亚地区形成共识，得到各国政府积极支持和战略对接的响应，并与中国相继签署了共建“丝绸之路经济带”的合作文件，或将“共建丝绸之路经济带”写入双边的政治文件中，特别是中国与哈萨克斯坦的产能合作成为典范之举。中亚是中国倡议的丝绸之路经济带建设的核心区域。中亚将成为丝绸之路经济带的物流、客流、信息流的集散中心。

2019年中欧班列共开行8 225列，同比增加31%；发运72.5%万标箱，同比增加34%。截至2019年年底，中欧班列已经累计开行13 000多列。国内开行城市达到56个，运行路线65条，连接境外15个国家和49个城市。2019年，从新疆阿拉山口和霍尔果斯口岸出境经过中亚的中欧班列达到6 608列，占全国中欧班列的80%。2016年1月，乌克兰试探性地开出一列货运列车经黑海、格鲁吉亚、阿塞拜疆、里海，最终抵达哈

---

① 本章部分内容已以《中亚经济发展战略与丝绸之路经济带合作空间对接研究》发表在《新疆师范大学学报》(哲学社会科学版)2017年第3期；以《对接中亚国家发展战略，共建丝绸之路经济带》发表在《“一带一路”跨境通道建设研究报告》蓝皮书(2016)，北京：社会科学文献出版社，2016年8月。

萨克斯坦与中国的边境口岸。

第 1 节　中亚国家概况

图 4.1　苏联解体后中亚新独立五国地图

一、中亚新独立五国概况

1. 哈萨克斯坦共和国

哈萨克斯坦共和国位于北纬 48°00′,东经 68°00′。领土面积 272.5 万平方公里,其中陆地面积 2 669 800 平方公里,水面积 47 500 平方公里。陆地边界 12 012 公里,其中与中国边界长 1 533 公里,与吉尔吉斯斯坦边界 1 051 公里,与俄罗斯 6 846 公里,与土库曼斯坦 379 公里,与乌兹别克斯坦 2 203 公里。哈萨克斯坦拥有咸海海岸线 1 070 公里,里海海岸线 1 894 公里。属大陆性气候,干旱和半干旱,冬季寒冷,夏季炎热。全境属于从伏尔加河到阿尔泰山,从西西伯利亚到中亚绿洲和沙漠的平原地区。自然资源丰富，富有石油和天然气储备、铁矿石、锰、铬、镍、钴、铜、钼、铅、锌、铝土矿、金和铀。土地资源丰富，耕地面积占 12%，播种面积占 11%，牧场占 57%，森林覆盖率 4%。农田灌溉面积 22 000 平方公里。

人口 1 896.6 万，自然增长率为 1.46%，粗出生率 22.66‰，粗死亡率 7.48‰，婴儿死亡率 12.6‰，总生育率 2.7 人。人口外流 6.4‰。人均寿命 63.3 岁。民族以哈萨克族为主，占 70%，俄罗斯族占 20%，乌克兰族占 3.7%，乌兹别克族占 3%，日耳曼族占 1%，维吾尔族占 1.3%。47%的人口为穆斯林，44%的人信仰东正教，2%为基督教新教徒。40%的人使用国家官方语言哈萨克语，66%的人使用俄语（国家第二官方语言）。

哈萨克斯坦共和国 1991 年 12 月 16 日从苏联独立，首都阿斯塔纳（2019 年 3 月更名为努尔苏丹，2022 年又改回阿斯塔纳），1998 年从阿拉木图迁入。1990 年 10 月 25 日宣布国家主权，确定为共和国日。1993 年 1 月 28 日通过第一部独立宪法，1995 年 8 月 30 日经全民公投通过现行宪法。努尔苏丹·纳扎尔巴耶夫 1990 年 2 月 22 日起任最高苏维埃主席，1991 年 12 月 1 日选举为总统，直到 2019 年。同年卡瑟姆·若马尔特·托卡耶夫出任哈第二任总统。立法机构为两院议会制。实行多党制，主要政党有农业党、阿拉什（倾向于立宪民主党人党）、阿扎马特（阿拉伯语伟大意思）运动、公民党、哈萨克斯坦共产党、民主力量论坛、工人运动、奥尔列乌运动、奥唐（祖国）、退休者运动、哈萨克斯坦人民大会、人民联合党、人民统一党、哈萨克斯坦共和人民党。行政区划分 17 个州和 3 个直辖市。

哈萨克斯坦是原苏联领土面积第二大加盟共和国，拥有储量庞大的矿藏，包括液体燃料、矿物和金属。哈萨克斯坦还拥有巨大的农业潜力，辽阔的草原可以进行动物养殖和谷物种植。工业主要有开采和加工矿产资源、重型机械制造、生产建筑设备、拖拉机和农业机械以及某些军事装备。苏联解体以及传统重工业产品需求急剧下降，导致 1991 年哈萨克斯坦陷入严重经济危机，衰退持续到1994年。1995—1997年哈萨克斯坦政府采取了一系列经济改革措施和加速私有化，使得大量资本流入私有经济部门。为建设从哈萨克斯坦西部到黑海的石油管道专门成立了里海管道财团，大大增加了石油出口。1998年伴随世界石油价格下跌和俄罗斯八月金融危机，哈萨克斯坦经济再次遭遇衰退，GDP下降2.5%。2000年石油价格的上涨，谷物丰收和坚戈的及时贬值，将哈萨克斯坦从萧条当中拖了出来。阿斯塔纳集中实施产业政策，实现经济多元化目标，通过发展轻工业来避免对石油部门的依赖。

2. 吉尔吉斯共和国

吉尔吉斯共和国(简称吉尔吉斯或吉尔吉斯斯坦)位于北纬41°00′，东经75°00′。领土面积19.9万平方公里，其中陆地面积191 300平方公里，水面积7 200平方公里。陆地边界3 878公里，其中与中国接壤858公里，与哈萨克斯坦1 051公里，与塔吉克斯坦870公里，与乌兹别克斯坦1 099公里。从干燥的大陆性气候到天山高山极地气候，西南部地区费尔干纳盆地属于亚热带气候，北部丘陵地区气候适宜。地形属于天山山脉，多山谷和盆地。主要自然资源有水力资源、大量的金矿和稀土金属、煤炭、石油和天然气，霞石、汞、铋、铅、锌。耕地面积占7%，牧场占44%，森林覆盖率4%。吉尔吉斯斯坦拥有世界最大的自然胡桃林。农田灌溉面积9 000平方公里。

人口669.4万，自然增长率2.06%，粗出生率27.4‰，粗死亡率5.8‰，婴儿死亡率19.0‰，总生育率3.2人。人口外流2.7‰。预期寿命63.5岁。民族以吉尔吉斯族为主，占73.8%，俄罗斯族占14.8%，乌兹别克族占5.1%，乌克兰族占2.5%，日耳曼族占2.4%。75%的人口信仰穆斯林，20%的人信仰东正教。官方语言为吉尔吉斯语和俄语。

吉尔吉斯共和国1991年8月31日从苏联独立，这一天宣布为独立日。首都比什凯克(苏联时期称伏龙芝)。1993年8月31日通过宪法，1996年2月进行修改宪法扩大总统权限。1998年10月，再次就修宪举行全民公决，调整议会两院议席，限制议会及议员权力，实行土地私有制，严禁通过限制新闻自由的法律等。2003年2月，再次修改宪法，议会由两院制改为一院制，取消党派选举制，议员将全部由单一选区选举制选举产生。2006年11月，总统巴基耶夫签署宪法修正案，进一步扩大议会权力。2010年6月，通过新宪法草案，政体由总统制过渡到议会制，吉尔吉斯斯坦建立议会制政治体制，大幅削减总统权力，实质性扩大议会权力。1990年10月28日阿斯卡尔·阿卡耶夫当选第一任总统。2005年3月发生“郁金香革命”，库尔曼别克·巴基耶夫当选第二任总统。2010年4月，再次发生颜色革命，萝扎·奥通巴耶娃当选第三任总统。2011年12月，阿尔马兹别克·阿坦巴耶夫当选第四任总统。2017年11月，索隆拜·热恩别科夫当选第五任总统。2021年1月，萨德尔·扎帕罗夫就任第六任总统。实行多党制，主要政党有吉尔吉斯农业劳动党、吉尔吉斯农业党、阿塔—梅肯(祖国)社会主义党、国家复兴旗帜党、吉尔吉斯民主运动、尊严党、自由吉尔吉斯进步民主党、公正党、人民救亡运动、互助运动、我的国家行动党、民族联合民主运动、吉尔吉斯共产党人党、阿富汗战争老兵党、农民党、人民党、穷人和失业人员党、共和人民党、吉尔吉斯社会民主党、民主力量联盟。行政区划分为7个州和2个直辖市。

吉尔吉斯斯坦是一个贫穷的山地国家，农业是其优势。棉花、羊毛和肉类是其主要农产品和出口产品。工业产品出口主要是黄金、红汞、铀和电力。吉尔吉斯是前苏联在实行市场化改革取得最大进步的加盟共和国。有效地实施了稳定计划，使其将通货膨胀降低到了1994年的88%和1997年的15%。注意力集中在了刺激经济增长，企业的大量国有股份被出售。1991年苏联解体后，吉尔吉斯生产大幅下挫，但从1995年年中开始复苏，出口开始扩大。但是，国有经济部门退休金、失业补贴和工资仍旧拖欠。外国援助在吉尔吉斯斯坦1996—1997年的经济增长中发挥了主要作用。1998年的增长没有超过2.1%，但1999年则达到了3.6%，2000年达到5.7%。吉尔吉斯斯坦政府也采取了一系列措施归还外债，遏制通货膨胀，清理税收等。

3. 乌兹别克斯坦共和国

乌兹别克斯坦共和国位于北纬 41°00′，东经 64°00′。领土面积 44.9 万平方公里，其中陆地面积 425 400 平方公里，水面积 22 000 平方公里。陆地边界线总长 6 221 公里，其中与阿富汗接壤 137 公里，与哈萨克斯坦 2 203 公里，与吉尔吉斯斯坦 1 099 公里，与塔吉克斯坦 1 161 公里，与土库曼斯坦 1 621 公里。属于温带沙漠气候，夏季炎热且漫长，冬季温暖，东部为干燥的草原。地形以平面沙漠为主，多沙丘；阿木达尔河、瑟尔达尔亚河和泽拉夫尚河形成辽阔的平整的灌溉盆地；东部的费尔干纳盆地被吉尔吉斯斯坦高山环绕；西部有正在干涸的咸海。自然资源主要以天然气、石油、煤炭，以及黄金、铀、银、铜、铅、锌、钨、钼等有色金属。耕地面积占 9%，播种面积仅占 1%，牧场占 46%，森林覆盖率 3%。

人口 3 459.7 万，自然增长率 1.74%，粗出生率 23.5‰，粗死亡率 4.9‰，婴儿死亡率 33.9‰，总生育率 2.5 人。人口外流 2.1‰。预期寿命 63.8 岁。民族以乌兹别克族为主，占 84.4%，俄罗斯族占 2.1%，塔吉克族占 4.9%，哈萨克族占 2.4%，卡拉卡尔帕克族占 2.2%，鞑靼族占 1.5%。88%的人口信仰穆斯林，主要是逊尼派，9%的人信仰东正教。74.3%的人口操乌兹别克语，14.2%的人操俄语，4.4%的人操塔吉克语。

乌兹别克斯坦共和国 1991 年 8 月 31 日从苏联独立，1991 年 9 月 1 日宣布为独立日。首都塔什干。1992 年 12 月 8 日通过宪法。1990 年 3 月 24 日，伊斯兰·卡里莫夫被选举为最高苏维埃总统，直到 2016 年 9 月 2 日病逝。2016 年 12 月，沙夫卡特·米尔济约耶夫正式接任第二任总统。立法机构为一院制最高会议。实行多党制，主要政党有阿多拉特（公正）—社会民主党、国家复兴民主党、祖国进步党、人民民主党（原共产党）、舍己精神党。行政区划分为 1 个共和国、12 个州和 1 个直辖市。

乌兹别克斯坦属于干旱内陆国家，10%的领土属于可耕地和灌溉河谷。60%多的居民生活在人口密集的村庄。乌兹别克斯坦是世界第三大棉花出口国，是黄金和天然气出口大国，也是该地区化学和机械制造工业大国。1991年12月获得独立后，乌兹别克斯坦政府致力于维持苏联式计划经济体系，实行补贴制度，对生产和价格进行严格控制。在遭遇高通胀之后，政府于1994年年中进行改革，实行更加紧缩的货币政策、私有化，适度降低国家在经济中的作用，改善外商投资条件。国家保持了在经济中的主导影响力，所以改革没有导致迫切的结构改革。1996年年末，由于乌兹别克斯坦政府没有履行条件，IMF临时终止了用于维护当地货币稳定的1.85亿美元贷款。乌兹别克斯坦对造成亚洲和俄罗斯危机的外部条件做出反应，强化了出口和外汇管制，经济更加封闭。使外国投资者感到害怕的经济政策是乌兹别克斯坦经济萧条的主要因素。迅速上升的国家债务、通货膨胀和不良投资环境导致了2000年经济疲软。

4. 塔吉克斯坦共和国

塔吉克斯坦共和国位于北纬39°00′，东经71°00′。领土面积14.1万平方公里，其中陆地面积142 700平方公里，水面积400平方公里。陆地边界总长3 651公里，其中与阿富汗接壤1 206公里，与中国414公里，与吉尔吉斯斯坦870公里，与乌兹别克斯坦1 161公里。属于温带大陆性气候，夏季炎热，冬季温暖；从干旱到帕米尔高原极地气候变化。帕米尔高原和阿莱山脉决定了塔吉克斯坦所处的地形，北部是费尔干纳盆地以及西南部科发尔尼宏和瓦赫什盆地的西部。自然资源多水力、石油、铀、汞、褐煤、铅、锌、锑、钨。耕地面积占6%，播种面积为零，灌溉面积6 390平方公里，牧场占25%，森林覆盖率4%。

人口974.96万，自然增长率2.2%，粗出生率32.2‰，粗死亡率5.57‰，婴儿死亡率38.5‰，总生育率3.5人。人口外流3.5‰。预期寿命64.2岁。民族以塔吉克族为主，占84%，乌兹别克族占13.8%，俄罗斯族占0.5%。逊尼派穆斯林占80%，什叶派穆斯林占5%。官方语言为塔吉克语和俄语。

塔吉克斯坦共和国1991年9月9日从苏联独立，并宣布这一天为独立日。首都为杜尚别。1990年11月30日，苏共中央政治局委员、塔吉克斯坦共产党中央第一书记、塔吉克斯坦苏维埃社会主义共和国部长会议主席卡哈尔·马赫卡莫夫当选第一任总统。国内政治斗争趋于激烈。1991年8月31日，塔吉克斯坦苏维埃社会主义共和国最高苏维埃会议主席卡德林金·阿斯洛诺夫代理总统职权。1991年9月23日，拉赫蒙·纳比耶夫赢得选举，当选第二任总统。但是由于反对派力量强大，1991年10月6日被迫辞职。阿克巴尔绍·伊斯坎达罗夫代理总统职权。1991年12月2日，拉赫蒙·纳比耶夫卷土重来，再次当选总统。1992年3月，反对派强势反击。5月，反对派民兵与政府国民卫队发生武装冲突。8月，反对派组织武装人员包围总统府，纳比耶夫被迫辞职，9月7日由伊斯坎达罗夫再次代行总统权力。1992年11月，在俄罗斯和乌兹别克斯坦等国干预下，塔吉克斯坦首都基本恢复了秩序。11月26—28日，塔吉克斯坦最高苏维埃举行非常会议，选举埃莫马利·拉赫莫诺夫为最高苏维埃会议主席，决定取消总统制，实行议会制。拉赫莫诺夫成为国家元首。1994年11月，塔吉克斯坦通过宪法，将议会制改为总统制，拉赫莫诺夫当选总统。俄、乌、哈、吉四国维和部队进驻塔吉克斯坦。反对派领导人逃亡阿富汗，成立流亡政府和政党伊斯兰复兴运动，不时袭扰塔吉克斯坦边境地区。在联合国的参与下，塔吉克斯坦政府边打边谈，加快了与反对派的民族和解进程。1996年12月，塔吉克斯坦政府与反对派达成停火协议。1997年6月，双方在莫斯科签署了《关于在塔吉克斯坦建立和平与民族和睦总协定》。1999和2006年埃莫马利·拉赫莫诺夫连任当选总统。2013年埃莫马利·拉赫蒙(2007年前为拉赫莫诺夫)在选举中获得连任，2020年再次连任。

塔吉克斯坦立法机构为两院制最高苏维埃，由代表会议(下院)和国家会议(上院)组成。实行多党制，主要政党有塔吉克斯坦人民统一大会、民主党、伊斯兰复兴党、“拉里巴达赫尚”(宝石)运动、民族运动党、正义与发展党、塔吉克斯坦人民民主党、“拉斯托赫茨”(复兴)运动、社会主义党、塔吉克斯坦共产党、“阿多拉特”(公正)党。行政区划较为简单，只有2个州、1个自治州和1个直辖市。

塔吉克斯坦在前苏联15个加盟共和国中人均GDP最低。棉花是最重要的农作物。矿产资源品种丰富，有银、金、铀和钨，但是储量有限。工业方面有一个大型铝厂、几座水电站和一些小型的轻工和食品企业，且设备陈旧。塔吉克斯坦经济受到6年内战、来自莫斯科的补贴和产品销售市场缺失的严重削弱。大多数人生活在没有尊严的赤贫状态。塔吉克斯坦依赖来自俄罗斯和乌兹别克斯坦的援助，以及国际人道主义援助，这些援助是保障基本需要所必须的。塔吉克斯坦经济的未来和吸引外资的潜力取决于国家社会政治稳定的维护。

5. 土库曼斯坦共和国

土库曼斯坦共和国位于北纬40°00′，东经60°00′。领土面积49.1万平方公里，全部为陆地面积。陆地边界总长3 736公里，其中与阿富汗接壤744公里，与伊朗992公里，与哈萨克斯坦379公里，与乌兹别克斯坦1 621公里。里海海岸线长达1 768公里。属于亚热带沙漠气候。地形以平整或沙丘状沙漠为主，南部地区向山地过渡，沿伊朗边界线为低矮山区，西部为里海。自然资源以石油和天然气以及煤炭、硫磺和盐为主。耕地面积占3%，播种面积为零，牧场占63%，森林覆盖率8%。

人口523.1万，自然增长率1.24%，粗出生率20.8‰，粗死亡率7.79‰，婴儿死亡率43.7‰，总生育率2.3人。人口外流1.04‰。预期寿命61岁。民族以土库曼族为主，占78.6%，乌兹别克族占9.4%，俄罗斯族占3.2%，哈萨克族占2.7%。89%的人口信仰穆斯林，9%的人信仰东正教。72%的人口操土库曼语，12%的人操俄语，7%的人操乌兹别克语。

土库曼斯坦共和国1991年10月27日从苏联独立，并将这一天宣布为独立日。首都阿什哈巴德1992年更名为阿什加巴德，根据俄罗斯总统办公厅1995年《关于原苏联共和国国家及其首都名称的书写》文件仍称为阿什哈巴德。1990年10月，苏共中央政治局委员、土库曼斯坦共产党中央第一书记、土库曼斯坦最高苏维埃会议主席萨帕尔穆拉特·尼亚佐夫宣布土库曼斯坦共和国独立，并当选第一任总统。1992年5月18

日通过第一部宪法，规定为民主、法制和世俗的国家，实行三权分立的总统共和制。根据宪法进行了重新选举，尼亚佐夫高票当选。1994年经过全民公投肯定了土库曼斯坦民主党（原共产党）关于将总统任期延长至第二任期即到2002年而不需要在1997年再次选举的建议。1999年12月土库曼斯坦人民苏维埃通过关于赋予尼亚佐夫终身总统的决定。2003年8月，人民苏维埃选举尼亚佐夫为终身主席。2006年12月，尼亚佐夫病逝。2007年2月举行总统选举，代理总统库尔班古力·别尔德穆哈梅多夫高票当选第二任总统，2012和2017年再次获得连任，直到2022年3月，其儿子谢尔达尔·别尔德穆·哈梅多夫出任土第三任总统。土库曼斯坦立法机构根据1992年宪法设立两个议会机构：一院制人民苏维埃和一院制梅吉利斯。实行土库曼斯坦民主党一党执政。行政区划分为5个州和1个直辖市。

土库曼斯坦主要是沙漠国家，游牧养殖（大角牲畜），灌溉绿洲强化农业经营，巨大的天然气（全世界储量第五）和石油储量。全国一半的灌溉农田种植棉花，是世界第九大棉花生产国。直到1993年年末，土库曼斯坦比其他原苏联加盟共和国遭受的经济动荡要轻缓得多，主要是因为石油和天然气价格高企，大幅度增加了硬通货收入。1994年俄罗斯不再向西方市场出口土库曼天然气，原苏联土库曼天然气的主要消费国债务迅速上升，导致工业生产急剧下滑，预算出现赤字。土库曼斯坦在集权的、从共产主义制度转型的部族社会结构中选择了对市场化改革极端小心的态度，试图利用天然气和棉花销售来保持总体没有效率的经济。私有化开展的极其有限。1998—2000年，土库曼斯坦遭遇到了天然气出口运力不足和必须支付大量外债的困境。但是出口总收入由于石油和天然气价格上升而增加。

二、中亚地区的地缘经济地位

地缘经济有两个基本特点，一是地理因素是地缘经济中的基本要素，二是地缘经济最明显地表现为区域经济集团化。我们逐个来分析这些特点对应在中亚的表现。从地理因素来说，中亚地缘经济中不可避免地与里海关系密切。它被誉为第二个波斯湾。国际能源机构1998年下半年发表题为《里海地区的油气资源：中亚及外高加索地区的供应潜力》的报告称，该地区已探明石油储量大约150亿—400亿桶，可能的储备还有700亿—1 500亿桶，天然气储量更大，探明的储量约6.7万亿—9.2万亿立方米，可能的储量还有8万亿立方米。目前，该地区已探明石油和天然气储量占世界储量的4%和6%。① 可以说，这是21世纪世界发展最大的能源库之一。目前各相关国家围绕里海进行的讨论焦点主要有三：开发权、管道走向和里海法律地位。俄罗斯、伊朗、美国等强国在这个地区展开了多层次的博弈。可以说，里海这个地理因素在中亚具有重大的战略意义。我们再从区域经济一体化来看中亚的地缘经济。自独立以来，中亚各国致力于市场经济改革和产业调整，并积极寻求区域经济一体化，如独联体（СНГ）、中亚经济共同体（ЦАЭС）及其变种中亚合作组织（哈、乌、吉、塔四国，ЦАС）、欧亚经济共同体（ЕврАзЭС）、俄白哈关税同盟（ТС）、欧亚经济联盟（ЕАЭС）、经济合作组织（中亚五国与阿塞拜疆、阿富汗、巴基斯坦、伊朗和土耳其，ОЭС）、亚信会议（СВМДА）、突厥语国家合作理事会（ССТГ）。这些经济合作组织有的表现出复兴丝绸之路的态势，有的表现出恢复突厥的态势，还有的强调打击恐怖主义、宗教极端主义等多个方面。总的来说，虽然中亚各国在积极尝试经济区域合作，但是这些国家还不足以建立起市场经济结构和与之相适应的法律体系，经济结构畸形，官员腐败，行政效率低，投资环境差等问题也不是短期内可以解决的。在没有一定市场经济基础上的“一体化”和经济起飞只能是空想。但中亚由于其特殊的地理位置和丰富的油气资源，仍然在世界地缘经济中占有一定的位置，它也是列强经济发展中重要的能源战略必争之地。

---

① 曾强：《里海地区的油气资源》，《国际资料信息》，1999年第8期，第22页。

第2节　中亚社会经济形势及其与中国经贸关系

中亚五国面积总和400万平方公里，总人口约5 200万。按世界经济划分的中亚经济圈人口有3亿，年购买力1 200亿美元。中亚五国的共同特点是拥有丰富的土地资源、矿产资源和水利资源，具有一定的物质、技术基础，是原苏联重要的能源、动力、冶金和农牧业基地，许多矿物和农业产品产量在原苏联名列前茅。在原苏联的产业分工中，中亚以有色冶金、煤炭、石油、钢铁、化工、粮食种植和畜牧业等专业化方向发展为主，而重工业尤其是采矿业强大，加工业较为薄弱。长期作为矿产、农畜产品以及其他原料的生产者和供应者。其轻工业、电子工业相对落后，所需日用消费品大部分依赖进口。中亚五国的经济贸易特点主要有：(1)对外经济依赖性强；(2)对进出口贸易持宽松、鼓励态度；(3)均为原料型出口国；(4)经济私有化进程较快；(5)人口增长迅速，市场潜力很大。

一、中亚社会经济发展趋势

中亚五国从原苏联继承下来畸形的经济结构，形成严重的外部依赖性。城市化水平较低，土库曼斯坦和乌兹别克斯坦、塔吉克斯坦和吉尔吉斯斯坦农村人口分别接近和超过60%，特别是塔吉克斯坦高达68%。但是，中亚地区资源丰富，1989年生产了原苏联11.1%的电力，5.7%的石油，17.4%的天然气和20.1%的煤炭，91.9%的皮棉、25.3%的植物油、15%的丝绸和针织品。1989年中亚为原苏联贡献了14.7%的农业总产值。[①] 1991年苏联解体，中亚五个加盟共和国相继独立，并纷纷通

① Госкомстат СССР. Народное хозяйство СССР в 1989 г. Статистический ежегодник. Москва: Финансы и статистика, 1990. сс.19, 24-25, 338-341, 418.

过渐进式和“休克疗法”式走上市场经济道路，同时也不同程度陷入3～5年的衰退，经历了严重的恶性通货膨胀，也没有摆脱以农业和矿产原料为主的局面。从就业结构来看，2001年土库曼斯坦和吉尔吉斯斯坦农业就业人口逼近50%，而塔吉克斯坦高达65.6%。从不同经济部门对GDP的贡献来看，乌兹别克斯坦、吉尔吉斯斯坦和塔吉克斯坦的农业部门贡献率分别接近或超过30%，工业部门贡献率只有15%～25%。[①]

中亚国家从1996年开始摆脱经济衰退的局面，哈萨克斯坦和塔吉克斯坦开始出现1.7%～5.3%的微弱增长。自2000年两国经济双双进入高速增长期，2000—2008年期间年均增长率分别高达10.7%和8.8%。乌兹别克斯坦也达到5.5%，特别是在全球金融危机期间逆势而上，2007—2010年增长率达到8.8%。[②] 据世界银行资料，截至2014年土库曼斯坦和哈萨克斯坦人均GDP已经接近和超过1万美元，属于中高等收入国家；乌兹别克斯坦人均GDP刚好超过2 000美元，吉尔吉斯斯坦和塔吉克斯坦也刚刚超过1 000美元，同属中低等收入国家。[③] 中亚地区经济迅速发展主要得益于良好世界经济形势，国际农业、矿产、能源原料产品价格大幅飙升，刺激了该地区以此为主的经济大幅提升，农业和以采掘业为主的工业迅速发展。但是，到2014年中亚国家工业化水平依然没有太大的提高。哈萨克斯坦工业和农业劳动力就业比重分别为12.8%和18.9%，塔吉克斯坦4.2%和65.5%，吉尔吉斯斯坦14.1%和26.7%。乌兹别克斯坦农村人口仍然高达64%。工业对GDP的贡献率只有哈萨克斯坦和乌兹别克斯坦超过农业，它们分别为26.6%和4.2%、33.7%和18.8%。吉尔吉斯斯坦工业和农业对GDP的贡献率分别为14.1% 和26.7%，塔吉克斯坦分别为12%和23.5%。[④]

---

① Роскомстат. Россия и страны мира. 2002: Стат. сб. /Росстат. -М. , 2002. -сс. 67, 83.

② Межгосударственный статистический комитет СНГ. 20 лет Содружеству Независимых государств (1991—2010). Москва, 2011, с. 3.

③ 世界银行数据库，http://data.worldbank.org.cn/indicator/NY.GDP.PCAP.CD.（上网时间：2015年4月13日）

④ Роскомстат. Россия и страны мира. 2014: Стат. сб. /Росстат. -М. , 2014. -сс. 62, 84.

后金融危机时期，受国际经济形势变动的影响，特别是国际能源价格走低，俄罗斯经济衰退和乌克兰危机等因素的影响，中亚国家资源原料型经济不同程度地出现下滑并呈加速趋势，见表4.1。特别是哈萨克斯坦GDP增长率从2011年的7.5%下降到2015年的1.2%，土库曼斯坦终结了2000年以来两位数的增长速度从2008年14.7%下降到6.7%。吉尔吉斯斯坦经济波动性很大，乌兹别克斯坦和塔吉克斯坦经济增长比较稳定，但增长率也分别从2008年的9%和7.9%下降到8%和6%。①

表4.1 近年中亚国家GDP增长率变化趋势

	2007	2008	2009	2010	2011	2012	2013	2014	2015
哈萨克斯坦	8.9%	3.3%	1.2%	7.3%	7.5%	5.0%	6.0%	4.4%	1.2%
乌兹别克斯坦	9.5%	9.0%	8.1%	8.5%	8.3%	8.2%	8.0%	8.1%	8.0%
吉尔吉斯斯坦	8.5%	8.4%	2.9%	−0.5%	6.0%	−0.1%	10.9%	3.6%	3.9%
塔吉克斯坦	8.0%	7.9%	3.9%	6.5%	7.4%	7.5%	7.4%	6.7%	6.0%
土库曼斯坦	11.1%	14.7%	6.1%	9.2%	14.7%	11.1%	10.2%	10.3%	6.7%

资料来源：独联体跨国统计委员会，http://www.cisstat.com

2015年中亚各国主要宏观经济指标表现均不理想。表4.2显示，除农业总产值、固定资产投资和零售贸易总额有所微弱增长外，工业总产值、对外贸易总额等普遍为负增长。而通货膨胀指标如工业产品生产者价格指数和消费价格指数的上升格外突出。

苏联解体20多年来，中亚国家沿着自己选择的经济复兴道路不断前进。有的取得了骄人的成就，也有的没有取得成功。经济自由化的水平可以说是经济发展的主要前提因素之一。中亚国家在这一指标的度量方面，有的进入了世界领先行列，也有的落入全球最差的行列。华盛

① Роскомстат. Россия в цифрах. 2015: Стат. сб. /Росстат. -М., 2015. -стр. 507; Роскомстат. Россия и страны Содружества Независимых государств. Стат. сб. /Росстат. -М., 2015. -С. 207.

表 4.2 2015 年中亚国家主要宏观经济指标变动(按不变价格计算)

	GDP	工业总产值	农业总产值	固定资本投资	零售贸易总额	出口	进口	工业品生产者价格指数	消费价格指数
哈萨克斯坦	1.2%	−1.6%	3.4%	3.7%	−3.0%	−42.5%	−26.9%	−20.5	6.6
乌兹别克斯坦	8.0%	7.3%	6.6%	9.6%	15.1%	−7.7%	−11.2%	13.5	5.6
土库曼斯坦	6.5%	—	4.8%	8.2%	18.2%	−38.5%	−15.5%	—	6.6
吉尔吉斯	3.5%	−4.4%	6.2%	8.0%	6.0%	−11.0%	−29.0%	12.1	3.4
塔吉克斯坦	6.0%	11.2%	3.2%	21.2%	5.5%	−8.9%	−20.1%	3.0	5.0

资料来源:根据独联体跨国统计委员会,http://www.cisstat.com;乌兹别克斯坦国家统计委员会,https://stat.uz/ru;土库曼斯坦国家统计委员会,http://www.stat.gov.tm/ru/发布数据整理。

顿主要智库之一美国传统基金会在 2017 年发布了《经济自由化指数》报告。该报告用 12 项主要指标如产权保护、国家对贸易、投资和金融领域的调控水平、国家对企业的扶持、税收、法律至上和劳动领域的政策等,对世界 180 个国家的经济自由化程度进行评估。

中亚国家当中经济自由程度最高的无疑是哈萨克斯坦。哈萨克斯坦在美国传统基金会的排名当中从上年的第 68 位跃升至第 42 位,这个原苏联加盟国超越了法国和意大利的排名位置,几乎与日本比肩(第 40 位)。美国传统基金会指出,由于经济自由度水平高,哈萨克斯坦在最近十年来取得了巨大的成就。该国 GDP 总额超过 4 290 亿美元,人均 24 268 美元。[①] 年均经济增长指标也几乎达到 5%。与此同时,哈萨克斯坦在反映国家为经济发展创造良好条件的努力方面的排名上升也预示着该国财富的继续增加。

吉尔吉斯斯坦在排行榜上远远落后于哈萨克斯坦,位于第 89 位。美国传统基金会指出,该国有着巨大的潜力,但政治不稳定,大型的执政集团不允许进行必须的深刻改革,无所不在的腐败、法律的软弱、产权保

① Экономика Центральной Азии: Казахстан обогнал Италию и Францию. 哈萨克斯坦执政党祖国曙光党(Нур Отан)机关报《Литер》网:https://liter.kz/ru/news/show/29376-ekonomika_centralnoi_azii_kazahstan_obognal_italiyu_i_franciyu. 2017 年 2 月 20 日。

护缺失等更加阻碍了经济发展。该国 GDP 总量只有 200 亿美元，人均 3 363 美元。近五年来经济年均增长率指标在 4.5%左右摇摆。同时，考虑到基数较低，要突破性地实现国家财富的实质性改善，必须有更快的发展速度。

塔吉克斯坦位于第 109 位。虽然这个中亚国家从上年起大大提高了其排名，但仍然属于“大部分不自由经济”的国家之列。报告认为，该国必须改善基础设施状况，为营商和吸引投资创造良好的条件。报告还指出，政治压制、腐败严重、政权行为不可预测和官僚主义障碍等对国家的经营环境造成恶劣影响。该国 GDP 规模仅为 230 亿美元，人均 2 749 美元。虽然近五年来塔吉克斯坦年均经济增长率指标达到喜人的 6.4%，但是考虑到基数较低，该国经济发展还必须实现更高的速度。

曾几何时，乌兹别克斯坦寄希望于成为经济领域的地区领袖，但经济自由度仅为第 148 位。这一国家未必能守得住“大部分不自由经济”的国家地位。乌兹别克斯坦从“处于世界经济边缘的萧条国家”获得差不多 2 分。报告指出，该国的经济自由受制于腐败和政权对经济各部门的干预。同时报告还强调了最近一段时间以来政府在改善投资和营商环境方面积极作为，企业的税收负担有所降低。乌兹别克斯坦 GDP 总量约 1 880 亿美元，人均 6 068 美元。近五年来年均经济增长率维持在 8.1% 左右。

中亚国家当中指标表现最差的当属土库曼斯坦，位于经济自由度水平最低的 10 个国家之列，第 170 位。与之排名齐肩的均为公认的经济失败国家，如朝鲜和津巴布韦。根据报告，土库曼斯坦政府大规模干预主要经济部门，压抑了私有部门的活力并造成非能源领域的萧条。政府只允许极小范围的有选择的外国伙伴对本国进行投资，而银行信贷只有政治宠儿才能获得。私有部门的经营行为还受到繁杂的和不透明的经济调控体系的制约。产权几乎不受任何保护，无所不在的腐败，缺乏灵活性的劳动立法。土库曼斯坦 GDP 规模约 890 亿美元，人均 16 445 美元。近年来经济年均增长 10.6%。但是国家的大部分收入和 GDP 的增长都是由能源资源出口得以保障的，从而使土库曼斯坦的经济非常脆弱。

二、中国与中亚国家的经贸合作状况

随着独立后的中亚国家寻求对外经济多元化，对原苏联地区贸易依存度逐渐降低。吉尔吉斯斯坦和塔吉克斯坦从 20 世纪 90 年代中期的 70%降低到 2014 年的不足 50%。① 2014 年哈萨克斯坦对俄罗斯贸易依存度从 1996 年的 55%下降到 17.4%。乌兹别克斯坦从 18.8%降低到 14.3%。与之相反，中亚国家与中国的经贸合作稳步推进。

中亚国家与中国的合作要追溯到 20 世纪 90 年代，双方建交后，中国便与中亚国家签署了一系列双边关于经济和技术合作、交通、贸易方面等重要协议，极大地促进了中国与中亚国家的贸易和经济合作。1992—1995 年，中国先后与哈萨克斯坦、乌兹别克斯坦和土库曼斯坦、塔吉克斯坦和吉尔吉斯斯坦家签署了涉及公民往来、航空、公路和铁路交通协议，中方向对方提供贷款，开展贸易、技术合作、港口开放、国际铁路运输、油气勘探等帮助。1994 年随时任总理李鹏一起访问的中国企业家代表团和乌兹别克斯坦、土库曼斯坦、吉尔吉斯斯坦和哈萨克斯坦的企业界进行了广泛的接触和谈判，签署了一系列的贸易协定和经贸意向书。双边国家贸易、边境贸易和地方贸易、旅游购物等成为双方的主要贸易形势。

如表 4.3 所示，由于中亚国家处于国家重建和经济转型过程，整个 1990 年代中国与中亚国家的经济合作发展迟缓。直到 2000 年中国与中亚五国的贸易额上升到 20 亿美元。进入 21 世纪，随着中国加入 WTO 并与哈、乌、吉、塔、俄建立上海合作组织加快经济合作，中亚国家已经渡过转型难关，国际原料和能源市场日趋繁荣，该地区经济呈高速增长趋势。这也促使中国与中亚国家经济合作迅猛发展。2010 年中国与中亚国家贸易规模突破 300 亿美元，2011 年接近 400 亿美元，2013 年更是突

---

① 独联体跨国统计委员会，http://www.cisstat.com.（上网时间：2015 年 7 月 13 日）

破500亿美元。中国取代俄罗斯成为中亚国家的第一或第二大贸易伙伴和主要投资来源国。据中国商务部统计,截至2014年年底,中国对中亚五国直接投资存量突破100亿美元,其中对哈萨克斯坦直接投资75.4亿美元。①

表4.3 中国与中亚国家贸易规模变动情况(亿美元)

	1992	2000	2005	2008	2009	2010	2011	2012	2013	2014	2015
哈萨克斯坦	3.7	15.6	68.1	175.5	141.3	204.1	249.6	256.8	286.0	224.5	142.9
乌兹别克斯坦	0.48	0.52	6.8	16.1	19.2	24.8	21.7	28.8	45.5	42.8	34.96
土库曼斯坦	0.045	0.16	1.1	8.3	9.6	15.7	54.8	103.7	100.3	104.7	86.4
吉尔吉斯斯坦	0.36	1.8	9.7	93.3	53.3	42.0	49.8	51.6	51.4	53.0	43.4
塔吉克斯坦	0.028	0.17	1.6	15.0	14.1	14.3	20.7	18.6	19.6	25.2	18.5
合计	4.6	18.3	87.3	308.2	237.5	300.9	396.6	459.5	502.8	450.2	326.2

资料来源:中国国家统计局:国家数据,http://data.stats.gov.cn/easyquery.htm? cn=C01

中国与中亚国家的贸易总量不断增加。1992年以来,中国与中亚五国的贸易总量总体上保持着增长趋势。中国与中亚五国的进出口贸易总额从1998年的9.55亿美元增长到2013年的502.74亿美元,总量增长了五十多倍。其中,中国对中亚五国的出口由1998年的4.55亿美元增加到2013年的232.41亿美元;中国从中亚国家的进口从1998年的4.99亿美元增加到2013年的270.33亿美元。

中国与中亚五国的贸易增长又具有阶段性变化。1998—2005年,中国与中亚五国的贸易增长较平稳,贸易总量较少。2005年中国与中亚五国的贸易总量为26亿美元,其中出口为17.2亿美元,进口为8.8亿美元。2006年后,双边贸易总量迅速增长,并首次突破100亿美元达到120.6亿美元,其中出口77.4亿美元,进口43.2亿美元。到2008年贸易总量推高到308.2亿美元,占中国对外贸易的比重提升到1.2%。2009年,虽受金融危机影响,但贸易总量仍达到237.5亿美元。这充分

① 对外投资合作国别(地区)指南(2015年版):哈萨克斯坦(第41页)、塔吉克斯坦(第30页)、吉尔吉斯斯坦(第24页)、土库曼斯坦(第23页)、乌兹别克斯坦(第24页)。中国商务部,http://fec.mofcom.gov.cn/article/gbdqzn/。

表明，中国与中亚五国的贸易发展迅速，贸易关系不断加强。

进入2010年代，由于美国随着经济复苏强劲并逐渐退出量化宽松货币政策，致力于重新发展制造业，预期美联储提高利率；新兴经济体利率下降，资本流出，本币贬值，经济放缓，某些国家甚至陷入衰退；进而导致世界经济复苏乏力，国际能源和原料价格大幅下跌，国际贸易严重减少。受世界经济形势的影响，从2012年开始中国与中亚国家陆续出现双边贸易下滑的趋势。中国与中亚五国贸易额在2013年突破500亿美元大关之后，2014年开始下降，特别是2015年几乎腰斩2014年，只有240亿美元。再次重复了2009年全球金融危机时期的问题。说明中国与中亚国家的贸易深受世界经济形势变化的影响，特别是受国际原料和能源价格波动的影响。因为能源、矿产和农业原料是这些国家的主要出口产品。2014年土库曼斯坦向中国出口矿物燃料、矿物油及其蒸馏产品及沥青等94.4亿美元，占对华出口总额的99.2%。乌兹别克斯坦向中国出口16亿美元，其中天然气占50.3%，棉花占32.9%，铀占13.4%；哈萨克斯坦向中国出口98.1亿美元，其中矿产品占比64.9%，贱金属及其制品占19.9%，化工产品占12.2%。①

在与中亚国家的贸易中，1998—2002年期间中国对中亚五国的贸易保持逆差；2003—2010年期间中国对中亚五国的贸易出现顺差，特别是2008年中国对中亚五国的出口大幅增加，达到225.96亿美元。2011—2013年，中国对中亚五国的贸易再次出现逆差。中国对中亚不同国家的贸易收支也不平衡。1998—2010年，中国对哈萨克斯坦的贸易收支多数年份是赤字，只有在2005—2009年实现顺差；中国对吉尔吉斯、土库曼斯坦和塔吉克斯坦的贸易收支多数年份是盈余。中国对乌兹别克斯坦的贸易收支出现振荡变化。

哈萨克斯坦在中亚地区是中国最大贸易伙伴。1998—2013年，哈萨

---

① 中国商务部国别贸易报告：哈萨克斯坦，2015年第1期。
中国商务部，http://countryreport.mofcom.gov.cn/record/index110209.asp.（上网时间：2015年4月22日）

克斯坦与中国的贸易总量平均占中亚五国与中国贸易总量的62.7%,成为中亚五国中与中国贸易往来最多的国家。吉尔吉斯斯坦与中国的进出口贸易总量平均占中亚五国与中国贸易总量的15.4%,排在第二位。土库曼斯坦占10.8%,排在第三,且在2010年之后,土库曼斯坦与中国之间的贸易量增长巨大,远超其他四国。乌兹别克斯坦和塔吉克斯坦分别占4.1%和7.1%。

中国是中亚五国第一大贸易伙伴。中亚五国经济总量较低,并非中国对外贸易的主要伙伴国。但从相对贸易地位来看,中国与中亚五国贸易占中国贸易总额比重虽小,但一直在增加。1992—2012年,中国对中亚五国的进出口总额占中国贸易总额的比重由0.28%上升到1.19%,出口所占比重由0.34%上升到1.05%,进口所占比重由0.22%上升到1.27%。1999年中哈贸易额11.39亿美元,占哈萨克斯坦当年对外贸易总量的12.25%。2010年中哈贸易额达到204.1亿美元,占哈萨克斯坦当年对外贸易总量的25.12%。其中哈萨克斯坦对中国出口101.2亿美元,占哈萨克斯坦出口总额的17.1%,成为哈萨克斯坦第一个重要出口市场;哈萨克斯坦从中国进口39.6亿美元,占哈萨克斯坦进口总额的13.3%,成为仅次于俄罗斯的重要进口来源地。据中国海关统计,2010年在中国全球贸易伙伴排行中,哈萨克斯坦在中国进出口总额中排名第33位,出口中排名第32位,进口中排名第26位,并且哈萨克斯坦是中国在独联体地区的第二大贸易伙伴。目前,中国已经是哈萨克斯坦、土库曼斯坦、吉尔吉斯斯坦和塔吉克斯坦第一大贸易伙伴,是乌兹别克斯坦第二大贸易伙伴。

随着中国经济的快速发展,能源需求日益增长,中亚能源成为中国寻求能源进口多元化战略的重要组成部分。2005年12月,中哈石油管道一期竣工。2006年5月,西起哈萨克斯坦哈塔苏,东到中国新疆阿拉山口全长962.2公里的石油管道建成。2007年8月,中哈又签署了关于中哈原油管道第二期建设协议,哈萨克斯坦在里海的石油将直接横跨哈全境运输到中国。中国与乌兹别克斯坦的石油合作也在进行当中。我国与土库曼斯坦的石油和天然气合作在2006年也取得突破，双方签署了自2009年每年向中国出口300亿方天然气的30年长期合同，天然气管道于2009年完工。

从中国与中亚的贸易结构来看，中亚五国对中国出口以能源和矿产品为主。哈萨克斯坦对中国出口产品中石油占比接近60%，哈原油占中国原油总进口量的3.9%，排名第八位。此外，哈也是中国重要战略资源铀矿砂的主要来源地，进口量占中国总进口量的70%以上。塔吉克斯坦有色金属矿砂占其对中国出口比重接近80%；土库曼斯坦天然气占其对中国出口比重高达80%以上，是中国第一大天然气进口国。乌兹别克斯坦对中国出口产品除铀矿、天然气外，还包括棉花和初级棉织品。吉尔吉斯斯坦对中国出口中贵金属占比超过1/3，是中国重要的黄金进口国。中亚国家独立初期从中国进口的商品主要集中在纺织服装鞋帽、玩具等劳动密集型产品，占比一度超过60%。近年来，随着中亚五国经济增长、工业化水平提升和基础设施建设的加速，各国对橡胶、钢铁制品、机械设备、汽车等资本技术密集型产品的需求量增长迅速，但劳动密集型产品占据主导地位的局面并未根本改变。2012年中亚五国从中国进口的产品中，劳动密集型产品占比超过40%，机电产品占比接近1/3。吉、塔两国进口产品中劳动密集型产品占比超过60%，机电产品占比则不到15%。

三、中国与中亚国家经贸合作的新特点

2017年是中国与中亚国家建交25周年。25年来，中国与中亚国家的务实合作取得丰硕成果，中国作为中亚国家前三位贸易伙伴的地位更加巩固，中亚国家对中国的贸易和市场依存度不断上升，经贸合作呈现止跌回升的趋势。据哈萨克斯坦统计委员会统计，2017年，哈萨克斯坦与中国双边货物进出口额为104.7亿美元，增长32.9%。其中，哈萨克斯坦对中国出口57.8亿美元，增长37.1%，占其出口总额的13.4%，增长0.5个百分点；自中国进口46.9亿美元，增长28.0%，占其进口总额

的27.5%，增长3.9个百分点。哈萨克斯坦贸易顺差10.9亿美元，增长97.6%。截至2017年底，中国是哈萨克斯坦第二大出口市场和第一大进口来源地。根据乌兹别克斯坦统计部门数据，乌兹别克斯坦对中国贸易额为49.6亿美元，占外贸总额的18.4%，为乌兹别克斯坦第一大贸易伙伴。中国是土库曼斯坦第一大贸易伙伴国。2014—2017年上半年，中国和土库曼斯坦贸易额达230多亿美元，占土库曼斯坦同期对外贸易总额24.9%。[①] 据吉尔吉斯斯坦海关统计，2017年，中国与吉尔吉斯斯坦贸易额为15.9亿美元，同比增长3.2%，占吉尔吉斯斯坦外贸总额的25.5%，为吉尔吉斯斯坦第一大贸易伙伴国。其中，吉尔吉斯斯坦向中国出口9 750万美元，同比增长21.7%；从中国进山15亿美元，同比增长2.2%。[②] 中国是吉尔吉斯斯坦第一大进口来源国。据塔吉克斯坦经贸部数据，2017年塔吉克斯坦同中国贸易额5.9亿美元，比上年下降33%。

在投资领域，截至2017年8月，中国累计对哈萨克斯坦投资已达428亿美元，涉及能源、交通运输、农业、加工业等多个领域。2017年2月，中国远洋海运集团和连云港港口股份公司与哈国家铁路公司签署"霍尔果斯—东大门"专项经济区建设方案及直接投资的协议，并收购该区无水港49%的股权。2017年10月11日，哈能源部长X.波茨姆巴耶夫表示，2019—2020年哈将首次向中国5个核电站提供铀燃料。2017年4月，中石油中亚管道有限公司与哈天然气运输公司共同出资组建的能源合作重点项目巴佐依压气站投产，标志着哈南线天然气管道形成每年60亿立方米的输送能力。2017年3月，中国有色金属股份公司投资21亿美元承建的哈最大铜矿项目阿克托盖铜矿选厂竣工。2017年4月，中石油参建的哈大口径钢管厂——亚洲钢管有限公司在阿拉木图奠基。截至2017年12月，中国累计对乌兹别克斯坦投资总额近80亿美元，涉

① 搜狐财经：《中国位居土库曼斯坦十大贸易伙伴国之首》，http://www.sohu.com/a/167272671_815577，2018年6月26日。

② 中国驻吉尔吉斯斯坦经商参赞处：《吉尔吉斯斯坦2017年全年对外贸易简况》，http://kg.mofcom.gov.cn/article/jgjjqk/wmwz/201802/20180202715057.shtml，2018年6月26日。

及能源、农业、化工、水利、煤炭、油气开采、天然气运输、贸易、金融等行业，成为乌兹别克斯坦第一大投资来源国。成立于2009年的占地102公顷的中乌鹏盛工业园已经实施了9个生产项目。2017年中石油天然气集团下属中国石油工程建设公司乌兹别克斯坦子公司开工建设卡拉库里区块气田工程，当年实现第一期工程通气。这是中乌首个油气上游合作项目，全部投产后每年将有10亿立方米天然气经中亚天然气管道输送中国。2017年11月，中国电建公司与乌水电公司签署三座水电站改造项目EPC合同。继2016年中国成为吉尔吉斯第一大投资来源国（投资额2.89亿美元，占吉外商直接投资总额的44.2%）之后，2017年前9个月中国对吉投资在外国对吉投资总额中再次占据第一，达到2.27亿美元。中国投资主要集中在油产品、橡胶、塑料等制造类产业及其他非金属矿产、地质勘探和矿产品开采。中国还同时成为土库曼斯坦和塔吉克斯坦的最大投资国。

中国与中亚国家积极推进贸易“单一窗口”制度，加快贸易便利化进程。2016年10月，国家口岸管理办公室发布《关于国际贸易“单一窗口”建设的框架意见》提出的建设目标是：“实现申报人通过电子口岸平台一点接入、一次性提交满足口岸管理和国际贸易相关部门要求的标准化单证和电子信息，相关部门通过电子口岸平台共享数据信息、实施职能管理，处理状态（结果）统一通过‘单一窗口’反馈给申报人。通过持续优化整合使‘单一窗口’功能范围覆盖到国际贸易链条各主要环节，逐步成为企业面对口岸管理相关部门的主要接入服务平台。通过‘单一窗口’提高国际贸易供应链各参与方系统间的互操作性，优化通关业务流程，提高申报效率，缩短通关时间，降低企业成本，促进贸易便利化。”①哈萨克斯坦自2017年7月开始试行新的海关电子申报系统，2018年正式实施。

电商逐渐成为中国和中亚经济贸易合作的重要平台。2016年哈萨

① 国务院口岸工作部际联席会议办公室：《关于国际贸易“单一窗口”建设的框架意见》；国家口岸管理办公室：《中国国际贸易单一窗口》，http://www.singlewindow.cn/tzgg/1652.jhtml。

克斯坦电子商务市场增长63.7%,2017年进一步增长31%,市场总额达到3 400亿坚戈(约11亿美元)。到2020年电商交易额有望翻一番,达到20亿美元。与此同时,哈居民互联网支付业务量迅猛发展,2016年共完成3 300万次网上支付交易,同比增长2倍;交易总额达到3 070亿坚戈(约9亿美元),同比增长3.4倍。哈萨克斯坦全国企业家联合会"阿塔梅肯"与中国浙江聚贸(JUMORE)签署协议,15家哈企业31种商品入驻该平台。哈铁路公司子公司"哈铁速运"与聚贸合作,开展"B2B"电子贸易合作,发展smart物流,扩大运输能力,助推哈走向国际市场。2017年3月,独联体地区第一家统一的跨境线上电子商务平台Qoovee.com正式运行,该平台信息覆盖超过1.4万生产厂商和供货商及其所经营的商品目录,网站日访问量数以万计,并提供中文服务。中国新疆奎屯市政府与中国国际电子商务中心联合打造的"中国(奎屯)电子商务平台暨中国(奎屯)—乌兹别克斯坦商务交易平台"于2009年9月隆重推出,通过乌国家原料商品交易所与世界各国250多个贸易平台连接,是中国与中亚国家建立的首个综合性、国际性、多功能的电子商务应用平台。2016年该平台跨境大宗商品交易额超过4 000万元人民币。

农业合作成为中国与中亚经贸合作的新亮点。农业是中亚各国的传统产业,随着中亚国家农畜产品自给自足,俄罗斯市场趋于饱和,中国随之成为中亚国家希望大力开拓的主要出口市场。中国与哈萨克斯坦自2004年以来已签署19项农业合作协议。2017年中哈签署了有关在边境地区启动建设谷物和油籽终端库并向中国出口的协议,价值约1.6亿美元。哈全年果蔬进口已经占到本国消费总量的80%,其中半数进口来自中国。中国自2013年起先后在中哈、中吉、中塔边境口岸开辟4条农产品快速通关"绿色通道"。2017年1月,吉尔吉斯斯坦经济部与中国河南贵友实业集团签署开发"亚洲之星"农业产业合作区的协议。中国新疆中泰集团在塔吉克斯坦西南部建设了中亚最大的纺织工业园,2015年第一期工程投产。中国在中亚国家农业种植、良种培育、养殖加工、农产品深加工、农产品贸易等全产业链合作格局已经初步形成。与此同时，2017 年中亚绿色果蔬、蜂蜜等农畜产品以及毛皮制品开始进入中国市场。

中国与中亚国家金融合作不断加深。2017 年 6 月，中信银行联合中国烟草旗下双维投资有限公司签署哈萨克斯坦人民银行转让其全资子公司阿尔金银行 60%股权的协议，开创了中国与中亚国家金融合作的新模式。2017 年 4 月，哈财政部牵头成立阿斯塔纳国际金融中心委员会，中国阿里巴巴集团创始人兼董事局主席马云应邀出任阿斯塔纳国际金融中心国际管理委员会委员。2017 年 6 月，上海交易所与阿斯塔纳国际金融中心管理委员会签署协议，共同投资建设阿斯塔纳国际交易所，上海交易所持有 25.1%的股权。2017 年 3 月，哈商业银行、中国银联和新疆亚中集团共同开发并发行联名卡，支持坚戈、人民币和美元在 Cemarket 进行网络交易。2018 年 1 月，交通银行霍尔果斯国际边境合作中心支行为新疆区内企业新疆建融国有资本运营投资(集团)有限公司发放离岸人民币贷款 3 亿元。

四、中国与中亚五国进出口贸易存在的问题

随着中国与中亚五国之间经贸合作的深入发展，双边与多边经贸合作的问题、矛盾和制约因素也逐渐暴露出来。主要表现在以下六个方面。

1. 过度集中于资源领域

由于要素禀赋的原因，中国和中亚各国的合作主要集中于能源矿产资源开采领域。目前，中石油、中石化、中核等大型能矿企业均已在中亚各国大规模投资。中石油在哈萨克斯坦的分公司 2010 年原油产量已高达 2 423 万吨，占当年哈国原油产量的 1/4 以上。这种合作模式对促进中亚各国经济增长和保证中国能源资源安全发挥了重要的作用，但容易受到国际舆论乃至东道国国内的非议。目前，哈萨克斯坦、乌兹别克斯坦等国均已向中国提出在非资源领域加强合作的意愿，三国政府也签署了相关合作协议，并采取了一系列政策推动中国汽车、服装、电子等产业赴中亚地区投资。但受制于东道国基础设施落后、配套能力差、市场环

境恶劣等因素，能源矿产开采在中国和中亚五国经贸合作中占据主要地位的情况并未根本改变。

2. 制度层面合作相对滞后

中国和中亚各国经贸合作的制度建设主要在上合组织框架下进行，近年来取得了明显的进展，成立了负责组织和协调区域经济合作的成员国经贸部长会议机制，签署了《上合组织多边经贸合作纲要》等一系列经贸合作纲领性文件等。然而，这些合作目前更多停留在宏观层面，较少涉及通关、关税减让、检验检疫、服务贸易、资格互认等具体问题，自由贸易区谈判尚未启动。

同时，俄罗斯为发挥在区域合作中的主导作用，加快推进由俄罗斯、白俄罗斯、哈萨克斯坦、吉尔吉斯斯坦和亚美尼亚组成的欧亚经济联盟建设，客观上也影响了中亚成员国和中国在制度层面开展合作。这些国家之间的货物流通已免征关税，在人员流动、统一能源市场、资格互认乃至货币一体化等领域也签署了一系列协议，其进展速度大大快于中国与中亚国家的合作。2015 年 5 月，中俄两国元首签署《关于丝绸之路经济带建设与欧亚经济联盟建设对接合作的联合声明》，在此基础上，中国与欧亚经济委员会经过多次谈判，于 2018 年 5 月在阿斯塔纳签署了中国与欧亚经济联盟经贸协定。

3. 中亚各国投资环境较差

中亚各国投资环境较差的问题一直比较明显。一是中亚国家法律意识和市场经济意识普遍较差，“潜规则”盛行，腐败严重，审批程序较为复杂。据中国在中亚地区投资企业反映，在中亚各国办理企业审批时间较长，政府往往不按照法律法规办事，需要缴纳名目繁多的各种费用，甚至不得不向当地政府官员行贿。二是中亚各国基础设施落后，各国境内基本没有高速公路，部分国家和地区电力严重短缺。三是中亚各国金融体系发展相对滞后，外资企业在当地融资面临较大困难，且换汇程序复杂，效率低。四是办理签证、劳务许可申请面临较大困难。五是中亚各国普遍采用威权政治体制，政局变动时有发生，加之“三股势力”相对活跃,投资面临一定的政治风险。

4. 贸易结构单一

首先是进出口产品结构,中国从中亚各国的进口主要以能源、原材料为主,中国向中亚的出口主要为纺织品和轻工业商品等劳动密集型产品,技术密集型和资本密集型产品占比相对比较低,贸易结构比较单一。单一的商品类型限制了双方贸易规模的扩大,且不利于双方展开深度合作①。中国对中亚五国的投资多集中在资源开发领域而对于中国的优势领域,如制造业领域,合作较少,没有能发挥出两国的互补性优势,也未能满足中亚的经济转型的主要需求,不利于双方的长远合作。

5. 贸易便利化水平低

提升贸易便利化水平是深化与沿线国家贸易合作的必要环节。目前,中亚国家贸易便利化水平普遍较低。首先,中国与中亚国家主要通过陆路进行贸易,但由于中亚地区基础设施陈旧,交通落后,运输方式衔接性差,使得中国与中亚之间物流成本居高不下。其次,由于中亚各国的海关政策透明度低、海关措施变动性大、海关手续复杂、官员官僚作风严重等,严重影响了货物通关效率。另外,中亚国家各种关税和非关税壁垒较多,“灰色清关”现象比较普遍,进一步提高了两国企业的贸易成本。这些因素严重制约了中国与中亚国家经贸水平的进一步提高②。

6. 中国与五国贸易局面失衡

由于中亚各国间经济发展差距较大,中国与中亚五国的合作是不平衡的。从双边贸易来看,中国与中亚之间,60%左右的贸易额都是与哈萨克斯坦进行的,与其他四国贸易规模较小。而且,中亚各国在资源分布上差异较大,哈萨克斯坦矿产资源最为丰富,工业实力最强,开放程度最高;乌兹别克斯坦多元化程度相对较高,而政治体制较为僵化;土库曼

① 丁巨涛、张涛:《中国与中亚五国贸易合作研究》,《西安财经学院学报》,2015年第5期,第54-59页。

② 马哈巴尔·努斯甫汉:《中国与中亚国家贸易便利化研究》,《新疆师范大学硕士学位论文》,2017年,第37-38页。

斯坦天然气储量丰富,但全国近80%地域为沙漠地区,开发难度大;吉尔吉斯斯坦和塔吉克斯坦农牧业较为发达,但资源开采量低,经济发展落后。由于五国资源分布和经济发展水平各不相同,贸易需求也不尽相同,这无疑加大了中国与中亚地区深入合作的难度和复杂度①。

第3节 中亚国家制定的长期发展战略

突如其来的2008—2010年全球金融危机打断了中亚国家的高速经济增长。由于国际原料和能源价格的急剧下跌,这期间中亚地区经济严重下滑,降幅超过一半。哈萨克斯坦经济增长率从2007年的8.9%下降到2009年的1.2%,土库曼斯坦增长率从2008年的14%下降到2009年的6.1%,塔吉克斯坦从2008年的7.9%下降到2009的3.9%,吉尔吉斯斯坦更是从2008年的8.4%下降到2010年负0.5%。中亚国家纷纷出台刺激政策。虽然经过短暂的复苏,但由于世界经济复苏动力不足,国际原料和能源价格疲软,以及刺激效应的衰减,中亚经济从2012年开始再次陷入增长乏力的困境。哈萨克斯坦2015年的增长率仅为1.2%。中亚国家已经认识到原料资源导向的经济发展模式的严重脆弱性。近年来,中亚国家纷纷制订面向2030年甚至2050年的社会经济长期发展战略,加强基础设施建设,实现工业化,彻底改变这种发展模式成为今后长期发展的战略方向。

一、哈萨克斯坦"光明之路"新经济政策:工业化和基础设施建设

1. 哈萨克斯坦——2030战略

早在1997年10月,哈萨克斯坦总统纳扎尔巴耶夫发表第一份国情咨文《哈萨克斯坦——2030:繁荣、安全与全体哈萨克斯坦人福利的改

---

① 洪俊杰,刘辉:《丝绸之路经济带视野下与中亚地区贸易往来的中国策》,《改革》2015年第11期,第34-42页。

善》，对国家未来30年的发展做出了战略规划。他相信到2030年哈萨克斯坦将赶上“亚洲四虎”，成为名副其实的“中亚雪豹”。为此他提出国家的使命就在于“建设独立的、繁荣的和政治稳定、民族统一、社会公平以及全民享受经济福利的哈萨克斯坦”，30年后哈萨克斯坦将成为欧亚的中心，将在迅速崛起的中国、俄罗斯和穆斯林世界三大区域之间发挥经济和文化联系纽带的作用。①

为了实现未来30年的使命，纳扎尔巴耶夫提出了七项长期优先发展目标及其实施战略：(1)国家安全。保障哈萨克斯坦作为独立主权国家的发展和维护领土完整。(2)国内政治稳定和社会团结。维护并加强国内政治稳定和社会团结，使哈萨克斯坦将国家战略在今后几十年内付诸实施。(3)建立在开放市场经济、高度外国投资和国内储蓄基础上的经济增长。实现真正的、可持续和不断提高的经济增长速度。(4)哈萨克斯坦公民健康、教育和福利。经常性改善所有哈萨克斯坦人的生活条件、教育和机会，改善生态环境。(5)能源资源。通过迅速扩大开采和出口石油和天然气，一方面有效利用哈萨克斯坦的能源资源，另一方面获取收入促进经济可持续增长和改善人民生活。(6)基础设施特别是交通和通讯。发展这些关键部门就是要促进国家安全、政治稳定和经济增长的巩固。(7)职业的国家治理。建设哈萨克斯坦高效率的，能干事的，代表人民利益并致力于实现国家优先发展目标的国家公务员体系。

2. 哈萨克斯坦——2050战略

2012年12月，纳扎尔巴耶夫总统发表总统咨文《哈萨克斯坦——2050战略：站起来的国家的新政治方针》，在全面总结“哈萨克斯坦——

---

① Послание Президента Республики Казахстан Н. А. Назарбаева народу Казахстана. Казахстан－2030： процветание， безопасность и улучшение благосостояния всех казахстанцев. Октябрь 1997 г. 哈萨克斯坦总统官网：http://www.akorda.kz/ru/addresses/addresses_of_president/poslanie-prezidenta-respubliki-kazahstan-na-nazarbaeva-narodu-kazahstana-oktyabr-1997-g.

2030战略”的基础上详细阐述了哈萨克斯坦2050年发展战略①。他提出哈萨克斯坦2050年发展战略的主要目标就是进入世界最发达国家30强行列。为此纳扎尔巴耶夫提出了以下几方面的任务：

（1）新政治方针的经济政策：坚持盈利、投资回报和竞争的全面实用主义原则。主要任务是实现国家经济政策的现代化；以全新理念开展基础设施建设：提高国内各地区的通达能力，集中力量“走出去”，积极发挥哈萨克斯坦过境运输潜力，使经哈过境的运输规模到2020年提高1倍，2050年提高9倍；实现国有资产管理体系现代化；实行全新的自然资源管理体系，尽快拓展原料的国际市场，加快原料开采和供货速度，发展替代能源和再生能源使其到2050年占到能源消费总量的一半；实施工业化计划，非原料产品出口在出口总规模中的占比到2025年提高1倍，到2040年提高2倍，到2050年根据最新的技术标准更新全部固定资产，将国家加速发展产业创新计划聚焦于进口生产能力和技术交流，着力发展两个创新集聚区——纳扎尔巴耶夫大学和创新技术园；实现大规模农业现代化，扩大播种面积，通过采用新技术进一步提高产量，打造世界级畜牧养殖的饲料基地，创建绿色民族品牌，鼓励私人农场和农产品加工和贸易领域的中小企业发展，到2050年农业总产值占GDP的比重要提高4倍；制定新的水资源政策。

（2）全面支持企业经营——民族经济的主力军。鼓励中小企业联合与合作，为小微和个体企业转向中型企业创造条件，推进第二次大规模私有化。2030年中小企业的经济占比至少要提高1倍。

（3）社会政策新原则：社会保障与个人责任。实现所有人的社会安全和福利，这是最好的社会安全保障。国家必须为公民提供最低限度的社会标准，消除贫困；国家必须对需要帮助的群体给予社会救助；集中力

① Послание Президента Республики Казахстан Н. Назарбаева народу Казахстана. Стратегия 《Казахстан－2050》: Новый политический курс состоявшегося государства. 14 декабря 2012 г. 哈萨克斯坦总统官网，http://www.akorda.kz/ru/addresses/addresses_of_president/poslanie-prezidenta-respubliki-kazahstan-nnazarbaeva-narodu-kazahstana-14-dekabrya-2012-g.

量解决地区发展的社会失衡问题;必须革新就业和劳动报酬保障政策。保护母亲和儿童。在全国实行统一的医疗服务质量标准,完善和统一医疗机构的物质技术装备。发展社会体育运动。

(4) 知识和专业技能——现代教育和人才培养的主要导向。将“幼儿计划”延长到2020年,让所有幼儿获得学前教育;发展工程教育和现代技术专业体系;发挥私营企业、非政府和慈善组织以及个人在教育领域的社会责任;改革教学方法,积极发展在线教育体系;重视创新发展研究。

(5) 进一步巩固国家政权和发展哈萨克斯坦民主。目标是形成国家治理的新模式。进一步完善国家计划和预测体系,强化国家计划制定机构的责任;认真进行管理的分权化改革,严格界定地方和中央之间的权力和义务,扩大议会的权力,同时分权化不能削弱垂直管理体系;形成专业的国家机构,开始第二阶段的行政改革;国家机构应当与企业家群体建立新的合作体系;国家对无秩序采取零容忍原则;国家与社会应当成为反腐败斗争的先锋;继续改革执法和特勤机构改革。

(6) 一贯的和可预见的对外政策——捍卫国家利益和加强地区和全球安全。主要优先方向是不变的,发展与俄罗斯、中国、中亚国家等邻国以及美国、欧盟和亚洲国家的伙伴关系;巩固关税同盟和统一经济空间,近期目标是建设欧亚经济联盟。全力加强地区和国家安全;积极发展经济和贸易外交;强化人文、科教和其他相关领域的国际合作;加强公民及其境外私人、家庭、经济利益的保护。

(7) 新的哈萨克斯坦爱国主义——多民族和多宗教信仰社会成功的基础。主要目标是保持和加强社会和谐。弘扬哈萨克斯坦新爱国主义,各民族公民权利平等,发展推广哈萨克语言,到2025年实现文字拉丁化,保护国家文化和传统,形成国家认同和宗教意识,反对激进主义、极端主义和恐怖主义。

2014年1月,纳扎尔巴耶夫发表国情咨文《哈萨克斯坦道路——2050:一致的目标、共同的利益和同一个未来》,确定的主要经济指标是向经合组织看齐，今后 GDP 年均增长率不低于 4%，投资规模要达到 GDP 的 30%，非原料产品在出口中的比重提升到 70%，科技研发投入不低于 GDP 的 3%。到 2050 年人均 GDP 达到 6 万美元，进入世界发达国家 30 强的行列。① 要实现上述目标，必须完成七个方面的任务，即提高科技潜力，创新驱动工业化，发展高科技部门；建设农业创新集群，形成区域性农产品供应基地；发展人口集聚—交通—能源三位一体的基础设施建设，形成背靠欧亚统一经济空间，经中国入大洋，经伊朗南下波斯湾，经高加索挺进欧洲的运输网络；挖掘人力资源潜力；建设法治国家；发展中小企业。在 2030 年之前，保障传统经济部门迅速发展的同时，大力发展制造业，走完 20 世纪发达国家完成的工业化道路，完成现代化飞跃。2030—2050 年实现在高科技经济原则下的稳定发展，形成强大的制造业。

3. “光明之路”新经济政策

为了应对世界经济波动、能源价格下跌和哈萨克斯坦经济下滑，2014 年 11 月，纳扎尔巴耶夫发表国情咨文《光明之路：通向未来之路》，发布了哈萨克斯坦“光明之路”新经济政策。该政策具有反危机性质和经济结构改革的性质。为了克服经济对国际原料能源市场严重依赖的脆弱性，哈政府用原料能源出口换来的收入建立了国家财富基金以备国际能源价格下跌时经济需要。而“光明之路”新经济政策就是计划动用这笔资金，发展交通、能源、工业和社会基础设施以及中型企业②。2014 年 2 月，政府决定动用国家财富基金 1 万亿坚戈支持 2014—2015 年度经济增长和就业，并首期拨款 5 000 亿坚戈。2014 年年底拨付第二期 5 000

---

① Послание Президента Республики Казахстан Н. Назарбаева народу Казахстана. Казахстанский путь—2050：Единая цель，единые интересы，единое будущее. 17 января 2014 г. 哈萨克斯坦总统官网，http://www. akorda. kz/ru/addresses/addresses _ of _ president/page _ 215750 _ poslanie-prezidenta-respubliki-kazakhstan-n-nazarbaeva-narodu-kazakhstana-17-yanvarya-2014-g.

② Послание Президента Республики Казахстан Н. Назарбаева народу Казахстана. 《Нұрлы жол — путь в будущее》，11 ноября 2014 г. 哈萨克斯坦总统官网，http://www. akorda. kz/ru/addresses/poslanie-prezidenta-respubliki-kazahstan-nnazarbaeva-narodu-kazahstana-11-noyabrya-2014-g.

亿坚戈,其中1 000亿用于给中小企业的优惠贷款,2 500亿用于2015年冲销银行坏账,810亿用于改善投资环境主要是2015年建设"霍尔果斯—东大门"特别经济区无水港第一期工程以及阿特劳和塔拉兹"国家石化工业园"的基础设施,为2017世博园建设在250亿拨款的基础上追加400亿坚戈,为2017世博会配套工程改善首都交通状况拨款290亿坚戈修建的机场航站楼和改建跑道。

纳扎尔巴耶夫强调,"'新经济政策'的核心就是基础设施建设计划",与第二个产业创新国家五年规划同步实施,形成全国统一大市场,保障实现长期增长①。其任务是按照辐射原则建设有效的铁路、公路和航空运输物流基础设施。主要建设工程有中国西部到欧洲西部的"双西公路"、阿斯塔纳—阿拉木图公路、阿斯塔纳—乌斯季卡缅诺戈尔斯克公路、阿斯塔纳—阿克托别—阿特劳公路、阿拉木图—乌斯季卡缅诺戈尔斯克公路、卡拉干达—杰茨卡茨干—克孜勒奥尔达公路、阿特劳—阿斯特拉罕公路。继续在东部地区建设物流集散中心和西部里海港口基础设施以及轮渡运输,包括波尔扎克特—叶尔塞铁路。研究在中国、伊朗、俄罗斯和欧盟国家海港和无水港租赁或建设码头终端的问题。开发工业基础设施,包括主要特别经济区和鼓励中小企业发展的地方新工业区的基础设施建设,以及旅游基础设施。在统一电力能源体系框架内加强能源基础设施建设,针对南方地区电力不足的问题集中力量建设两大工程:埃基巴斯图兹—塞梅伊—乌斯季卡缅戈尔斯克和塞梅伊—阿克斗卡—塔尔迪库尔干—阿拉木图高压输电线路。改造和建设住房公用设施以及供热、供水和排水系统需要投资2万亿坚戈。加快住房基础设施建设,为避免对城市形成大的压力,政府将拨款1 800亿坚戈建设社会租赁住房供居民长期租赁。发展社会基础设施建设,解决学校危

---

① Послание Президента Республики Казахстан Н. Назарбаева народу Казахстана.《Нұрлы жол－путь в будущее》,11 ноября 2014 г.哈萨克斯坦总统官网,http://www.akorda.kz/ru/addresses/poslanie-prezidenta-respubliki-kazahstan-nnazarbaeva-narodu-kazahstana-11-noyabrya-2014-g.

房教室、幼儿园不足问题，充实大学物质技术装备。拨款1 000亿坚戈继续扶持中小企业发展。将世界经济论坛基础设施质量排名提高到第57位。

纳扎尔巴耶夫强调："'光明之路'新经济政策将会成为今后几年我国经济增长的发动机。光是修建道路就将创造20万个就业岗位。'光明之路'还将对其他经济领域如水泥、金属、设备、沥青、机械和相应服务产生乘数效应。"

4. 国家产业创新发展五年规划

为了实现创新引领的工业化，早在2003年5月哈总统就批准了《哈萨克斯坦共和国产业创新发展战略：2003—2015年》，目的是要通过经济多元化和现代化，摆脱对原料部门的依赖，实现可持续发展，并为转向技术服务型经济创造条件。① 哈萨克斯坦于2010年开始实施产业创新五年规划，聚焦于制造业发展，通过产业集聚实现地区专业化。2014年8月批准了第二个产业创新五年规划，计划投资360亿美元促进制造业多元化发展，提高制造业竞争力。重点扶持发展的部门包括冶金、化工、石油化工、机械制造、材料生产、食品工业等6大行业，具体涉及14个产业门类。重点发展移动和多媒体技术、纳米和航天技术、机器人技术、遗传工程、未来能源探索和发明等5大创新部门。该计划还规定了实现上述目标的手段，其中包括改善投资环境，吸引更多外国直接投资，降低国有经济比重，实行国际标准，保护私有产权以及外国投资商的权利和合法利益；实施工业集群式发展，具体包括1个基础资源部门的国家集群，涉及石油和天然气开采和加工、石油天然气化工、石油天然气化工机械制造和石油天然气工业服务；3个以市场为导向的制造业部门地方集群；2个新经济部门的创新集群，分别是阿斯塔纳纳扎尔巴耶夫大学集群和阿拉木图创新技术园集群。

---

① 哈萨克斯坦政府网站，http://ru.government.kz/docs/u031096_20030517.htm。（上网时间：2003年5月17日）

5.“光明之路”的制度保障：全民族计划100步

为了扫除“光明之路”上的制度障碍，2015年5月纳扎尔巴耶夫总统在阿斯塔纳政府扩大会议上宣布了他的制度改革100步计划。具体包括建设专业化国家机构、保障法律至上、实现工业化和经济增长、实现认同和统一、建设报告型的国家等五个方面。

二、乌兹别克斯坦进一步发展行动战略

1. 乌兹别克斯坦——2030战略

2013年乌兹别克斯坦政府与联合国发展规划署、世界银行等合作制订《乌兹别克斯坦2030年前结构改革国家战略》。2014年乌兹别克斯坦政府经济研究中心作为该战略制订的主要参与者发表了战略研究笔记《预见2030》。由4部分组成，涉及交通运输、经济结构调整、社会政策和制度环境。设定国家发展目标是进入世界中等收入国家行列。①

（1）交通运输问题及其解决方案。主要战略任务是建设完善的交通体系，降低运输服务成本，保障经济主体使用运输服务的营运能力、可靠性和价格的承受能力，实现交通路线多元化，使之成为跨大陆和区域性物流路线图的重要节点。从2005年开始，交通部门就成为乌兹别克斯坦优先投资领域之一。2015—2019年乌新的交通规划投资额将达到100亿美元，主要方向是发展2 400公里国家级公路网，购买近1 000辆新的筑路机械，实现铁路运输电气化。交通基础设施投资将从目前GDP的3.55%增加到2030年的4.6%。在制度完善方面，进一步优化以消费者为导向的运输物流体系，提高服务质量，扩大服务范围，进一步实现进出口和货物过境运输线路多元化。为了降低运输成本，乌计划更新货运汽车保有量，从目前的3.7万辆增加到2030年的至少12万辆。铁路运输也将改变运价制订原则，吸引更多的发货公司使用铁路运输。提高运输物流体系的营运能力和可靠性要求电气化铁路的比重在2030年达到

---

① 乌兹别克斯坦经济研究中心，http://www.cer.uz/ru/projects/2184.

45%,机车保有量的更新和集装箱运输的比例要达到25%～30%。缩短过境运输货物通关时间,努力建设国际运输基础设施。乌迫切需要建设经阿富汗、伊朗南下波斯湾和中吉乌铁路两条新的交通走廊。

(2) 转向增长的效率模式。实施经济结构转型,制造业比重从9%提高到22%,服务业比重从45%提高到55%。迅速发展的工业化进程,人口和收入的增加,使得经济对资源的需求大幅度上升。乌兹别克斯坦现有资源利用模式导致资源的加速衰竭,因此必须提高资源利用效率。一方面要提高经济的能源效率,完善能源生产、运输和消费核算体系,组建国有大公司。通过实施独立能源项目来吸引私人资金进入该部门,可以采用“建设—管理—移交”或“建设—占有—管理”国际租赁协议招标方式。另一方面建立有效利用能源的机制,比如通过费率差价来激励再生能源的广泛使用。发展太阳能,使其在国家能源结构中的比重要至少提高到6%。完善农业基础设施,提高土地和水资源领域的资源效率,聚焦农业集约化。

(3) 实现社会契约的转型。乌兹别克斯坦经济研究中心发布的研究报告《经济转型与社会稳定的社会政策:新的发展阶段新的社会契约》指出,社会契约是政府与围绕社会生活的基本要求如生活条件的稳定、就业和收入保障以及对未来的信心等形成的主要社会群体之间的非正式合约。乌在过渡时期社会的主要需求是保障社会稳定和最低收入,因而社会政策的依据是“以忠诚换取社会保障和社会稳定”的社会契约模式。今后随着转型进程的加快,社会契约模式将会相应地改变,为社会提供更多的机会,即“以忠诚换取受保障的机会”。乌社会契约模式的转型,首先要求实现就业模式的转型,实现正式的、有效的和稳定的就业。其次是提高人力资本的质量,创造“大量有批判力的头脑”。此外,社会政策将转向保险形式,包括医疗保险和养老保险。

(4) 为竞争环境创造制度条件。乌兹别克斯坦面临的重要任务是改变现有以燃料能源、化工、冶金和其他基础经济部门为支柱的经济增长模式,转向以加快发展制造业为基础的增长模式。要实现这一转变,必须发展和鼓励竞争,要求扩大小企业和私营部门的规模,特别是要在国家重点发展的化学和石油化工、机械制造和冶金、建材、木材加工、轻工业、食品和微生物工业等 6 大制造业门类中形成新的主体——550 个中型企业。必须从选择模式的产业政策转向激励经济增长因素的政策。为此，必须坚持高等教育专业化原则，鼓励企业办学校，提高教学质量。科学和技术实现商业化，发展创新基础设施，加强国际技术合作，培养高端技术商业化的管理人才，鼓励国有大公司建立研发基地，研究高新技术商业化的方法。在市场准入方面改革贸易制度，进出口业务的交易成本最小化和贸易便利化。

2. 乌兹别克斯坦 2017—2021 年进一步发展行动战略

2016 年 9 月，乌兹别克斯坦首任总统卡里莫夫病逝。2016 年 12 月乌兹别克斯坦举行总统选举，代总统沙夫卡特·米尔济约耶夫正式当选乌第二任总统。2017 年 2 月 7 日，米尔济约耶夫签署《关于乌兹别克斯坦共和国进一步发展行动战略》总统令，并成立了由总统米尔济约耶夫领导的议会下院主席 H. 伊沃多舍夫、上院议长 H. 伊斯马伊洛夫、总理 A. 阿里波夫、国家安全局局长 P. 伊诺亚托夫、总检察长 И. 阿布杜拉耶夫、总统安全委员会秘书 B. 马赫穆多夫等参加的战略实施委员会，确定了乌兹别克斯坦 2017—2021 年发展的五个重要优先方向并成立了相应的五个分委会。①

首先，完善国家和社会建设。进一步加强议会和政党在深化民主改革和国家现代化中的作用，改革国家治理体系，巩固国家公务员制度的组织法律基础，完善“电子政府”体系，提高国家服务的质量和效率，真正落实社会监督机制，加强公民社会机构和大众媒体的作用。

其次，保障法律至上，进一步改革司法体系。巩固真正的司法权力独立，保障公民权利和自由，完善行政、刑事、民事和经济立法，提高制止犯罪和防止违法行为体系的效率，全面落实诉讼程序中的两造辩论原

---

① Указ Президента Республики Узбекистан о Стратегии действий по дальнейшему развитию Республики Узбекистан. № УП - 4947. 乌兹别克斯坦总统官网，http://president.uz/ru/lists/view/231.

则，完善法律援助和法律服务体系。

第三，发展经济，实现经济自由化。进一步巩固宏观经济稳定并保持较高的经济增长速度，提高经济的竞争能力，实现农业现代化和集约发展，继续推行制度和结构改革，压缩国家在经济中的存在，进一步加强私有产权的保护并发挥它的优势作用，促进小企业和私营经济的发展，保障各地区、城市社会经济的综合和均衡发展，通过改善投资环境积极吸引外国投资进入国家的各经济领域和地区。

第四，发展社会领域。坚定提高就业率和居民的实际收入，完善社会保障和公民健康保护体系，提高妇女的社会政治积极性，实施经济适用房建设专项规划，发展和现代化改造道路交通、公共工程和社会基础设施，发展教育、文化、科学、文学、艺术和体育等各领域，完善国家青年政策。

第五，保障安全、民族间和谐和宗教包容，实施均衡的、互利的和建设性的对外政策。巩固国家的独立和主权，围绕乌兹别克斯坦建设安全带、稳定带和睦邻友好带，提升国家的国际形象。

2022 年 1 月，米尔济约耶夫签发新战略：《新乌兹别克斯坦发展战略（2022—2026 年）》。

三、塔吉克斯坦国家发展战略——HCP-2030

2015 年 2 月，塔吉克斯坦总统拉赫蒙在国家发展委员会上对制订 2030 年前国家长期战略和规划做出部署。强调战略的优先方向是提高国家财富使用绩效，特别是要提高人的潜力和效力以及国民财富的使用效果。实现三个战略目标，即保障能源独立，摆脱交通闭塞状态，保护国家粮食安全。战略任务是保证国家宏观经济指标和金融体系稳定，实施稳定的社会政策，发展原料和其他资源加工产业，实现产能多元化，在各领域进行制度改革①。2016 年 1 月，拉赫蒙在总统咨文中进一步将上述

① Выступление Президента Республики Таджикистан Эмомали Рахмона на заседании Совета по национальному развитию при Президенте Республики Таджикистан. 塔吉克斯坦总统官网，http://www.president.tj/ru/node/8271.

"三大目标"变成"三个转变",即从保障能源独立转向有效利用能源,从摆脱交通闭塞转向把国家变成运输过境国,同时从保障粮食安全转向让居民享受到高质量的饮食。① 国家的优先发展方向是提高实体经济部门的效率,生产多元化,实现地区发展。要求国家在工业和创新方面进一步持续发展,提高资源利用效率。塔今后的发展战略规定了国家的工业化任务,不仅要促进原料的深加工,提升具有竞争力的国产产品产量,而且要提高出口能力。2016 年 9 月,拉赫蒙在主持的政府工作会议上通过了《塔吉克斯坦共和国 2030 年前国家发展战略》(简称 НСР - 2030)。②

塔吉克斯坦 НСР - 2030 战略坚持了三个基本原则,即预防或预警(降低)未来发展的薄弱环节;国家资源利用的工业性或提高效率;国家社会经济生活各行业革新基础上的创新性或发展。确定塔吉克斯坦长期发展的最高目标是在保障经济可持续发展的基础上提高本国居民的生活水平。这一最高目标进一步分解为未来 15 年的战略目标和措施。③

(1) 保障能源安全和电力使用效率。有效利用现有石油天然气和煤炭资源,开发水力资源、新的有机燃料、利用非传统(可再生)能源,改造和新建水电站和热电站,实现能源多元化;推广节能,提高国民经济能源使用效率;发展国内外能源基础设施;建立有效的风险管控和能源安全监管体系。

(2) 走出交通困境把本国变成过境运输国。在交通领域,修建交通基础设施,建设过境运输走廊,保障工业区的交通发展,提高运输部门的工作效率,促进地方空港建设和中小航空公司的发展;在通讯领域,制定廉价可靠的互联网接入政策,扩大通讯服务覆盖区域,提升通讯市场竞

① Послание Лидера нации, Президента Таджикистана уважаемого Эмомали Рахмона Маджлиси Оли Республики Таджикистан. 塔吉克斯坦总统官网,http://president.tj/ru/node/10587.

② Заседание Правительства Республики Таджикистан, 30.09.2016 12:15, город Душанбе. 塔吉克斯坦总统官网,http://www.president.tj/ru/node/13246.

③ Национальная стратегия развития Республики Таджикистана на период до 2030 года. 塔吉克斯坦交通部官网,http://www.mintrans.tj/sites/default/files/2017/september/nacionalnaya_strategiya_razvitiya_rt_na_period_do_2030_goda.pdf.

争能力，为发展国内和跨境宽带光纤网络创造良好的环境。

(3) 保障粮食安全和居民获得高质量饮食。推进农业和水利改革，保障农业及农产品加工部门稳定增长的基础上经济和个人对粮食的需求，通过创新实现农业生产多元化，通过采用新技术提高改良品种和化肥的普及率以及农产品产量，建立有效的风险管控和粮食安全监管体系，建立土地和水资源管理体系。

(4) 扩大实际有效的就业。扶持中小企业发展，促进“绿色就业”，扩大生态经营和生态服务市场，通过开发荒地和新土地保障农村居民的就业岗位，发展职业和技能培训教育网络，全力鼓励农业部门的私人农场和中小企业发展，对外劳动移民多元化，发展出口导向的劳动密集型部门(农工综合体、纺织工业和矿产加工)，实施国家就业政策。

塔吉克斯坦 HCP－2030 战略还规定了新的发展阶段所面临的三大任务和措施。首先，社会经济发展达到中等收入国家水平。保持经济年均增长 7%～8%，GDP 总量翻两番以上，人均 GDP 增加 1.5 倍，贫困水平降低一半并消除极端贫困，大幅增加居民的社会保障支出。其次，通过国民经济多元化及其竞争力的提高来保障发展的可持续性。保障更高的工业增长速度及其在 GDP 中的占比提高，提高农业效率并提升其对保障粮食安全的贡献率，保障复杂程度更高的服务业加速发展，提高国民经济多元化水平(三种主要出口商品的集中度从 83%下降到 58%)，提高国民经济竞争水平(在全球竞争力排行榜上争取实现从以资源为主的竞争转向以劳动生产率为主的竞争)。第三，扩大和巩固中产阶级。为实现 2030 年中产阶级的比重达到 50%的目标，必须提高居民特别是农村居民、青年和妇女的收入，创造更多的体面的和高效率的工作岗位，降低社会不公平的程度。

要完成这些战略任务，塔吉克斯坦确定了必须具备的条件，即能够协调和调控经济活动并保障长期可持续和包容性发展的专业型的政府，继续发展混合经济特别是促进私营经济及其投资的积极性的提高，公民社会积极参与发展进程。

四、吉尔吉斯"新时代—40步"战略

2013年1月，吉尔吉斯斯坦经济部副部长C.穆康别托夫表示，现在需要着手制订2030年发展战略。他说，吉政府已经就推行可持续发展新模式做出了政治决定，这种可持续发展新模式本身要求致力于发展的系统性、综合性和均衡性。具体将分三个阶段来推行这种新模式：第一阶段2013—2017年，第二阶段2018—2020年，第三阶段2021—2030年。第一阶段将执行第一个五年计划即《吉尔吉斯共和国2013—2017年可持续发展战略》。[①] 第一阶段的主要任务就是立国，在五年之内建立一个政治体系可持续，经济迅速发展，居民收入稳定增长的民主国家。[②] 随着第一阶段战略实施的结束，在2017年后续阶段战略的制定过程中将战略的实施期限推到了2040年。

2018年3月，吉尔吉斯斯坦可持续发展委员会讨论了最新的《吉尔吉斯共和国2018—2040年国家发展战略》（新时代—40步）草案[③]。对社会、经济和政治各方面的发展做出了长期规划。

1. 人、家庭和社会发展的战略目标是发展人力资本

在社会发展方面，保障每个公民在医疗、教育和科学、发挥青年潜力、劳动和养老等方面机会均等；在公民一体化方面，创造条件形成这样一种社会，其中公民的种族、宗教态度、宗教和部落属性以及其他文化差异将不再是歧视的理由，对政治进程不形成任何影响，强化公民的

---

① В Кыргызстане планируют разработать Стратегию развития - 2030. https://news.mail.ru/politics/11791532/.

② Текст Национальной стратегии устойчивого развития Кыргызской Республики на период 2013—2017 годы. 吉尔吉斯斯坦总统网站，http://www.president.kg/ru/news/ukazy/1466_tekst_natsionalnoy_strategii_ustoychivogo_razvitiya_kyirgyizskoy_respubliki_na_period_2013—2017_godyi/.

③ Проект Национальной стратегии развития Кыргызской Республики на 2018—2040 годы《Таза коом-Жаңы доор》. 塔吉克斯坦总统官网，http://www.president.kg/ru/sobytiya/novosti/6015_proekt_nacionalnoy_strategii_razvitiya_kirgizskoy_respubliki_na_2018_2040_godi_.

爱国主义教育，以吉尔吉斯语为主发展多语言教育体系；国家的文化政策是通过保障人民精神经验的传承，形成统一的文化空间，提高具有竞争力的文化意识来实现人文领域的现代化；国家的宗教政策主要是保护吉尔吉斯经济部人民自己的文化独特性，保障公民自由选择宗教信仰的宪法权力，保障宗教团体不干涉国家机关的活动，不允许宗教政治化。

2. 国家在经济福利和发展环境的质量方面的战略目标是为企业和金融创造良好的环境

发挥劳动者潜力，改善投资环境，创建新的出口导向和创新经济部门，形成系列区域性“增长点”，促进城市化和地区专业化。

为发展创造良好环境。首先包括良好的营商环境，如国家和企业间的伙伴关系、国家服务的“单一窗口”原则、土地市场自由化、降低税收负担，发展金融体系。其次是高质量的基础设施：(1)吉尔吉斯斯坦作为地区最大的电力生产国将保障能源的可持续发展、国家能源安全、实体经济能源效率，清洁能源占比不低于50%，新建和改造一批能源项目包括坎巴拉京斯克1号和2号水电站，以及上纳棱和阿克布隆、乌奇库尔冈、阿特巴兴、托克托古尔和卡拉克钦水电站，继续普及天然气的使用。(2)在交通领域摆脱交通困境，建设过境铁路网和南北铁路线，发展过境运输，利用邻国哈萨克斯坦、乌兹别克斯坦和中国的交通基础设施发展的成果，尽快开始中吉乌铁路建设，在阿拉木图—比什凯克经济走廊框架内规划建设高铁，2018—2020年期间完全恢复连接哈萨克斯坦和乌兹别克斯坦铁路线全长1 250公里的比什凯克—奥什(扎拉尔阿巴德)交通走廊；遵循“天空自由”原则为发展航空运输市场创造条件，发展无人机航空促进农业和旅游的发展并保护国家边界，在交通发展中充分利用大数据技术。(3)清洁的水资源，在每个居民点提供经济实用、可持续和用得起的安全和高质量的供水、排水和卫生服务。此外，环境保护和适应气候变化，为人的生活建设良好的环境，合理利用自然资源实现社会经济发展，为后代保护国家独一无二的生态系统。

3. 吉尔吉斯斯坦优先发展的部门

(1) 工业领域:采用最新开采技术提高矿山开采效率,遵守环境保护的要求将对环境的影响降到最低;发展有竞争能力的高质量的石油产品和建筑材料生产;鼓励开采和生产高环保标准的燃料;增加非金属矿物原料的储备;建立更细的加工制造业,特别是组装生产、配套材料,恢复停工的企业;本国制造业应当瞄准出口潜力的形成和某些产品的进口替代;促进外国工业企业本地化,进入国家间的增加值链条。(2)农工综合体和合作社:农业领域的基本政策是保障居民高质量的粮食供应并将该部门变成国际和地区市场高质量、清洁环保、有机山地产品的供应商;保障粮食安全。(3)发展轻工业集群:创建高效和高竞争的轻工业部门,造成对整个经济更大的乘数效应,提升地区生产轻工业产品的作用,改善产品结构,推动轻工产品进入资金含量高和收入高的市场,重点发展纺织、缝纫、针织以及皮革加工等部门;改善轻工业生产组织,组织全产业链生产,提高集群效率。(4)稳定发展旅游业:吉尔吉斯旅游产业具有自然、气候所以及古丝绸之路和“一带一路”决定的比较优势,如休闲度假游、山地探险游、文化游等;形成旅游产业集群,包括新的冬季休养集群。将旅游业纳入“一带一路”项目,开展文化旅游,打造“苏拉依曼图”文化集群;山地探险旅游主要发展比什凯克、乔尔彭阿塔、卡拉科尔和奥什四个核心集群;冬季休养打造“卡拉科尔”滑雪集群。

4. 改善国家治理

提高国家行政的效率和公平。加强国家发展的民主原则,保持国家政权的均衡体系,实行总统、立法机构和执行机构三权分立,建立公平的司法体系,维护国家安全,实行务实的对外政策:最快速地融入欧亚经济联盟,加深与中国的经济合作,采取措施在双边或“一带一路”框架下促进中国投资进入吉尔吉斯斯坦。实现经济数字化,发展公民社会和地方自治。

5. 改善发展治理

转变治理体系,形成发展的基础设施,将国家可持续发展委员会改组为发展治理的主要机构，采用新技术进行战略规划并对战略规划的执行情况进行跟踪监督和评估。

五、土库曼斯坦：丝绸之路的心脏

土库曼斯坦经济的核心产业就在于石油和天然气的开采，其天然气储量占世界第四位。独立27年来土库曼斯坦社会和经济发展主要以石油和天然气资源为支柱，增加石油和天然气出口。土库曼斯坦总统别尔德穆哈梅多夫表示，“独立以来我国经济发展主要方向之一就是石油天然气部门的增长，将来也依然是这样，因为能源资源的生产、加工和出口能力是我国盈利最高和最有发展前景的”①。2006年10月，土库曼斯坦人民委员会通过了《2030年土库曼斯坦石油天然气工业发展规划》。2010年5月，别尔德穆哈梅多夫签署了《2011—2030年国家社会经济发展纲要》。2017年9月，又批准了该纲要的阶段性规划《2018—2024年国家社会经济发展纲要》。这两个纲要均以发展石油天然气及其管道运输建设以及增加出口为导向。2017年10月，别尔德穆哈梅多夫的新著《土库曼斯坦——丝绸之路的心脏》在阿什哈巴德社会组织中心举行了首发式。在2018年新年伊始，别尔德穆哈梅多夫发表新年献词，宣布2018年为“土库曼斯坦——丝绸之路心脏年”。2018年9月，土库曼斯坦国家独立日前夕别尔德穆哈梅多夫又出版了《土库曼斯坦——丝绸之路的心脏》第二卷。

1.《2011—2030年国家社会经济发展纲要》

2003年通过的《2020年土库曼斯坦经济、政治和文化发展战略》确定了3个优先发展方向：主要宏观经济和社会指标达到发达国家水平，通过保持国民经济高速发展、采用新技术和提高劳动生产率来保障经济独立和国家安全；提高人均产品和服务的生产；建设良好的投资环境，扩

① Векторы поступательного развития страны. Выступление Президента Гурбангулы Бердымухамедова на заседании Халк Маслахаты Туркменистана. 26.09.18. http://www.turkmenistan.ru/ru/articles/43647.html.

大工业项目建设规模。2020 年之前，通过改造现有和新建发电站提升发电能力，使得电力生产全面保障国内需求并增加对邻国土耳其、伊朗、阿富汗、巴基斯坦和中亚国家的出口。在石油天然气领域，计划在海洋和陆地刻尔克、叶尔巴斯、克罗佩哲、切基什利亚尔等油气田扩大油气勘探和开采规模，提高沙特雷克矿床的出油量达到 170 个单位数。扩大化肥和其他化工产品的产量。在交通领域计划建设一系列铁路、石油天然气及其产品运输管道，提高国内偏远地区消费者的保障能力和促进出口。①

在《2020 年土库曼斯坦经济、政治和文化发展国家战略》国家纲要实施成果基础上，2010 年 5 月土库曼斯坦召开长老会讨论并通过了《2011—2030 年土库曼斯坦社会经济发展国家纲要》，确立了“经济复兴”道路和进行改革的顺序。按照纲要，土库曼斯坦根据宏观经济调控、实行市场机制、发展私有经济部门、保障国家利益来选择经济优先发展方向。纲要的主要目标是依靠丰富的自然资源潜力以及资金和劳动资源，在尽可能短的时期内使国家进入生活质量水平高、经济发展速度高的国家行列。② 具体包括：加速经济发展，实现经济多元化，实现财政稳定和提高居民收入，完善市场关系和进行制度改革，消除地区发展失衡。为了实现上述目标，纲要提出了如下任务：

（1）转向创新发展道路，提高各经济部门和领域的劳动生产率，采用节能和“清洁”技术；

（2）扩大燃料能源产品、化学、纺织和农业领域的产品出口；

（3）通过改善社会服务的质量，使居民智力发展达到更高水平；

（4）在经济领域采用先进的市场原则、规范和准则，加快与外部周边

① Приоритеты на перспективу. Национальная программа《Стратегия экономического, политического и культурного развития Туркменистана на период до 2020 года》. http://www.turkmenistan.ru/ru/node/1565.

② Овлякулиева Дж., Три этапа《Национальной программы социально-экономического развития Туркменистана на 2011—2030 годы》. 22. 12. 12. http://infoabad.com/obschestvo-i-yekonomika/tri-yetapa-nacionalnoi-programy-socialno-etkonomicheskogo-razvitija-turkmenistana-na-2011—2030-gody.hotml.

的一体化进程，进一步将民族经济融入世界体系；

(5) 通过提高自然和工业资源的使用效率改善社会经济指标。

纲要分三个阶段来实现这样的宏伟目标和任务。

第一阶段(2011—2015年)，进行大力度改革，改革经济结构并实现经济多元化，对现有生产基础进行现代化改造和技术、工艺革新，形成新的经济部门，建设良好的投资环境。加速提升化工、轻工、农业、粮食和建材工业的生产潜力，增加农产品生产。建设南北和东西交通走廊。完成社会领域(教育、卫生、文化、体育和公共住房)实现质变的任务。将巨额投资集中于大型项目，从而保障投资在国民生产总值当中份额的增加。为促进这一阶段改革任务的完成，2012年2月土库曼斯坦内阁会议讨论通过了《2012—2016年土库曼斯坦社会经济发展规划》。

第二阶段(2016—2020年)，保障国家的进一步发展。这一时期将形成国家创新体系，保持现有强化社会导向的经济发展方向。要求进一步深化经济结构和部门改革，形成发达的市场经济制度，根本性地扩大私有产权，将科学、技术和创新成果广泛地应用到势头经济中。经济多元化要求出现新的以采用先进技术为基础的产业和服务。计划完成根本改变地区和农村居住设施和条件的进程，形成交通和通讯体系。未来实现这一阶段交通基础设施建设的任务，2014年9月土库曼斯坦政府会议讨论了《2014—2019年土库曼斯坦国家级公路建设规划》，确定了建设横贯国土东西的两条国家级公路阿什哈巴德—达绍古兹和土库曼巴希—法拉布，总长1 676公里。计划2019年8月完工。

第三阶段(2021—2030年)，土库曼斯坦将屹立于世界高度发达以及经济高度发达的能够最大限度与外国融合的政治和经济合作效率高且稳定性强的国家行列。在这一阶段，经济将实现多元化，居民收入和社会条件将达到世界发达国家水平。土库曼斯坦在该地区出口天然气方面占据重要的地位，主要向俄罗斯、中国和伊朗出口。

土库曼斯坦始终坚持经济多元化方针，积极发展石油和天然气加工部门、纺织工业、棉花加工工业和建筑材料生产。还规定了提高化学、石油化学和轻工业产品出口的任务。

2.《2018—2024年国家社会经济发展纲要》战略目标与任务

2017年10月，别尔德穆哈梅多夫在长老委员会上签署了《2018—2024年国家社会经济发展纲要》。纲要的主要任务是全面动员一切资源和能力实现国民经济稳定增长，加速转向市场关系，其中包括大力发展非国有经济部门。要求建立合资企业和股份公司，强化证券交易所和证券市场的活动。纲要规定了社会经济发展的目标、原则、优先方向和预期结果，以及实现这些目标的措施，包括提高经济机构的工作效率，提出了完善国家调控体系及其途径的任务。在世界金融经济危机条件下改善宏观经济调控方面迈出必要的步伐，达到所有指标均衡，继续改革金融银行领域。①

根据纲要规定，计划7年之内保持GDP较高的年增长速度(6.2%～8.2%)。改善经济结构，使工业在国民经济当中的份额平均达到33%，其中建筑业达到14%，农业达到10.9%，交通和通讯行业达到9.1%，商业达到12%，其他服务业达到21%。为了建设工业发达的经济，继续建设和保障国家优先发展方向，支持科技创新。国家通过一系列经济政策措施继续支持经济多元化。完成这些工作将会为大幅度提高出口潜力创造全面的条件，并在全国各地形成生产进口替代产品的生产能力。

在落实纲要的过程中，土库曼斯坦将实行积极的投资政策，投资总额将达到2 400亿马纳特。其中石油天然气部门将投资1 599亿马纳特，创造超过6 900个新的就业岗位。到2024年电力生产规模将达到330亿千瓦小时，比2018年增加27.2%。生产用碘的规模提高1.3倍，到2024年达到1 000吨。矿物化肥生产规模提高60%，达到382.5万吨，其中74.5%将用于出口。投资10.3亿马纳特发展航天事业，并发射2颗人造卫星分别用于通讯以及农业和石油工业。增加卫生领域投资，购

---

① Выступление Президента Туркменистана Гурбангулы Бердымухамедова на заседании Совета старейшин (Ахалский велаят, 9 октября 2017 года). https://www.mfa.gov.tm/ru/articles/182.

置现代设备，提高工资10%。各级教育机构继续实施现代化，扩大非国有中等和高等职业教育网络，发展有偿教育体系。在落实纲要的过程中还将采取有效措施改善居民福利，包括建设住房、各种公共日用服务和纯净饮用水。

7年计划期当中土库曼斯坦计划建设几百家小型和大型工业企业，在外资和合资企业建设方面进行激进的改革。还将建立多个经济特区，对现有的国有企业进行私有化，形成股份公司。在向生产关系过渡方面将进行根本性的改革。通过这一系列规模庞大的工作，国民经济中非国有部门的比重将会系统性地上升。

3. 经济发展的支柱：《2030年土库曼斯坦石油天然气工业发展纲要》和《土库曼斯坦天然气领域发展构想》

土库曼斯坦燃料能源综合体的发展和其他经济部门的发展一样是在计划基础上和国家管理条件下实现的。土库曼斯坦首任总统尼亚佐夫表示，“我国的碳氢资源估计为450亿吨，其中185亿吨分部在土库曼斯坦的里海海区”。他强调了石油天然气部门在国家经济当中的巨大意义，“光是每年的天然气出口就给国家财政带来70亿美元的收入”①。2006年石油天然气综合体占全国生产总规模的41%和出口的60%。2006年10月，土库曼斯坦人民苏维埃通过了《2030年土库曼斯坦石油天然气工业发展纲要》，其主要目标是扩大石油、天然气凝析油、天然气、伴生石油气和碳氢原料加工产量，扩大石化和化工产品生产规模。根据纲要，预期采掘部门的生产指标将实现6倍的增长，天然气开采规模将达到每年2 500亿立方米。纲要还规定2020年天然气出口达到1 400亿立方米，2030年达到1 800亿立方米。2030年石油开采规模也将达到每年1.1亿吨，计划将石油加工部门的生产能力从当时的800万～900万吨/年提高到3 000万吨/年，石油产品出口达到2 000万吨。计划建设新的

① В Туркменистане принята программа развития нефтегазовой отрасли до 2030 г. 26.10.06. https://www.lawtek.ru/news/27312/v_turkmenistane_prinyana_programma_razvitiya_neftegazovoy_otrasli_do_2030_g.

东西向的天然气管道，几乎将土库曼斯坦所有的大型油气田连接起来，形成全国统一的天然气运输体系。根据天然气出口方向多元化战略，积极扩大自己的国际伙伴数量。除了传统的伙伴俄罗斯和伊朗，2009 年完成向中国出口的天然气管道建设，同时多夫列塔巴特—谢拉赫斯—伊朗汗格朗管道也投入运营。规划建设土库曼斯坦—阿富汗—巴基斯坦—印度管道项目（TAPI），目前土库曼斯坦境内的施工已经完成，巴基斯坦方面即将实现管道对接，不过印度方面还没有做好准备①。计划到 2020 年石油天然气综合体投资总额将比 2008 年增加 2 倍②。

2017 年 12 月，土库曼斯坦“土库曼天然气”国有公司天然气研究所所长 M. 哈雷洛夫透露，该研究所根据土库曼斯坦批准《2030 年土库曼斯坦石油天然气工业发展纲要》制订了具有科学依据的土库曼斯坦天然气领域发展构想③。据他描述，该构想针对的主要是能源安全和积极效率。其目标是根据碳氢资源分布的地质规律开展石油和天然气勘探，保障新发现的油气田纳入国家储备库。该构想论证了碳氢原料的开采符合需要的规模和质量，包括相伴发现的矿产、加工以及天然气在国内和国外市场的销售。其中考虑到了现有的和即将签署的天然气出口合同规模，以及完全满足国内需求，扩大天然气加工产品的产出。

该构想的主要思路在于通过技术创新增加天然气的开采规模及其加工能力的提升实现经济结构多元化。为了充实国家的原料开采和加工基地，采用 2D、3D 技术和地质勘探方法在东部地区寻找天然气、中部地区寻找天然气和伴生石油和西部地区寻找石油等新的石油和天然气田。

目前计划的天然气开采规模的主要支撑是加尔肯内希、多夫列塔巴

① Стартовал IX Международный газовый конгресс Туркменистана. 16. 11. 18. casp-geo. ru/startoval-ix-mezhdunarodnyj-gazovyi-kongress-turkmenistana/.

② Туркменистан обозначил цели развития нефтегазовой промышленности до 2030 года. 14. 09. 09. https://www. trend. az/business/energy/1540080. html.

③ В Туркменистане разработали концепцию комплексного развития газовой сферы. 28. 12. 17. https://turkmenportal. com/blog/12998/v-turkmenistane-razrabotali-koncepciyu-kompleksnogo-razvitiya-gazovoi-sfery.

德、马雷、独立10周年、厄尔圭、巴加扎、加兹雷杰佩、科尔别哲、涅比特利哲、阿克帕特拉乌克、切基希列尔、租让给中石油的巴格特亚尔雷克、里海土库曼斯坦海区等油气田。未来在保障国际和国内市场的天然气需求方面会有一些新的油气田投入运营,并对老的油气田进行改造,开发新的油气产区,包括里海土库曼斯坦大陆架。这里主要依靠寻找无硫天然气和液体碳氢化合物(石油和凝析油)油田。

开发新的油气田需要发展相应的基础设施建设来生产、加工和运输天然气。新的天然气企业采用新技术,这是必要条件,应当符合高度的环保要求。新构想还确立了使用节能技术的制度。土库曼斯坦现有和规划建设的不同方向的天然气管道系统如土库曼斯坦—中国、土库曼斯坦—伊朗、TAPI、东西方地区性管道构成土库曼斯坦天然气出口的具有战略意义的管道基础设施。将来还将规划新的蓝色能源运输线路。新构想还研究了液化天然气,论证了这种天然气的运输方式:一部分通过管道,另一部分通过油轮。在国内天然气销售方面将公路等运输方式改用液化天然气运输方式。

在使用天然气加工方面,采用新技术和现代化设备生产聚氯乙烯、烧碱(氢氧化钠)、聚苯乙烯、聚酯合成纤维等其他材料。实现天然气化工多元化,将推动高效能产品的生产,如合成液体燃料、聚合产品、合成橡胶和纤维、建筑材料等。科学技术方面的主要优先方向是:建立信息和研究成果数据库,广泛采用国际经验和创新,提高部门专家的职业技能水平,实现科学、教育和生产一体化。

4.《土库曼斯坦:丝绸之路的心脏》

2017年10月,别尔德穆哈梅多夫的新著《土库曼斯坦——丝绸之路的心脏》在阿什哈巴德社会组织中心举行了首发式。该书反映了土库曼斯坦的发展构想,其主要思想是通过土库曼斯坦所走过的历史道路,回顾其在国际舞台上首倡的中立立场。多角度分析了丝绸之路的文明现象,它在发展东西方经济、外交、科学、文化联系方面发挥了巨大作用,论证了土库曼斯坦在当代一体化进程中处于有利的地缘政治地位。丝绸之路在东西两大文明对话中起到了重要的作用，沿着驼队的足迹散布开的不仅是商品，还有知识文化、精神价值、发明经营经验和手工业秘密进行了积极的相互的交流。如此形成的经济外交成为取得互信、政治协商和进步的重要手段。2018 年新年伊始，别尔德穆哈梅多夫发表新年献词，宣布 2018 年为“土库曼斯坦——丝绸之路心脏年”。可以看出，别尔德穆哈梅多夫具有在 21 世纪通过建设交通走廊复兴丝绸之路的思想，例如哈萨克斯坦—土库曼斯坦—伊朗铁路干线、新的国际机场建设、土库曼斯坦—阿富汗—塔吉克斯坦铁路、克尔基—厄马穆纳扎尔—阿基纳线路、根本改造土库曼巴希港口和其他设施。2017 年 11 月开工建设从马雷州边境的谢尔赫塔巴特到阿富汗图尔贡笛的铁路。

2018 年 9 月，土库曼斯坦国家独立日前夕别尔德穆哈梅多夫又出版了《土库曼斯坦——丝绸之路的心脏》第二卷。他在这一卷中利用对具体事件、权威的文献来源、考古和建筑史料、珍贵的影像资料、民族资料的科学分析，高度评价了土库曼斯坦作为丝绸之路的核心环节的主要动力，以及对人类社会发展起到了巨大的影响作用。

第 4 节　中亚国家积极参与“一带一路”建设

中亚是中国倡议的丝绸之路经济带建设的核心区域。2013 年 9 月，习近平主席在哈萨克斯坦第一次发出了与中亚国家共建丝绸之路经济带的倡议。2015 年 3 月国务院授权国家发改委、商务部和外交部共同发布的《推动共建丝绸之路经济带和 21 世纪海上丝绸之路的愿景与行动》指出，“‘一带一路’贯穿亚欧非大陆，一头是活跃的东亚经济圈，一头是发达的欧洲经济圈，中间广大腹地国家经济发展潜力巨大”。这里所说的“中间广大腹地国家”主要的就是中亚国家。“丝绸之路经济带重点畅通中国经中亚、俄罗斯至欧洲（波罗的海）；中国经中亚、西亚至波斯湾、地中海……共同打造新亚欧大陆桥、中蒙俄、中国—中亚—西亚等国际经济走廊”。① 具体来说，丝绸之路经济带从新疆出境之后在中亚将形成三条交通走廊，第一条经哈萨克斯坦、俄罗斯抵达波罗的海，再经白俄罗斯、波兰进入欧洲，即新亚欧大陆桥；第二条经哈萨克斯坦（或经吉尔吉斯斯坦、乌兹别克斯坦、土库曼斯坦）、里海，穿过高加索地区的阿塞拜疆和格鲁吉亚、黑海，经乌克兰、罗马尼亚等国进入欧洲；第三条经哈萨克斯坦（或经吉尔吉斯斯坦、乌兹别克斯坦）、土库曼斯坦、伊朗、土耳其进入地中海，或从伊朗进入波斯湾，中巴经济走廊建成之后可以直接进入伊朗，此即为中国—中亚—西亚经济走廊。由此可见，中亚将成为丝绸之路经济带的物流、客流、信息流的集散中心。

为了摆脱国内经济困局，中亚国家积极谋求与中国提出的“丝绸之路经济带”实现战略对接合作。

2014 年哈萨克斯坦总统纳扎尔巴耶夫表示，“哈方积极支持和参与丝绸之路经济带建设”。② 中哈签署了包括共建丝绸之路经济带在内的一系列合作文件。2015 年 3 月，签署了《加强产能与投资合作备忘录》等价值 236 亿美元的 30 多份合作文件，成为“一带一路”框架下产能合作的范本。2015 年 9 月，纳扎尔巴耶夫再次表示，“哈方积极推动中方丝绸之路经济带建设同哈‘光明之路’新经济政策对接”。③ 会后两国发表联合宣言称：“双方强调，中国‘丝绸之路经济带’倡议和哈萨克斯坦‘光明之路’新经济政策相辅相成，有利于深化两国全面合作。双方将以此为契机进一步加强产能与投资合作。双方将本着开放精神和协商、协作、互利原则，共同就‘丝绸之路经济带’倡议和‘光明之路’新经济政策进行对接开展合作。”④

---

① 《推动共建丝绸之路经济带和 21 世纪海上丝绸之路的愿景与行动》，《人民日报》，2015 年 3 月 29 日，第 4 版。

② 《习近平同哈萨克斯坦总统纳扎尔巴耶夫举行会谈》，《人民日报》，2014 年 5 月 20 日，第 1 版。

③ 《习近平同哈萨克斯坦总统纳扎尔巴耶夫会谈》，《人民日报》，2015 年 9 月 1 日，第 1 版。

④ 《中华人民共和国和哈萨克斯坦共和国关于全面战略伙伴关系新阶段的联合宣言》，《人民日报》，2015 年 9 月 1 日，第 3 版。

2014 年 5 月，乌兹别克斯坦总统卡里莫夫表示，“乌方愿积极参与建设丝绸之路经济带，促进经贸往来和互联互通，把乌兹别克斯坦的发展同中国的繁荣更紧密联系在一起”，[①]“全力确保中亚—中国天然气管线如期完成，加快推进乌吉中铁路”。[②] 2015 年 6 月，中国商务部与乌经济部签署了《关于在落实建设“丝绸之路经济带”倡议框架下扩大互利经贸合作的议定书》，[③]并开始落实《中乌战略伙伴关系发展规划（2014—2018 年）》。

2014 年 5 月，吉尔吉斯斯坦总统阿坦巴耶夫表示，“吉方愿意积极参与丝绸之路经济带建设，促进两国经贸往来、基础设施互联互通和人文交流”。[④] 中吉两国签署的《联合宣言》表示，“双方愿密切协作确定优先实施的大项目，采取具体落实措施，并为此制定完善双边合作的路线图”。[⑤] 2015 年 12 月，吉尔吉斯斯坦总理萨里耶夫表示，“愿与中方对接发展战略，积极开展产能合作，推动基础设施建设等领域大项目合作，尽快落实中吉乌铁路项目，扩大双边贸易”[⑥]。中吉两国发表的《政府联合公报》明确写道：“双方将本着共商、共建、共享原则合作建设丝绸之路经济带。为此，双方将加强两国发展战略对接，积极制订和通过相关文件，在共建丝绸之路经济带框架下推进务实合作。”[⑦]充分考虑吉方将中国优势产能转移至吉的建议，认真落实《中吉政府关于 2015 年至 2020 年毗邻地区合作规划纲要》，双方将创新合作模式，开展国际产能与装备制造合作，利用双方互补优势，将中方优势产能与吉方发展要求相结合，为两国

① 《习近平会见乌兹别克斯坦总统》，《人民日报》，2014 年 5 月 21 日，第 1 版。
② 《习近平同乌兹别克斯坦总统会谈》，《人民日报》，2014 年 8 月 20 日，第 1 版。
③ 《中国与乌兹别克斯坦签署共建“丝绸之路经济带”合作文件》，人民网—国际频道，http://world.people.com.cn/n/2015/0617/c1002-27171608.html.
④ 《习近平同吉尔吉斯斯坦总统会谈》，《人民日报》，2014 年 5 月 19 日，第 1 版。
⑤ 《中华人民共和国和吉尔吉斯共和国关于进一步深化战略伙伴关系的联合宣言》，《人民日报》，2014 年 5 月 19 日，第 2 版。
⑥ 《李克强同吉尔吉斯共和国总理萨里耶夫举行会谈》，《人民日报》，2015 年 12 月 17 日，第 3 版。
⑦ 《中华人民共和国政府和吉尔吉斯共和国政府联合公报》，《人民日报》，2015 年 12 月 17 日，第 3 版。

工业体系更新和升级提供助力。

2015 年 9 月，塔吉克斯坦总统拉赫蒙表示："塔方希望积极参与丝绸之路经济带建设，发挥两国互补优势，推动电力、矿产、交通基础设施、跨境运输等领域务实合作，开展共同加工、联合生产。"①中塔两国签署的《联合宣言》称："双方愿密切合作，共同推动丝绸之路经济带建设，开辟中塔合作新的广阔前景。"②

第 5 节　"一带一路"对接中亚经济发展的契合点

面对结构调整和改革创新的世界潮流，中国与中亚国家有必要联手培育新的经济增长点和竞争优势。根据前述中亚国家长期发展战略的方向和要求，丝绸之路经济带与中亚国家经济发展战略进行对接的交汇点主要集中在以下几个方面。

首先，交通基础设施互联互通是丝绸之路经济带对接中亚经济发展的重要内容。在苏联版图上，中亚五个加盟共和国偏居西南一隅，主要是南北向的铁路交通基础设施建设没有考虑到中亚各国交通体系的完整性。公路交通网也大部分都是苏联时期修建的，磨损严重，有些公路甚至彻底报废了。为了摆脱国家独立后交通封闭和残缺的状况，中亚国家均把交通基础设施建设纳入国家的长期发展战略，并根据中国倡导的"一带一路"构想，力图将自己的国家建设成重要的过境运输环节。目前中国与中亚之间的交通联系远不能满足未来经济合作发展的需求。2014 年中国各主要省份从零起步，积极启动中欧和中亚货运班列。截至 2018 年 4 月 15 日，国内 43 个城市沿 65 条线路累计开行中欧班列 7 891 列，到达欧洲 14 个国家 42 个城市，进入高质量发展阶

① 《习近平同塔吉克斯坦总统拉赫蒙会谈》，《人民日报》，2015 年 9 月 14 日，第 1 版。

② 《中华人民共和国和塔吉克斯坦共和国关于进一步发展和深化战略伙伴关系的联合宣言》，《人民日报》，2015 年 9 月 14 日，第 2 版。

段[①]。按这一发展趋势，未来铁路运输将成为制约我国与中亚、欧洲国家贸易发展的主要瓶颈。因此，发展陆路交通基础设施建设，修建洲际交通干线，逐步形成联通亚欧地区的战略运输网，包括能源运输网、公路网、铁路和高速铁路网、信息网络等是今后发展的着力方向。

第二，提升经贸合作水平是丝绸之路经济带对接中亚经济发展的重要内容之一。如前所述，由于中亚国家都遵循资源主导经济模式，中国与中亚国家的贸易深受世界经济形势变化的影响。因此，必须改变这种贸易模式：在巩固传统贸易的基础上，与中亚各国共同培育新的贸易增长点，提高贸易结构和质量，逐步提高机电产品、高新技术产品等高附加值产品的比重；创新贸易方式，在保持一般贸易为主的同时，大力发展加工贸易，以投资带动贸易规模和贸易质量的提高；在保持产业间贸易为主的同时，大力发展产业内贸易；在保持商品贸易为主的同时，逐步提高服务贸易的比重。不断提高贸易便利化水平。

第三，深化产业投资合作契合中亚国家实现工业化的需要，是促进中亚国家经济深度融合的重要途径，是丝绸之路经济带建设的重点领域。如前所述，发展制造业，尤其是引进高新技术，发展原料加工和深加工，实现工业化，是中亚国家产业政策的核心内容。中国与中亚国家的产能合作不仅可以使本国企业“走出去”，转移和消化过剩产能，而且更重要的是帮助中亚国家实现工业化战略任务，提升经济现代化水平。为此，中亚国家纷纷努力改善投资环境，加强基础设施建设，出台各种优惠措施，吸引外国直接投资。因此，需要采取多种激励措施，鼓励更多中国企业进入中亚。发展直接投资，实现跨国生产，加大新技术、新产业的投资力度；促进间接投资，扩大投资领域，从矿产资源开发向基础设施建设、建筑业、加工制造业、农业和服务业延伸；加大民生项目的实施力度。

第四，中亚国家作为 21 世纪重要能源基地的地位已毋庸置疑，而中

---

① 《中欧班列开启高质量发展新征程》，2018 年 4 月 18 日。中国铁路总公司官网，http://www.china-railway.com.cn/gjhz/gjly/201804/t20180418_70680.html。

国已经成为世界能源消费大国，深化能源资源合作成为丝绸之路经济带对接中亚经济发展的不二选择。必须坚持互利共赢的原则完善中国与中亚的传统能源合作机制，稳定供求关系，深化能源生产、运输、加工等多环节合作，加强能效和新能源开发等领域的合作。开展核能、风能和太阳能、电能、生物能、地能等非传统能源领域合作。

第五，拓宽和加深金融合作领域是丝绸之路经济带对接中亚经济发展的重要支撑。目前中亚国家经济发展普遍面临严重的资金瓶颈，特别是经济发展动力不足，金融风险上升的压力，加强金融合作的潜力巨大。金融合作的方向应该是：推动区域金融相互开放，优化资源配置，实现融资便利化；促进区域性合作银行、担保公司建设，推动区域内金融创新，加强对风险项目的资金支持，加大对中小企业贷款的支持力度；扩大双边货币互换的规模；建立银行间本币清算合作机制，推进双边本币结算业务发展；确定的跨境银行监管规则，促进本地区金融稳定，防范区域金融风险。在人民币日益成为国际货币，中亚国家对人民币需求不断攀升的条件下，可以尝试在中亚设立人民币离岸交易中心。

第六，适应中亚国家创新驱动现代化的要求，强化中国与中亚国家多边科技合作，促进新能源、新材料、新技术等科技成果的产业化，全面推进经济现代化，通过科技创新提高生产力，增强抵御国际经济波动的能力。

第七，加强环境保护和水资源合作，实现可持续发展是丝绸之路经济带对接中亚经济发展的共同课题。中亚国家都把环境保护和绿色发展纳入国家的长期发展战略，如 2017 年阿斯塔纳世博会的主题就是“绿色能源”。中亚国家普遍面临水资源短缺问题，由此引发了相互之间深刻的矛盾。所以，有必要与中亚各国建立健全有效的对话机制和联动机制，规划实施一批各方共同参与的互利的重大项目，统筹推进区域内生态建设和环境保护，共建绿色丝绸之路。

第八，民心相通是丝绸之路经济带建设所要求的“五通”的基础。但是，由于历史和语言的因素，中国与中亚国家的文化交流较为欠缺。

所以,必须密切人文交流合作,坚持弘扬和传承古代丝绸之路友好合作精神,为深化合作奠定坚实的民意基础,不断增加向中亚国家提供政府奖学金名额,积极推动与中亚国家互办多种形式的文化年、艺术节等活动,加强与中亚国家旅游宣传推广合作,扩大旅游投资合作。在丝绸之路经济带建设过程中贯彻共同安全、经济繁荣和公众对话空间的理念。

第6节 “一带一路”与中亚经济发展对接的问题和风险

从前面的分析来看,中亚国家经济发展面临困难为共建丝绸之路经济带提供了必要性,各自制订的社会经济长期发展和过境运输战略为共建丝绸之路经济带开拓了空间,中亚各国精英对共建丝绸之路经济带的欢迎、支持和积极参与的态度为丝绸之路经济带的落实提供了可能性。但是,也必须警惕在该地区共建丝绸之路经济带的过程中不得不面对的地缘政治和经济风险、中亚国内政治经济和社会问题、中亚各国之间的矛盾和冲突,以及宗教极端主义、“伊斯兰国”等各种形态的恐怖主义。

一、地缘政治风险

首先在地缘政治和地缘经济层面,中亚成为世界列强争夺的焦点。进入21世纪,北约东扩直指原苏联地区的意图趋于明显,北约借打击阿富汗恐怖主义进入中亚对俄罗斯和中国形成钳制。俄罗斯开始重视中亚对自身安全的重要地位,通过强化集安组织和经济一体化确保中亚继续成为自己的势力范围,维护自己南部边界的安全,最终挤走美国。中亚国家作为中国的邻国,其政局能否稳定,大国在中亚的角逐和由此可能带来的地区动荡,都会对中国的安全构成威胁。开展与中亚国家的经济合作是保持中国西部发展的措施之一。经济发展是中国西部地区稳定和安全的最终保障，而且中亚丰富的能源和原料等自然资源也是中国实现能源进口多元化保障经济可持续发展的重要因素。

而对于中亚来说，地处俄罗斯、中国和欧洲（北约）三大板块的夹缝中，最明智的选择就是奉行平衡政策。不仅积极对接中国的“一带一路”倡议，而且不断深化与俄罗斯的欧亚一体化进程，扩大与欧盟的伙伴关系，欢迎美国的“C5＋1”合作模式和“新丝绸之路”计划，还密切与印度、伊朗和土耳其等南亚和西亚国家的合作。这使得各种区域合作机制和方案相互重叠和交叉与竞争。

二、中国和中亚面临的区域安全风险

中国与中亚国家都深受“三股势力”的毒害，乌伊运、东突等恐怖主义组织对地区安全的挑战越来越严峻。2016 年中国驻吉尔吉斯大使馆遭汽车炸弹袭击，使得该地区安全形势已经不容忽视。中国和中亚国家还面临着共同的外部风险，主要有叙利亚和阿富汗激化的局势、“伊斯兰国”恐怖主义分子四散流窜，以及毒品经中亚的运输、跨国犯罪、非法贩售武器等严重威胁中亚地区的安全。

三、中亚地区内部的政治风险

中亚国家政权更替具有不确定性。2005 和 2010 年吉尔吉斯曾经爆发两次“颜色革命”，把当选总统赶下台。1991 年独立以来到 2018 年已经更换了 22 位总理和代总理，平均每位任期只有 1 年多。哈萨克斯坦首任总统、80 岁高龄的纳扎尔巴耶夫虽然辞去了总统职务，但仍然担任国家安全委员会主席，并试图控制国家局势，塔吉克斯坦总统拉赫蒙也超过了 70 岁。虽然土库曼斯坦和乌兹别克斯坦顺利实现了政权交接，哈萨克斯坦的政权交接也于 2022 年顺利完成，但是，塔吉克斯坦的政权交接能否顺利实现仍不明确，特别是塔吉克斯坦在 20 世纪 90 年代经历了近 6 年的内战。

此外，中亚国家在苏联时期留下了民族问题，相互的边界犬牙交错，特别是乌兹别克斯坦与吉尔吉斯和塔吉克斯坦相互之间存在飞地，跨境民族、部落问题严重，部族和边界的矛盾容易点燃，跨境水资源问题也导致国家之间剑拔弩张。这些风险在中亚不同国家的表现不尽相同。近年乌兹别克斯坦在改善与中亚邻国之间的关系方面做出了积极贡献，2018年3月，实现了中亚五国元首首次会晤。

四、“中国威胁论”的影响

尽管中国与中亚双边关系发展迅速，但“中国威胁论”一天也没有消失过。“人口扩张”“掠夺中亚原料和能源”“把中亚当作廉价商品倾销市场”“中亚沦为中国的原料附庸”等宣传在中亚形成了一种恐华、反华的社会心理。对中国企业在中亚地区的经营，对中国人的入境签证等制造了很多的困难和障碍。中国经济政治的快速发展引起了部分强国的恐慌，它们利用“中国威胁论”阻止中亚与中国的合作。中亚国家一些政客、寡头也利用“中国威胁论”制造社会紧张。

五、中亚国家投资环境欠佳

中亚国家官僚主义盛行，制度规章不完善，相关部门互相推诿，普遍存在行政效率低下和官员腐败的问题。这极大地影响了中国与中亚之间的经济合作的效率，相关货物在运输过程中会遇到形形色色的障碍，收取各种不合理名目的费用，这在一定程度上影响了中国投资者在中亚投资的信心。据透明国际发布的2017年180个国家的清廉指数排行榜，中亚国家基本都排在120位以后，特别是塔吉克斯坦和土库曼斯坦分别排第161和167位①。据世界银行发布的2018年190个国家的营商环境指数排行榜②和美国传统基金会发布的2018年180个国家经济自由

① Corruption Perceptions Index 2017. Febrale 2018. Transparency International 官网，https://www.transparency.org/news/feature/corruption_perceptions_index_2017。

② A World Bank Group Flagship Report，Doing Business 2018：Reforming to Create Jobs. 世界银行官网，http://chinese.doingbusiness.org/~/media/WBG/DoingBusiness/Documents/Annual-Reports/English/DB2018-Full-Report.pdf。

度指数排行榜①,哈萨克斯坦和吉尔吉斯表现较好,分别排第 36、41 位和 77、78 位,而土库曼斯坦的经济自由度排第 169 位。

六、"一带一路"对接中亚经济发展缺乏整体规划

现在中亚国家都在争取与"一带一路"进行战略对接,但每个国家提出的项目都是孤立的。由于中亚地区地形和地理位置比较复杂,国家间边界犬牙交错,需要中亚国家就中亚整体参与丝绸之路经济带的国家项目进行协作和协商。制订中亚区域互联互通项目有助于解决共同的区域问题,同时通过优化活动可以节约实施整个丝绸之路经济带的建设资金。相互之间的矛盾对丝绸之路经济带建设极为不利。因此,有必要在现有机制,如丝绸之路经济带建设与欧亚经济联盟建设对接合作、上合组织或 CAREC 框架内提出并讨论亚欧大陆中部地区统一运输物流体系区域规划、区域水资源和能源联合规划、区域旅游产业集群规划、共同的劳动移民制度、银行金融标准、协调的海关关税政策,并进一步形成中亚自由贸易区等问题。

① Highlights of the 2018 index of Economy freedom. The Heritage Foundation 官网, https://www.heritage.org/index/about。

第 5 章

“一带一路”对接欧亚经济联盟①

2013 年 9 月，习近平主席在哈萨克斯坦提出与中亚国家共建丝绸之路经济带的倡议。这对俄罗斯来说形成了严峻挑战，直到 2014 年 2 月之前没有就“一带一路”发表明确的态度。2013 年底，针对俄罗斯对“一带一路”的不信任态度，本课题组提出将俄罗斯纳入“一带一路”建设的合作对象国的建议。同时通过时任俄罗斯铁路公司总裁 B. 亚库宁为俄罗斯参与“一带一路”设计了两套方案：一是丝绸之路经济带穿越哈萨克斯坦、俄罗斯、白俄罗斯到达欧洲，而这三国正好是俄罗斯主导的关税同盟（欧亚经济联盟），离不开丝绸之路经济带与欧亚经济联盟的合作；二是中国东北老工业基地振兴战略作为推进“一带一路”建设的重要组成部分，与俄罗斯远东开发战略对接，进而发挥俄罗斯跨欧亚铁路物流大通道的作用。B. 亚库宁就此向俄罗斯总统普京进行了汇报并提出以跨欧亚铁路为主干的“跨欧亚发展带”对接丝绸之路经济带的建议，得到普京的支持。2014 年 2 月，俄罗斯采纳了第二套方案。习近平在索契参加冬奥会开幕式期间会见普京并正式邀请俄罗斯参与“一带一路”建设，普京当即回应道：用俄罗斯跨欧亚铁路对接“一带一路”（中蒙俄经济走廊的前身）。2015 年 5 月，俄罗斯又接受了第一套方案。中俄两国元首在莫

---

① 本章部分内容已以《俄罗斯“跨欧亚发展带”与“北方海路”：统一的欧亚构想》发表在朱宇、A. B. 奥斯托洛夫斯基主编《中国—俄罗斯经济合作发展报告》(2018)，北京：社会科学文献出版社，2018 年 5 月；以《中蒙俄经济走廊是一带一路战略构想的重要组成部分》发表在《西伯利亚研究》，2015 年第 3 期；以《中俄蒙经济走廊推动东北亚区域经济合作》发表在《俄罗斯中亚东欧研究》，2015 年第 4 期；以《中俄蒙经济走廊的理想与现实》发表在《凤凰周刊》，2015 年第 13 期。

斯科签署了《关于丝绸之路经济带建设与欧亚经济联盟建设对接合作的联合声明》。

时任俄罗斯铁路公司总裁 B. 亚库宁致李新的信

2014 年 1 月 8 日

Директору Центра России и Центральной
Азии при Шанхайской академии
международных исследований, члену
Шанхайского Комитета Народного
Политического Консультативного Совета
КНР, профессору, д.э.н. Ли Синю

Уважаемый профессор Ли Синь!

Спасибо за Ваше деловое заинтересованное письмо и теплые поздравления. Мы чрезвычайно высоко ценим Вашу заинтересованность в развитии двусторонних китайско-российских отношений, а также Ваши усилия по развитию конкретных проектов в этом направлении.

Со своей стороны позвольте и мне поздравить Вас и через Вас руководство Шанхайской академии международных исследований в лице проф. Чэнь Дунсяо и проф. Ян Цземяна с Новым 2014 годом и Рождеством. Примите также мои самые наилучшие пожелания здоровья и успехов, процветания Вашей Великой Родины.

Высказанная Председателем КНР Си Цзиньпином в октябре 2013 г. в Казахстане и Индонезии идея воссоздания Великого Шёлкового пути вызывает в России большой интерес и может быть предметом обсуждения в различных международных форматах.

Как Вам известно, в рамках исследовательской деятельности Мирового Общественного Форума «Диалог цивилизаций» в ноябре 2012 года в Италии в университете Луиджи Боккони российскими и европейскими политиками, бизнесменами и учёными была выдвинута и конкретизирована идея Транс-Евразийского пояса Razvitie, принципиально отличающегося от концептов транспортных коридоров и сухопутных мостов, которые рассматриваются в ней лишь как один из элементов комплексной структуры взаимодействия. На территории реализации этого проекта предлагается опережающее построение интегрированной инфраструктуры (мультимодальный транспорт, энергетика, телекоммуникации) для создания новых отраслей промышленности, кластеров, новых научных и производственных городов. По замыслу авторов проекта, Транс-Евразийский пояс Razvitie должен стать новым глобальным полюсом генерирования мирового общественного богатства.

С удовольствием сообщаю Вам, что эта идея получила поддержку на высоких уровнях российского руководства. Концепция Транс-Евразийского пояса Razvitie многократно обсуждалась также на Астанинских экономических форумах в Казахстане и нашла полное понимание и поддержку у руководства республики Казахстан. В ОАО «РЖД» создана Рабочая группа по разработке и продвижению концепции пояса Razvitie.

Авторы проекта и его возможные участники исходят из того, что его реализация невозможна и нежелательна без участия в нем нашего великого соседа – Китайской Народной Республики.

Я считаю, что в рамках деятельности МОФ «Диалог цивилизаций» и Рабочей группы ОАО «РЖД» с нашей стороны возможно налаживание практических контактов для координации проектов Транс-Евразийский пояс Razvitie и Великий Шёлковый Путь.

С уважением,

Президент ОАО «РЖД»,
Президент-основатель
МОФ «Диалог цивилизаций» В.И.Якунин

致上海国际问题研究院俄罗斯中亚研究中心主任、中华人民共和国政治协商会议上海委员会委员

李新教授

尊敬的李新教授：

感谢您给我的很专业、很热心的来信和热情洋溢的新年祝福。我们高度评价您对发展中俄两国关系的热心以及您在这方面的具体事务中付出的努力。

从我方来说，也请允许我祝愿您也请通过您向以陈东晓和杨洁勉为首的上海国际问题研究院领导祝福2014年新年和圣诞节。还请接受我诚挚的祝愿，祝愿您身体健康，成绩卓越，您的祖国繁荣昌盛。

2013年9月和10月，中国国家主席习近平在哈萨克斯坦和印尼提出的复兴“丝绸之路”的思想在俄罗斯引起了广泛的兴趣，并可能成为各种国际场合讨论的话题。

正如您所知道的，2012年11月在世界“文明对话”公众论坛学术交流框架内，俄罗斯和欧洲的政治家、企业家和学者在意大利博科尼大学提出了“跨欧亚发展带”的思想，并使之进一步具体化。这个“发展带”原则上不同于只是将其作为相互协作系列机制要素之一的交通走廊和大陆桥。为创建新的工业部门、产业集群、新的科学和生产城市，要求在实施该项目的地区超前建设互联互通的基础设施（多式联运、能源、电信）。根据该项目设计者的意思，“跨欧亚发展带”应当成为全球创造世界社会财富的新的一极。

我非常高兴地告诉您，这一思想已经得到俄罗斯高层领导人的支持。“跨欧亚发展带”构想还多次在哈萨克斯坦阿斯塔纳经济论坛上进行讨论，并得到哈萨克斯坦共和国领导人的全面理解和支持。俄罗斯铁路总公司已经成立了制定和推动“发展带”构想的工作组。

该项目的设计者及其参与者的出发点是，这个项目的实施没有我们伟大的邻居中华人民共和国的参与是不可能的，也是不愿意的。

我认为，从我方来说，在世界“文明对话”公众论坛学术交流和俄罗斯铁路总公司工作组框架内可以建立实际的联系，对“跨欧亚发展带”和“丝绸之路经济带”项目的对接进行协调。

此致

敬礼！

俄罗斯铁路总公司总裁

世界“文明对话”公众论坛

创始主席 В. И. 亚库宁

第1节　中俄经济合作的潜力有待进一步挖掘

迄今为止，中俄经济合作已经取得了很大成就，合作领域涉及贸易、投资、技术引进以及劳务和工程承包等多个方面。虽然最近几年两国的经济合作日益紧密，但在合作规模上还有待进一步挖掘。

一、中俄贸易合作概况

从数据上看，两国双边贸易成迅猛发展，1992—2019年中俄双边贸易增长了23倍以上。大体上可以分为三个阶段，如图5.1所示，第一个阶段(1992—1999年)，这是中俄贸易合作的波折阶段，双边贸易额一直在低水平徘徊，并起伏不定。1993年两国贸易额曾达到76.6亿美元的高峰，随后持续低迷，贸易曲线大体上呈W形状态。第二个阶段(2000—2007年)：这是中俄双边经贸合作的高速发展阶段。2000年两国双边贸易额历史性地突破80亿美元，然后一路走高，至2001年中俄双边贸易额

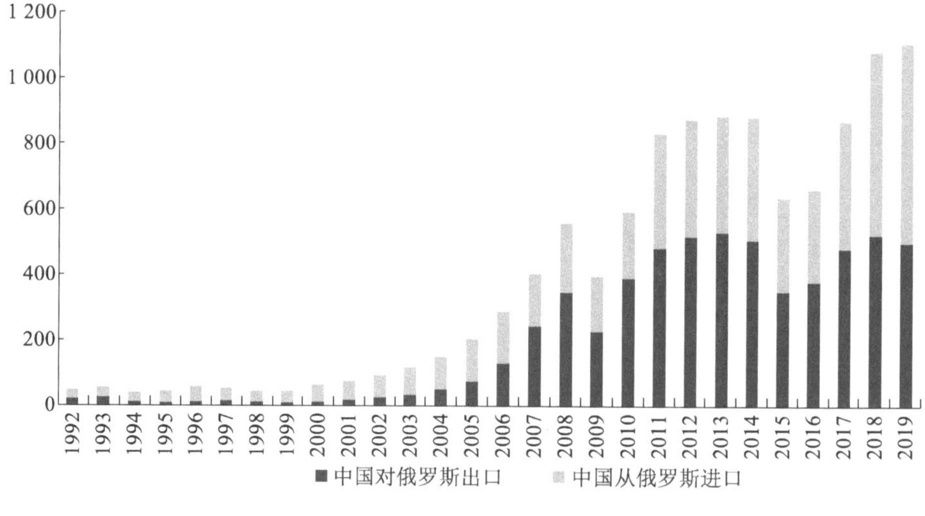

图5.1　1992—2019年中俄双边贸易变化趋势(单位：亿美元)

资料来源：根据中国商务部国别贸易报告整理，http://countryreport.mofcom.gov.cn/

突破百亿美元大关，达到106.7亿美元。在这个阶段，两国双边贸易年均增长率达到31%以上，到2007年中俄双边贸易额接近500亿美元。值得注意的是，2007年中国对俄罗斯贸易由原来的逆差转变为顺差，顺差额达到87.8亿美元。这个阶段同时也是两国良好政治关系的升温时期，得益于两国政治关系的逐步改善和升级，双方的经贸合作也逐步深入，一系列友好条约和贸易协定的签署也极大地推动了双方经贸合作的发展。例如，2000年中俄两国签署了《中俄政府间2001—2005年贸易协定》，2001年7月又签署了《中俄睦邻友好合作条约》，2002年中俄央行共同签署《关于边境地区银行间贸易结算协议》。2001年12月中国加入世界贸易组织，也为中俄贸易合作的快速增长提供了强大的动力。第三阶段(2008年至今)：这是中俄贸易合作的恢复和加强阶段，后金融危机时期，双方经贸合作虽然出现一些波动，但总体发展平稳。2008年中俄双边贸易额踏上一个新台阶，高达567.5亿美元，但由于受到国际金融危机的影响，2009年出现了下滑，随后的2010年双边贸易很快又恢复到555.2亿美元。金融危机之后，双方均意识到加强双边经济合作对于应对金融危机，促进经济发展可以起到至关重要作用。双方政治互信达到了前所未有的高度，两国已经建立起全方位的、多领域的更为密切的经贸关系。2009年6月，中俄两国共同发表《中俄元首莫斯科会晤联合声明》，批准了《中俄投资合作规划纲要》。通过建立政府间合作机制，拉开了双方深入投资合作的序幕。2009年9月中俄双边正式批准《中国东北地区同俄罗斯远东及东西伯利亚地区合作规划纲要》，这对推动中俄毗邻地区合作具有重要意义。另外，两国高层领导定期会晤频繁，政治互信升级大大地促进了双边贸易的发展。2013年3月，中国国家主席习近平对俄罗斯进行国事访问，标志着中俄全面战略协作伙伴关系提升至新阶段。2014年5月，俄罗斯总统普京访华，中俄两国政府签署了全面战略协作伙伴关系新阶段联合声明，以及举世瞩目的4 000亿美元天然气购销大单，把中俄两国在能源领域的经济合作推向了更高水平。

2009年两国政府签署《关于石油领域合作的协议》，中方向俄方提供

250 亿美元融资贷款，俄方从 2011 年起 20 年内每年通过管道向中国提供 1 500 万吨原油。2013 年中石油和俄石油签订合同，25 年内每年增供石油，到 2018 年达到每年 3 000 万吨；并通过中哈石油管道每年增加供应 700 万吨。与此同时，双方还加快了天然气供应谈判，2014 年中石油和俄罗斯天然气工业股份公司达成 4 000 亿美元交易，俄方在今后 30 年内每年通过“西伯利亚力量”天然气管道向中国输送 380 亿立方米天然气，2019 年该天然气管道已投入使用。2013 年中石油购买俄罗斯最大液化天然气项目“亚马尔液化天然气”20％股权，2016 年中国丝路基金再购买 9.9％股权。中石油从 2019 年起每年从亚马尔项目进口 300 万吨 LNG。随后，中石油和中海油又相继分别入股俄罗斯 LNG－2 项目各 10％股份。中国已经成为俄罗斯第一大贸易伙伴，而且是俄罗斯的第二大出口市场、第一大进口来源地。2018—2019 年双边贸易额连续两年突破 1 000 亿美元。

尽管纵向来看，两国经贸合作水平在不断提高，然而从横向比较而言，俄罗斯对中国来说并不是特别有分量的贸易伙伴。如图 5.2 所示，2019 年中俄双边贸易额仅占中国贸易总额的 2.2％，在中国的贸易伙伴中仅排在第九位。与中国最大的贸易伙伴欧盟相比，中欧双边贸易额达到了 7 051.1 亿美元，几乎是中俄贸易额的 6.5 倍。

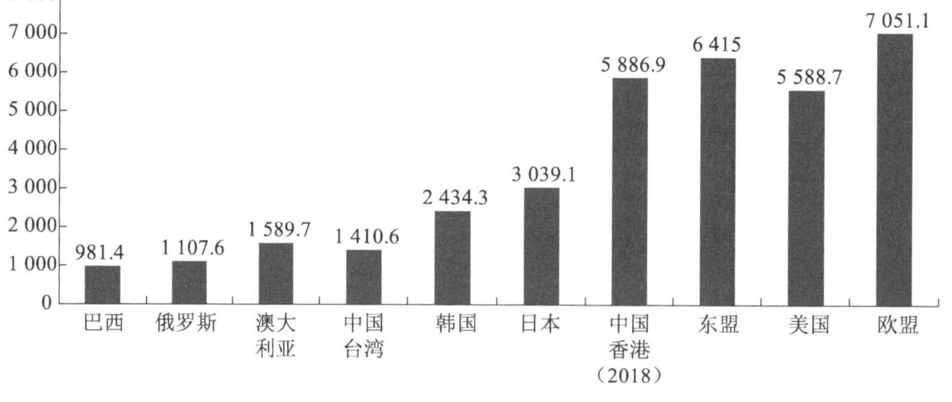

图 5.2　2019 年中国主要贸易伙伴双边贸易额(单位：亿美元)

资料来源：国家统计局：国家数据，http://data.stats.gov.cn

二、中俄投资合作概况

作为中俄经济合作的重要组成部分，在投资领域的合作也越来越受到两国政府的高度重视。2009年两国政府签订了《中俄投资合作规划纲要》，希望通过建立政府间合作机制，促进两国双边投资合作。2012年中俄第17次总理会晤期间，中国商务部和俄罗斯经济发展部就开展经济现代化领域的合作签署了协议，其目的是为更深入地推进包括地区层面在内的两国投资合作①。2012年俄罗斯总统普京访华期间进一步深化和推动了双方在投资领域的合作。2013年8月，在莫斯科举行的中俄投资合作常设工作组第4次会议上，中俄两国签署了《关于落实〈中俄投资合作规划纲要〉的谅解备忘录》，标志这中俄两国在投资领域的合作开始了更新的模式②。与飞速发展的双边贸易相比，双方在对外直接投资领域的合作虽然取得了前所未有的成果，但合作规模依然不大，而且很不稳定。总体来说，现阶段中俄之间的投资合作滞后于两国的经济合作的发展，对中俄经济合作的战略升级形成掣肘。

1. 中国对俄罗斯直接投资概况

据中国国家统计局资料，2000年中国对俄罗斯直接投资每年不足5亿美元，进入2010年呈现加速之势。2012年成立中俄投资基金，双方各自出资10亿美元，主要用于支持俄罗斯投资项目。2018年9月，习近平在东方经济论坛上宣布设立首期100亿元、总规模1 000亿元人民币的中俄地区合作发展投资基金。中国对俄罗斯直接投资从2010年的5.7亿美元，增加到2017年的15.5亿美元，其中2015年高达30亿美元，见图5.3。俄罗斯中央银行的统计资料与中国统计数据有很大出入，2010年初中国对俄罗斯直接投资存量仅为12.5亿美元，2014年达到45.5亿

① 《中俄总理第17次定期会晤联合公告》，新华网：http://news.xinhuanet.com/world/2012-12/06/c_124059500.htm.

② 中国发展和改革委员会官方网址 http://wzs.ndrc.gov.cn/gzdt/201308/t20130826_554888.html.

美元，截至 2019 年 1 月 1 日仅为 26.2 亿美元，其中 11.2 亿美元投入不动产交易，占 42.7%；投入金融和保险行业 7.5 亿美元，占 28.6%[①]。

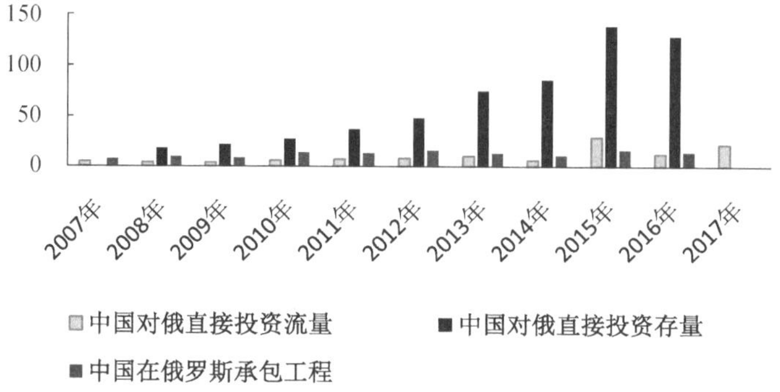

图 5.3 近 10 年中国对俄罗斯直接投资变化情况（单位：亿美元）

资料来源：国家统计局：国家数据，http://data.stats.gov.cn

不过，俄罗斯在中国对外直接投资对象国中排名并不靠前，2017 年的流量指标中排名第 12 位，占比 1%[②]；年末存量 138.7 亿美元，排名第 10 位，占比 0.8%[③]。

2. 俄罗斯对中国直接投资概况

俄罗斯对中国的直接投资从 20 世纪 90 年代初开始发展至今进展依然缓慢，并且起伏不定。1993 年俄罗斯对中国直接投资流量为 0.42 亿美元，但之后几年投资额逐年下降，一直在低处徘徊。直到 1998 年中俄建立了面向 21 世纪的战略协作伙伴关系，俄罗斯对中国直接投资才开始出现缓慢增长。俄罗斯对中国投资更少，中国实际利用外资指标中来自俄罗斯的投资自 1990 年以来只有 2004 年突破了 1 亿美元，其他大部分年份均不足 5 000 万美元。2004 年《〈中俄睦邻友好合作条约〉实施纲要（2005—2008 年）》的签订终于让俄罗斯对中国直接投资达到高峰，投

① 俄罗斯中央银行数据库：https://www.cbr.ru/statistics/macro_itm/svs/。

② 中华人民共和国商务部、国家统计局、国家外汇管理局：《2017 年度中国对外直接投资统计公报》，2018 年，第 15 页。

③ 同上，第 22 页。

资额历史性的达到1.26亿美元,但进入2005年后又出现下降的趋势。根据中国统计局统计的数据,2012年俄罗斯对中国实际投资额为0.30亿美元,与上一年相比下降了3.2%,具体情况如图5.4所示。这样的情况显然与两国经贸合作关系持续发展并不协调。

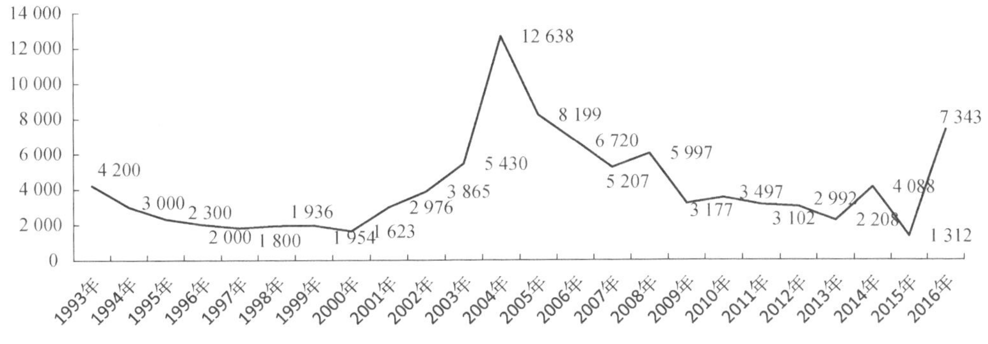

图5.4 中国实际利用俄罗斯直接投资规模及其变化情况(单位:万美元)

资料来源:国家统计局:国家数据,http://data.stats.gov.cn

三、中俄经济合作潜力水平分析——基于贸易引力模型

贸易引力模型是20世纪60年代开始在研究双边贸易流量时得到广泛应用的有效模型。之后,国际经济学界根据研究的需要通过增加外生变量的方法多次拓展贸易引力模型,该模型的基本理论是两国或两地区之间的双边贸易额与两国之间的经济总量成正比、与两国之间的空间距离成反比。贸易引力模型的基本形式是:

$$X_{ij} = A(Y_i Y_j)/D_{ij} \tag{1}$$

式中,X_{ij} 表示国家 i 与国家 j 的双边贸易额;A 是常数项;Y_i 表示国家 i 的经济总量,一般用该国GDP衡量,Y_j 表示国家 j 的经济总量,也用GDP来衡量;D_{ij} 表示两国之间的空间距离,通常用两国首都或经济重心之间的距离来衡量。因为该模型是非线性的,所以对上式两端取对数转换为线性形式:

$$\ln X_{ij} = \beta_0 + \beta_1 \ln Y_i Y_j - \beta_2 \ln D_{ij} + \mu_{ij} \tag{2}$$

其中，β_0、β_1 和 β_2 为回归系数，μ_{ij} 为随机误差项。现代国际经济学在对双边贸易流量与潜力进行研究时，更多的是应用扩展后的贸易引力模型，也就是在原有的引力模型中引入更多的解释变量以提高其解释力与说服力。新的解释变量主要包括两类：一类是影响两国贸易流量的内生变量，如人口、人均 GDP 等；另一类是虚拟变量如贸易协定和经济合作组织、外部经济条件等。

1. 变量及数据说明

我们以贸易引力模型的理论基础，根据中俄两国双边贸易的实际情况，合理地引入和修正相关变量，建立一个适合两国的扩展引力模型，来重点研究两国的人均 GDP、政治互信程度、区域制度安排、平均关税税率水平以及金融危机对双边经贸合作产生的影响以及潜力。

我们采用 1992—2014 年与中俄两国贸易相关的面板数据来分析影响两国双边贸易发展的因素及潜力水平。其中被解释变量为中俄双边贸易总额的对数值，用 $\ln T_{CR}$ 表示，两国贸易总额数据来源于联合国商品贸易统计数据库(UNcomtrade)，单位为百万美元(现价)，选取的控制变量包括：

(1) 俄罗斯和中国人均 GDP 的对数值，分别用 $\ln gdp_R$ 和 $\ln gdp_C$ 表示，人均 GDP 数据来源于世界银行 WDI Online 世界发展指标数据库，单位为百万美元(现价)。该指标主要控制两国的经济总量，根据贸易引力模型的基本理论，两国的经济总量越大，则双边贸易总额流量就越高，为避免多重共线性，则不同时纳入双方的 GDP 和人口指标，一般来说，该指标的上升会带来更多的贸易需求。

(2) 中俄双方是否同为上海合作组织成员国，用 *SCO* 表示(虚拟变量：1 表示是，0 表示不是)。

(3) 中俄双方是否同为亚太经济合作组织成员国，用 *APEC* 表示(虚拟变量：1 表示是，0 表示不是)。

上面两个虚拟变量表示如果双方在某一经济合作组织里可以通过

该组织的贸易协调机制产生贸易创造效应，对两国双边贸易流量产生促进作用。

(4) 双方政治互信程度，用 $VISIT$ 表示，该变量用双方部长级以上高层交流次数及政治经济合作文件签署数量表示，该数据通过新华网进行收集整理。该变量的数值越高，说明两国的政治经济关系就越良好，则越有可能促进双方的贸易流量的增加。

(5) 俄罗斯和中国的关税税率，分别用 $tariff_R$ 和 $tariff_C$ 表示，数据来源于世界银行 WDI Online 世界发展指标数据库，双方的税率水平越高，双边贸易额越受到更多的限制。

(6) 是否受到金融危机的冲击，用 AFR_{1997} 和 GFR_{2007} 表示(虚拟变量：1 表示是，0 表示不是)，由于受到外部金融危机的冲击，会导致两国贸易额的下降。

2. 实证分析结果

我们采用 OLS 方法来检验影响中俄双边贸易流量的因素，具体估计结果见表 5.1 的第(1)～(4)列所示。我们采取了逐步回归方法，在(2)式中逐步加入各组解释变量的方法进行回归。为了考察区域制度安排对于中俄双边贸易的影响，在第(1)列中，我们控制了 SCO 和 $APEC$ 两项指标；为了说明双方政治关系对双边贸易流量的影响，在第(2)列中，我们控制了 $VISIT$；为了考察关税税率水平对双边贸易流量的影响，在第(3)列中，我们控制了 $tariff_R$ 和 $tariff_C$；为了考察金融危机对双边贸易的冲击，在第(4)列中，我们控制了 AFR_{1997} 和 GFR_{2007}，根据第(4)列的回归结果，就可以分析影响中俄之间贸易流量的因素是哪些。

从第(1)列回归结果来看，中俄两国人均 GDP 以及两国作为上海合作组织和 APEC 成员国对双边贸易发展具有明显的促进作用。其中，中国的人均 GDP 每增长 1%，将带动双边贸易额增长近 0.5%，而俄罗斯人均 GDP 每增长 1%，将带动双边贸易额增长近 0.6%。另外，与加入上海合作组织这个平台相比，中俄两国加入 APEC 对双边贸易的带动效应更加明显，作为 APEC 成员国带动两国双边贸易增长近 0.15%。然而，两国加入上海合作组织对双边贸易额的带动效应并不显著，可见，两国并没有充分发挥上海合作组织这个平台的经贸合作机制。

表 5.1　中国与俄罗斯双边贸易引力模型实证结果

	(1)	(2)	(3)	(4)
常数项	−1.432*** (−4.128)	−2.189*** (−4.987)	0.960 1*** (2.318)	−2.112*** (−6.649)
$\ln gdp_R$	0.571*** (4.932)	0.733*** (7.105)	0.767*** (14.271)	0.612*** (5.389)
$\ln gdp_C$	0.468*** (4.301)	0.673*** (3.912)		0.557*** (3.476)
SCO	0.098 (1.359)			
APEC	0.149*** (2.135)	0.192*** (2.978)	0.169*** (3.914)	0.172* (1.894)
VISIT		0.014 (−0.883)		
$tariff_R$			−1.044*** (−4.038)	
$tariff_C$			−0.492*** (−5.831)	
AFR_{1997}				−0.028* (−0.349)
GFR_{2007}				−0.093** (−1.276)
F-statistic	145.21 (0.000)	137.13 (0.000)	304.52 (0.000)	112.47 (0.000)
R^2	0.964	0.983	0.963	0.962

注：括号内为 t 统计值，*、** 和 *** 分别表示在 10%、5%和 1%水平上显著

从第(2)列回归结果看，双方政治互信变量对双边贸易影响的符号与理论预期不太一致。按照经济学理论的解释，两国政治互信程度的提

高会对双边贸易流量有正向的促进作用，但回归结果显示，中俄两国之间该变量没有发挥相应的作用。例如，中俄两国长久以来一直在政治上保持密切的战略协作伙伴关系，然而，中俄双边贸易规模与中国和其他贸易伙伴的贸易规模相比，仍然处于微弱地位，这与中俄两国良好的政治关系形成巨大反差。正如前文所说，2014年中俄双边贸易额占中国对外贸易总额比重仅为2.2%，而且该比重并没有呈显著上升趋势，说明中俄两国政治关系飞速发展的良好势头并没有对两国经贸合作起到实质性的推动作用。

在第(3)列回归结果中，由于变量 $\ln gdp_C$ 没有通过显著性水平检验，说明该模型无法用来说明中俄两国关税税率对于双边贸易的影响，因此舍掉 $\ln gdp_C$ 变量。经过第二次回归后，模型调整后 R^2 为0.963，拟合度较好。这次回归结果显示，两国关税税率水平对双边贸易流量的增长起到一定的阻碍作用。其中，中国关税税率下降1%，将促进双边贸易增长0.942%，俄罗斯关税税率下降1%，双边贸易流量将增长1.044%，这说明俄罗斯关税税率水平对双边贸易流量的影响弹性比中国更大。

从第(4)列回归结果看，两次金融危机的发生确实对中俄两国双边贸易的发展有较大的冲击。而且，2007年的全球金融危机比1997年的金融危机冲击要更严重，这个结论也与现实的实际情况相符，但这两个虚拟变量在统计上并不显著。

3. 中俄双边经贸合作潜力估算

根据以上分析结果来研究中俄两国经贸合作的发展潜力，即用两国实际贸易额与用引力模型模拟的完全有效率的理论贸易额的比值作为两国贸易合作的发展潜力。根据刘青峰和姜书竹关于贸易发展潜力的分类①，如果实际双边贸易额与理论双边贸易额的比值大于1.2，则称两国经贸合作为“潜力再造型”，处于这种类型的贸易伙伴之间在现有条件

① 刘青峰，姜书竹：《从贸易引力模型看中国双边贸易安排》，《浙江社会科学》，2002年第6期，第17-19页。

下贸易额继续增长的潜力已经非常有限，只有在发展新的积极因素双边贸易才会有更大的发展空间；该比值介于 0.8 至 1.2 之间，则称两国经贸合作为“潜力开拓型”，处于该种类型的贸易伙伴之间仍有发展潜力，双边贸易额有继续扩大的空间；该比值如果小于 0.8，则称两国经贸合作为“潜力巨大型”，处于这种类型的贸易伙伴合作的潜力非常大，双方应该排除障碍，大力推动贸易的正常发展。但必须指出，这种方法测算的贸易发展潜力是在模型中体现的解释变量基础上进行的，如果模型中有新的影响贸易流量的解释变量出现，测算的贸易潜力值就会发生变化。在此基础上，我们测算出近年中俄双边经贸合作潜力值，具体见表 5.2。

表 5.2　2004—2014 年中俄两国双边贸易潜力

年份	2004	2005	2006	2007	2008	2009	2010	2011	2012	2013	2014
贸易潜力	0.953	0.914	0.883	0.971	0.886	0.863	1.048	1.046	1.041	1.045	1.040

资料来源：根据计量结果计算所得

可以看出，中国和俄罗斯之间双边贸易合作基本上属于“潜力开拓型”，而且从金融危机以后，贸易潜力呈上升趋势。双方应该在原有经贸合作的基础上，通过培养积极因素，发展多元化的经济合作来促进双方的经济发展。

第 2 节　俄罗斯远东开发与中国东北振兴战略及其对接

俄罗斯远东和中国东北地区以黑龙江（阿穆尔河）为界，都是两个国家欠发达地区，都面临着人口流失，增长速度下降的问题。2003 年中国就开始了实施东北老工业基地振兴战略，2012 年俄罗斯也开始了大量投资实施开发远东的战略。如果将这两大区域开发战略实现对接，可以实现双赢，并且带动整个东北亚区域经济合作。

一、俄罗斯开发远东地区的必要性

俄罗斯在普京第三和第四个总统任期内重点规划和实施了东西伯利亚和远东开发战略，其中的必要性在于：

1. 以能源出口为基本特征的经济增长方式要求俄罗斯必须加快开发开放西伯利亚和远东地区

在经济上，长期以来能源一直是俄罗斯的支柱产业，在其国民经济体系中占据重要地位。俄罗斯基于对未来亚洲市场乃至世界市场能源需求将持续增长的判断，认为在短时间内，俄罗斯经济依靠能源开发和出口的粗放增长方式并不存在太高的风险。在政治上，俄罗斯通过推行能源外交在国际上谋求政治利益，甚至是俄罗斯重返世界大国行列的重要手段。因此，无论是在经济上，还是在政治上积极推动西伯利亚和远东开发是俄罗斯未来发展的必然要求。尽管单一依靠能源出口的经济增长方式弊端明显，比如，国内经济增长受国际油价的波动影响严重，阻碍经济增长方式转变，延缓经济结构调整速度等等，但通过能源经济可以加快国民经济增长速度，增加财政收入和外汇储备，提高国民生活水平。并且，俄罗斯欧洲部分油气资源的日渐匮乏，使其对其东西伯利亚和远东地区资源的依赖性进一步增强，因此，俄罗斯总统普京多次提出，必须加快西伯利亚和远东地区自然资源开发以带动经济发展。

2. 加快西伯利亚和远东地区的开发融入东北亚区域经济合作符合俄罗斯的国家利益

与俄罗斯远东地区相邻的国家中，中国、日本、韩国是资源消费大国，但资源储备有限，尤其是日本和韩国，国内资源严重匮乏。而俄罗斯在西伯利亚和远东地区自然资源十分丰富，根据国际贸易学的要素禀赋相对优势理论，俄罗斯东西伯利亚和远东地区开发战略的实施，可以凭借自己的资源优势与中国、日本和韩国等经济伙伴更好地开展经贸合作。一方面，俄罗斯可以通过加强同邻国中、日、韩的有效经济合作，解决在开发进程中技术和资金短缺，劳动力匮乏等不利因素，实现俄罗斯东部地区协调发展;另一方面,也可以帮助中、日、韩等国解决资源缺乏的经济发展瓶颈问题。事实上,俄罗斯东西伯利亚和远东大开发战略也离不开与东北亚邻国的经济合作,因为若没有中、日、韩等国的积极参与,俄远东地区大开发必然会困难重重,难以实施。俄罗斯可以通过东西伯利亚和远东开发战略在东北亚区域经济合作中占据主导地位,这也有利于俄罗斯扩大在东北亚地区乃至整个亚太地区的国际影响力。

3. 俄欧经济合作趋于饱和使俄罗斯经济发展战略从西向东转移

作为传统意义上的欧洲国家,俄罗斯和欧盟的经济合作一直十分紧密。但由于欧洲债务危机以及克里米亚的政治原因,俄欧的经济合作开始出现饱和现象,尤其是能源合作上升空间非常狭小。世界经济增长重心开始向东转移,亚太地区特别是东北亚地区经济的快速发展会给俄罗斯的经济发展带来前所未有的机会,俄罗斯通过东西伯利亚和远东开发战略利用其横跨欧亚大陆的地缘优势,积极融入到亚太地区,特别是东北亚地区,搭上亚太地区经济发展的顺风车。

4. 随着美国战略东移和实施亚太再平衡战略俄罗斯也将重心转向亚太

东西伯利亚和远东开发战略实施除了具有重要的经济意义,同时对于维护国家领土完整和安全,扩大俄罗斯在亚太地区的政治影响力同样具有非常重要的现实意义。

二、俄罗斯开发远东的经济目标

1. 打造亚太能源供应基地

随着伊尔库茨克州北部和雅库特南部气田和恰扬达气田开发及其天然气加工项目的建设,该地区将会成为继西伯利亚大铁路产业带和贝阿大铁路产业带之后的第三条产业带。随着交通基础设施建设的完善,南雅库特的燃料产业基地将成为该地区的经济发展中心。东方天然气工程由西向东的雅库特管道计划和由东向西的萨哈林天然气管道在共青城相连。2011 年秋完成了萨哈林—共青城—哈巴罗夫斯克—符拉迪沃斯托克天然气管道的建设。2012年底从泰谢特到太平洋沿岸的科济米诺(近符拉迪沃斯托克)工程完工,并开始输油。即将投入运营的萨哈林3号项目将成为滨临太平洋地区工业发展的能源基地。共青城恰好处在雅库特和萨哈林天然气管道的交汇处,又有贝阿大铁路和临近太平洋港口,将会成为该地区第二个经济发展中心。此外,南西伯利亚庞大的水电产业基地过剩的电能约1 000万千瓦,可以用于出口。

2. 形成亚太粮食产业基地

利用西伯利亚和远东丰富的水资源,发展以亚太市场为目标的耗水产业如农业、木材加工、造纸等。随着东亚国家经济的迅速发展,居民生活水平大幅度提高,对粮食特别是对“绿色”饲料、肉类和奶制品的需求与日俱增。俄罗斯的主要种植业产区有阿尔泰边疆区和克拉斯诺亚尔斯克边疆区南部和哈卡斯的米努辛斯克盆地谷物产区。后贝加尔地区和远东还有四个属于“最后的处女地”:赤塔州南部和布里亚特的达乌尔草原,阿穆尔州南部地区阿穆尔河和结雅河之间的低地平原,犹太自治区的阿穆尔河流域平原,雅库特中部的勒拿河和维柳伊河之间地区,以及滨海边疆区西南部的兴凯湖流域平原的传统大豆产区。开发这些新处女地能使俄罗斯远东成为亚太地区重要的小麦和饲料生产者。在“绿色”农业技术方面俄罗斯有能力振兴东西伯利亚生物技术集群。

3. 建设亚太木材产业基地

俄罗斯无论是在林业资源的蓄积量还是在面积上都占世界第一位。而俄罗斯实际出口的要么是纯粹的木材,要么是低质量的木材加工产品。西伯利亚和远东的林业和木材加工综合体需要新的投资进行现代化改造。中国和其他国家向俄罗斯林业综合体(从砍伐到制成品生产和森林恢复)进行投资,以换取中国对俄罗斯木材加工和造纸工业产品的特惠准入,这应该是合作的前景。

4. 发挥欧亚运输走廊的作用

俄罗斯希望发挥其运输潜力,使地区和全球物流路线更加多样化,在欧、亚、美三大洲之间经过俄罗斯大陆或沿北方海航线形成新的更短、更有利的海、陆、空运输线路。建设大型物流中心应当成为投资的优先方向之一。实现北方海航线的现代化改造以适应国际商业化利用对俄罗斯具有重要的战略意义，这是从东亚到欧洲最快捷、最安全的航线。

三、中国东北地区和俄罗斯远东地区面临发展的迫切性

中国东北老工业基地曾是新中国工业的摇篮，国家在东部地区集中投资建设了具有相当规模的以能源、原材料、装备制造为主的战略产业和骨干企业，为建成新中国独立、完整的工业体系和国民经济体系，为国家的改革开放和现代化建设作出了历史性的重大贡献。东北是中国的重工业基地，国有经济比重大。20 世纪 90 年代前，东北原油产量占全国的 40%，木材产量占全国的一半，汽车产量占全国的 25%，船舶产量占全国的 30%。进入 90 年代后，随着经济改革不断走向深入，国有经济进入战略调整阶段。东北地区体制性和结构性矛盾日趋显现，进一步发展面临着许多困难和问题，如市场化程度低，经济发展活力不足；所有制结构单一，国有经济比重偏高；产业结构调整缓慢，企业设备和技术老化，历史包袱沉重，竞争力下降，就业矛盾突出，资源性城市主导产业衰退，经济发展步伐放缓，与沿海发达地区的差距逐渐拉大。例如，改革开放初期辽宁省 GDP 是广东的 2 倍，但是到了世纪之交，广东省 GDP 是辽宁的 2 倍；1980 年黑龙江省的 GDP 与东部沿海地区难分伯仲，但 20 年后只有上海的四分之一。2003 年时任国务院总理温家宝多次前往黑龙江、吉林、辽宁三省进行考察，中共中央和国务院联合发布《关于实施东北地区老工业基地振兴战略的若干意见》，先后实施了《东北振兴十一五规划》《东北振兴十二五规划》。

俄罗斯东西伯利亚包括克拉斯诺亚尔斯克和后贝加尔边疆区、伊尔库茨克州以及布里亚特、图瓦和雅库特共和国 6 个联邦主体（行政单位）。领土面积 717.7 万平方公里，占俄罗斯国土面积的 41.9%，人口 766.6 万人，占全国人口总数的 5.2%。俄罗斯远东地区泛指俄罗斯东

部河流流入太平洋的地区，以及萨哈林群岛、千岛群岛、弗兰格尔群岛、科曼多尔群岛和尚塔尔群岛。包括9个联邦主体：阿穆尔州、犹太自治州、勘察加边疆区、马加丹州、滨海边疆区、萨哈共和国（雅库特）、萨哈林州、哈巴罗夫斯克边疆区、楚克奇自治区。面积648.8万平方公里，相当于俄罗斯国土面积的37.9%，人口约630万，仅占俄罗斯人口总数的4.4%。有预测称2050年俄罗斯远东地区还将减少40%的人口，剩下不足400万。

俄罗斯东西伯利亚和远东地区总面积979.9万平方公里，占国土总面积的60%。耕地面积3 085.8万公顷，占全国的14%。2013年该地区森林覆盖率59.7%，木材蓄积量475.9亿立方米，占全国达57.3%。这里集中了俄罗斯石油、天然气、煤炭、水电等能源资源以及其他矿产资源和淡水资源。但是由于人力资源的匮乏，导致自然资源丰富的东西伯利亚和远东得不到有效开发和利用，成为“最后的处女地”。但是，该地区人口自然减少的趋势并没有遏制住。2013年该地区人均月收入21 236.5卢布，不仅低于全国平均水平，而且仅相当于中央联邦区的63.5%。该地区所获得的投资也仅占全国投资总额的10.7%，比上年同期减少10.7%，其中远东联邦区减少近20%。2012年东西伯利亚和远东地区实现地区总产值5.1万亿卢布，在全国地区总产值中的占比仅为10.2%，其中远东联邦区占5.6%。在全国地区总产值增加3.1%的情况下，远东联邦区呈现1.4%的负增长。远东联邦区在全国制造业中所占比重甚至仅为1.6%。①

苏联解体后，俄罗斯经济经历了转型初期的严重衰退逐渐趋于稳定，为加快开发东西伯利亚和远东，政府于1996年通过了《1996—2005年远东和外贝加尔地区经济与社会发展联邦专项纲要》，2003年重新修订为《1996—2005年和2010年前远东和外贝加尔地区经济与社会发展联邦专项纲要》，同时发布《西伯利亚经济发展战略》。2007年成立总理

---

① 这里的相关数据根据俄联邦统计委员会发布的《Регионы России. Социально-экономические показатели》. 2014：Стат. сб. /Росстат. -М. 2014相关指标计算得出。

挂帅的远东和外贝加尔地区发展委员会，实施《2013年前远东和外贝加尔地区经济社会发展联邦专项纲要》和《符拉迪沃斯托克亚太地区国际合作中心子规划》。2009年政府批准了《2025年前远东和贝加尔地区经济社会发展战略》，2010年批准了新的《西伯利亚社会经济发展战略》，2012年设立独立于俄联邦地区发展部的俄联邦远东开发部。

四、中国东北和俄罗斯远东地区经济发展面临持续下行压力

后金融危机时代，随着整个新兴经济体下行压力增大，中国、俄罗斯经济增长幅度呈现逐步缩小的趋势。其中，如表5.3所示，中国GDP增长率从2010年的10.5%缩减至2014年的7.4%，2015年进一步下降到不足7%。中国经济进入“新常态”。俄罗斯在全球金融危机爆发之前的2007年增长率曾一度高达8.5%，2009年衰退7.8%，在政府经济刺激政策的作用下，2011年迅速回升至4.5%。但随着刺激效应的衰减，以及2014年西方对俄罗斯实施的制裁不断升级，增长率回落到2014年的0.7%。2015年俄罗斯经济陷入衰退，衰退幅度达到3.7%。

表5.3 近年来中国、俄罗斯国经济增长变动情况

	2010年	2011年	2012年	2013年	2014年	2015年
中国	10.5%	9.3%	7.67%	7.65%	7.4%	6.9%
俄罗斯	4.5%	4.3%	3.4%	1.3%	0.6%	−3.7%

资料来源：1. 世界银行《世界发展指标》(http://data.worldbank.org.cn/country)

2. 国际货币基金组织《世界经济展望》(http://www.imf.org/external/chinese/pubs/ft/weo/2015/updatw/01/pdf/0115c.pdf)

20世纪90年代，中国东北地区处于中国工业企业改革的前沿，释放出数千万工人。2003年开始的试图重振这个老工业基地核心区的尝试没有达到预期效果。东北地区严重依赖能源、原材料和重工业，受全球市场变化和国内需求不足的影响更大。如表5.4所示，2015年中国东北三省地区总产值增长率比2010年下降了一半还多，黑龙江省在全国垫底。2015年第一季度辽宁省同比仅增长了不足2%。2015年4月10

日，李克强总理在长春主持召开东北三省经济工作座谈会，分析当前东北经济面临的新情况和突出问题。他强调，必须有效顶住下行压力，否则就业、收入等民生问题会受到较大影响，经济提质增效升级也难以实现。各部门各地区必须增强紧迫感、责任感，把稳增长保就业提效益作为紧要之务，推出更多利当前、惠长远的措施，以促改革调结构促进经济稳定运行，努力实现东北老工业基地全面振兴。

表5.4 中国东北和俄罗斯东西伯利亚和远东地区总产值变动情况

	2010年	2011年	2012年	2013年	2014年	2015年
中国 东北平均	13.6%	12.8%	10.5%	8.3%	6.0%	5.0%
黑龙江省	12.7%	12.3%	10.0%	8.0%	5.6%	5.7%
辽宁省	14.2%	12.2	9.5%	8.7%	5.8%	3.0%
吉林省	13.8%	13.8%	12.0%	8.3%	6.5%	6.5%
俄罗斯 东西伯利亚和远东平均	4.9%	4.4%	−0.2%	5.7%	5.7%	−0.2%
东西伯利亚平均	5.0%	4.8%	4.0%	6.7%	3.3%	−0.7%
克拉斯诺雅尔斯克边疆区	6.0%	6.0%	6.0%	5.5%	1.9%	−3.5%
后贝加尔斯克边疆区	4.0%	8.0%	2.0%	6.5%	3.3%	3.8%
伊尔库茨克州	7.0%	5.0%	9.0%	12.7%	3.0%	4.7%
布里亚特共和国	4.0%	4.0%	1.0%	11.8%	2.0%	−6.2%
图瓦共和国	4.0%	1.0%	2.0%	−3.0%	6.2%	−2.4%
远东联邦区平均	4.7%	4.0%	−4.4%	4.7%	8.1%	0.3%
萨哈共和国	2.0%	7.0%	3.0%	4.2%	4.4%	3.2%
勘察加边疆区	−0.5%	4.0%	2.0%	3.0%	−1.0%	−2.2%
滨海边疆区	12.0%	7.0%	−6.9%	5.2%	5.0%	12.0%
哈巴罗夫斯克边疆区	11.0%	3.0%	1.0%	1.7%	0.5%	−1.0%

（续表）

	2010 年	2011 年	2012 年	2013 年	2014 年	2015 年
阿穆尔州	6.0%	8.0%	−2.7%	10.4	−3.9%	−14.8%
马加丹州	4.0%	2.0%	4.0%	3.6%	7.8%	−4.8%
萨哈林斯克州	8.0%	4.0%	−2.5%	0.4%	5.5%	14.6%
犹太自治州	17.0%	5.0%	2.0%	−4.2%	15.6%	−0.9%
楚克奇自治区	−17.3%	−4.2%	−0.3%	18.0%	34.2%	−3.3%

资料来源：中国相关省份 2010—2014 年数据源于国家统计局国家数据网站（http://data.stats.gov.workspace/index? m=fsnd），2015 年数据源于相关省份提交人大审议的《关于 2014 年国民经济和社会发展计划执行情况和 2015 年国民经济和社会发展计划草案的报告》。俄罗斯相关地区 2010—2012 年数据源于俄罗斯国家统计委员会《Регионы России. Социально-экономические показатели》，2014：Стат. Сб. / Росстат. – М.，2014. – стр. 351，2013—2015 年缺乏地区总产值指标，这里以工业总产值代替，数据源于俄罗斯国家统计委员会《Доклад "Социально-экономическое положение"》（2013、2014 和 2015 年，http://www.gks.ru/wps/wcm/connect/rosstat_main/rosstat/ru/statistics/publications/ catalog/doc_1140086922125）

就在李克强总理考察中国东北三省的前 6 天，4 月 4 日，俄罗斯政府总理梅德韦杰夫抵达远东滨海边疆区哈巴罗夫斯克召开会议，讨论俄罗斯远东联邦主体落实《保持 2015 年经济持续发展和社会稳定的地区计划》（反危机计划）的情况。出席会议的有副总理兼总统驻远东联邦区全权代表 Ю. 特鲁特涅夫、远东开发部部长 A. 加卢什卡等。他强调俄罗斯经济所遇到的困难不能干扰远东开发计划，肯定了远东联邦区在落实大型基础设施项目，根据新的法律建设跨越式发展区所取得的初步成果。与全国经济形势发展趋势相一致，俄罗斯东西伯利亚和远东地区经济增长率从 2010 年的近 5%跌落到 2012 年的负 0.2%。2013 年和 2014 年集中实施了一批远东开发的基础设施项目，工业增长率达到 5.7%。其中 2013 年东西伯利亚增长率达到 6.7%，2014 年远东联邦区高达 8.1%。2015 年第一季度严冬影响了施工进度，所以表现出了一定程度的负增长。

五、中俄两国国家发展战略高度契合

进入 21 世纪，中俄两国相继出台了高度契合的新世纪前 20 年的国家发展战略。2012 年中共十八大报告提出了在 2021 年建党 100 周年和

2049年建国100周年的"两个百年奋斗目标"。2008年俄罗斯政府批准《2020年前俄联邦社会经济长期发展构想》。2003年中共中央和国务院联合发布《关于实施东北地区老工业基地振兴战略的若干意见》,标志着东北振兴战略的启动,至今已经实施第三个五年《振兴规划》。2012年普京进入第三个总统任期,将开发西伯利亚和远东被确定为俄罗斯面临的重大战略性任务之一,并强调是最重要的地缘政治任务。同年9月APEC峰会在符拉迪沃斯托克举行,标志着俄罗斯远东开发战略的正式启动。

1. 中国实施东北振兴战略

2003年的《政府工作报告》提出了支持东北地区等老工业基地加快调整和改造的思路。2003年中共中央和国务院联合发布《关于实施东北地区老工业基地振兴战略的若干意见》,标志着东北振兴战略的启动。要求加快体制创新和机制创新,进一步转变政府职能,加快国有经济战略性调整,走新兴工业化道路,全面推进工业结构优化升级,大力发展现代农业,积极发展第三产业,推进资源型城市实现经济转型,加强基础设施建设,进一步扩大对外开放。将东北地区老工业基地的振兴提升到全国区域经济社会协同发展的战略层面,并专门成立了总理挂帅的国务院老工业基地调整改造领导小组。2007年国家发改委和国务院联合发布《东北地区振兴规划》,计划经过10到15年的努力将东北地区建设成为综合经济发展水平较高的重要经济增长区域,形成具有国际竞争力的装备制造业基地,国家新型原材料和能源保障基地,国家重要商品粮基地和农牧业生产基地,国家重要的技术研发与创新基地,国家生态安全的重要保障区,实现东北地区的全面振兴。

2009年国务院发布《关于进一步实施东北地区等老工业基地振兴战略的若干意见》,要求优化经济结构,建立现代产业体系;加快企业技术进步,全面提升自主创新能力;加快发展现代农业,巩固农业基础地位;加强基础设施建设,为全面振兴创造条件;积极推进资源型城市转型,促进可持续发展;切实保护好生态环境,大力发展绿色经济;着力解决民生问题，加快推进社会事业发展；深化省区协作，推进区域经济一体化发展；继续深化改革开放，增强经济社会发展活力。通过第一轮振兴措施的实施，“十一五”期间东北地区人均GDP增加117%，年均增长13.5%。2012年国家发改委印发国务院批准的《东北振兴“十二五”规划》，要求经济发展再上新台阶，产业转型升级达到新水平，资源型城市可持续发展开创新局面，生态建设和环境保护迈出新步伐，民生改善取得新成效，改革开放实现新突破。

2014年国务院再次发布《关于近期支持东北振兴若干重大政策举措的意见》，规划了139项重大建设项目。要求着力激发市场活力，进一步深化国有企业改革，紧紧依靠创新驱动发展，全面提升产业竞争力，增强农业可持续发展能力，推动城市转型发展，加快推进重大基础设施建设，切实保障和改善民生，加强生态环境保护，全方位扩大开放合作。

2015年4月，李克强总理考察东北地区经济形势。2015年12月，中共中央政治局会议审议通过了《关于全面振兴东北地区等老工业基地的若干意见》。为制订和实施《东北振兴十三五规划》确定了指导方针。

2. 俄罗斯实施东西伯利亚和远东开发战略

世纪之交，普京接掌俄罗斯政权，随着世界经济进入膨胀周期，原材料和能源价格飞速上涨，俄罗斯经济进入快车道。开发西伯利亚和远东提上议事日程。为了加强对西伯利亚和远东开发的指导，2007年成立了总理挂帅的远东和外贝加尔地区发展委员会，并开始实施第二个《远东和外贝加尔地区2013年前经济社会发展联邦专项纲要》。2008年俄罗斯发布了《2020年前俄联邦社会经济长期发展构想》等一系列部门和地区发展战略以及专项纲要，试图将原料和能源依赖型的经济发展模式转向依靠高新技术的创新发展模式，其中包括综合开发西伯利亚和远东地区。2009时任总理的普京签署了西伯利亚和远东开发的长远规划，即《远东和贝加尔地区2025年前经济社会发展战略》，设立远东和贝加尔地区发展基金，扶持远东基础设施建设。

普京在2012年4月11日向国家杜马所做的总理述职报告中将开发

西伯利亚和远东确定为俄罗斯面临的重大战略性任务之一，并强调是最重要的地缘政治任务。他要求西伯利亚和远东的地区国民生产总值增长速度要高于全国，这种趋势至少要保持10～15年，并遏制该地区人口外流的趋势，实现地区人口稳定增加。并为此成立俄罗斯联邦远东发展部。[①]

2013年12月，普京在总统咨文中再次强调，促进西伯利亚和远东地区的发展是俄罗斯21世纪国家优先发展方向。正式提出要在远东和西伯利亚建立跨越式发展区，实施优惠税率和其他优惠条件。授予跨越式发展区部分联邦主体的权利，实行联邦预算单列，可以免除增值税、所得税和财产税。普京在2014年的总统咨文中建议将符拉迪沃斯托克设为自由港，简化海关程序，促进俄罗斯太平洋沿岸地区经济的发展。

2014年俄罗斯政府批准了《关于远东和贝加尔地区社会经济发展》(2014—2025年)的国家纲要。要求通过发展该地区的交通和物流来加速远东和贝加尔地区的发展。2014—2020年拨款总额3 461亿卢布，利用一切资源提高投资水平，到2025年对该地区的投资要比2011年增加1.2倍，地区总产值增加40%。[②] 通过社会经济跨越式发展，消除地区间的发展失衡，发挥与亚太地区国家经济关系的潜力，发挥传统产业优势，在采掘业和制造业领域发挥高新技术的作用，改善医疗、教育、住房条件，大幅提高人力资本质量，力争到2025年该地区人口增加到1 075万。为此，该地区2018年经济和社会发展专项纲要提出的目标是，筹集6 969亿卢布发展该地区交通和能源基础设施，改善投资环境。

2014年12月，俄罗斯国家杜马通过了一揽子在远东设立跨越式发展区的法案，致力于为投资者创造最大限度的优越条件。其中包括《关于俄联邦社会经济跨越式发展地区法》和为此对俄联邦相关法律文件的修正案。计划这样的发展区要设立14个，为期70年，由联邦预算和地方

---

① Стенограмма отчёта премьер-министра Владимира Путина перед депутатами Госдумы, Российская газета. 俄罗斯报官网，http://www.rg.ru/2012/04/11/putin-duma.html.

② Государственная программа《Социально-экономическое развитие Дальнего Востока и Байкальского региона》. 俄罗斯远东发展部官网，http://minvostokrazvitia.ru/upload/iblock/b0e/gp_mvr_visual.pdf.

预算共同出资完善基础设施建设。设立具有广泛权力的管理公司负责解决所有行政和经济问题，其中包括运输服务、道路建设、水电煤供应等，实行“一个窗口”原则履行国家和地方职责多功能服务中心的职能。2015年2月召开的俄罗斯政府远东投资项目实施会议正式确定了首批3个跨越式发展区：哈巴罗夫斯克优先发展工业、物流和食品业，共青城优先发展工业，纳杰日京斯卡娅优先发展运输、轻工和食品业。同时还确定了6个投资项目，涉及煤炭、金属开采和加工以及运输等领域。俄罗斯总理梅德韦杰夫表示，2015年内将批准20个跨越式发展区和40个投资项目。

六、中国东北振兴战略与俄罗斯远东开发战略对接思路

近年来两国贸易额迅速攀升，据俄罗斯海关统计，从全球经济危机最严重的2009年的381.4亿美元强劲回升到2010年的570.5亿美元，2011和2012年分别超过700亿美元，2013年经过小幅下调之后，2014年达到创纪录的884亿美元。按照中国海关统计，2014年两国贸易额已经达到了952.8亿美元。①

必须紧紧抓住俄罗斯开发开放西伯利亚和远东的机遇，努力实现与中国振兴东北地区战略的对接。为了实现两国毗邻地区开发战略的对接，2009年中俄两国元首签署了《中国东北地区与俄罗斯联邦远东及东西伯利亚地区合作规划纲要(2009—2018年)》，标志着在东北亚区域内中国东北和俄罗斯远东两个毗邻地区次区域经济合作的全面展开。俄罗斯开发西伯利亚和远东战略与中国振兴东北战略相互对接，一方面将会充实和促进亚太地区的经济合作，推动东北亚安全合作机制的诞生，使该地区国际力量更加均衡化，地区合作机制得到优化和整合；另一方面还将会拓展中俄合作的领域，促进合作模式的转型。

---

① 中华人民共和国商务部：《国别贸易报告：俄罗斯》，2015年第1期、2014年第1期、2013年第1期、2012年第1期，2011年第1期和2010年第1期。中国商务部官网，http://countryreport.mofcom.gov.cn/record/qikan110209.asp? id=6996。

1. 中国东北振兴战略和俄罗斯远东开发战略可以互动发展

中国东北振兴战略为俄罗斯远东开发战略提供了契机。与俄罗斯远东地区毗邻的中国东北地区自然资源丰富，工业基础雄厚。为了实现东北老工业基地的振兴，中国政府进行了巨大投资，先后启动了160多个调整改造项目以及高新技术产业项目。这些资本的投入和项目的启动为俄罗斯远东地区发挥自身优势参与亚太地区经济合作提供了巨大的市场和机遇。例如，目前正在进行的中国东北地区对苏联时期援助建设的58个重大项目进行改造；俄罗斯也规划了一系列世纪工程，如北极和北冰洋大陆架油气资源开发、莫斯科—喀山高铁、安加尔—叶尼塞产业集群、贝阿铁路和跨欧亚(西伯利亚)大铁路的现代化改造、开发东西伯利亚和远东新油气田、东线天然气管道“西伯利亚力量”和石油运输管道“东西伯利亚—太平洋”建设、北极石油天然气和化工综合体、远东石油天然气产业集群等。俄罗斯对中国东北振兴战略也有浓厚的兴趣，早在2009年5月，俄罗斯总统梅德韦杰夫就表示，愿意将俄罗斯远东开发与中国东北振兴战略相结合。俄罗斯相关部门和学者也多次表达过与中国共同合作开发东西伯利亚及远东地区的意愿，以实现俄远东地区开发与中国东北振兴的有效衔接。俄罗斯正是想借助中国振兴东北工业基地的契机，促进远东地区开发的快速发展，可见，俄罗斯将中国东北振兴战略视为加快远东开发战略的重要外部力量。

积极参与俄罗斯远东开发战略对促进中国经济发展尤其是东北振兴战略的实施同样具有重要意义。俄罗斯斯远东地区丰富的自然资源和雄厚的科技实力正是对中国东北地区振兴战略的一个重要补充。中国可以利用东北地区与俄罗斯远东地区的地缘优势，鼓励东北地区有实力的企业可以根据自身条件，利用俄罗斯远东地区的自然和市场环境以及俄方提供的各种优惠政策，积极参与俄罗斯远东开发战略，扩大中俄双方的经济合作领域和规模。相信，俄罗斯远东开发与中国东北振兴战略的有效对接可以为中俄双方带来共同利益。

中俄在基础设施互联互通方面已经取得了积极进展。从俄罗斯思科沃罗季诺到中国大庆的中俄石油运输管道于2010年9月竣工，两国元首出席了第一个基础设施互联互通的重大项目的竣工仪式。2011年1月正式该管道投入运营，20年内将向中国输送3亿吨。作为《中国东北地区与俄罗斯远东及东西伯利亚地区合作规划纲要》重点项目之一的同江—下列宁斯科耶大桥建设协定议定书分别在2011和2012年得到中国国务院和俄罗斯政府的正式批准，2014年大桥建设正式奠基，这是跨中俄两国界河黑龙江的第一座铁路大桥。2014年两国元首签署的《中俄联合声明》中在加快发展跨境交通基础设施方面还提到，建设"黑河—布拉戈维申斯克界河桥，改善中方货物经俄铁路网络、远东港口及北方航道过境运输条件"。2014年中俄两国签署为期30年价值4 000亿美元的天然气供应协议，每年输送380亿立方米的天然气。2014年9月中国国务院副总理与俄罗斯总统普京共同出席了跨越黑龙江界河的中俄东线天然气管道俄罗斯境内"西伯利亚力量"管道的开工仪式。西线管道也在谈判中。2015年5月，中俄两国就中国参与俄罗斯莫斯科—喀山高铁建设达成协议，成为中国高铁第一份海外订单。自2013年以来，中俄两国已经签署近100份合作文件，内容涉及石油、天然气、煤炭、核能等能源领域，以及航空、航天、造船、互联网等革新技术部门和金融、贸易便利化、交通等基础设施、农业、环境保护等各个方面。

2. 中国东北振兴战略与俄罗斯远东开发战略对接的路径选择

为对接俄罗斯西伯利亚和远东开发，加快中国东北地区沿边开发开放，需要从以下几个方面着手：(1)实现贸易方式创新，从产业间贸易转向产业内贸易，从一般贸易为主转向以加工贸易为主，在发展货物贸易的同时提高服务贸易的比重，实现进出口商品结构升级，提高投资品、高新技术产品等高附加值产品的比重。(2)加大对俄投资力度。中央部门有必要扶持黑龙江省等东北地区的投资能力，在林业和木材加工、农业和农产品加工、能源和能源产品加工等领域加强对俄投资，与俄就基础设施建设开展合作，通过大型项目带动沿边地区实体经济的发展。以投资带动贸易，通过俄远东将市场向亚太和欧洲、中亚地区扩展。为此，需要切实贯彻实施《中国东北地区与俄联邦远东及东西伯利亚地区合作规划纲要》，将上合组织规划项目向俄罗斯西伯利亚和远东地区延伸。(3)在周边地区实现“互联互通”的网络化建设框架内，有必要支持沿边地区国际“大通道”建设，通过对跨境经济合作区、综合保税区等开发开放的形式，实现跨境经济的融合与经济一体化的推进。同时，必须重点支持沿边口岸的港口、道路、园区等基础设施建设。(4)努力维护中俄重大合作项目的可持续性，采取措施调动俄方合作的积极性。在深化能源和新技术研究领域合作的基础上，合理重视和平衡双方利益，防止激发资源民族主义。适度考虑引进第三方机制，既可减少俄罗斯对中国的疑虑又可加强亚太多边合作。

2013年习近平主席访问俄罗斯期间与普京总统共同签署的《中俄联合声明》强调:“充分发挥中俄地方领导人定期会晤的作用，加大《中国东北地区与俄罗斯远东及东西伯利亚地区合作规划纲要》的实施力度，扩大地区合作范围，提高地方合作效率。”①俄罗斯开发西伯利亚和远东战略与中国振兴东北战略相互对接，一方面将会充实和促进亚太地区的经济合作，推动东北亚安全合作机制的诞生，使该地区国际力量更加均衡化，地区合作机制得到优化和整合；另一方面还将拓展中俄合作的领域，促进合作模式的转型。为此，2015年9月召开了俄罗斯远东地区和中国东北地区合作理事会第一次会议，2016年在北京举行第二次会议时双方商定将理事会转型为政府间委员会。

2015年《中俄总理定期会晤联合公报》在交通基础设施互联互通合作方面表示，“在使用俄罗斯远东港口等交通运输基础设施发展中俄过境运输及陆海联运方面加强合作；继续合作建设同江—下列宁斯阔耶跨境铁路桥；继续开展滨海通道1号和滨海通道2号过境运输……”，落实黑河—布拉格维申斯克跨境索道和大桥的建设计划。②

---

① 《中华人民共和国和俄罗斯联邦关于合作共赢、深化全面战略协作伙伴关系的联合声明》，《人民日报》，2013年3月23日，第3版。

② 《中俄总理第二十次定期会晤联合公报》，《人民日报》，2015年12月18日，第3版。

第3节　中蒙俄经济走廊建设

自全球金融危机爆发以来，虽然世界经济在各国的强烈刺激下短期内出现了某种回光返照现象，除了美国在2012年触底反弹持续上升之外，欧盟增长乏力，日本动力不足，而包括中国在内的作为世界经济火车头的亚太新兴经济体增速持续下滑，不见谷底，特别是俄罗斯和巴西出现负增长。为了摆脱全球性经济萧条的影响，美国分别与太平洋国家和欧洲国家启动跨太平洋伙伴关系（TPP）和跨大西洋贸易和投资伙伴关系（TTIP）谈判；亚洲国家除了启动区域全面经济伙伴关系（RCEP）之外，发起了庞大的基础设施投资倡议，如中国推动的"一带一路"以及为之提供融资支持的丝绸之路基金、亚洲基础设施投资银行等，以及"亚洲基础设施无缝衔接"计划、"大湄公河次区域开发计划"、印度"新德里—孟买交通走廊"计划等。亚洲率先掀起了新的一轮交通基础设施建设热潮，以期摆脱经济下滑的陷阱，实现经济增长。在这一背景下，俄罗斯也在远东开发战略框架内提出了自己的基础设施开发构想，即开发沿跨欧亚（西伯利亚）大铁路、东向石油天然气管道为主干的"跨欧亚发展带"（Транс-Евразийский пояс RAZVITIE，ТЕПР）和北方海航道（Северный морской путь，СМП）。

一、俄罗斯"跨欧亚发展带"北方海航道开发构想

1. 俄罗斯"跨欧亚发展带"构想

2000年代中期，随着经济"大跃进"，俄罗斯中长期发展规划的制订提上议事日程，俄科学院社会政治研究所牵头开始研究建设综合（多式联运）基础交通干线的构想。计划将太平洋沿岸与白俄罗斯西部边界联系起来，并使之成为东南亚经济圈和西欧经济圈之间的桥梁，最终穿过白令海峡与美洲联系起来。该项目依据现有的跨欧亚（西伯利亚）大铁

路、能源运输管道、电信线路等基础设施，将西伯利亚大铁路改造成高速铁路，南北两边也将建设新的铁路。沿这一干线还将建设高速公路，以及陆、海、河、空等各种运输换装枢纽。寄希望这一工程会成为俄罗斯经济新的增长点，将其沿线所有地区纳入国民经济统一体，并带动西伯利亚和远东地区的开发和该地区人口的增加。沿线地带将成为创新产业和新兴城市的“发展带”。这一互联互通的欧亚基础设施体系的基本思想经过俄罗斯科学院主席团经济与社会规划学术委员会的认真讨论，并于2007年12月向俄罗斯总统提交了报告。

2012年11月，俄罗斯铁路公司总裁B. 亚库宁领导的世界“文明对话”公众论坛与意大利博科尼大学国际政治研究所(ISPI)在米兰举行了“跨欧亚发展带:合作的新维度”研讨会，意在探讨利用欧洲资源加强俄罗斯基础设施建设的合作途径，实现欧亚大陆的再工业化，试图以启动“跨欧亚发展带”这一宏大项目来寻求引导世界经济摆脱全球萧条的“发动机”。正像会后发表的《米兰备忘录》指出的，“跨欧亚发展带项目是欧俄合作进程的重要一步，并且应当成为欧盟和正在建设中的欧亚经济联盟之间近距离对话的基础”。[①] “跨欧亚发展带”就是铁路、公路、能源管道、水路、信息线路等多式联运的交通基础设施，相伴而生的是新的科技中心和拥有更多新的就业岗位的城市群的出现。[②] “跨欧亚发展带”是新商品、新服务和新技术生产和消费的新平台，将欧洲经济体、俄罗斯和亚洲国家联系起来。此次会议还探讨了俄罗斯与欧洲企业合作建立“跨欧亚发展带”基金的基金(即母基金，FOF)，评估风险，吸引投资，为可能的先进项目提供融资支持;建立产业间项目服务平台，作为“跨欧亚发展带”实施的组织机构，共同筛选欧洲适合俄罗斯的先进项目。

2013年，莫斯科国立大学校长B. 萨多夫尼奇、俄罗斯科学院社会政

① М. Байдаков, Ф. Бассанини, Ю. Громыко и др., Трансевразийский пояс Razvitie. М.: Праксис, 2012 г. С. 252.

② М. Байдаков, Ф. Бассанини, Ю. Громыко и др., Трансевразийский пояс Razvitie. М.: Праксис, 2012 г. С. 252.

治研究所所长 Г. 奥希波夫和俄罗斯铁路公司总裁 В. 亚库宁共同发表《互联互通的欧亚基础设施体系是国家发展的优先方向》的报告。报告指出，这一宏大项目就是要在俄罗斯领土上建设多式联运交通网络，将远东与西欧联系起来。要求整合所有各种交通（铁路、公路、航空、河运和海运）为统一网络。这一交通体系的首要核心是高速铁路（4.7 万公里）和高速公路体系（12 万公里），沿途建设电信线路（2.3 万公里光纤）。这一交通体系的建成，可以借欧亚高速运输线路将俄罗斯东西部边界上的海路和陆路节点联系起来，在交通节点布局物流中心，在俄罗斯亚洲部分建设现代信息空间，以及欧洲—亚洲和欧洲—美洲的信息过境，甚至有可能与美国联系起来。这一交通体系沿线将会形成创新技术产业为主的经济区，即发展走廊。将所有运输体系纳入俄罗斯的"交通网"，物流进入与能源流、信息流、知识流和技术流的互动体系。①

2014 年 3 月，В. 亚库宁在俄罗斯科学院主席团会议上发表《欧亚大陆联合发展的互联互通项目》报告，全面阐述"跨欧亚发展带"构想。100 多位院士表示支持。此构想的真正意义在于整合交通、能源、通讯、水运、石油和天然气管道，保障在跨欧亚（西伯利亚）大铁路和贝阿大铁路沿线以及沿交通和能源走廊 200～300 公里的宽度形成新的产业部门和以科学技术和设计为核心的城市群，在西伯利亚和远东地区形成以高新技术产业和社会文化为核心的集聚区。В. 亚库宁为"跨欧亚发展带"赋予了全新的地缘经济、地缘政治和地缘文化含义。其基本要素就是互联互通的基础设施体系，它是形成新技术成分和国家现代化的基础。这不仅需要减少各国之间现有产品交换的关税壁垒，更重要的是启动生产全新商品、服务和技术的新型工业化。必须改变俄罗斯经济的部门性质，从单一部门的项目转向跨部门项目，从单纯建设基础设施的项目转向利用基础设施的项目。"跨欧亚发展带"也意味着形成庞大的国内需求：仅铁路运输就为 19 个部门提供服务，更不要说整个互连互通基础设施了。

---

① В. Садовничий, Г. Осипов, В. Якунин, Интегральная евразийская инфраструктурная система как приоритет национального развития страны. М.: ИСПИ РАН, 2013. Стр. 10.

铁路的发展带动重型机械制造业、机车、电力设备的加速发展，创造新材料、通讯手段等。

“跨欧亚发展带”要实现的目标：首先是社会经济发展目标，形成10～15个新的产业部门，创造战略性就要岗位，它们的落地将会增加地方人口。其次，将基础设施的部门间割据实现互联互通，形成统一的多元基础设施。第三，“跨欧亚发展带”本身需要依靠吸引能够在俄罗斯领土产生宏大项目参与国产业和技术超前发展溢出效应的西方公司和政府。第四，为了形成社会财富的世界生产中心，长期发展投资的优先方面是保障来去自由。①

2. 北方海航道开发构想

北方海航道从新地岛喀拉门（喀拉海峡）到白令海的普罗维杰尼亚湾，全长5 600公里。是俄罗斯欧洲地区和远东之间最北的海上航线，跨越北冰洋和太平洋，也是连接欧洲和亚洲、整个东南亚地区和北美西部最短的航线。1878—1879年瑞典国王奥斯卡二世出资，A. 诺尔登绍尔德考察队乘驳船历史上第一次进行了全线考察。1919年4月根据海军少将A. 高尔察克的命令，沙俄政府成立北方海航道委员会。1935年“范泽蒂”号和“星火”号两艘木材运输船历史上第一次完成了从列宁格勒到符拉迪沃斯托克（海参崴）的货物运输，历时94天，行程14 000公里。卫国战争期间，北方海航道成为苏联北方重要的运输线，太平洋舰队沿北方海航道经常出没在巴伦支海，运输大量军事和经济物资。整个苏联期间，对北极和北方海航道利用各种手段（包括破冰船、客船和战舰、潜艇、航空和漂流北极站等）进行了积极的研究和开发。随着科学技术的发展，特别是核动力破冰船的使用，以及诺里尔斯克联合公司的发展要求摩尔曼斯克—杜金卡航线的全年导航。20世纪70—80年代，北方海航道进入繁忙期，年运输货物500万—600万吨。苏联解体

① Доклад В. И. Якунина на заседании Президиума РАН, Москва, 11 марта 2014 г. Интегральный проект солидарного развития на Евро-Азиатском континенте (научно-практическая концепция). Стр. 21-22.

后，这一航线几近中断。只有诺里尔斯克镍业公司、天然气工业公司、卢克石油公司、俄罗斯石油公司、俄罗斯大陆架公司等大型企业因业务需要，以及北冰洋沿岸地区如克拉斯诺亚尔斯克边疆区、雅库特（萨哈）共和国和楚科奇自治区各自为政，部分和零散地开发和利用北方海航道。苏联时期北方海航道是作为国内航线使用的，出于国防目的没有对外开放。苏联解体后，1991 年这一航线开始向国际船舶运输开放。但直到 15 年后随着北极某些地区出现海冰融化，这一运输线路才让外国公司产生兴趣。2009 年两艘德国商船完成了这一亚洲到欧洲的航行。2010 年诺里尔斯克镍业公司“曼彻各尔斯克”号货船沿俄罗斯摩尔曼斯克—俄罗斯杜金卡—韩国浦山—中国上海航线第一次完成了出口航行。2011 年选择这一航线的已经有 34 艘船。2016 年北方海航道发放航行许可 718 张，其中向 27 个国家船运公司发放 144 张，运输货物超过 700 万吨，创下历史纪录。① 亚马尔液化天然气项目开始于 2017 年投入运营，随着该项目达到满负荷运营，年产液化天然气将达到 1 650 万吨，并将沿北方海航道运往亚洲和欧洲。2018 年 7 月 19 日，江苏如东接收到第一船经北方海航道运抵的亚马尔液化天然气。俄联邦政府在 2014 年批准的《2020 年前俄联邦北极区社会经济发展国家纲要》规定了北方海航道船舶航行导航和水文地理保障以及发展大型港口的具体措施，其中包括阿尔汉格尔斯克和摩尔曼斯克，计划 2020 年北方海航道技术装备水平达到 40.5%，年运输货物达到 6 370 万吨②。2015 年 6 月，俄罗斯副总理 A. 德沃尔科维奇预计到 2030 年这一航路运输的货物数量将达到 2015 年的 20 倍，即 8 000 万吨，主要是俄罗斯境内开采的石油、液化天然气、煤炭和金属的外运。③

---

① Северный морской путь стал на 30 процентов оживлённе. 俄罗斯“地缘政治”政论网站：http://geo-politica.info/severnyy-morskoy-put-stal-na-30-protsentov-ozhivlyonnee.html

② Государственная программа Российской Федерации《Социально-экономическое развитие Арктической зоны Российской Федерации на период до 2020 года》. Стр. 13-14. 俄罗斯政府网：http://goverment.ru/media/files/AtEYgOHutVc.pdf。

③ Северный морской путь не стал Суэцем. Независимая газета，19.05.2016 г.，Экономика.

随着北极某些地区海冰快速融化，适宜航行日期增加，北方海航道全年通航可能性日益增大，开发前景日趋明朗，商业价值为世界关注。俄罗斯启动了以北方海航道为主轴的北极发展战略。2008年9月，俄罗斯总统梅德韦杰夫签署《2020年前及更长时期俄罗斯联邦北极国家政策基础》，强调“在北极地区利用北方海航道是俄联邦国家统一交通体系的重要组成部分”，“俄罗斯在北极地区国家政策的战略方向之一就是促进组织和有效利用跨越北极的运输和空中航线，以及有效利用北方海航道在俄罗斯司法管辖下和俄联邦相应国际条约框架内的国际航运”①。2013年2月，俄罗斯总统普京签署了《2020年前俄联邦北极区发展及国家安全保障战略》，在改造和发展北极交通设施体系方面规定了一系列具体措施，其中包括发展包括北方海航道在内的统一的北极交通体系，作为全年通航的国家海上运输干线，布局纵向河运和铁路运输以及机场网络；依靠国家支持建造破冰、搜救和辅助船舶以及发展岸上基础设施，来重构和增加北方海航道货物运输的规模；改造北极地区北方海航道沿线港口和机场设施，建设新的港口生产综合体。计划2020年前主要发展北方海航道基础设施和建设船队。② 2015年6月，俄罗斯政府批准了《北方海航道发展综合方案》(2015—2030年)，目的是保障北极地区航海安全、船舶和军舰航行、俄联邦主体北向运输，以及保护海洋环境不受污染，提高碳氢原料从北冰洋沿岸、俄罗斯北极大陆架产地运输的可靠性。该《方案》规定了船舶沿北方海航道航行的水流、水文、导航保障、搜救保障、港口发展，以及该航线的国防安全保障、海洋机械的研制和海洋系统的建立。③

---

① Основы государственной политики Российской Федерации в Арктике на период до 2020 года и дальнейшую перспективу. Стр. 4. 俄罗斯政府网：http://goverment. ru/media/files/A4qP6brLNJ175I40U0R46x4SsKRHGfUO. pdf。

② Стратегия развития Арктической зоны Российской Федерации и обеспечения национальной безопасности на период до 2020 года. Стр. 13. 俄罗斯政府网：http://goverment. ru/media/files/2RpSA3sctEIhAGn4RN9dHrtzk0A3wZm8. pdf。

③ 该方案涉及国防机密而没有公开，俄罗斯政府网站只有一个简短的介绍，见 Справка о Комплексном проекте развития Северного морского пути.（http://goverment. ru/orders/18405）。

2015 年 2 月，俄罗斯总统批准设立国家北极发展问题委员会，由副总理罗格津担任该委员会主席。

二、构建俄罗斯统一的欧亚交通体系

2016 年 8 月，俄联邦安全委员会向副总理 A. 德沃尔科维奇提交了安全委员会委员、莫斯科经济学院（莫斯科国立大学）院长、俄罗斯科学院院士 A. 涅基别洛夫《关于建设空间交通物流走廊体系的建议》。[①] 建议从俄罗斯自己的利益和安全出发，整合跨欧亚（西伯利亚）大铁路、贝阿大铁路和北方海航道，将欧洲与亚太地区连接起来。这一庞大基础设施项目被称作“统一的欧亚体系”（Единная Евразия）。试图借助西伯利亚、远东和北极地区的深度开发，使俄罗斯社会经济提高到一个新的水平。这一建议已经得到俄罗斯外交部、国防部和科学院的支持。

2016 年 12 月，俄罗斯联邦会议联邦委员会主席 B. 马特维延科主持学者和官员共同参加的会议，接受了莫斯科国立大学校长 B. 萨多夫尼奇院士、莫斯科经济学院院长 A. 涅基别洛夫院士、俄罗斯科学院社会政治研究所所长 Г. 奥希波夫院士和经济研究所 И. 斯塔利科夫教授等共同设计的国家方案《在俄罗斯境内建设连接亚太和欧盟的立体交通物流走廊》（代号：统一的欧亚——“跨欧亚发展带”）。该项目旨在通过建设欧洲和亚洲之间以跨欧亚（西伯利亚）大铁路、贝阿大铁路为基础的高铁干线和北方海航道以及乌拉尔、西伯利亚、远东和北极地区战略性交通枢纽网络为支撑的立体交通物流走廊，通过利用水上运输、铁路和公路运输、创新型无需机场的大吨位远距离运输工具、多式联运区间枢纽网络、小型或无需机场的航空快速起降平台，以及能源和信息通讯系统，相互之间连接成统一的交通物流基础设施，为深度综合开发西伯利亚、远东

---

① Дирижабли поднимут ＄200 млрд: Совет безопасности выдвинул новый мегапроект. Коммерсантъ, 11.08.2016 г.

和北极地区创造条件[①]。АТЛАНТ 型货运飞艇(新型空气静力运输飞行器)将保障北方海航道和跨欧亚(西伯利亚)大铁路之间的物流。这种飞艇载重量可达 16～170 吨,飞行速度每小时 140 公里,飞行距离 2 000～5 000 公里,运输成本 7～25 卢布吨公里。

该项目所要达到的目标,在地缘政治方面对俄罗斯国家安全战略,积极落实国家在加强与东亚和西欧国家合作的对外政策等问题形成新的认识,提高俄罗斯在 21 世纪全球经济分工中的地位,巩固国家的政治法律和社会经济基础;在地缘经济方面依靠现代交通物流基础设施、能源和居民生活保障体系、摆脱原料模式的经济多元化,努力消除地区间社会经济发展差距,增加就业岗位,深度综合开发西伯利亚、远东和北极地区;在科学技术发展方面,将俄罗斯科技实力提高到新的水平,研究和设计现代交通线路、基础设施、运输工具和物流自动化手段。使该地区得到大规模开发,形成高技术产业,鼓励劳动力流动和旅游,通过创造 700 万个就业岗位促使该地区人口增加。

这一工程将分三阶段实施。2018 年前做好充分准备,协调国内基础和应用科学力量、国有和私有企业以及社会组织,组织参与者财团和国际合作伙伴,确定本项目的法律、经济、财政、科技等其他基础和任务。2018—2025 年完成交通物流基础设施、能源体系以及西伯利亚、远东和北极地区生活保障系统建筑的基础性科学技术规章的制定,制定“路线图”和基础性建筑设计,以及高新技术产业发展方向。根据本方案设定的目标对地区和全国社会经济发展进行战略规划。建设高速铁路及其基础设施,建设和开发交通物流设施以及北方海航道所需要的基础设施,建设破冰船队,在西伯利亚、远东和北极地区水、空运输线路上改造并建设新的多式联运基础设施,组建联邦级多式联运物流运营公司。2025—2035 年及以后完成以高速铁路和北方海航道及其相互之间交通

① Национальный проект《Создание пространственных транспортно-логистических коридоров на территории Российской Федерации, соединяющих Азиатско-Тихоокеанский регион и Европейский союз》(Шифр《Единная Евразия - ТЕПР》. 2016. Стр. 2.

物流和能源基础设施为基础的立体交通物流走廊建设，在此基础上基本形成高新技术产业和农业综合体，将其产品推向国内和国际市场。发展和完善西伯利亚、远东和北极地区社会经济和居民日常生活基础设施，为开展国内和国际旅游创造条件。就俄罗斯进一步融入全球经济采取一系列措施，吸引中国、美国和欧洲国家参与项目建设。俄罗斯认为这一项目从地缘政治角度来说是最安全的，与欧盟和美国的新的互利合作伙伴有着更加坚实的基础，并能够突破西方制裁。

据初步计算，这一方案完成第一和第二阶段的任务需要 3 100 亿～3 200 亿美元的投资，其中高铁项目约 2 700 亿～2 800 亿美元。据俄罗斯科学院中央经济数学研究所初步计算，第一和第二阶段高铁及其他附属项目投入运营后的回收期估计为 12～15 年。这一方案的实施可以创造 2 000 万个新的就业岗位，其中建设高铁及其沿线经济发展带可以创造 700 万个。

马特维延科议长在讲话中强调，"必须建设现代化的基础设施网络，将欧亚经济联盟的东西和南北边界连接起来，并使欧亚经济联盟的交通体系与中国的'丝绸之路经济带'连接起来"。① "我们已经做了很多工作，现在需要付诸具体的行动。我们需要向总统提交一份报告，启动责成政府落实这一项目的程序。在提交报告之前需要对跨欧亚经济发展带方案进一步细化，进行更细致的经济技术论证"。②

中国"一带一路"倡议与俄罗斯"统一的欧亚交通体系"构想相比，最大的区别在于，中国"一带一路"倡议穿越欧、亚、非三大洲及相关海域，以与几十个国家之间的经济合作为主线，以贸易和投资规则的确立和基础设施互联互通为根本，实现该地区的经济一体化发展；而俄罗斯"统一的欧亚交通体系"主要的还是以境内交通基础设施建设为主，并延伸到

---

① Евразийская интеграция: современные вызовы и новые горизонты. Ежегодный доклад Интеграционного клуба при Председателе Совета Федерации за 2016 год. М.: Издание Совета Федерации. 2017. Стр. 32.

② 同上. Стр. 38. 本书作者李新教授受特别邀请参加了此次会议并就"一带一路"与跨欧亚发展带和北方海航道对接发表演讲。

西欧和亚太地区。所以,对中国来说,要落实“一带一路”倡议,最主要的是与相关国家实现战略对接。

三、中蒙俄经济走廊:蒙古国“草原之路”连接“一带一路”和“跨欧亚发展带”

2014年2月,习近平在索契正式邀请俄罗斯参与“一带一路”建设,普京当即回应“用俄罗斯跨欧亚铁路对接‘一带一路’”。2014年8月,习近平在乌兰巴托邀请蒙古国参与“一带一路”建设,额勒贝格道尔吉当即回应用蒙古国的“草原之路”对接“一带一路”。2014年9月,普京对蒙古国进行工作访问,额勒贝格道尔吉建议蒙古国的“草原之路”对接俄罗斯的跨欧亚大铁路。在此后不久中蒙俄三国元首在杜尚别举行首次峰会,习近平建议共建中蒙俄经济走廊,得到俄、蒙两国元首的一致赞同。

1. 中俄作为蒙古国的主要经济合作伙伴

蒙古国的地理位置决定了它只有两个主要经济合作伙伴,即中国和俄罗斯。1993年俄蒙两国签署了《友好关系与合作条约》。但1990年两国签署《关于贸易采用可自由兑换货币》结算的政府间协定之后,整个1990年代两国贸易规模大幅度缩减。从1992年的12.6亿美元减少到1996年2.8亿美元。1996年俄蒙贸易额在蒙古国对外贸易总额中的占比从1980年代的85%~90%缩减到27.5%。蒙古国在独联体之外的主要贸易伙伴是:中国占16.1%,日本占13.1%,瑞士占13%,韩国占6%,意大利占3.9%。进入21世纪,俄蒙经贸关系仍然没有得到恢复。2001年蒙古国对外贸易总额9.4亿美元,其中蒙俄贸易额2.4亿美元,占25.7%;中蒙贸易额3.8亿美元,占比升至40.4%。2000年代中期开始俄蒙经济合作进入了快车道。从2006年的5.9亿美元增加到2008年的13亿美元,但是俄罗斯在蒙古国的对外贸易总额中的占比进一步下降至21.3%,而中国的占比则达到47%。在俄蒙贸易中,进出口结构严重失衡,90%的贸易额体现在俄罗斯对蒙古国的出口,主要出口产品仍然是石油制品和电力。俄罗斯在蒙古国的出口总额中只占3%。2010—2013年俄罗斯在蒙古国对外贸易中的占比进一步下降到15%～18%，而中国则达到50%。2012年俄罗斯在蒙古国的进口总额中占27.4%，在出口中仅占1.8%；而中国则分别达到92.6% 和27.6%。俄罗斯对蒙古国的投资数额也不大，截至2008年年底只有200万美元。而中国在1990—2010年的20年间对蒙古国的投资达到18亿美元，占蒙古国吸引外国直接投资总额的53%，在蒙古国的中资企业达到5 300家，占蒙古国外资企业总数的50%；而同期俄资企业数量为769家，在直接投资总规模中的占比不足2%。①

2. 中俄共同对接蒙古国“草原之路”

1994年中国和蒙古国重新签署了《中蒙友好合作关系条约》，为两国关系健康稳定发展奠定了政治和法律基础。1998年蒙古国总统巴嘎班迪访华期间发表的联合声明确定建立面向21世纪长期稳定、健康互信的睦邻友好合作关系。2003年胡锦涛主席访问蒙古国，双方宣布建立睦邻互信伙伴关系。2011年蒙古国总理巴特包勒德访华，双方宣布建立战略伙伴关系，中蒙两国关系发展开始提速。2013年两国政府签署了《中蒙战略伙伴关系中长期发展纲要》。自1999年中国就取代俄罗斯成为蒙古国的第一大贸易伙伴国。双边贸易额从2001年的3.8亿美元增加到2013年的60亿美元，占蒙古国对外贸易总额的一半以上。截至2013年10月，中国无论是就占外资企业总数的比例还是占外国直接投资总额的比例均超过50%，中国对蒙古国累计直接投资总额超过25亿美元，成为第一大投资来源国。中国对蒙古国的投资并没有局限于资源领域，而是涵盖了贸易、餐饮、服务、建筑工程和建材生产、畜产品加工和食品生产等行业。

2014年8月，习近平主席访问蒙古国，将两国关系进一步提升为全

① 资料来源：根据 Монгол улсын статистикийн эмхтгэл. Mongolian Statistical Yearbook. 2010; 2011; 2012. Улаанбаатар.; Baatar Ts. Foreign direct investment in Mongolian case// Олон улсын монголч эрдэмтдийн X их хурлын илтгэлууд. Proceedings of the 10th International Congress of Mongolists. Vol. III. Mongolia's Economy and Politics. Улаанбаатар, 2012. P. 145-148 整理。

面战略伙伴关系，双方签署了26项合作协议，其中多数涉及经贸、金融、能源和基础设施建设。双方达成协议扩大铁路运输，把双边贸易额提高到100亿美元，将货币互换额度从100亿元增加到150亿元人民币，蒙古国通过欧亚铁路向欧盟运输的货物量将增加到每年1亿吨，中国向蒙古国提供的出海口将达到8个。习近平主席为中蒙经济合作的方向确定了矿产资源开发、基础设施建设和金融合作“三位一体，统筹推进”的原则，以互联互通建设为优先方向，以建设丝绸之路经济带为契机，拓展两国合作，鼓励有实力的中国企业赴蒙投资兴业。习近平在蒙古国大呼拉尔发表演讲时表示，“中方愿同蒙方加强在丝绸之路经济带倡议下合作，对蒙方提出的草原之路倡议持积极和开放态度。双方可以在亚洲基础设施投资银行等新的平台加强合作，共同发展，共同受益”。“我这次访问期间，蒙方长期关心的过境运输、出海口等问题都得到了妥善解决”。

蒙古国确定实施“草原之路”计划，充分发挥作为欧亚桥梁的地理优势，通过运输贸易振兴蒙古国经济。“草原之路”战略规划了5个庞大项目：连接中国和俄罗斯贯穿蒙古国的997公里高速公路，1 100公里铁路的电气化改造和复线建设，高压输电线路和石油、天然气管道。总投资需要500亿美元。蒙古国政府期望该计划的实施能为本国带来更多投资并带动产业升级，提升蒙古国的能源和矿产开采与加工能力。

自从2012年俄罗斯对外政策开始向东转，特别是西方对俄罗斯进行制裁，迫使俄罗斯加强与亚洲国家的关系。俄罗斯在蒙古国的利益具有战略性意义，是其对外政策东方部分的重要内容。为了加强与蒙古国的关系，2014年9月，普京对蒙古国进行了工作访问，蒙古国总统建议普京走上“草原之路”。对经过蒙古国领土的过境运输铁路线进行现代化改造，增加运能，提高速度，实现苏赫巴托—赛音山达—扎门乌德（1 100公里）线路电气化和建设复线。俄罗斯铁路总公司和蒙古国道路和运输部已经签署了这一合作文件。两国元首还签署了互免签证，俄罗斯向蒙古国提供无偿军事技术援助等一系列合作文件。两国政府还将制订发展和深化合作“路线图”。蒙古国希望成为俄罗斯天然气输送到中国的过境国。俄罗斯取消了蒙古国动物制品的限制。

中蒙俄三国就建立“生物安全统一标准”问题开展了积极的工作。2013 年 12 月，中蒙俄三国铁路部门代表在乌兰巴托举行第一次会议，讨论了过境转运的问题，其中包括作为欧亚天然大陆桥的“北方”国际交通走廊。三方确认开展铁路跨境运输合作，提升现有铁路运能，成立三方运输物流联合公司，均衡发展并提升乌兰乌德—纳乌什基—苏赫巴托—扎门乌德—二连浩特—集宁铁路线各区段的铁路运输能力。

2014 年 9 月，中蒙俄三国元首在杜尚别实现首次会晤。习近平表示，“中方提出共建丝绸之路经济带倡议，获得俄方和蒙方积极响应。可以把丝绸之路经济带同俄罗斯跨欧亚大铁路、蒙古国‘草原之路’倡议进行对接，打造中蒙俄经济走廊”①。俄罗斯总统普京认为，中方共建丝绸之路经济带的倡议为三国合作提供了新的重要机遇。额勒贝格道尔吉表示，蒙古国从战略高度重视同中国和俄罗斯发展更加紧密的睦邻友好合作关系，习近平主席和普京总统对蒙古国的访问推动了蒙中、蒙俄关系发展，蒙方希望加强同中、俄的合作拉动交通基础设施互联互通和跨境运输。三方决定建立副外长级磋商机制，统筹推进三国合作。2015 年 7 月，三国元首在俄罗斯乌法举行第二次会晤，批准了《中俄蒙发展三方合作中期路线图》、三国有关部门分别签署了《关于编制建设中俄蒙经济走廊规划纲要的谅解备忘录》《关于创举便利条件促进中俄蒙三国贸易发展的合作框架协定》《关于中俄蒙边境口岸发展领域合作的框架协定》。2015 年和 2016 年三国元首相继批准了《中俄蒙发展三方合作中期路线图》和《建设中蒙俄经济走廊规划纲要》。

建设中蒙俄经济走廊具有重要的战略意义。在政治上，中国从国家安全的角度需要推动周边国家和地区的和平与发展。在中国的邻国中，俄罗斯和蒙古国具有特殊的战略意义。中、蒙边界线长达 4 710 公里，

① 《习近平出席中俄蒙三国元首会晤》，《人民日报》，2014 年 9 月 12 日，第 1 版。

俄、蒙边界线也长达3 543公里。如此漫长的边界说明，三个国家都需要一个良好的政治经济关系，更有利于国家安全。而良好政治关系的前提是强化地缘战略的合作。从当前的发展形势上看，三国政治关系发展较为顺畅，都有积极参与区域经济合作和多边论坛的热情。所以，从中、俄、蒙三方来看，积极推进“中蒙俄经济走廊”的建设不但可以确保三国和平发展的国际环境，加强三个国家之间的战略合作伙伴关系，也符合世界经济一体化的发展趋势。把互利共赢的外交理念与经济发展纳入一个发展框架中，对该地区经济一体化的形成有重大的推动作用。

从国际分工的角度来看，通过加强“中蒙俄经济走廊”的建设，可以实现基础设施的互联互通为三方开辟新的市场，促进资本集聚的快速形成，能源的开发、销售链条的形成可以减少交易成本。而且“中蒙俄经济走廊”交通网络一旦形成，这条经济走廊将成为连接中国与俄罗斯、蒙古，甚至是连接亚洲与欧洲的重要通道，中蒙俄三国将在这个显著的区位效应中获益。另外，从要素配置的角度看，“中蒙俄经济走廊”的建设有利于三个国家之间生产要素的流动，提高要素配置的效率，比如有利于中、蒙、俄三国之间能源开发的合作，加快中蒙俄三国之间劳动力的转移、商品的流动和资本的集中。因此，加强“中蒙俄经济走廊”的建设，对于中蒙俄三国经济形成规模效应，推动区域经济一体化的发展有着重大意义。

3. 中蒙俄经济走廊旨在三国跨境基础设施互联互通

中蒙俄经济走廊作为“一带一路”的重要组成部分，切实实现中国东北振兴与俄罗斯远东开发两大战略对接，带动整个东北亚区域经济一体化发展。经国务院授权，国家发改委、外交部和商务部于2015年3月发布的《推进共建丝绸之路经济带和21世纪海上丝绸之路的愿景与行动》在中蒙俄经济走廊建设方面指出，“发挥内蒙古联通俄蒙的区位优势，完善黑龙江对俄铁路通道和区域铁路网，以及黑龙江、吉林、辽宁与俄远东地区陆海联运合作，推进构建北京—莫斯科欧亚高速运输走廊，建设向北开放的重要窗口”。① 打造中蒙俄经济走廊，首先需要加强国际交通基础设施建设，实现中俄蒙互联互通。2016 年《中俄总理定期会晤联合公报》强调要“推动落实《建设中蒙俄经济走廊规划纲要》”②

2016 年 12 月，俄罗斯政府批准了《“滨海 1 号”和“滨海 2 号”国际交通走廊发展构想》，目的在于加强相关国家之间的国际经济合作，将俄罗斯融入亚太经济体，促进俄罗斯相关地区特别是远东和贝加尔地区的社会经济发展；其任务是通过开发、更新和改造基础设施，提高其通过能力，优化货物运输布局，建设现代物流中心，消除行政障碍来提高运输效率，降低风险和运输成本，保证运输货物的完整性和按时交货。根据联合国开发署“大图们江倡议”中、蒙、俄、韩四国政府间合作机制交通委员会会议，规划中的“滨海 1 号”跨境交通走廊西起哈尔滨，经牡丹江、中俄边境绥芬河/波格拉尼奇内或绥芬河/格罗杰科沃或杜宁/波尔塔夫卡、乌苏里斯克、到符拉迪沃斯托克或东方或纳霍德卡港、再进入海上航线。“滨海 2 号”跨境交通走廊西起长春，经吉林、珲春/克拉斯基诺或珲春/马哈林诺(卡梅绍瓦亚、到扎鲁比诺港、再进入海上航线。主要物流包括俄罗斯国内到滨海边疆区港口之间，中国和俄罗斯之间陆路货物运输，中国东北与其他国家进出口物流，经过中国到中亚的过境物流、中国对亚太及其他国家货物向没有出海口的中亚国家的再出口、中国国内东北省份与中部和南部各省份之间的货物运输。到 2030 年这些物流接入“滨海 1 号”和“滨海 2 号”交通走廊的货物运输规模将达到每年 4 500 万吨。③

对中国来说，主要是发挥三条大通道的作用。一是中国华北京津冀—二连浩特—蒙古乌兰巴托—俄罗斯乌兰乌德。蒙古境内已经规划

---

① 《推进共建丝绸之路经济带和 21 世纪海上丝绸之路的愿景与行动》，《人民日报》，2015 年 3 月 29 日，第 4 版。

② 《中俄总理第二十一次定期会晤联合公报》，《人民日报》，2016 年 11 月 8 日，第 3 版。

③ Концепция развития международных транспортных коридоров《Приморье－1》и《Приморье－2》. Стр. 1-6. 俄罗斯政府网站：http://www.government.ru/news/25953/。

为“草原之路”并与中、俄两国进行合作，进行铁路电气化改造，修建高速公路，铺设石油和天然气管道，架设高压输电线路。俄罗斯境内也在对跨欧亚（西伯利亚）大铁路和贝阿大铁路进行现代化改造。二是俄罗斯赤塔—中国满洲里—哈尔滨—绥芬河—俄罗斯符拉迪沃斯托克。这一通道将黑龙江省与欧洲联系起来，同时黑龙江省也在太平洋确立了出海口。《黑龙江省与内蒙古东部沿边开发开放规划》和《中国东北地区面向东北亚区域开放规划纲要》已将这条通道建设作为重要战略之一。现已开通津满欧、苏满欧、粤满欧、沈满欧等中俄欧铁路国际货物班列，并基本实现常态化运营。三是蒙古乌兰巴托—乔巴山—霍特—中国阿尔山—白城—长春—珲春—俄罗斯扎鲁比诺港。早在2009年8月国务院就批复了《中国图们江区域合作开发规划纲要——以长吉图为开发开放先导区》，[①]对中、蒙、俄、朝国际合作及这条中俄蒙国际大通道作出了详细规划。根据吉林省政府发布的《〈关于国务院近期支持东北振兴若干重大政策举措〉的落实意见》，吉林省将积极开辟珲春—俄罗斯扎鲁比诺港—日本新潟、珲春—扎鲁比诺港—韩国釜山陆海联运航线，加快推进中蒙“两山”铁路前期工作。2013年8月中国珲春—俄罗斯马哈林诺国际联运铁路列车重启。2015年5月，中国吉林珲春—俄罗斯马哈林诺—扎鲁比诺—韩国釜山国际陆海联运航线开通。

这三条大通道贯穿京津冀协同发展、环渤海经济合作和东北振兴以及俄罗斯远东及东西伯利亚开发和蒙古国矿业兴国战略。交通基础设施的互联互通将促进整个东北亚地区的区域经济合作，小图们江区域合作将华丽转身为大图们江的区域合作，东北亚区域经济合作离不开朝鲜、韩国和日本的合作，见图5.5。中韩自由贸易协定已经签署，中日韩自由贸易谈判也在紧张进行当中。这两个自贸区的建设将助推东北亚区域经济合作进一步提速。考虑到俄罗斯东西伯利亚和远东开发是面向整个亚太地区，寄希望于日本和韩国的资金和技术，计划与亚太经合

① 中国图们江区域合作开发规划纲要。中国网：http://www.china.com.cn/news/txt/2009-11/17/content_18902483.htm。

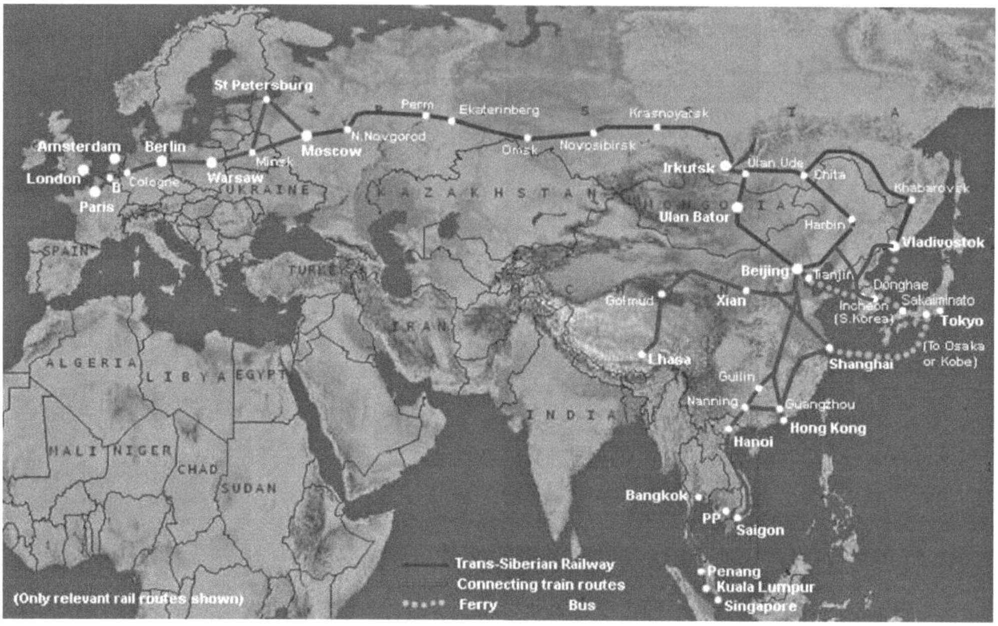

图 5.5 中蒙俄经济走廊与韩国“东亚铁路共同体”构想

组织各经济体韩国、日本、东盟、越南、印度等启动一系列的自由贸易协商谈判,与中国的自贸区谈判尚未列入议事日程。中国东北地区老工业基地也面临着技术的升级改造,也希望与美国、日本、韩国加强技术合作。蒙古国更是将寻求“第三邻国”作为其外交政策的核心,将自己的矿产资源出口到俄罗斯和中国以外的第三国如日本、韩国和东南亚其他国家。日本和韩国也迫切需要俄罗斯和蒙古国的能源和矿产原料。因此,有必要吸引日本和韩国乃至美国和朝鲜加入中蒙俄经济走廊建设,共同推进东北亚区域经济合作。中韩自贸区和中日韩自贸区的建设有助于吸引俄罗斯加入自贸区谈判,共同将东北亚区域经济合作推向东北亚自由贸易区。与中国—东盟自贸区升级版、日本—东盟自贸区、韩国—东盟自贸区以及中国—澳大利亚自贸区、中国—新西兰自贸区和区域全面经济伙伴关系(RCEP)共同构成2014年中国举办APEC峰会期间提出的亚太自贸区(FTAAP)的基本框架。

四、“一带一路”对接俄罗斯北方海航道:共建“冰上丝绸之路”

2014年乌克兰危机和随之而来的美欧制裁,国际油价暴跌等因素打乱了普京的北极战略部署。美欧企业中断与俄罗斯在其北极区已经开展的和将要开展的合作项目,停止向俄罗斯提供用于深海、北极资源开发的技术、设备和资金等。在西方不断加深对俄罗斯经济制裁的情况下,俄罗斯被迫重新考虑其在北极国际合作中“重视西方排斥东方”的战略思路,开始转向经济发展迅速的亚太地区,中国自然成为其选择的主要对象之一。俄罗斯主动要求与中国的“一带一路”倡议对接,希望中国能参与俄罗斯北方海航道基础设施建设,参与亚马尔地区能源基地建设,参股进行北极能源开采等活动。

中俄北极合作开始进入务实阶段。2013年中国石油天然气集团公司入股俄罗斯北极地区的“亚马尔液化气”项目。该项目是目前全球最大的天然气勘探开发、液化、运输、销售一体化项目,是俄罗斯北极发展战略成败的关键性项目。2015年12月,丝路基金从俄方股东诺瓦泰克公司购买9.9%股权,成为继诺瓦泰克公司(50.1%股权)、法国道达尔公司(20%股权)和中石油(20%股权)之后的第四个股权持有者。该项目表明中俄北极经济合作开始起步。2015年两国总理联合公报中首次提到将北方海航道的开发利用列入今后的主要工作之中,表示“加强北方海航道开发利用合作,开展北极航运研究”。① 中俄北极合作进入实际运作阶段,为两国在俄北极地区开展合作奠定了基础。

现在中俄北极经济合作刚刚起步,中国有能力参与的项目主要还是集中在港口、工业设施、道路等基础设施建设领域,尚无能力涉足需要高端技术支持的领域,例如北极大陆架资源开发,极地船舶制造等。但是,西方的制裁和技术、资本的撤离迫使俄罗斯加快自主技术和设备的研发和创新,为中俄两国在极地高新技术和创新领域提供了广泛的合作空

---

① 《中俄总理第二十次定期会晤联合公报》,《人民日报》,2015年12月18日,第3版。

间。2014 年俄罗斯运用本国技术在伯朝拉海域建立起全球首座抗冰石油钻井平台“普里拉兹诺姆”。俄罗斯虽然在大陆架油气开发领域技术和设备不及一些国际能源大集团，但是表明俄罗斯在北极大陆架油气资源开发领域具备一定的技术和能力。另外，俄罗斯在极地环境下的陆地开采技术先进，经验丰富，有些技术甚至是独一无二的。中俄北极合作将为“21 世纪海上丝绸之路”打开通向北冰洋的通道，中国“海上丝绸之路”倡议与俄罗斯北方海航道开发计划相互对接，将形成第三条蓝色通道，打通整个亚欧大陆的海上环绕通道。

五、丝绸之路经济带对接欧亚经济联盟框架的基础设施互联互通

2015 和 2016 年《中俄总理定期会晤联合公报》都强调了“一带一路”建设与欧亚经济联盟建设对接合作框架下推动交通、跨境基础设施、物流等领域的项目合作。[①] 2015 年欧亚经济联盟成员国领导人责成欧亚经济委员会组织丝绸之路经济带与欧亚经济联盟对接框架下确定优先项目，制定与中国进一步合作的“路线图”。为此专门成立了工作组，研究共同建设的交通和基础设施项目。经过对各国交通部门提供的信息进行分析和采用协商一致的标准进行筛选，形成了初步的项目清单。2016 年年底，在交通部长会议上确定并通过了这一项目清单。该清单囊括了 40 多个项目，主要是大型基础设施和跨国交通走廊，包括改造现有道路，修建新的道路，建设交通物流中心和交通枢纽等。亚美尼亚主张建设亚美尼亚—伊朗铁路，借伊朗进入哈萨克斯坦、中国市场；俄罗斯提出修建从圣彼得堡到哈萨克斯坦边境的公路，这是欧洲西部—中国西部“双西公路”交通走廊的一部分；俄罗斯最感兴趣的就是西伯利亚大铁路和贝阿大铁路的现代化改造；白俄罗斯计划建设从波兰边境的布列斯特经明斯克、奥尔沙到俄罗斯边境的高铁，这是规划中的柏林—北京项目的一部分；哈萨克斯坦计划改造一些公路和铁路以及 6 个交通物流中

① 《中俄总理第二十次定期会晤联合公报》，《人民日报》，2015 年 12 月 18 日，第 3 版；《中俄总理第二十一次定期会晤联合公报》，《人民日报》，2016 年 11 月 8 日，第 3 版。

心;吉尔吉斯斯坦要求建设 3 个物流中心和几个铁路项目,其中包括中吉乌铁路。联合交通物流公司也写入了谈判框架,该公司是由俄罗斯、白俄罗斯和哈萨克斯坦铁路部门共同组建来负责欧亚跨境运输的运营商。这些项目投资总额超过 500 亿美元。①

中俄天然气西线运输管道的规划使中俄西部跨境互联互通建设开始进入人们的视野。在与俄罗斯学者交流期间,笔者不止一次听到开通俄、哈、中额尔齐斯河(Иртыш)河运的建议,即中国的货物可以从额尔齐斯河的上游新疆布尔津装船启运,穿越哈萨克斯坦,运抵西伯利亚重要城市鄂木斯克换装到西伯利亚大铁路,发往欧洲或远东,或向北继续经汗特曼西斯克进入鄂毕河到达北冰洋。但实际情况是,额尔齐斯河上游中哈边境地区只有在 1949 年前的夏季才有过通航的历史,目前实际变成了湿地,已经无航运的可能。

笔者建议以修建中俄天然气西线运输管道之契机,并行修建跨越阿尔泰山的铁路和公路,向北经巴尔瑙尔在新西伯利亚接入跨欧亚(西伯利亚)大铁路,向南到达乌鲁木齐,将两条欧亚大陆桥连接起来,形成中、俄、哈、蒙阿尔泰次区域经济合作区。早在 2000 年 7 月,四国相关地区的学者和政府官员在中国新疆阿勒泰举办了首届阿尔泰区域科技合作与经济发展国际研讨会举行,并签署了《阿尔泰区域合作倡议》。2002 年四国相关地方政府还成立了阿尔泰区域合作国际协调委员会。加快阿尔泰次区域经济合作区建设有利于发挥各自潜力,实现优势互补,扩大合作空间,带动本地区经济繁荣。

六、中蒙俄经济走廊建设存在的问题

1. 贸易方式随着中俄、中蒙经贸合作的不断加深面临创新的挑战

中国和俄罗斯、蒙古之间的贸易 20 多年来“原材料换消费品”的贸

---

① Евразийская интеграция: современные вызовы и новые горизонты. Ежегодный доклад Интеграционного клуба при Председателе Совета Федерации за 2016 год. М.: Издание Совета Федерации. 2017. Стр. 82-83.

易模式并没有得到实质性的改善，商品贸易规模不大，种类单一。这种不对称的经贸关系容易引起俄罗斯、蒙古两国的不满情绪，如果不加以改善，必然成为制约着中俄经贸合作继续发展的瓶颈。造成这种制约的因素很多，有些是客观因素，比如双方的要素禀赋不同，一方面蒙古和俄罗斯远东地区劳动力缺乏，迫使中国投资企业必须从国内引入劳动力，增加了企业生产成本；另一方面中国投资企业对专业技术人员和管理人员的需求与俄、蒙两国人口现状及教育水平存在较大差距。但也有些是人为因素，需要双方共同努力克服，比如：俄罗斯和蒙古都存在基础设施建设不发达，边境口岸设施落后，包括边境地区公路和铁路运输能力低下，信息管理严重滞后等问题。除此之外，中俄、中蒙之间的经贸合作还面临着沟通不畅、法律法规不健全等诸多瓶颈制约。俄罗斯正在实施经济现代化战略，必将改变原料出口的发展模式，吸引投资，发展加工业，鼓励深加工。以投资带动贸易的产业内贸易将成为国际贸易发展的必然趋势。

2. 俄罗斯、蒙古对中国崛起的负面情绪影响到双边合作的长期运行

面对中国经济的崛起，无论是俄罗斯还是蒙古国都存在“中国威胁论”，甚至担心“一带一路”和中蒙俄经济走廊的建设将会使俄罗斯和蒙古国沦落为中国的经济附庸，对于中国提出的“一带一路”建设主张予以防范。他们认为，中国最终要为日益膨胀的人口在海外建立一个“移民家园”，因此担心中国通过“一带一路”和中蒙俄经济走廊的建设来逐步蚕食俄罗斯和蒙古的资源和领土。但实际上这种担忧是多余的，尽管中国确实存在自然资源的不足，但中国完全可以通过科技和经济的发展来解决这一问题。而且由于中国多年的计划生育政策，中国人口红利逐渐消失，劳动力资源也开始出现缺口，现在中国也成为东南亚和非洲国家劳动力移民的目的地。

3. 东北亚地区存在反法西斯战争的一系列历史遗留问题

由于俄日之间关于南千岛群岛（日称“北方四岛”）领土争端，至今没有签署和平协议。朝鲜半岛上朝、韩仍然处于尖锐的军事对峙状态。

日韩之间也存在着对马、独(竹)岛等领土争议。由于钓鱼岛问题和日本军国主义复活以及日本当局否认或美化侵略历史问题中日关系趋于恶化。中日韩自贸区谈判也正是在这种背景下艰难启动的，而且进展缓慢。

4. 俄罗斯和蒙古政策环境制约着经济合作的继续扩大

相比较而言，中国的投资环境虽然也存在一些问题，总体上比俄罗斯和蒙古国要好，经过近40年改革开放在吸引外资方面积累了很多的经验。俄罗斯在投资环境存在问题比较突出。例如，缺少外国投资优惠政策，政府审批困难重重，腐败现象严重，政府寻租行为等等，这些问题制约着外国投资的持续扩大。更重要的是，对于这些问题的存在，俄罗斯方面缺少足够的认识，并没有积极的改进，极大地影响了中国企业的投资热情。蒙古国在冷战结束后政治体制发生了变化，现在多党制轮流执政，不可避免地出现了政党之间的意见分歧，甚至出现政局不稳的局面。在这样的政治环境下，政府办公效率低下，人事变动频繁、政策摇摆不定等等。考虑到蒙古国政策稳定性，“一带一路”和中蒙俄经济走廊的建设必然存在一定的风险成本，也给双边的经贸合作带来消极因素。同时，俄罗斯和蒙古之间的经贸合作也存在问题，比如蒙古设置的各种贸易、投资壁垒容易引发俄罗斯方面的不满情绪；俄罗斯和蒙古合作建设的乌兰巴托铁路升级项目长期以来进展缓慢；两国合作开发煤矿等项目也一直是纸上谈兵，因此三方的经济合作任重道远。

5. 经济发展水平和经济结构差距大以及经济体制各不相同

据世界银行资料，2017年中国经济规模达到12.23万亿美元，占世界第二位，但人均GDP仅为8 900美元；日本4.8万亿美元，不足中国的一半，但人均高达38 392美元；俄罗斯1.86万亿美元，人均12 937美元；韩国1.41万亿美元，人均27 970.5美元；蒙古国只有120.2亿美元，人均4 170美元；[①]朝鲜没有确切的数据，但在亚洲基本属于叙利亚和巴勒斯坦之类最为贫困的国家。如此悬殊的经济规模和不同的发展阶段，导

① 世界银行数据：国家与经济体(http://data.worldbank.org.cn/country)。

致各个经济政策、产业结构政策不能相互衔接。

6. 在中蒙俄经济走廊建设问题上中国存在强劲竞争对手

目前，中、日、韩在与俄罗斯远东地区的商品贸易中呈现三分天下的局面，中国略微占据优势。然而在向俄远东地区出口的商品结构中，中国以消费品为主，附加值低，而日、韩则以投资品为主，附加值高，且具有技术方面的优势。同时也应该看到，虽然中、日、韩之间存在竞争，但也具有合作的可能性。2018 年 8 月 15 日，韩国总统文在寅提议构建"东亚铁路共同体"，涵盖韩国、朝鲜、中国、日本、俄罗斯、蒙古、美国等。根据文在寅的构想，"东亚铁路共同体"不仅仅涵盖铁路交通，同时将着眼于经济和安保合作，进而发展为东亚能源、经济共同体，最终发展至东北亚多边和平安全机制。文在寅提议以龙山地区作为始发点，将韩国的经济版图向北方进一步扩张，并使其成为繁荣东北亚的大动脉。在文在寅政府提出的"新经济构想"中，分别提出贯穿朝鲜半岛的三大经济纽带，而三大经济纽带同时将与中国、俄罗斯等国家进行连接，并促使韩、朝、中、俄四方共同受益。①

七、政策建议

1. 充分发挥中俄两国良好政治关系优势，切实消除疑虑，促进经济合作发展

我们在第一节的实证研究发现，中俄两国良好的政治关系并没有为经贸合作带来显著的促进作用，这说明，两国现阶段还没有充分发挥出良好政治关系这一得天独厚的优势来深化经济合作。为了发挥这一优势，两国政府应该加强政策法规、经济环境、资金支持等方面的工作，形成两国企业合作巨大的推动力。在消除互相疑虑问题上，两国政府部门更应该发挥重要作用，为双方营造有利于经济合作的舆论环境，给予投资的政策支持，建立协调解决双方分歧的机制，鼓励两国企业加强合作

① 《文在寅倡议"东亚铁路共同体"，推进东亚经济合作》，2018-08-1521:45:50。第一财经官网，https://www.yicai.com/news/100011561.html。

等等。总之，双方都应该深刻认识到，对方经济的快速发展对于己方来说是一个重要机遇，合则两利，分则两败。

2. 进一步深化区域合作机制，完善贸易、投资环境

通过研究发现，经济合作平台对中俄两国的经济合作有较大促进作用。尤其是 APEC 自成立以来致力于推动区域和全球范围的贸易投资自由化和便利化，对中俄双边经贸合作产生了较为明显的推动效应。上海合作组织也是成员国之间维护国家安全，进行经济合作的重要平台，但该组织的成立对中俄两国的经济合作的促进作用并不显著，因此是中俄两国政府应积极完善上合组织的运行机制，发挥其经济合作的功能，制定长期并具有可操作性的经济合作纲，从而加强经贸领域的实质性合作。还要根据新形势的变化，从优惠政策、投资保护、风险规避、社会舆论等方面优化投资环境，增大两国企业相互投资以及商品消费的吸引力；建立投资基金，推行双边贸易的本币结算，为两国企业合作提供便利条件；充分发挥“智库”的作用，为两国经济合作提供咨询，支撑企业对科技和管理人才的需求。

3. 积极推进基础设施建设，构建中俄自由贸易区，以促进商品和要素的自由流动

加快基础设施建设和自由贸易区的构建一方面，可以推进双方经贸合作一体化的进程，这也是中国“一带一路”与俄罗斯跨欧亚发展带对接的根本内容；另一方面，也可以在双方的自由贸易区内实现商品、劳动力、资本要素的自由流动，提高经济合作效率。

4. 调整双边贸易结构，培育贸易新的增长点，积极推进大项目合作

从中俄两国贸易的商品结构上看，中国以出口劳动密集型商品，而进口自然资源型产品为主，这种贸易方式不利于双边贸易的持续稳定发展。中俄经贸合作应培育出新的增长点，让双方的经济合作向深层次、多元化发展。例如，积极推动双方向生物技术、航天航空、军事工业、核能工业、现代农业合作等高科技、战略性大项目的合作，进而开拓双边经济合作潜力。

第4节 "一带一路"对接欧亚经济联盟共建亚欧共同经济空间的条件

亚欧大陆主要国家如中国、俄罗斯、中亚大部分国家、印度、巴基斯坦、阿富汗、伊朗等都分别以成员国、观察员国或对话伙伴国的身份同时加入了欧亚经济联盟、上海合作组织、亚信会议，它们也以极大的热情积极支持、参与中国关于共建丝绸之路经济带和21海上丝绸之路的重大倡议。

一、世界经济持续复苏，逆全球化趋势上升

2008年全球金融危机爆发以来，各国积极采取刺激措施，从2009年的增长陷阱中把经济拉了出来。2010年世界经济增长率一度高达5.3%，全球贸易总量罕见地增长12.8%。然而随着刺激效应的衰减和增长乏力，世界经济增长率迅速下降至2012年的3.1%，之后转向停滞，一直徘徊在3.2%～3.4%，世界经济长期处于低迷状态。经过漫长的复苏期，全球经济在2017年迎来近10年最大幅度的增长提速3.7%，世界经济进入相对强势的复苏轨道，见图5.6。

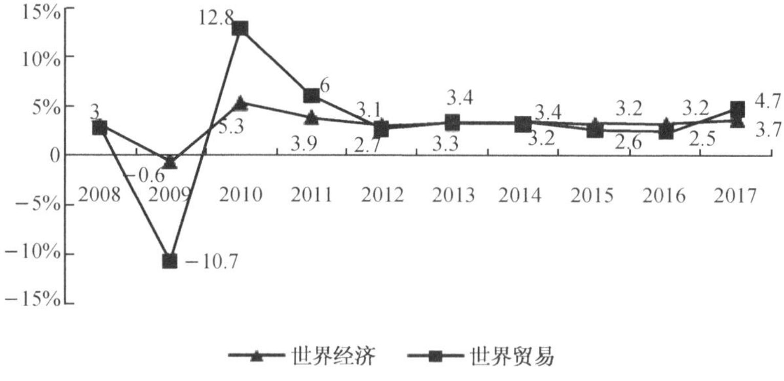

图5.6 近十年世界经济和贸易变化情况

资料来源：世界银行数据库，https://data.worldbank.org.cn

由于周期性因素的影响和内生增长动力的增强，以及金融环境改善和市场需求复苏，自 2016 年中期以来全球经济周期性上升势头不断加强。2017 年约 120 个经济体同比增速出现了上升，这是 2010 年以来最广泛的全球增长同步上扬。主要经济体加快了增长速度。2017 年发达经济体走出 1%的增长区间，进入 2%的增长区间，达到 2.3%。美国从 2012 年率先从谷底反弹，一直保持 2%左右的增长率。2017 年增长率高于 2016 年 0.8 个百分点。欧元区也在 2014 年摆脱衰退转向正增长，2017 年增长率达到 2.4%。日本在“安倍经济学”的刺激下 2012 年摆脱衰退进入正增长周期，除了 2014 年出现 0.1%的负增长以外均保持了 1%以上的增长率，2017 年甚至接近 2%，见图 5.7。

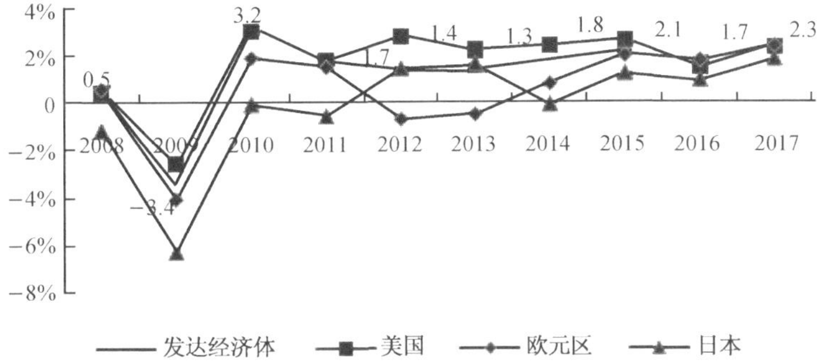

图 5.7 近十年发达经济体变化情况

资料来源：世界银行数据库，https://data.worldbank.org.cn

图 5.8 显示，新兴经济体在 2008 年全球金融危机期间就表现出了良好的成绩，在发达经济体衰退 3.4%的背景下反而增长了 2.6%。2010 年增长率高达 7.5%，之后增长率在 2015 年跌至谷底的 4.1%，2016 和 2017 年分部上升到 4.4%和 4.7%。近 10 年来，新兴经济体增长率领先发达经济体平均 4 个百分点，但有逐渐缩小的趋势，从 2009 年相差 6 个百分点缩小至 2015 年的 2 个百分点。

在投资特别是发达经济体投资回升，亚洲制造业产出增长的支持下，世界贸易出现强劲反弹，比 2016 年增长率高出近一倍。同时，各地区贸易扩张的同步性也是历年罕见，见图 5.9。发达经济体贸易增长率从 2016 年的 2.6%上升到 2017 年的 4.1%，新兴经济体则从 2016 年的

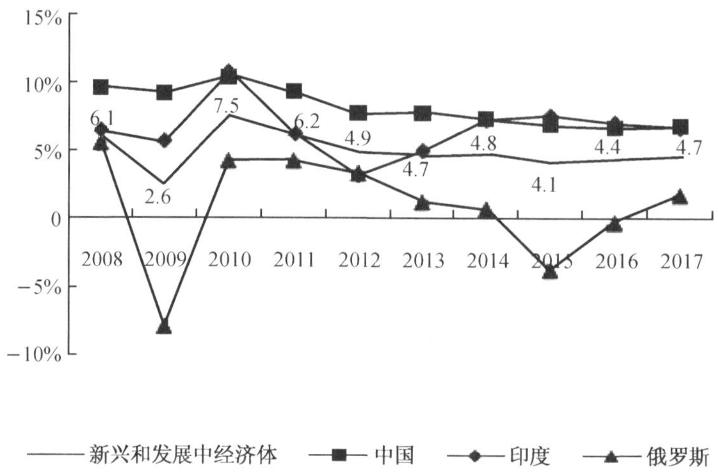

图 5.8 近十年新兴和发展中经济体变化情况

资料来源:世界银行数据库,https://data.worldbank.org.cn

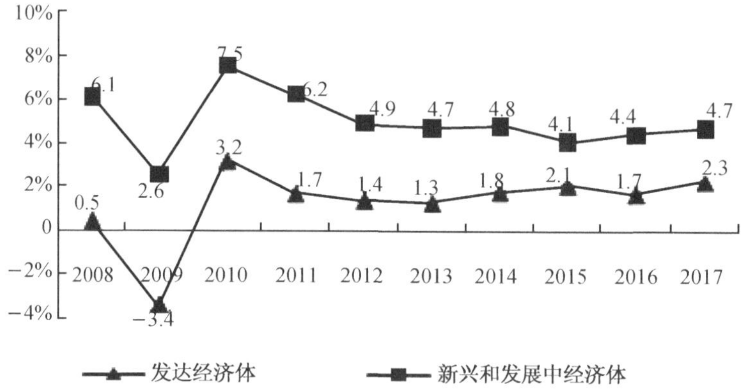

图 5.9 近十年发达经济体和新兴经济体变化情况

资料来源:世界银行数据库,https://data.worldbank.org.cn

2.3% 提升到 2017 年的 5.9%。

2016 年全球跨国直接投资复苏遭遇短暂挫折后,2017 年受各主要区域经济增长、贸易增速回升和跨国公司利润率上升影响,跨国直接投资呈现温和复苏势头。据联合国贸发会议估计,全球跨国直接投资流量增长 5%,达到 1.8 万亿美元。2018 年世界经济环境有望继续改善,主要经济体增长提速,国际贸易恢复增长动力,金融市场信心稳定。国际货币基金组织预测,2017 年的强劲增长势头将延续到 2018 和 2019 年,接近4%。

2008年全球金融危机爆发后，发达经济体增长缓慢，部分欧美国家为求自保对接近全球化的质疑声调门抬高。美国从全球化的倡导者转向明显的贸易保护主义倾向，不少国家也纷纷采取了关税壁垒、禁令、配额等传统贸易保护主义措施以及出口鼓励、紧急贸易救助、政府采购优先权、政府补贴、本地化要求等新型贸易保护主义措施。2017年上半年，全球范围内共发送309项贸易保护措施。特朗普就任美国总统后，扛起“美国优先”的大旗，相继退出TPP和巴黎气候协定等数个多边机制，并试图对北美自由贸易协定重新谈判，企图修改与韩国贸易协定，甚至提出要修改WTO规则，对进口钢铁和铝产品征税高额关税，威胁对中国开打“贸易战”。美国减税计划不仅会促使国内企业大规模扩大投资，还会鼓励美国的海外资产大规模回流，而且还将刺激其他国家特别是新兴经济体出现大规模资本外流，这将使新兴经济体面临强大经济寒流的侵袭。此外，投资保护主义也开始泛滥，多国出台限制外来投资的法律，收紧并购政策，加强有针对性的审查制度等，这有悖于经济全球化发展趋势，阻碍世界经济复苏进程，自由化和全球化进程遭遇强劲“逆流”。

二、“一带一路”重大倡议提出

2013年9月7日，中国国家主席习近平在哈萨克斯坦纳扎尔巴耶夫大学发表重要演讲，正式发出以“政策沟通，道路连通，贸易畅通，货币流通，民心相通”为主要内容的“共建丝绸之路经济带”的重大倡议，“为了使欧亚各国经济联系更加紧密、相互合作更加深入、发展空间更加广阔，我们可以用创新的合作模式，共同建设‘丝绸之路经济带’”。[①] 10月3日，习近平主席在印度尼西亚国会发表重要演讲时表示，“中国致力于加强同东盟国家互联互通建设，倡议筹建亚洲基础设施

① 习近平：《弘扬人民友谊 共创美好未来——在纳扎尔巴耶夫大学的演讲》，《人民日报》，2013年9月8日，第3版。

投资银行，愿同东盟国家发展好海洋合作伙伴关系，共同建设21世纪‘海上丝绸之路’”，打造“更为紧密的中国—东盟命运共同体”。①

2015年3月，中国国务院授权国家发改委、商务部和外交部共同发布《推动共建丝绸之路经济带和21世纪海上丝绸之路的愿景与行动》。共建丝绸之路经济带将“恪守联合国宪章的宗旨和原则，坚持开放合作、和谐包容、市场运作和互利共赢，以及共商、共建、共享的原则，积极推进沿线国家发展战略的相互对接”。“致力于亚欧非大陆及附近海洋的互联互通，建立和加强沿线各国互联互通伙伴关系，构建全方位、多层次、复合型的互联互通网络，实现沿线各国多元、自主、平衡、可持续的发展”。“旨在促进经济要素有序自由流动、资源高效配置和市场深度融合，推动沿线各国实现经济政策协调，开展更大范围、更高水平、更深层次的区域合作，共同打造开放、包容、均衡、普惠的区域经济合作架构”。“秉持和平合作、开放包容、互学互鉴、互利共赢的理念，全方位推进务实合作，打造政治互信、经济融合、文化包容的利益共同体、命运共同体和责任共同体”。“丝绸之路经济带重点畅通中国经中亚、俄罗斯至欧洲(波罗的海)；中国经中亚、西亚至波斯湾、地中海……共同打造新亚欧大陆桥、中蒙俄、中国—中亚—西亚等国际经济走廊”。通过“强化双边合作，发挥上海合作组织、亚信会议、中亚区域经济合作等现有多边合作机制作用，相关国家加强沟通”。“重点实现政策沟通、设施联通、贸易畅通、资金融通、民心相通”。②

三、欧亚经济联盟强化区域经济一体化

苏联解体后的最初阶段，俄罗斯在对外关系上一心一意投入西方怀抱，原苏联各加盟共和国被看作是沉重的“包袱”。直到2006年北约不

① 习近平:《携手建设中国-东盟命运共同体——在印度尼西亚国会的演讲》,《人民日报》,2013年10月3日,第2版。

② 《推动共建丝绸之路经济带和21世纪海上丝绸之路的愿景与行动》,《人民日报》,2015年3月29日,第4版。

仅向东欧扩张并决定在东欧部署反导系统，而且得寸进尺开始将触角伸向原苏联地区，策划了一系列“颜色革命”，扶持亲西方政权；2009 年欧盟启动“东方伙伴关系”计划，将原苏联加盟共和国乌克兰、摩尔多瓦、白俄罗斯、格鲁吉亚、阿塞拜疆和亚美尼亚纳入其中，逐步引导它们加入欧盟和北约。俄罗斯逐渐认清了西方国家进一步挤压俄罗斯生存空间的真面目，开始认识的前苏联地区对俄罗斯国家安全的重要地位，于是开始重新重视自己的传统势力范围。

俄罗斯对其在前苏联地区面临的竞争形势有了清醒的认识。原苏联地区尽管在世界经济中的分量微不足道，但拥有的能源等自然资源非常丰富。它们由于经济发展相对落后、经济结构雷同，相互之间的经济互补性越来越少，特别是这些国家独立十余年后它们已经与其他国家建立起了成熟的经贸关系，使得它们相互之间的内部贸易严重落后于其与域外国家的贸易。俄罗斯现代发展研究所的报告强调，俄罗斯在原苏联地区市场上的主要竞争对手除了欧盟和美国之外，中国在中亚地区的经济存在大幅上升，印度、土耳其、伊朗等国也加入了竞争。俄罗斯的研究报告称，从 2000 年到 2008 年中国对独联体（俄罗斯除外）出口总额从 10 亿美元增加到了 315 亿美元，“中国使欧亚经济共同体国家的贸易流向发生了很大变化，在与独联体亚洲成员国特别是土库曼斯坦和哈萨克斯坦的经贸合作方面，中国是俄罗斯主要的和强硬的竞争对手，俄罗斯很难抵制中国在中亚地位的加强”。①

综上所述，2000 年代中期，北约加快东扩和在东欧部署反导系统，欧盟实行“东方伙伴关系”计划，从军事和经济上将触角伸向后苏联空间。美国借打击恐怖主义成功地取得了在中亚的军事存在，并不断得到强化。俄罗斯生存空间受到极大挤压，同时也感受到来自中国在中亚的经济竞争压力。为了保住传统势力范围，俄罗斯加快了推进欧亚经济一体

---

① Доклад Института современного развития: экономические интересы и задачи России в странах СНГ. Февраль 2010 года. 俄罗斯现代发展研究所官网，http://www.insor-russia.ru/files/Intrest_Books_02.pdf.

化进程。

2008 年发布的《俄罗斯联邦对外政策构想》明确提出:"俄罗斯对外政策的优先方向是发展与独联体国家的多边和双边合作。"①2010 年 2 月,时任俄罗斯总统的梅德韦杰夫的智库俄罗斯现代发展研究所发表的报告《俄罗斯在独联体的经济利益和任务》要求进一步加深原苏联地区的一体化进程直到形成共同经济空间。其主要手段就是通过控制该地区的能源和原料来提升俄罗斯的国际地位和作用;加强与这些国家在国防、核能、航空、航天领域的合作;开拓这些国家的市场;在开展制造业产能合作;有效利用原苏联地区的廉价劳动力,吸引该地区的知识精英;充分挖该地区的地缘战略潜力;建立共同的经济空间;完成俄罗斯成为"欧亚强国"的使命。② 与此同时,俄罗斯试图使用经济杠杆迫使中亚等其他原苏联加盟共和国加入其势力范围。

俄罗斯经济在 21 世纪头 10 年的总体走强促使其加快了整合原苏联地区的步伐。2000—2007 年期间,俄罗斯居民实际收入增加了 1.5 倍,失业和贫困人口减少了一半,GDP 总规模增加了 72%,对外贸易总额增加了 4 倍,外国投资增加了 6 倍,国家外债规模也减少到 GDP 总量的 3%。截至 2008 年 7 月 1 日,外汇储备达到 5 683 亿美元,从石油收益当中扣除并积累起来的稳定基金也达到了 1 600 亿美元。2008 年按购买力平价计算的 GDP 总额为 28 120 亿美元,在经合组织国家中经济规模仅次于美国、日本和德国。人均 GDP 近 2 万美元,迅速跃入到高收入国家行列。③ 在经济实力迅速提升的基础上,俄罗斯加快了推进原苏联地区政治、军事、经济、能源和文化的一体化进程。通过强化集安组织及建

① Концепция внешней политики Российской Федерации. Независимая газета, 12 июля 2008 года.

② Доклад Института современного развития: экономические интересы и задачи России в странах СНГ. Февраль 2010 года. 俄罗斯现代发展研究所官网,http://www.insor-russia.ru/files/Intrest_Books_02.pdf.

③ 参见俄罗斯国家统计委员会发布的统计数据:Национальные счета России в 2003—2010 гг. 2011: Стат. сб./Росстат. -М. 2011; Российский ежегодный статистиник. 2010: Стат. сб./Росстат. -М. 2011.

立快速反应部队,实行安全和军事的一体化;以俄、白、哈关税同盟作为经济一体化的“核心”,加快欧亚经济一体化进程:逐步建立统一经济空间,实行统一货币,建立共同能源市场,实现商品和服务、资本和劳动力的自由流动。

俄罗斯整合原苏联地区的基本路线图是:先建设自由贸易区,再升级到关税同盟,进一步统一经济空间,建成欧亚经济联盟,最后是欧亚联盟。

苏联解体后,白俄罗斯、哈萨克斯坦、吉尔吉斯、俄罗斯和塔吉克斯坦按照保持统一经济空间的意愿在1992年3月签署了《关税政策原则协定》,事实上成立了关税同盟。但这一协定并没有生效。1993年9月,独联体12个成员国元首签署了《经济联盟条约》,它们仍然藕断丝连,试图按照西欧一体化模式,分阶段建立自由贸易区、关税同盟、共同市场和货币联盟,从而恢复因苏联解体而终端的相互之间的经济联系。1994年独联体国家就建立自由贸易区达成一致,但由于俄罗斯对独联体国家抱有甩包袱的想法,所以包括俄罗斯在内的许多国家并没有批准这一协定。

从20世纪90年代中期开始,俄罗斯意识到了独联体国家对自身安全的重要性,于是开始着力推进该地区的一体化进程。1995年1月,俄罗斯、白俄罗斯和哈萨克斯坦签署了《关税同盟协定》,主要目的是消除商品自由流动的障碍;为开展正当竞争而制订统一的“游戏规则”;协调成员国的经济政策。1996年吉尔吉斯加入了关税同盟。1999年2月,俄、白、哈、吉四国元首又签署了《关税同盟和统一经济空间条约》,第二年塔吉克斯坦加入。2000年10月,俄、白、哈、吉、塔五国元首在阿斯塔纳签署了《关于建立欧亚经济共同体条约》,其目标是全面实现自由贸易制度,保障资本自由流动,建立共同金融市场,制订统一商品和服务贸易规则和市场准入规则,形成共同运输服务市场和统一运输体系,建立共同能源市场、共同劳动市场、统一教育空间、法律空间等。欧亚经济共同体的成立标志着俄主导的原苏联地区经济一体化从自由贸易区、关税同盟迈向共同市场。乌克兰、摩尔多瓦和亚美尼亚分别于2002年和2003年取得了观察员国的资格。2006年1月,俄罗斯与哈萨克斯坦签署了设立欧亚开发银行的协议，亚美尼亚和塔吉克斯坦在2009年加入，白俄罗斯在2010年加入，吉尔吉斯在2011年加入。2009年，在欧亚经济共同体内成立了反危机基金，欧亚经济共同体法院也将从2012年开始运转。

进入21世纪，俄罗斯在推进欧亚经济一体化方面采取了四步走战略。

第一步，加快俄、白、哈关税同盟建设。2007年10月，三国元首签署了新的《关税同盟条约》，两年后通过了《关税同盟海关法典》，2010年1月正式实行统一关税。2011年7月，统一关税空间成立，这标志着关税同盟开始实际运行，一个拥有1.7亿人口、石油储量900亿桶、GDP总量2万亿美元的次区域经济组织诞生。至此，俄罗斯主导的原苏联地区"统一经济空间"已具雏形，它对该地区日后建立共同市场和统一货币空间起到了有力的促进作用。

第二步，将关税同盟提升为统一经济空间。2010年12月，俄、白、哈三国总统在莫斯科发表共同宣言称，从2012年1月起统一经济空间将全面开始运作，三国不仅要实现商品、资本和人员的自由流动，还要建立超国家的协调机构，以协调各成员国宏观和微观经济政策，建立统一中央银行，实行统一货币，建立共同能源市场。这将是原苏联地区第一个最务实的经济一体化组织，将从根本上改变三国商品、资本和劳动力的流通规则。

第三步，将统一经济空间进一步升级为欧亚经济联盟。2011年10月，关税同盟政府首脑会议审议了《关于建立欧亚经济联盟的决议草案》，同时欧亚经济共同体决定接受吉尔吉斯加入俄白哈关税同盟。计划于2013年启动欧亚经济联盟程序，在关税同盟和统一经济空间基础上走向更紧密的经济和货币政策协调，创建真正意义上的经济联盟。

第四步，从欧亚经济联盟迈向欧亚联盟。2010年2月，欧亚经济共同体莫斯科元首峰会就如何在统一经济空间基础上建立欧亚联盟达成一致。普京在2011年10月20日的欧亚经济共同体跨国委员会和关税同盟高级机构会议期间豪迈地宣告："我们不会就此止步，我们为自己提出了更具雄心的任务:走向下一阶段更高水平的一体化——欧亚联盟。"①

2013年9和10月,亚美尼亚总统C.萨尔基相和叙利亚副总理K.扎米尔分别表示该国决定加入关税同盟。2014年5月,俄、白、哈三国领导人在哈萨克斯坦首都阿斯塔纳签署了《关于建立欧亚经济联盟的协议》。亚美尼亚和吉尔吉斯斯坦相继在2015年成为欧亚经济联盟的正式成员国。

2015年5月,欧亚经济联盟与越南签署了自由贸易协定。有意向与欧亚经济联盟建立自贸区的国家和地区组织已经超过30个,其中已经谈判完毕但暂时冻结的有新西兰、欧洲自由贸易联盟,与欧盟、印度、伊朗、中国和埃及正在进行可行性研究,其中与印度和伊朗的可行性研究即将结束。

2015年5月,中国国家主席习近平与俄罗斯总统普京在莫斯科会晤,"两国元首商定,将中方丝绸之路经济带建设同俄方欧亚经济联盟建设对接……拓展欧亚共同经济空间,带动整个欧亚大陆发展和稳定"。②两国元首还签署了具有里程碑意义的《关于丝绸之路经济带建设和欧亚经济联盟建设对接合作的联合声明》,"确保地区经济持续稳定增长,加强区域经济一体化","致力于开辟共同经济空间"。③

四、上海合作组织区域经济合作与安全保障并驾齐驱

上海合作组织起源于20世纪80年代随着中苏关系正常化两国开始的第三轮边界谈判。④ 由于苏联解体,中苏边界谈判也就变成了中国与

---

① 普京在2011年10月20日独联体政府首脑委员会、欧亚经济共同体跨国委员会和关税同盟高级机构会议记者招待会上的讲话,参见关税同盟网站:http://www.tsouz.ru/news/Pages/21-10-2011.aspx.

② 《习近平同俄罗斯总统普京会谈》,《人民日报》,2015年5月9日,第1版。

③ 《中华人民共和国与俄罗斯联邦关于丝绸之路经济带建设和欧亚经济联盟建设对接合作的联合声明》,《人民日报》,2015年5月9日,第2版。

④ 1964年2—8月,中苏第一次边界谈判在北京举行。1969年10月,副外长级第二次中苏边界谈判在北京举行,一直持续到1979年底苏军入侵阿富汗。1987年2月,第三次中苏边界谈判第一轮会议在莫斯科举行,苏联解体后中国继续与独立的俄罗斯、哈萨克斯坦、吉尔吉斯斯坦和塔吉克斯坦进行边界谈判,并分别于1999年和哈萨克斯坦、塔吉克斯坦和吉尔吉斯斯坦彻底解决边界问题,2004年和俄罗斯彻底解决边界问题。

俄罗斯、哈萨克斯坦、塔吉克斯坦和吉尔吉斯斯坦的联合谈判。1996年4月，五国元首在上海举行首次会晤，之后每年举行一次，史称“上海五国”机制。该机制有力地促进了边境地区军事和边界问题的解决。从1998年阿拉木图第三次会晤开始讨论的重点转向维护地区和平与稳定并加强经济合作。1999年比什凯克第四次元首峰会第一次提出打击民族分裂主义、宗教极端主义和国际恐怖主义“三股势力”。2000年乌兹别克斯坦总统卡里莫夫第一次以观察员身份出席杜尚别峰会，“上海五国机制”面临充实和完善，合作领域全面扩展。2001年6月，“上海五国”和乌兹别克斯坦六国元首在上海宣布成立上海合作组织。2017年印度和巴基斯坦正式加入上合组织，成员国扩大到8个国家。目前上合组织观察员国有阿富汗、伊朗、蒙古和白俄罗斯4个国家；对话伙伴国有土耳其、阿塞拜疆、亚美尼亚、斯里兰卡、柬埔寨和尼泊尔6个国家。保障地区安全与稳定，发展经济合作是上合组织迅速发展的两只轮子。

近20年的发展，成员国在安全合作领域签署了300多份重要文件，举行了10多次反恐演习，在打击“三股势力”、禁毒、边防、大型国际活动安保、网络安全以及涉恐融资等领域建立了多边合作机制，取得了丰硕成果，上合组织成为本地区和平和安全的稳定器。

在经济合作领域，上合组织早在2001年就通过了《上海合作组织成员国政府间关于区域经济合作的基本目标和方向及启动贸易和投资便利化进程的备忘录》，其基本目标包括改善贸易和投资环境，为逐步实现商品、资本、服务和技术的自由流动创造相应条件，扩大贸易和投资规模，发展服务贸易，建立和发展实施区域经济合作的机制，促进成员国经济共同发展。① 2019年与2001年相比，上合组织对外贸易总额从6 897.8亿美元增加到62 765.1亿美元，增加近10倍，中国和俄罗斯与上合组织成

① 上海合作组织成员国政府间关于区域经济合作的基本目标和方向及启动贸易和投资便利化进程的备忘录。见中国网“中国与上海合作组织”专题，http://www.shouwchina.org/zgygjzzxl/zgyshhzzz/fl07/200704/t112503.htm.（上网时间：2001年9月14日）

员国贸易额分别从 100 多亿美元上升到超过或接近 2 000 亿美元。[①]

人文领域合作也是上合组织的重要合作内容和领域。

2015 年 12 月，中国总理李克强与俄罗斯总理梅德韦杰夫签署的《中俄总理第二十次定期会晤联合公报》指出，“双方认为上海合作组织是实现丝绸之路经济带建设与欧亚经济联盟建设对接的最有效平台，愿同其他国家一道，最大限度利用上海合作组织的现有发展潜力”。[②]

上海合作组织多次发表《宣言》明确支持中国“共建丝绸之路经济带”的倡议。2015 年 12 月，上合组织政府首脑郑州会议发表的《联合公报》不仅“重申支持中华人民共和国关于建设丝绸之路经济带的倡议”，并且“相信上合组织成员国与观察员国和对话伙伴在实施丝绸之路经济带倡议等框架下通力合作，将促进经济持续发展，维护地区和平稳定”。[③] 2019 年上合组织比什凯克宣言指出，成员国哈、吉、巴、俄、塔、乌等国重申支持中华人民共和国提出的“一带一路”倡议，高度评价 2019 年 4 月 25 日至 27 日在北京举行的第二届“一带一路”国际合作高峰论坛成果，肯定各方为共同实施“一带一路”倡议，包括为促进“一带一路”倡议和欧亚经济联盟建设对接所做工作。[④]

五、两大机制成员国、观察员国和对话伙伴国积极对接丝绸之路经济带

2013 年 5 月，中国总理李克强访问巴基斯坦时两国政府就已经达成了共建“中巴经济走廊”的共识。2015 年 4 月，中国国家主席习近平访问巴基斯坦，正式启动了“中巴经济走廊”建设。

---

① Внешняя торговля Российской Федерации со странами СНГ. Россия в цифрах. 2015: Стат. сб. / Росстат. -М., 2015. -стр. 507; Внешняя торговля Российской Федерации со странами дальнего зарубежья. Россия в цифрах. 2019: Стат. сб. /Росстат. -М., 2019. -стр. 509.

② 《中俄总理第二十次定期会晤联合公报》，《人民日报》，2015 年 12 月 18 日，第 3 版。

③ 《上海合作组织成员国政府首脑（总理）理事会第十四次会议联合公报》，《人民日报》，2015 年 12 月 16 日，第 3 版。

④ 上海合作组织成员国元首理事会比什凯克宣言，《人民日报》，2019 年 6 月 15 日，第 5 版。

2014—2015年间，“共建丝绸之路经济带”的倡议在中亚地区形成共识，得到各国政府积极支持和战略对接的响应，并与中国相继签署了共建“丝绸之路经济带”的合作文件。丝绸之路经济带从新疆出境之后在中亚将形成三条交通走廊，第一条经哈萨克斯坦、俄罗斯抵达波罗的海，再经白俄罗斯、波兰进入欧洲，即“新亚欧大陆桥”；第二条经哈萨克斯坦（或经吉尔吉斯斯坦、乌兹别克斯坦、土库曼斯坦）、里海，穿过高加索地区的阿塞拜疆和格鲁吉亚、黑海，经乌克兰、罗马尼亚等国进入欧洲；第三条经哈萨克斯坦（或经吉尔吉斯斯坦、乌兹别克斯坦）、土库曼斯坦、伊朗、土耳其进入地中海，或从伊朗进入波斯湾，中巴经济走廊建成之后可以直接进入伊朗，此即为“中国—中亚—西亚经济走廊”。由此可见，中亚将成为丝绸之路经济带的物流、客流、信息流的集散中心。

2014年9月，中国、俄罗斯、蒙古三国元首决定共建以俄罗斯跨“欧亚铁路”对接中国“丝绸之路经济带”和蒙古“草原之路”分别对接俄罗斯“跨欧亚铁路”和中国“丝绸之路经济带”为主要内容的“中蒙俄经济走廊”。2015年5月，白俄罗斯总统卢卡申科表示“愿成为中方‘一带一路’倡议的重要支柱”。[①] 中国于2014年和2015年分别与阿塞拜疆和格鲁吉亚签署了《关于共建丝绸之路经济带的备忘录》，后者还启动了与中国自贸区的可行性研究，并希望成为中国通往欧洲的重要枢纽之一。2016年1月，乌克兰试探性地开出一列货运列车经黑海、格鲁吉亚、阿塞拜疆、里海，最终顺利抵达哈萨克斯坦与中国的边境口岸。

2015年5月，中俄两国元首签署具有里程碑意义的《关于丝绸之路经济带建设和欧亚经济联盟建设对接合作的联合声明》，将“研究推动建立中国与欧亚经济联盟自贸区这一长期目标”，共建“欧亚共同经济空间”。《联合声明》还特别强调了上合组织在实现两大项目战略对接合作

① 《习近平同白俄罗斯总统卢卡申科举行会谈》，《人民日报》，2015年5月11日，第1版。

中的平台作用。[①] 2015年12月签署的《中俄总理第二十次定期会晤联合公报》进一步明确指出,"双方认为上海合作组织是实现丝绸之路经济带建设与欧亚经济联盟建设对接的最有效平台,愿同其他国家一道,最大限度利用上海合作组织的现有发展潜力"。[②] 与此同时,上合组织对"丝绸之路经济带"倡议也表示积极支持。2015年12月,上合组织政府首脑郑州会议发表的联合公报不仅"重申支持中华人民共和国关于建设丝绸之路经济带的倡议",并且"相信上合组织成员国与观察员国和对话伙伴在实施丝绸之路经济带倡议等框架下通力合作,将促进经济持续发展,维护地区和平稳定"。[③]

"共建丝绸之路经济带"的倡议还得到了欧洲特别是东欧国家以及西亚和北非国家如阿富汗、伊朗、土耳其、沙特、埃及等国的积极支持和参与。

第5节 丝绸之路经济带对接欧亚经济联盟路线图

目前,WTO引领的全球化进程遇到了严重阻碍,所以全球范围内正在积极探讨并建设新的地区平台,区域经济一体化成为全球化进程的替代。欧亚经济联盟与其他国家的合作也是经济一体化的发展趋势,特别是与中国的合作不仅符合世界经济发展趋势,而且符合两国经济发展的需要。2015年5月8日,中俄两国元首在莫斯科签署了具有划时代意义的《中俄关于丝绸之路经济带建设和欧亚经济联盟建设对接合作的联合声明》,将对接合作的最终目标设定为"开辟共同经济空间"(Общее

① 《中华人民共和国与俄罗斯联邦关于丝绸之路经济带建设和欧亚经济联盟建设对接合作的联合声明》,《人民日报》,2015年5月9日,第2版。

② 《中俄总理第二十次定期会晤联合公报》,《人民日报》,2015年12月18日,第3版。

③ 《上海合作组织成员国政府首脑(总理)理事会第十四次会议联合公报》,《人民日报》,2015年12月16日,第3版。

экономическое пространство)。《联合声明》指出,"双方支持启动中国与欧亚经济联盟对接丝绸之路经济带建设与欧亚经济一体化的对话机制,并将推动在双方专家学者参与下就开辟共同经济空间开展协作进行讨论"。① 而俄罗斯总统普京在与中国国家主席习近平举行的记者招待会上明确表示,两国元首签署的这一《联合声明》,"从实质上来说就是伙伴关系将会提高到新的水平,意思是说整个欧亚大陆上的共同经济空间"(Общее экономическое портнерство на всем Евразийском континенте)。②

一、分阶段建设亚欧共同经济空间

构建亚欧共同经济空间,可以认为是中俄两国元首为丝绸之路经济带对接欧亚经济联盟设定的最终目标。这一宏伟目标不是一蹴而就的,需要经过长期的共同努力,通过谈判和协商,一步一个脚印地推动这一宏伟目标的实现。可以分几个阶段来推进。

第一阶段,即为《联合声明》提到的"启动中国与欧亚经济联盟对接丝绸之路经济带建设与欧亚经济一体化的对话机制",这一对话已经于2016年上半年启动。对话的主要内容应该是推进丝绸之路经济带对接欧亚经济联盟的硬环境和软环境建设。硬环境主要是指通过各种方式,加强互联互通建设,促进各相关国家之间加快交通、能源、信息等基础设施的网络化建设和跨境对接,打造跨亚欧物流运输体系,为畅通物流、人流和信息流提供硬件基础。在打造基础设施等硬环境互联互通的同时,要重视规则、政策、监管、标准等软环境的建设。优化市场软环境,减少无形的贸易壁垒,消除各种要素在不同经济体之间自由流动的障碍,采取便利通关的措施,简化海关、卫生检验检疫,提倡电子化报关等。实现相关国家之间能够实现自由贸易、自由投资以及技术和服务等要素的自

① 《中华人民共和国与俄罗斯联邦关于丝绸之路经济带建设和欧亚经济联盟建设对接合作的联合声明》,《人民日报》,2015年5月9日,第2版。

② Заявления для прессы по итогам российско-китайских переговоров. 俄罗斯总统网站: http://www.kremlin.ru/events/president/transcripts/49433. 2015年5月8日。

由流动。在此基础上,“研究推动建立中国与欧亚经济联盟自贸区这一长期目标”。[①] 俄罗斯经济界精英普遍认为这一进程将会持续10年,甚至20～30年。俄罗斯经济发展部副部长利哈乔夫表示,“共同研究自贸区的可能性”只是外交辞令,不会早于2020年代。[②] 也就是说,这将是2030年以后的事情。对俄罗斯来说,更倾向于与欧盟建立自贸区。至于降低关税水平,目前难以推进。欧亚经济联盟感兴趣的是相互贸易更加透明,提升运输走廊的潜力。为了让各国尽快分享经济发展的成果,需要将中国与欧亚经济联盟自贸区的建成时间最晚定在2025年。

第二阶段,充分发挥上合组织作为丝绸之路经济带对接欧亚经济联盟的重要平台作用。《联合声明》强调,“双方将共同协商,努力将丝绸之路经济带建设和欧亚经济联盟建设相对接……通过双边和多边机制,特别是上海合作组织平台开展合作”。[③] 中俄两国政府总理进一步明确,“上海合作组织是实现丝绸之路经济带建设与欧亚经济联盟建设对接的最有效平台……最大限度利用上海合作组织的现有发展潜力”。[④] 要发挥上合组织这个“最有效平台”的作用,必须筑牢安全合作平台,搭建产能合作平台,加快建设互联互通合作平台,创新金融合作平台,构建区域贸易合作平台,打造社会民生合作平台。特别是要继续推进上合组织框架内的区域经济合作,扩大贸易规模、推进贸易投资便利化,是深化区域合作的重要内容。逐步实现商品、资本、服务和技术的自由流动也是2001年上合组织成立之初所设定的2020年目标。[⑤] 从现在开始就应该

① 《中华人民共和国与俄罗斯联邦关于丝绸之路经济带建设和欧亚经济联盟建设对接合作的联合声明》,《人民日报》,2015年5月9日,第2版。

② Елизавета Базанова, Маргарита Лютова, Маргарита Папченкова, Россия свободна для Китая. Ведомости. 12.05.2015.

③ 《中华人民共和国与俄罗斯联邦关于丝绸之路经济带建设和欧亚经济联盟建设对接合作的联合声明》,《人民日报》,2015年5月9日,第2版。

④ 《中俄总理第二十次定期会晤联合公报》,《人民日报》,2015年12月18日,第3版。

⑤ 《上海合作组织成员国政府间关于区域经济合作的基本目标和方向及启动贸易和投资便利化进程的备忘录》,见中国网“中国与上海合作组织”专题,http://www.shouwchina.org/zgygjzzxl/zgyshhzzz/fl07/200704/t112503.htm.(上网时间:2001年9月14日)

启动上合组织框架内的自贸区(ЗСТ в рамках ШОС-ШОСЗСТ)谈判。目前,俄罗斯和哈萨克斯坦都已经改变态度,转而支持上合组织框架内的自贸区建设。2016 年 3 月,俄罗斯经济发展部第一副部长利哈乔夫在莫斯科举行的首届中俄建筑合作论坛上表示:"双边关系当中一个重要议程就是在欧亚大陆建设新型的经济伙伴关系,最终目标就是建设自贸区。在 2015 年 12 月上合组织首脑郑州会议上,来自哈萨克斯坦的代表提出了认真考虑上合组织自贸区的想法。我们与中方代表不仅接受了这一想法,我们还进一步发展了这一想法:我们现在已经准备某种经济大陆伙伴关系(Экономическиое континентальное партнерство),以及上合组织框架内的全面协议。"①上合组织自贸区的核心也就是中国与欧亚经济联盟自贸区,所以,上合组织自贸区的谈判可以与第一阶段中国与欧亚经济联盟自贸区谈判同步进行,也就是说在 2030 年建成上合组织自贸区。

然而,在具体谈判过程中俄罗斯再次退缩了,强调自贸区是发展方向但目前条件尚不成熟,又回到了上合组织成立之初的起点。《上海合作组织成立宣言》《上海合作组织宪章》和《上海合作组织成员国多边经贸合作纲要》同意从贸易和投资便利化开始,并签署了《上海合作组织成员国政府间关于区域经济合作的基本目标和方向及启动贸易和投资便利化进程的备忘录》。直到 2018 年中方再次倡议"启动本组织自贸区可行性研究"②,但仍未得到其他成员国的积极回应。贸易和投资便利化谈判进程也异常迟缓,胡锦涛和习近平主席多次呼吁:"推动实现区域经济一体化,推动贸易和投资便利化"③,"我们要在贸易和投资便利化自由化方面迈出更大步伐","推动在贸易和投资自由化便利化方面作出更多制

---

① Алексей Лихачев: ЕАЭС и ШОС прорабатывают концепцию нового экономического континентального партнерства. 俄罗斯经济发展部网站:http://economy.gov.ru/minec/about/structure/depAsiaAfrica/201603023

② 李克强出席上合组织总理会:《打造内外资企业一视同仁和公平竞争的营商环境》,中国政府网:http://www.gov.cn/xinwen/2018-10/12/content_5329984.htm.

③ 胡锦涛在上合组织元首理事会第 11 次会议上的讲话,中国中央政府网:http://www.gov.cn/idhd/2013-11/30/content_2538911.htm.

度性安排”①。但直到2018年上合组织成员国元首才在青岛峰会上发表了不具约束力的《关于贸易便利化的联合声明》。2019年通过的新版《经贸合作纲要》将贸易投资便利化和商品、资本、技术和服务自由流动的目标推迟到了2035年。

第三阶段，将上合组织自贸区进一步华丽转身为经济大陆伙伴关系。按照利哈乔夫的话说，参加经济大陆伙伴关系的不仅包括上合组织成员国，还包括欧亚经济联盟成员国亚美尼亚和白俄罗斯。利哈乔夫还透露，经济大陆伙伴关系协定将由三个协议组成：促进商品自由流动和提升贸易规模协议、资本自由流动和投资以及建设有利于增加本币结算比例的良好环境协议、包括建筑在内的服务市场特惠准入协议。通过谈判和协商，整合该地区现有各种双边以及上合组织自贸区、欧亚经济联盟（ЕАЭС）、中亚区域经济合作（CAREC）等多边规则，使各个分散运行的区域经济合作框架能够相互适配，并最终整合为一个兼容的经济一体化体系，逐步消除“意大利面碗效应”（Spaghetti bowl phenomenon）。其目标应该设定为消除内部贸易壁垒，创造和完善自由的投资环境，扩大服务贸易。覆盖商品贸易、服务贸易、投资、经济和技术合作、知识产权、竞争、争端解决及其他问题。应将产业合作作为重点。加强产业合作是经济大陆伙伴关系的活力所在，是各国开放市场实现互利共赢的基础，是缩小亚欧大陆各国经济差距的重要抓手，是实现这一更大范围自贸区可持续发展的根本保障。因为产业合作契合该地区很多国家实现工业化和再工业化以及现代化的战略需求。它们均将产业结构调整和产业升级作为发展本国经济的重大战略，如哈萨克斯坦的产业创新发展战略，俄罗斯的创新推动现代化战略等。2030年前后应当完成这一华丽转身。

第四阶段，在2050年前后，在经济大陆伙伴关系的基础上进一步与东盟、日本、韩国、澳大利亚、新西兰以及区域全面经济伙伴关系（RCEP）

---

① 习近平在上海合作组织成员国元首理事会第十五、十九次会议上的讲话，新华网：www.xinhuanet.com/world/2015－07/10/c_1115889105.htm；www.xinhuanet.com/politics/leaders/2019-06/14/c_1124625213.htm.

实现经济融合，形成亚欧共同经济空间。全面实现自由贸易制度，保障资本自由流动，建立共同金融市场，制订统一商品和服务贸易规则和市场准入规则，形成共同运输服务市场和统一运输体系，建立共同能源市场等。构建地区金融稳定机制。更多使用货币互换、本币结算，多货币并行使用，为未来建立地区货币稳定基金提供路径。协作应对经济的外部性，为本地区各成员间的协调和合作搭建一个平台，提高本地区整体社会福利。共同努力，消除潜在的安全风险，用经济合作进一步推动其他领域的合作。加大发展援助力度。中国、俄罗斯与中亚国家共同开展合作，有助于建立互信。必须抱有广阔的视野，促进亚欧大陆进一步增长，建立信任、携手共进推动亚欧经济合作。即将投入运营的亚投行和丝路基金、金砖新开发银行将进一步促进该地区的经济合作。如果仅算上合组织 8 个成员国以及欧亚经济联盟的其他 2 个与上合组织非交叉成员国，可以惠及 30.9 亿人口，涵盖全球近一半的居民(42.6%)。GDP 总量达 15.8 万亿美元，对全球经济总量的贡献高达 20.5%。①

二、经济走廊畅通亚欧共同经济空间

2015 年 3 月，中国国务院授权国家发改委、商务部和外交部共同发布的《推动共建丝绸之路经济带和 21 世纪海上丝绸之路的愿景与行动》指出："丝绸之路经济带重点畅通中国经中亚、俄罗斯至欧洲(波罗的海)；中国经中亚、西亚至波斯湾、地中海……共同打造新亚欧大陆桥、中蒙俄、中国—中亚—西亚等国际经济走廊。"②六大经济走廊构成亚欧共同经济空间，见图 5.10。

中国丝绸之路经济带倡议与俄罗斯跨欧亚发展带和蒙古国草原之路相互对接形成中蒙俄经济走廊。中蒙俄经济走廊建设高度契合三国发展战略，一方面助力中国东北振兴，另一方面带动蒙古国铁路、公路、

① 根据世界银行发布数据计算得出。http://www.data.worldbank.org.cn/country.

② 《推动共建丝绸之路经济带和 21 世纪海上丝绸之路的愿景与行动》，《人民日报》，2015 年 3 月 29 日，第 4 版。

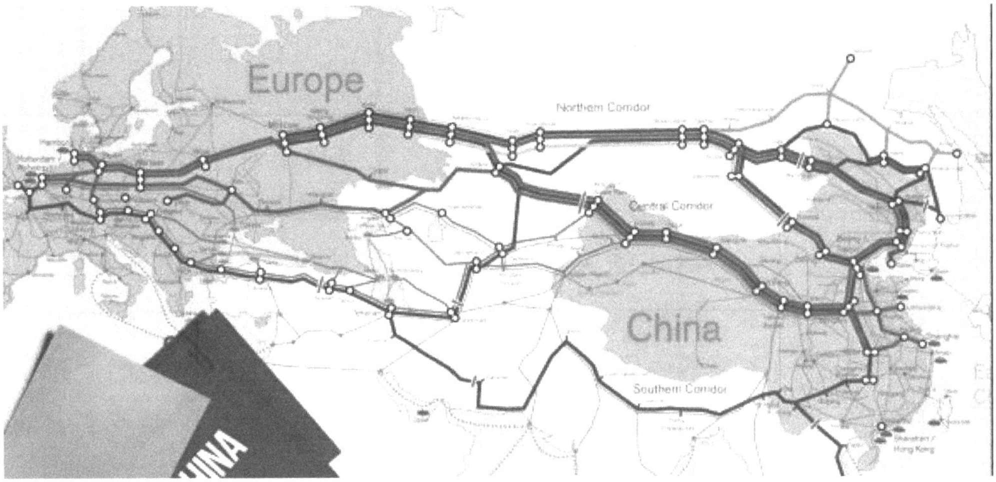

图5.10 丝绸之路经济带大致走向示意图

油气管道、输电线路等交通基础设施建设以及矿产资源开发与加工产业的发展。同时充分发挥第一亚欧大陆桥——跨欧亚大铁路运输干线的作用，与俄罗斯东西向的油气管道共同构成跨欧亚发展带，从而引领俄罗斯东西伯利亚和远东开发与开放。此外，中俄合作建设北方海航线不仅为亚欧物流提供了又一便捷通道，而且有利于俄罗斯北极地区的资源开发和利用乃至社会经济发展。再者，中蒙俄经济走廊建设可以吸引日本、韩国和朝鲜的参与，共同促进东北亚区域经济合作。

丝绸之路经济带从中国新疆出境之后，经哈萨克斯坦、俄罗斯抵达波罗的海，再经白俄罗斯、波兰进入欧洲，或经哈萨克斯坦（或经吉尔吉斯斯坦、乌兹别克斯坦、土库曼斯坦）、里海，穿过高加索地区的阿塞拜疆和格鲁吉亚、黑海，经乌克兰、罗马尼亚等国进入欧洲，形成新亚欧大陆桥。新亚欧大陆桥一方面以中亚为物流、客流、信息流、资金流、技术流等集散中心畅通欧亚经济联盟主要成员国，连接作为世界经济火车头的亚太经济圈和世界最大的发达经济体欧洲经济圈，将会带动广阔的中间腹地社会经济的全面发展，改变该地区国家经济对原料和能源的高度依赖，实现工业化和再工业化战略任务，走向全面现代化。

丝绸之路经济带从中国新疆出境之后，经哈萨克斯坦（或经吉尔吉斯斯坦、乌兹别克斯坦）、土库曼斯坦、伊朗、土耳其进入地中海，或从伊朗进入波斯湾，此即为中国—中亚—西亚经济走廊。该走廊一方面把中亚、西亚丰富的能源资源顺畅地输送到经济发展最快对能源需求最强烈的亚太经济圈，另一方面有助于亚太经济圈的富裕资本、先进技术和优质产能实现向中亚和西亚的梯度转移，带动该地区的产业发展和创新，实现经济多元化和现代化。

丝绸之路经济带从中国新疆出境之后，贯穿巴基斯坦全境的中巴经济走廊建成之后可以北上直接进入伊朗，成为中国—中亚—西亚经济走廊的重要补充。不仅使中国西北地区，而且也可以使欧亚经济联盟国家经中亚地区便捷地南下进入印度洋。形成一个北起中国新疆喀什，南到巴基斯坦瓜达尔港，全长 3 000 公里，联接中国、中亚、南亚三大经济区域并通过瓜达尔港直达西亚的经济合作和战略安全纽带。

丝绸之路经济带从中国西南地区出境的孟中印缅经济走廊不仅使南亚地区与中亚和西亚地区紧密联系起来，而且也将以印度为主的迅速发展的南亚与东南亚国家经济日趋融合。进而带动中亚、南亚、东南亚乃至东亚和西亚五大经济板块联合发展。有利于各方优势互补，形成合理的国际分工，带动产业结构调整，增强各自的经济实力。促进该地区经济建设的全面发展跃进，尤其是可以大量减少边境地区贫穷人口，大幅提高各国边民的生活质量。

丝绸之路经济带从中国西南地区出境的中国—中南半岛经济走廊纵贯越南、老挝、柬埔寨、泰国、马来西亚等国家直抵新加坡，是中国与东盟合作跨国经济走廊。以沿线中心城市为依托，以铁路、公路为载体，以人流、物流、资金流、信息流为基础，建设优势互补、区域分工、联动开发、共同发展的区域经济体。

2017 年 6 月，国家发改委和海洋局发布的《"一带一路"建设海上合作设想》进一步规划了中国—印度洋—非洲—地中海、中国—大洋洲—南太平洋和经北冰洋连接欧洲的三条蓝色经济通道。

第6章

亚欧经济伙伴关系的目标建设[①]

2016年6月17日,普京总统在彼得堡国际经济论坛开幕式上明确发出了建设"大欧亚伙伴关系"的倡议。2016年6月25日,普京总统访华期间签署的《联合声明》"中国和俄罗斯主张在开放、透明和考虑彼此利益的基础上建立欧亚全面伙伴关系,并责成两国政府相关部门积极研究提出落实该倡议的举措"。

笔者作为外交部委托中国社科院俄罗斯东欧中亚研究所时任所长李永全教授主持的欧亚全面伙伴关系的课题组主要参加者提交的《欧亚全面伙伴关系建设:中国方案》研究报告认为,中俄两国元首2016年确定的构建欧亚全面伙伴关系构想,应该聚焦亚欧大陆及其周边地区的区域经济一体化进程,而不是地缘政治集团。2017年7月,习近平主席访问莫斯科并与普京总统签署了中俄《关于进一步深化全面战略协作伙伴关系的联合声明》,将"欧亚全面伙伴关系"明确界定为"欧亚经济伙伴关系",双方表示"将在开放、透明和考虑彼此利益的基础上,为推动地区一体化进程继续就构建'欧亚经济伙伴关系'制定相关措施"。

① 本章部分内容已以《欧亚全面伙伴关系:起源与路径》发表在《俄罗斯东欧中亚研究》,2017年第6期;以《"大欧亚伙伴关系"与"一带一路"构建欧亚经济伙伴关系》发表在王高成主编《新时代下的国际趋势与两安关系》,台北:时英出版社·淡江大学国际研究学院,2018年6月;以《大欧亚:俄罗斯与中国的视角》发表在李永全主编和王晓泉副主编的《俄罗斯东欧中亚与世界》,北京:社会科学文献出版社,2018年5月。

第1节　文献中的“欧亚”范畴解析

2016年6月17日，俄罗斯总统普京在彼得堡国际经济论坛开幕式上明确发出了建设“大欧亚伙伴关系”的倡议。2016年6月25日，普京访华期间与中国国家主席习近平签署的《中华人民共和国和俄罗斯联邦联合声明》“主张在开放、透明和考虑彼此利益的基础上建立欧亚全面伙伴关系，包括可能吸纳欧亚经济联盟、上海合作组织和东盟成员国加入。鉴于此，两国元首责成两国政府相关部门积极研究提出落实该倡议的举措，以推动深化地区一体化进程”①。

一、关于欧亚概念

“欧亚”(Eurasia，Евразия)这一术语作为地理名词，表示欧亚构造板块上分布的国家，包括整个欧洲和亚洲。从欧亚意识来说，它源于20世纪20年代初的“白色移民”②。1920年H.特鲁别茨基在索菲亚出版《欧洲和人类》之后涌现了一大批欧亚期刊。П.别尔佳耶夫、П.斯特鲁维、П.米留科夫、И.伊利英为欧亚思想和欧亚主义做出了很大贡献。他们将欧洲和亚洲看作一个整体，而这个整体陆地的核心部分即欧洲和亚洲的毗连地区称作“欧亚”，包括俄罗斯、哈萨克斯坦、阿塞拜疆、格鲁吉亚和土耳其。因为俄罗斯占据它的大部分，哈萨克斯坦、格鲁吉亚和阿塞拜疆也曾是苏联的加盟共和国，所以这一“欧亚”所标识的地区就是

① 《中华人民共和国和俄罗斯联邦联合声明》，《人民日报》，2016年6月26日，第2版。

② 俄国十月革命胜利后，被剥夺的资产阶级组织“白色近卫军”和“白色运动”进行反扑，俄国进入国内战争时期。随着新罗西斯克A.邓尼金军、克里米亚П.符朗戈尔军和远东A.高尔察克军的溃败，白军开始大逃亡，形成三波“白色移民潮”，大部分逃往欧洲。远东白军溃败后，大量官兵和反苏人士逃往中国东北和上海租界等地，称“白俄”。

“俄罗斯的人类聚居区”和“俄罗斯—欧亚”[①]。莫斯科卡耐基中心主任Д.特列宁更加明确地指出，“欧亚”概念就是前沙俄帝国、然后是苏联、原苏联地区的新称谓[②]。美国乔治·华盛顿大学 Marlene Laruelle 教授从地缘政治角度认为“欧亚”一般“表示俄罗斯及其‘边缘世界’的历史空间”[③]。在北美、欧洲和亚洲许多学术和国际组织在刻意抽象掉苏联痕迹而又必须表述这一空间的时候用“欧亚”来代替“后苏联”[④]一词。这一“欧亚”范畴充其量只能算作“小欧亚”。

二、“小欧亚”与“俄罗斯世界(Русский мир)”

英国学者 Michael Emerson 认为，“小欧亚是由那些自认为很大程度上属于欧亚的国家和人民组成的，这些国家包括俄罗斯、哈萨克斯坦、土耳其……它们认为自己是欧亚思想的创造者，对欧亚有着自己的认识”[⑤]。Д.特列宁明确地将俄罗斯在原苏联地区推进的一体化进程称作“小欧亚”。他指出，“致力于建设欧亚联盟即俄罗斯主导的‘小欧亚’的现代欧亚思想在很大程度上具有抽象的性质”，“2014—2015 年击溃俄罗斯的地缘政治和经济危机使得‘小欧亚’一体化进程受阻但没有停

---

① Марк Энтин，Екатерина Энтина，В поддержку геополитического проекта Большой Евразии. 电子出版物《Вся Европа》，№6(111)，2016. http://alleuropalux.org/? p=13361.

② Дмитрий Тренин，Азиатская политика России: от двустороннего подхода к глобальной стратегии. Notes de l'Ifri. Russie. Nei. Visions，№94，июнь 2016 г. С. 7.

③ MarleneLaruelle. Eurasia，Eurasianism，Eurasian Union: Terminological Gaps and Overlaps. PONARS Eurasia Policy Meno №366. July 2015. http://www.ponarseurasia.org/memo/eurasia-eurasianism-eurasian-union-terminological-gaps-and-overlaps.

④ 在表述苏联解体后这一地区的整体时，这一地区的国家特别是俄罗斯习惯用“前苏联”一词，而美国和欧洲则习惯用“后苏联空间”。受西方文献影响，俄罗斯文献当中也出现“后苏联空间”一词。在中国，“前苏联地区”和“原苏联”使用的较多。

⑤ Майк Эмерсон，На пути к《Большой Евразии》: Кто? Почему? Что? Как? Eurasia Emerging Markets Forum. 11-13 сентября 2013 года，Назарбаев Университ，Националтный аналитический центр，Астана，Казахстан. С. 64; Emerson M. Towards a Greate Eurasia. Global Journal of Emerging Market Economies，January 2014，Volume6，Issue1. Pp. 69-93.

下脚步”①,“以欧亚经济联盟表现的‘小欧亚’只是一个囊中羞涩的经济协议而已”②。俄罗斯科学院社会科学学术信息研究所副所长Д.叶夫列缅科也持有同样的看法③。

三、“中欧亚”与“地球的心脏”

第一次将欧亚作为大陆整体来研究的是英国“地缘政治之父”H.麦金德,他在1904年将欧亚大陆的东北部称作“地球的心脏”(heartland),包括中亚、阿富汗和西伯利亚南部地区。并称“谁能控制‘地区的心脏’,谁就能控制世界岛,谁控制了世界岛,谁就能控制整个世界”④。Z.布热津斯基在其1997年出版的著名的《大棋局:美国统治及其地缘战略》中附和了H.麦金德的思想:“在‘欧亚’占统治地位的强国将会控制世界三分之二经济上最发达的地区。”⑤也正是从这个意义上来讲,俄罗斯在融入欧洲的进程受阻之后,将注意力转向了自己的周边国家,开始超越“小欧亚”。瓦尔代国际辩论俱乐部率先提出了“中欧亚”范畴。2015年4月,瓦尔代俱乐部欧亚项目主管T.博尔达乔夫在俄罗斯《消息报》撰文称“现在,2015年,可以说‘中欧亚’时刻已经到来,这是国际政治经济局势独一无二的交汇点”⑥,“在欧亚的核心部分俄罗斯西伯利亚、哈萨克斯坦、中亚地区、中国的西部将形成自主的增长极,有可能成为21世纪上半期最重要的地缘经济和地缘政治进程之一”,“中欧亚开始了大规模的

---

① Дмитрий Тренин, Россия и мир в XXI веке. Серия русский путь. Москва, Эксмо. 2015. Сс. 134, 157.

② Дмитрий Тренин, Азиатская политика России: от двустороннего подхода к глобальной стратегии. NotesdeI'Ifri. Russie. Nei. Visions, №94, июнь 2016 г. С. 7.

③ Дмитрий Ефременко, Рождение Большой Евразии. 2017年1月31日,欧亚研究中心网: http://www.eurasian-studies.org/archives/2821

④ 转引自 Астанинский клуб, доклад《Геоэкономика Евразии》. Ноябрь 2015 года, Астана, Казахстан. С. 8.

⑤ 同上。

⑥ Тимофей Бордачёв,Создавая Евразию вместе, газета《Известия》,15апреля 2015 года, С. 3.

进程，正在改变着它的经济和政治结构”①，“中欧亚应当成为生活在其中的人民共同的安全和坚固的大厦，成为俄罗斯和中国完成其对外政策战略性任务所必须的和稳定发展的共同大后方”②。

四、从“中欧亚”到“大欧亚”

随着形势的不断发展，瓦尔代俱乐部很快就从“中欧亚”转向了“大欧亚”。2015年6月该俱乐部发表的报告《奔向大洋3：建设中欧亚》强调，“在‘中欧亚’建立合作区可以形成另一个逻辑上合理的计划，即建立大欧亚合作、可持续发展和安全、不仅向东方而且向欧亚最西边开放的共同体（或者甚至是联盟）”，“‘大欧亚’应当成为所有人的正和游戏的榜样，合作胜于对抗的榜样”③。瓦尔代俱乐部的创始人C.卡拉甘诺夫进一步指出，在欧亚大部地区存在着形成新的向所有人敞开合作的经济和政治空间的趋势，权且称之为“大欧亚共同体”④。

最早提出“大欧亚”概念的是英国学者Michael Emerson。他在2013年9月哈萨克斯坦纳扎尔巴耶夫大学举办的“欧亚新兴市场论坛”上发表《走向“大欧亚”之路：谁？为什么？什么？如何？》的论文。他的“大欧亚”概念囊括了欧亚大陆范围内欧洲和亚洲所有国家，并涉及各国在战略安全、政治意识形态、长期社会经济问题和文化价值观等方面共同努力问题⑤。Д.叶夫列缅科强调，“说到大欧亚，我是指以欧亚大陆及其相邻的非洲大陆空间（或许整个非洲）为舞台发生的地缘政治和地缘经济

---

① Тимофей Бордачёв, Новое евразийство, Россия в глобальной политике. №2, 2015 г.

② Тимофей Бордачёв, Создавая Евразию вместе, газета《Известия》, 15 апреля 2015 года, С. 3.

③ Сергей Караганов, Тимофей Бордачев и др., К Великому океану-3: Создание Центральной Евразии. Москва, июнь 2015 года. С. 13-14.

④ Сергей Караганов, Поворот к Азии: история политической идеи. Россия в глобальной политике. №6, 2015г.

⑤ Майк Эмерсон, На пути к《Большой Евразии》: Кто? Почему? Что? Как? Eurasia Emerging Markets Forum. 11-13 сентября 2013 года, Назарбаев Университ, Национальный аналитический центр, Астана, Казахстан. С. 64; Emerson M. Towards a Greate Eurasia. Global Journal of Emerging Market Economies, January 2014, Volume6, Issue1. Pp. 69-93.

变化的基本进程”，“在与印度、越南、伊朗、以色列、埃及甚至在某些条件下与土耳其、沙特、日本和韩国发展战略伙伴关系或者建设性对话的同时，俄罗斯将促进大欧亚能够成为更加均衡的具有不同力量中心的体系”①。C. 卡拉甘诺夫认为，“从地理上来说，它包括上合组织、欧亚经济联盟和东盟成员国，以及与丝绸之路经济带和欧亚经济联盟‘对接’的国家如土耳其、伊朗、以色列、埃及，甚至中国与东盟推动的印度、日本和韩国参加的区域全面经济伙伴关系（RCEP）所开辟的新的经济空间”②。Ю. 雅科维茨和 Е. 拉斯特沃尔采夫从世界文明的角度认为，“大欧亚包含 12 个区域文明当中的 8 个：西欧文明、东欧文明、欧亚文明、中国文明、印度文明、日本文明、佛教文明、穆斯林文明（包括北非）和 9 个文明联合体（欧盟、欧亚经济联盟、独联体、东盟、上合组织、伊斯兰合作组织、阿拉伯国家联盟、黑海经合组织、地中海联盟）”③。

第 2 节　俄罗斯“大欧亚伙伴关系”的地缘政治内涵

一、“大欧洲”梦想之破灭

2015 年 9 月，俄罗斯前外长、国际事务委员会主席 И. 伊万诺夫在拉脱维亚首都里加举行的第 20 届波罗的海论坛“美国、欧盟与俄罗斯：新现实”研讨会上承认，“大欧洲”计划已经无果而终④。

① Дмитрий Ефременко，Рождение Большой Евразии. 2017 年 1 月 31 日，欧亚研究中心网：http://www.eurasian-studies.org/archives/2821。

② Сергей Караганов，С Востока на Запад，или Большая Евразия. Российская газета-Федеральный выпуск №7109，24.10.2016 г.，с. Власъ.

③ Юрий Яковец，Еагений Растворцев，Большая Евразия：стратегия партнерства цивилизаций и объединений. Научный доклад. Москва，МИСК，2017. С. 14.

④ Игорь Иванов，Закат Большой Европы — выступление на XX ежегодной конференции Балтийского форума《США，ЕС и Россия — новая реальность》，12 сентября 2015 г.，Рига，Латвия. http://globalaffairs.ru/global-processes/Zakat-Bolshoi-Evropy-17680.

“大欧洲”在地理空间上包括所有欧洲国家、原苏联地区的俄罗斯、哈萨克斯坦和南高加索三国。И. 伊万诺夫所指的“大欧洲计划”不是地理意义上的而是政治意义上的。这里有两方面的含义，其一是俄罗斯积极融入欧洲的计划；其二是欧盟和北约东扩的计划。尽管从加里宁格勒到符拉迪沃斯托克的所有俄罗斯人都认为自己是欧洲人，但是在西欧人眼里俄罗斯是欧洲的亚细亚、“野蛮之地”①，他们从来就不能接受俄罗斯这个“怪物”。

俄国最早源于欧洲的基辅罗斯，随后向北、向东扩张。蒙古人统治俄国 240 多年给俄国人的意识形态打上了鲜明亚细亚的烙印，使其成为欧洲文明和亚洲文明的混合物。自从彼得大帝开始，俄国历史上许多沙皇和政府都力图将俄罗斯扳回到欧洲的发展轨道，如叶卡捷琳娜二世、亚历山大一世和斯别兰斯基全盘西化、亚历山大二世农奴制改革、维特和斯托雷平改革等。但每次改革均以失败而告终。1963 年年初，时任法国总统戴高乐曾向苏联驻法国大使 C. 维诺格拉多夫私下表示，“我们与苏联共同建设欧洲的时候到了”②。但是直到 1985 年才真正开启“大欧洲”时代。为了建设“从里斯本到符拉迪沃斯托克的欧洲共同大厦”，苏联领导人同意了东德与西德两国合并和东欧与西欧的合并。为此付出的代价是苏联被彻底肢解，而俄罗斯精英阶层试图通过“休克疗法”使自己的新地位在欧洲合法化。1990 年代俄罗斯与欧盟、北约签署的合作文件以及加入欧洲理事会标志着“大欧洲”计划的实际启动。在普京的第一总统任期与欧盟就建设经济、安全、人文和教育四个方面的“共同空间”达成一致，并制定了“从里斯本到符拉迪沃斯托克大欧洲”的“路线图”。

我们再来看西方“大欧洲”计划的真相。法国时任总统戴高乐在 1962 年 9 月历史性地访问联邦德国时第一次描述了“大欧洲”计划，即要

---

① Кудров В. М.，Национальная экономиика России. Москва，《Дело》，2006. Стр. 21.

② 转引自 Дмитрий Сумушин，《Большая Европа》 или 《Большая Евразия》：пора менять нетолько риторику. https://eadaily. com/ru/news/2015/09/22/bolshaya-evropa-ili-bolshaya-evraziya-pora-menyat-ne-tolko-ritoriku。

从大西洋到乌拉尔消除“东方过时的意识形态”。30年后，Z.布热津斯基在其《大棋局：美国统治及其地缘战略》道出了真相：(在美国的保护下)欧洲和北约向后苏联空间扩张，实现欧亚地区地缘政治多元化，在市场经济基础上实现俄罗斯社会现代化和政治体制非集中化，并将其变成邦联制，使俄罗斯放弃帝国遗产和帝国复辟，不允许向美国统治地位提出挑战的任何集团的存在，在“多元化”基础上建立跨欧亚安全体系①。历史进程按照布热津斯基的计划稳步推进，欧盟和北约东扩到前苏联边界后开始将触角伸向原苏联加盟国。从支持“古阿姆集团(GUAM)”②摆脱对俄罗斯的依赖，到2003年欧盟犹抱琵琶半遮面地启动“大欧洲—邻国”计划，在南部邻国的掩盖下欲将原苏联地区的东部邻国乌克兰、摩尔多瓦、白俄罗斯、格鲁吉亚、阿塞拜疆和亚美尼亚纳入其麾下。同时还在原苏联地区策划了一系列成功和不成功的“颜色革命”，试图扶持亲西方政权，如格鲁吉亚的“玫瑰革命”、吉尔吉斯的“郁金香革命”、乌克兰的“橙色革命”、阿塞拜疆的“紫罗兰革命”、乌兹别克斯坦的“安集延事件”和白俄罗斯的“牛仔革命”等。2009年欧盟彻底撕掉面纱，抛出向原苏联地区扩张的“东方伙伴关系”计划。而对于俄罗斯来说，原苏联地区仍然是其核心利益所在。所以针对欧盟的步步紧逼，俄罗斯开始加强该地区的欧亚一体化进程。2010年启动俄罗斯、白俄罗斯、哈萨克斯坦关税同盟，2011年，俄、白、哈三国元首相继在《消息报》上发表文章，共同表示要建设欧亚联盟。而这种“恢复苏联的企图”对西方来说是不可接受的，于是爆发了西方与俄罗斯争夺原苏联地区的战争，乌克兰成为这场战争最悲惨的牺牲品。2014年西方与俄罗斯因为乌克兰危机而彻底决裂，对俄罗斯从政治、经济、技术等各方面进行严厉制裁。“冷战”的幽灵重新游荡在东西方的上空，“这将是俄罗斯长期的与美国的冲突和与欧盟的相

① [美]兹比格纽·布热津斯基著，中国国际问题研究所译：《大棋局：美国的首要地位及其地缘战略》，上海人民出版社，2007年，第2、26、41页。

② “古阿姆集团”系格鲁吉亚、乌克兰、阿塞拜疆和摩尔多瓦四个国家英文名称第一个字母的缩写GUAM的音译。成立于1997年，叫作民主和经济发展组织GUAM。这是前苏联地区除波罗的海国家以外最具有亲西方色彩的国家，俄罗斯学者认为其具有反俄倾向。

互疏远”①。

二、俄罗斯对外政策被迫“向东转”

Д.特列宁认为，把俄罗斯变成西方世界一部分的尝试和传统上作为“欧亚吸纳器”的俄罗斯帝国两大对外战略“欧洲选择”和“欧亚道路”均在2014年宣告失败。他表示，没有乌克兰的参加，俄罗斯在原苏联地区建立自己的欧亚力量中心的努力就是失败的，而欧亚经济联盟并不具有政治联盟的内容。在他看来，俄罗斯欧亚一体化思想包含着地缘政治利益，即在原苏联空间平台上建立以莫斯科为首的“力量中心”，经济利益是次要的。但是欧亚一体化并不具备必要的前提条件，独联体国家也不需要以俄罗斯为核心的“力量中心”，即真正的经济、金融、政治、军事联盟②。

从地缘经济来说，俄罗斯经济结构问题遭遇西方的制裁使得2014年停止了增长，2015年陷入衰退。而此时国际石油价格的突然腰斩对俄罗斯缺乏多元化的经济更是造成致命打击。俄罗斯现有的经济发展模式危机与西方制裁和能源价格下跌叠加在一起，严重殃及欧亚经济联盟其他伙伴国，它们的经济状况高度依赖一家独大的俄罗斯。显然，俄罗斯对继续经营欧亚经济联盟已深感力不从心。

与西方相比，亚洲在俄罗斯战略优先方向上一直排在次要位置上。就像俄罗斯国徽上的双头鹰，更多的是盯着西方而不是东方。面对西方咄咄逼人的挤压和制裁，俄罗斯对外政策不得不转向东方。其实，俄罗斯向东转早在2012年就开始了。是年普京开始其第三个总统任期，把开发东西伯利亚和远东作为国家的一项战略任务，以在符拉迪沃斯托克举办APEC峰会为契机，采取了一系列开发开放措施，如设立远东开发部，成立远东开发公司和基金，通过远东发展规划，设立超前发展区和符

① Дмитрий Тренин, Россия и мир в XXI веке. Серия русский путь. Москва, Эксмо. 2015. С. 173.

② 同上。

拉迪沃斯托克自由港，举办年度东方经济论坛，无偿分配远东土地，实行优惠的吸引外资政策等。目的是要远东作为先遣军，率先融入亚太经济一体化进程，进而带动远东开发，使其成为俄罗斯新的经济增长点。同时，从地缘政治上也是随着美国战略东移而转移的。2014 年的乌克兰危机加速了俄罗斯向东转的进程。在这种条件下，Д. 特列宁开始担心，“俄罗斯具有完全倒向中国的危险，从都柏林到符拉迪沃斯托克的‘大欧洲’计划可能被从上海到彼得堡的‘大亚洲’方针所取代……俄罗斯转向迅速上升的东方（首先是中国）和正在崛起的南方（印度和其他国家）成为迫切需要”①。

三、俄罗斯认为中国崛起和“一带一路”对其发出挑战

近年来，中国经济实力的强劲攀高和国际地位的迅速上升，不仅使美国感到了其世界霸主的地位受到挑战，而且俄罗斯在被迫向东转的同时，对中国的崛起也保持着高度警惕。中国的“一带一路”倡议在俄罗斯看来形成了严峻挑战，“甚至对主张多极世界并试图建立自己独立的力量中心的俄罗斯来说，其邻国的迅速发展带来的不仅是新机遇，还有挑战”②。他们认为，中国的“一带一路”就是趁火打劫，在俄罗斯受到西方从西面挤压的同时，中国从南面与其争夺中亚，通过“一带一路”加强中国在中亚的经济存在，进而地缘政治和地缘战略存在，破坏其主导的欧亚联盟，蚕食其势力范围。对俄罗斯对外政策具有重大影响的瓦尔代俱乐部发布的报告在 2012 年就明确表示，“随着中国经济、技术和军事实力的强劲上升，遏制中国的任务越来越迫切”③。而俄罗斯著名中国问题

---

① Дмитрий Тренин，Россия и мир в XXI веке. Серия русский путь. Москва，Эксмо. 2015. С. 185.

② Александр Лукин，Сергей Лузянин，Ли Синь и др.，Китайский глобальный проект для Евразии：постановка задачи. Аналитический доклад под ред. Владимира Якунина. М.：Научный эксперт. 2016，стр. 9.

③ М. Барабанов，К. Макиенко и др.，Военная реформа：на пути к новому облику российской армии. Аналитический доклад Международного дискуссионного клуба《Валдай》. Москва，июль 2012. Сс. 9，11-12.

专家 A. 卢金和俄罗斯科学院远东研究所前所长 C. 卢贾宁则不认同对中国进行遏制，他们认为，“对中国的邻国特别是俄罗斯和中亚国家来说，必须认识到在可预见的未来中国影响力的上升是不可避免的。鉴于此，必须选择为了自身发展而利用，而非对其无望的遏制道路”①。实际上，俄罗斯对“一带一路”倡议面临“三难选择”：遏制，力不能及；不参与，自绝于世界经济和政治体系；参与，不甘心将自己在中亚的势力范围拱手相让给中国。大部分俄罗斯学者认为，与其对中国进行力所不能及的遏制，不如选择参与，利用中国的经济实力满足自身的利益。于是，2015 年俄罗斯选择了欧亚经济联盟对接“一带一路”，从而获得中国对其欧亚经济联盟做出政治支持和保证。

四、俄罗斯从避免对中国的单方面依赖到“大欧亚”战略

随着俄罗斯对外政策向东转，以及美国对俄罗斯强化制裁和在亚太地区对中国进行遏制，中俄两国战略协作伙伴关系得以进一步巩固和提升。俄罗斯开始担心对中国形成单方面过度依赖。

2015—2016 年间，俄罗斯媒体流行一种观点认为，“向东转”的结果并没有从中国得到什么好处，来自中国的投资没有增加，贸易额反而下降了。为了避免对中国的过度依赖，Д. 特列宁认为，俄罗斯向东转，不是转向中国，而是转向“大亚洲”，加强与日本、韩国、东盟和印度的关系②。对俄罗斯对外政策具有重大影响作用的俄罗斯国防和对外政策委员会主席 C. 卡拉甘诺夫针对中国成为俄罗斯第一大贸易和第二大投资伙伴，认为重要的是亚洲贸易的多元化，避免对即便是友好的中国的高度依赖。他进一步主张，在欧亚大陆建立一个以其为核心的非西方的地

① Александр Лукин, Сергей Лузянин, Ли Синь и др., Китайский глобальный проект для Евразии: постановка задачи. Аналитический доклад под ред. Владимира Якунина. М.: Научный эксперт. 2016, стр. 112.

② Дмитрий Тренин, Россия и мир в XXI веке. Серия русский путь. Москва, Эксмо. 2015. С. 185.

缘政治集团"大欧亚共同体"①。A. 卢金和 C. 卢贾宁等从地缘政治角度将"丝绸之路经济带解读为俄罗斯开辟新坐标,将俄罗斯从东西方之间的'桥梁'变成'欧亚的心脏'",进而形成"自己的国际坐标体系,其核心环节应当是借助丝绸之路经济带对'欧亚经济联盟—上合组织'进行结构改造"②,以扩大的上合组织为平台建设"大欧亚共同体"。Д. 特列宁提醒道,俄罗斯的亚洲"新"政策重要的是不要碰到两个暗礁。一个是过于依靠与中国的关系,另一个是与该地区其他国家的关系上仅注重双边关系。因此,莫斯科在亚太地区的战略应该以全面的和全球性的视野建设更加广泛的"大欧亚"③。在俄罗斯的极力支持下,上合组织成功扩员,吸纳印度和巴基斯坦加入,标志着俄罗斯"大欧亚"战略迈出了实质性的第一步。俄罗斯已经就下一步把伊朗拉入上合组织开始跃跃欲试。C. 卡拉甘诺夫坚信 21 世纪正在形成以美国为首的与以俄罗斯和中国为核心的"大欧亚共同体"两大新的地缘政治集团④。俄罗斯对外政策进入了欧亚时代。

2015 年 4 月,T. 博尔达乔夫在俄罗斯《消息报》具有先见之明地指出,"欧亚转型为共同发展的大区的动力是欧亚经济一体化和 2013 年中国提出的丝绸之路经济带框架的大范围伙伴关系"⑤。一个月之后,中俄两国元首签署《关于丝绸之路经济带建设与欧亚经济联盟建设对接合作的联合声明》,成为俄罗斯"大欧亚"战略形成的基础。他认为,俄罗斯必须开始与地区主要伙伴讨论欧亚空间共同发展战略,将来走

---

① Сергей Караганов, Евроазиатский выход из европейского кризиса. Россия в глобальной политпке. №3, 2015.

② Александр Лукин, Сергей Лузянин, Ли Синь и др. , Китайский глобальный проект для Евразии: постановка задачи. Аналитический доклад под ред. Владимира Якунина. М.: Научный эксперт. 2016, стр. 82.

③ Дмитрий Тренин, Азиатская политика России: от двустороннего подхода к глобальной стратегии. Notes de I'Ifri. Russie. Nei. Visions, №94, июнь 2016 г. С. 3.

④ Сергей Караганов, Евроазиатский выход из европейского кризиса. Россия в глобальной политпке. №3, 2015.

⑤ Тимофей Бордачёв, Создавая Евразию вместе, газета《Известия》, 15 апреля 2015 года, С. 3.

向广泛的欧亚共同体[①]。而 C. 卡拉甘诺夫认为，欧亚经济联盟与丝绸之路经济带对接的联合声明对扩大俄罗斯、中国、哈萨克斯坦、上合组织其他伙伴国，以及印度、伊朗、韩国、巴基斯坦，然后还有以色列、土耳其之间的合作赋予了更加强大的生命力[②]，并将其称之为"大欧亚共同体"，其核心是丝绸之路经济带对接欧亚经济联盟。大欧亚共同体可以通过上合组织来发挥组织功能，辅之以亚投行、上合组织开发银行、建立自己的支付体系和储备货币、迅速发展的物流运输网络[③]。2015年11月，阿斯塔纳俱乐部表示，联合声明的签署使得"大欧亚从讨论走向实践"[④]。

五、俄罗斯"大欧亚"战略目标是确立其在亚欧大陆的核心地位

C. 卡拉甘诺夫将"大欧亚共同体"的目标确定为："欧亚国家共同的经济、政治和文化的复兴和发展，把欧亚变成世界经济和政治的中心。"它将包括东亚、东南亚和南亚国家、欧亚中心国家、俄罗斯，今后还将包括欧洲次大陆国家及其组织，只要它们能够进行建设性的合作。[⑤] 他还设计了"大欧亚共同体"的基本原则，如在国际法传统价值观基础之上尊重主权和领土完整，共同维护和平与稳定；尊重政治多元化，拒绝相互干涉内政；经济开放，降低国际贸易和投资壁垒，拒绝经济关系政治化，坚持互利共赢的原则开展经济合作；建立从雅加达到里斯本整个欧亚大陆的发展、合作和安全体系；保持军事政治稳定，防止冲突；保持和发展文化多样性，通过欧亚文明对话走向和平、合作和共同富裕；保护与社会和

---

① Тимофей Бордачёв，Новое евразийство，Россия в глобальной политике. №2，2015 г.

② Сергей Караганов，Евроазиатский выход из европейского кризиса. Россия в глобальной политпке. №3，2015.

③ 同上。

④ Астанинский клуб，доклад《Геоэкономика Евразии》. Ноябрь 2015 года，Астана，Казахстан. С. 10，12.

⑤ Сергей Караганов，От поворота на Восток к Большой Евразии：глобальный контект. Международная жизнь，5. 2017. С. 11.

国家权利不可分割的人权。①

俄罗斯“大欧亚”战略的设计师C.卡拉甘诺夫确信，“大欧亚”将会瞄准“俄罗斯地缘战略和地缘经济未来的定位，即正在上升的大陆的核心，成为整个欧亚大陆重要的交通和经济枢纽之一和最重要的安全提供者”。俄罗斯“在欧亚地区建立和复兴文化合作方面理所当然地发挥核心作用”。同时，C.卡拉甘诺夫也没有忘记与欧亚各国特别是与中国的合作，他指出，“大欧亚”是各国和各组织不同计划都加入其中的共同计划，致力于实现共同目标即建设发展、和平和紧密合作的大陆。“在这个建设过程中首要的发挥重要作用的理所当然是俄罗斯—中国大串联”②。Д.叶夫列缅科同样认为，与中国的战略伙伴关系对俄罗斯非常重要，虽然形式上并不是针对美国或其他国家的军事政治联盟，但是中国也好，俄罗斯也好，都将在改造以美国为中心的国际秩序，在欧亚和世界建立更加公平、安全的国际关系体系事务中团结行动③。Д.特列宁表示，“在全球治理方面中俄将会共同加强上合组织和金砖国家等非西方国际机构的影响力”④。俄罗斯Г.伊瓦申佐夫大使更是不加掩饰地指出：“今天统一的欧亚即中国与东南亚和俄罗斯与欧亚联盟正在挤压早先不可一世的美、欧、日经济‘三重奏’。”⑤

尽管俄罗斯认识到，没有中国的合作不可能实现其“大欧亚”战略任务，要与中国合作共同建立一个新的世界秩序——“大欧亚共同体”，但如前所述，俄罗斯对中国的崛起和“一带一路”充满警惕。所以，C.卡拉甘诺夫认为：“需要让俄罗斯作为连接整个欧亚大陆的核心实现最优的

① Сергей Караганов, От поворота на Восток к Большой Евразии: глобальный контект. Международная жизнь, 5.2017. С.13.

② 同上。

③ Дмитрий Ефременко, Рождение Большой Евразии. 2017年1月31日，欧亚研究中心网：http://www.eurasian-studies.org/archives/2821.

④ Дмитрий Тренин, От Большой Европы к Большой Азии? Китайско-российская Антанта. Россия в Глобальной политике. №3, 2015.

⑤ Глеб Ивашенцов. Путь к мирной Евразии. 14 мая 2015 г. http://russiancouncil.ru/en/inner/?id_4=5918#top-content.

地缘政治和地缘经济地位，并为中国营造一个友好和建设性的均衡态势，使得这个国家对其邻国来说不至于‘过于强大’和成为潜在的霸主。”[①]T.博尔达乔夫甚至扬言：“俄罗斯的主要目标是将丝绸之路经济带变成巩固和完善欧亚经济联盟的工具，最终用丝绸之路经济带的资源来奠定大欧亚经济政治共同体的基础。”[②]

六、俄罗斯建设“大欧亚共同体”的“路线图”

俄罗斯把上合组织看作“大欧亚”建设的基础和平台。瓦尔代俱乐部在2015年就强调，“欧亚空间国际合作的最重要机制是上合组织”，“上合组织的迅速发展可以成为建立大欧亚共同体这一潜力巨大的计划的核心机制”[③]。Д.叶夫列缅科明确表示，“最能够胜任国际组织的角色，使大欧亚顺利建成的，非上合组织莫属”，“上合组织是建设大欧亚的孵化器”[④]。Д.特列宁也认为，“上合组织将为大亚洲提供政策沟通和协调、共同经济发展、金融支持和安全领域合作的机制”[⑤]。A.卢金和C.卢贾宁等也发现，“丝绸之路经济带为从东西方之间的‘桥梁’变成‘欧亚的心脏’”创造了机会，其“核心环节应当是借助丝绸之路经济带对‘欧亚经济联盟—上合组织’进行结构改造”[⑥]。C.卡拉甘诺夫对此也没有异议，“俄罗斯和中国开始建设的大欧亚地缘经济和地缘政治大厦的基础

① Сергей Караганов, С Востока на Запад, или Большая Евразия. Российская газета-Федеральный выпуск №7109, 24.10.2016 г., с. Власть.

② Тимофей Бордачёв, Новое евразийство, Россия в глобальной политике. №2, 2015 г.

③ Сергей Караганов, Тимофей Бордачев и др., К Великому океану -3: Создание Центральной Евразии. Москва, июнь 2015 года. С.14.

④ Дмитрий Ефременко, Рождение Большой Евразии. 2017年1月31日，欧亚研究中心网：http://www.eurasian-studies.org/archives/2821.

⑤ Дмитрий Тренин, От Большой Европы к Большой Азии? Китайско-российская Антанта Россия в Глобальной политике. №3, 2015.

⑥ Александр Лукин, Сергей Лузянин, Ли Синь и др., Китайский глобальный проект для Евразии: постановка задачи. Аналитический доклад под ред. Владимира Якунина. М.: Научный эксперт. 2016, стр. 82.

已经显现出来,这一大厦的联系纽带理所当然是上合组织”[1],并进一步认为,“大欧亚共同体,它开始围绕正在扩大的和日益强壮的上合组织进行建设”[2]。

C.卡拉甘诺夫还为俄罗斯建设“大欧亚”规划了几个步骤。即利用现有发展趋势将各国、现有组织和对话平台的行为纳入一个统一轨道,目标是形成新的地缘经济、地缘政治和地缘文化共性——伙伴关系,然后建设“大欧亚共同体”。建设这样的伙伴关系,理所当然的谈判平台就是上合组织,必须赋予该组织更大的能量和开放,把它从局限的地区组织变成组织的组织。

第3节　中俄合作建设欧亚全面伙伴关系的可能性

尽管俄罗斯从“大欧洲”转向“大欧亚”具有强烈的地缘政治意图,但其标榜的“大欧亚”经济一体化内容与中国“一带一路”深度经济合作具有高度的契合关系。

一、中国“一带一路”首倡“大欧亚”经济一体化进程

目前,国内不少文献都认为俄罗斯总统普京是“大欧亚”战略的首创者。其实不然。从地缘经济意义上着眼整个亚欧大陆及其周边的“大欧亚”倡议应该是中国国家主席习近平。2013年9月和10月,习近平分别在哈萨克斯坦和印度尼西亚发出与相关国家和地区共建“丝绸之路经济带”和“21世纪海上丝绸之路”的重大倡议。他虽然没有使用“大欧亚”概念,但他强调“‘一带一路’建设根植于丝绸之路的历史土壤,重点面向亚

① Сергей Караганов, С Востока на Запад, или Большая Евразия. Российская газета-Федеральный выпуск №7109, 24.10.2016 г., с. Власъ.

② Сергей Караганов, Поворот к Азии: история политической идеи. Россия в глобальной политике. №6, 2015г.

欧非大陆”[①]。根据这一倡议，中国国务院授权发布的《推动共建丝绸之路经济带和21世纪海上丝绸之路的愿景与行动》在亚欧大陆规划了中国—中亚—西亚、新亚欧大陆桥、中国—中南半岛、中巴、中蒙俄和孟中印缅6大经济走廊[②]，国家发改委和国家海洋局共同发布的《“一带一路”海上合作设想》规划了中国—印度洋—非洲—地中海、中国—大洋洲—南太平洋和经北冰洋连接欧洲的3大蓝色经济通道[③]。“‘一带一路’贯穿欧亚大陆，东边连接亚太经济圈，西边连接欧洲经济圈”……因此有必要“同有关国家一道，实施好丝绸之路经济带同欧亚经济联盟对接，促进欧亚地区平衡发展”[④]。共建“一带一路”的倡议在整个亚欧非大陆形成广泛共识。

2015年5月，中俄两国元首签署《关于丝绸之路经济带建设和欧亚经济联盟建设对接合作的联合声明》时，习近平表示，“深入推进两国发展战略对接和‘一带一路’建设同欧亚经济联盟建设对接合作，进而在欧亚大陆发展更高水平、更深层次的经济合作关系”[⑤]。普京也将这一对接看作是“在整个欧亚大陆开辟共同经济空间”[⑥]。2015年12月，他在总统咨文中“建议与欧亚经济联盟一起与上合组织和东盟成员国以及正在加入上合组织的国家就建立可能的经济伙伴关系进行磋商”[⑦]。2016年

---

① 习近平：《携手推进“一带一路”建设——在“一带一路”国际合作高峰论坛开幕式上的讲话》，《人民日报》，2017年5月15日，第3版。

② 《推动共建丝绸之路经济带和21世纪海上丝绸之路的愿景与行动》，《人民日报》，2015年3月29日，第4版。

③ 《“一带一路”建设海上合作设想》（全文），中国网新闻中心：http://www.china.com.cn/news/2017-06/20/content_41063034.htm. 2017年6月20日。

④ 习近平：《团结互助，共迎挑战，推动上海合作组织实现新跨越——在上海合作组织成员国元首理事会第15次会议上的讲话》，《人民日报》，2015年7月11日，第2版。

⑤ 习近平出席《中俄睦邻友好合作条约》签署15周年纪念大会并发表重要讲话，《人民日报》，2016年6月26日，第1版。

⑥ Заявления для прессы по итогам российско-китайских переговоров. 俄罗斯总统网站：http://www.kremlin.ru/events/president/transcripts/49433. 2015年5月8日。

⑦ В. Путин, Послание Президента Федеральному Собранию. 3 декабря 2015 года. 俄罗斯总统网站：http://www.kremlin.ru/events/president/news/50864.

5月,普京在俄罗斯-东盟对话系列会议上表示,除了"欧亚联盟与东盟建设自贸区"之外"另一个具有前景的区域经济一体化方向可能是欧亚经济联盟、东盟、上合组织和'一带一路'的相互对接"①,"我们将讨论建立有欧亚经济联盟、东盟和上合组织参与的广泛的跨国伙伴关系"②。在随后签署的《索契宣言》明确规定了"研究东盟、欧亚经济联盟和上合组织之间互利合作的可能性"以及"俄方提出的欧亚经济联盟与东盟建设全面自由贸易区的建议"③。2016年6月17日,普京在彼得堡国际经济论坛开幕式上明确发出了建设"大欧亚伙伴关系"的倡议:"建议考虑建设有欧亚经济联盟及其有着紧密关系的中国、印度、巴基斯坦、伊朗,以及我们的独联体伙伴和其他感兴趣的国家和组织参与的大欧亚伙伴关系。"④

作为国家领导人第一次提出"大欧亚"概念的实际上也不是普京,而是哈萨克斯坦总统纳扎尔巴耶夫于2015年9月在联大发言中呼应习近平"一带一路"倡议时表示,"当前条件下复兴丝绸之路经济对欧亚各国都是非常重要的,缩短亚太地区到欧洲运输距离可以为许多国家带来财富。团结在大欧亚思想周围的时代已经到来,它将欧亚经济联盟、丝绸之路经济带和欧盟联合成21世纪统一的一体化项目"⑤。哈总统提出的"大欧亚"思想将合作范围缩小至一体化的"三驾马车",即欧亚经济联盟、欧盟和"一带一路",实现各一体化计划的和谐与合作,其中包括成员

① Выступление В. Путина во встрече глав делегаций-участников саммита Россия-АСЕАН с представителями Делового форума. http://russian-asean20. ru/transcripts/20160520/194566. html.

② Выступление В. Путина на торжественном приёме в честь глав делегаций-участников Саммита Россия-АСЕАН. http://russian-asean20. ru/transcripts/20160519/169250. html.

③ 俄罗斯-东盟峰会官方网站:http://russian-asean20. ru/documents/.

④ Выступление В. Путина 17 июня 2016 года на пленарном заседании XX Петербургского международного экономического форума. http://www. kremlin. ru/events/president/news/52178.

⑤ Полный текст выступления Нурсултана Назарбаева на 70 - й сессии Генассамблеи ООН. http://www. diapfzon. kz/kazakhstan/kaz-politics/75936-polnyy-tekst-vystupleni- enursultana-nazarbaeva-na-70-y-sessii-genassamblei-oon-video. html. 2015年9月29日。

国贸易关系自由化，共同开发交通走廊，能源运输路线多元化，扩大投资合作以及其他经济合作问题。哈“大欧亚”设想紧密与自己的战略利益相结合。通过陆路运输路线将太平洋和欧洲连接起来，从而实现哈发挥自己过境运输潜力的梦想。发展物流运输基础设施可以成为哈今后长期经济发展的驱动力。此外，哈“大欧亚”思想还反映了其多元的对外政策，与世界政治的所有力量中心保持平等关系。

由此可见，无论是最早呼吁聚焦“大欧亚思想”的哈萨克斯坦总统纳扎尔巴耶夫还是随后提出“大欧亚伙伴关系”倡议的俄罗斯总统普京都是顺应了中国国家主席习近平的“一带一路”大势，将本国经济发展战略与“一带一路”倡议进行对接，在亚欧大陆经济一体化进程中实现自身利益最大化。“大欧亚”作为欧亚大陆经济一体化进程符合中、俄、哈及亚欧非大陆其他国家繁荣经济的共同利益。

二、习近平“一带一路”：亚欧地区更深层次的区域经济合作

中国的“21世纪海上丝绸之路”中国—印度洋—非洲—地中海和经北冰洋连接欧洲的两条“蓝色经济通道”①，特别是“一带一路”对接俄罗斯北方海航道共建“冰上丝绸之路”②形成环绕整个亚欧大陆的海上通道；而陆上的“丝绸之路经济带”“重点畅通中国经中亚、俄罗斯至欧洲（波罗的海）；中国经中亚、西亚至波斯湾、地中海……共同打造新亚欧大陆桥、中蒙俄、中国—中亚—西亚等”6大国际经济走廊开辟“整个欧亚大陆的共同经济空间”。

2015年3月发布的《推动共建丝绸之路经济带和21世纪海上丝绸之路的愿景与行动》明确指出，共建“一带一路”“旨在促进经济要素有序自由流动、资源高效配置和市场深度融合，推动沿线各国实现经济政策

① 《“一带一路”建设海上合作设想》（全文），中国网新闻中心：http://www.china.com.cn/news/2017-06/20/content_41063034.htm. 2017年6月20日。

② 习近平接受俄罗斯媒体采访，《人民日报》，2017年7月4日，第1版。

协调，开展更大范围、更高水平、更深层次的区域合作，共同打造开放、包容、均衡、普惠的区域经济合作架构”①。“一带一路”贯穿亚欧非大陆，一头是活跃的东亚经济圈，一头是发达的欧洲经济圈，中间广大腹地国家经济发展潜力巨大，共建“一带一路”致力于亚欧非大陆及附近海洋的互联互通，建立和加强沿线各国互联互通伙伴关系，“努力实现区域基础设施更加完善，安全高效的陆海空通道网络基本形成，互联互通达到新水平；投资贸易便利化水平进一步提升，高标准自由贸易区网络基本形成，经济联系更加紧密”②。

投资贸易合作是“一带一路”建设的重点内容，“宜着力研究解决投资贸易便利化问题，消除投资和贸易壁垒，构建区域内和各国良好的营商环境，积极同沿线国家和地区共同商建自由贸易区”③。重点加强海关合作，以及检验检疫、标准计量等方面的双多边合作，降低非关税壁垒，提高贸易自由化便利化水平；拓宽贸易领域，优化贸易结构，创新贸易方式，把投资和贸易有机结合起来，以投资带动贸易发展；加快投资便利化进程，消除投资壁垒；拓展相互投资领域，推动新兴产业合作，优化产业链分工布局，提升区域产业配套能力和综合竞争力。

加快实施自由贸易区战略是中国新一轮对外开放的重要内容，是全面深化改革、构建开放型经济新体制的必然选择。国务院发布的《关于加快实施自由贸易区战略的若干意见》开宗明义地表示，“通过自由贸易区扩大开放，提高开放水平和质量，深度参与国际规则制定，拓展开放型经济新空间，形成全方位开放新格局”。“重点是加快与周边、‘一带一路’沿线以及产能合作重点国家、地区和区域经济集团商建自由贸易区”，“争取同大部分新兴经济体、发展中大国、主要区域经济集团和部分发达国家建立自由贸易区，构建金砖国家大市场、新兴经济体大市场和

① 《推动共建丝绸之路经济带和21世纪海上丝绸之路的愿景与行动》，《人民日报》，2015年3月29日，第4版。

② 同上。

③ 同上。

发展中国家大市场等”①。提出的任务目标是:近期加快正在进行的自由贸易区谈判进程,积极推动与我国周边大部分国家和地区建立自由贸易区;中长期,形成包括邻近国家和地区、涵盖“一带一路”沿线国家以及辐射五大洲重要国家的高标准全球自由贸易区网络②。RCEP 签署后,我国达成的自贸协定增加到 19 个,自贸伙伴达到 26 个。通过 RCEP,中国与世界主要发达经济体日本建立了自贸关系,是我国实施自由贸易区战略的重大突破。

三、普京“大欧亚伙伴关系”:在整个欧亚大陆形成共同经济空间

普京的“大欧亚伙伴关系”主张欧亚经济联盟、上合组织、东盟与“一带一路”对接,坚持欧亚经济联盟与东盟建立自贸区。普京还表示,“大欧亚伙伴关系”计划也是向欧洲开放的,并希望欧洲参与大欧亚伙伴关系计划。早在 2011 年欧亚经济联盟的创始人普京就已经预见到了从“小欧亚”到“大欧亚”的发展,进而“把欧洲与充满生机和活力的亚太地区联系起来”。他试图“在整个欧亚大陆范围内实现‘和谐的’自由贸易和市场开放原则”③。哈萨克斯坦总统纳扎尔巴耶夫也表示,要让欧亚联盟成为联系“欧盟与东亚、东南亚和南亚迅速发展经济体的桥梁”④。普京表示,大欧亚伙伴关系“可以从部门合作和投资管控,以及技术、检验检疫标准的非关税措施、海关程序、知识产品保护的便利化和规则统一化开始,将来逐步降低直至取消关税限制”⑤。俄罗斯与越南、伊朗、新加

① 《国务院关于加快实施自由贸易区战略的若干意见(国发(2015)69 号)》,中国政府网站:http://www.gov.cn/zhengce/content/2015-12/17/content_10424.htm. 发布日期:2015-12-17。

② 同上。

③ В. Путин, Новый интеграционный проект для Евразии—будущее рождается сегодня. Известия, 3 октября 2011 года.

④ Н. Назарбаев, Евразийский Союз: от идеи к истории будущего. Известия, 25 октября 2011 года.

⑤ Выступление В. Путина 17 июня 2016 года на пленарном заседании XX Петербургского международного экономического форума. http://www.kremlin.ru/events/president/news/52178.

坡、塞尔维亚已经签署自由贸易协定，与埃及、印度尼西亚、阿联酋的自贸区谈判即将进入尾声。2017 年 5 月，普京在“一带一路”国际合作高峰论坛上明确表示，“欧亚经济联盟、‘一带一路’、上合组织、东盟等一体化机构潜力的合成能够成为大欧亚伙伴关系形成的基础”，“大欧亚不是抽象的地缘政治蓝图，毫不夸张地说，而是真正的面向未来的工程”，“今天已经可以向大欧亚伙伴关系发展战略填充具体的内容了，如使商品在欧亚空间的流动成为最快、最方便和无障碍的；没有行政成本的先进物流；推动签署欧亚贸易便利化协定；建设具有竞争力的技术和生产联盟并制订统一的技术标准和规范；欧亚经济联盟和‘一带一路’关于基础设施建设的倡议和北方海航道开发将从根本上改变欧亚大陆的运输格局”。“它将是真正和谐的、均衡的和全面的，足以建立从大西洋到太平洋的统一合作空间”①。

阿斯塔纳俱乐部在承认这一进程中“地缘政治起着自己的作用”的同时，认为欧亚的联合与其说是由于地缘政治，不如说是经济的原因，“新的贸易路线的出现，建设新的经济联盟，商品、资本和人员的加速流动，这都促使在崭新的基础上把欧亚联接成一个整体”②。Д. 特列宁也强调，欧亚经济联盟应当在丝绸之路经济带项目上与中国合作，首先要形成统一的贸易投资区，囊括整个中欧亚、北欧亚和东欧亚，中国将成为这个区的经济火车头。这个区可以称作“大亚洲”，从经济中心的上海到欧洲大门的前哨彼得堡③。С. 卡拉甘诺夫进一步主张将“大欧亚”的目标设定为通过逐步形成的囊括整个大陆的自由贸易区来提高各国和人民的福利水平④。他为此设计的“路线图”包括：制定协商一致的大欧亚

---

① Выступление В. Путина на Международном форуме《Один пояс, один путь》. 14 мая 2017 года. http://www.kremlin.ru/events/president/news/54491.

② Астанинский клуб, доклад《Геоэкономика Евразии》. Ноябрь 2015 года, Астана, Казахстан. С. 8.

③ Дмитрий Тренин, От Большой Европы к Большой Азии? Китайско-российская Антанта Россия в Глобальной политике. №3, 2015

④ Сергей Караганов, С Востока на Запад, или Большая Евразия. Российская газета-Федеральный выпуск №7109, 24.10.2016 г., с. Влась.

交通战略；建立评级体系；支持亚洲基础设施投资银行、其他区域性银行，建立与 SWIFT 平行的排除将其作为经济战武器使用并促使国际金融秩序稳定的体系；扩大本币结算贸易，建立独立的支付体系；建立与经合组织平行的并与之合作的经济信息中心；建立应对气候和技术灾难以及后危机复苏的欧亚互助网络甚至是组织①。

第 4 节　欧亚全面伙伴关系定位和基本原则

2016 年 6 月 25 日，俄罗斯总统普京访华期间与中国国家主席习近平签署的《中华人民共和国和俄罗斯联邦联合声明》“主张在开放、透明和考虑彼此利益的基础上建立欧亚全面伙伴关系，包括可能吸纳欧亚经济联盟、上海合作组织和东盟成员国加入”②。欧亚全面伙伴关系是中俄两国在世界区域经济一体化发展大趋势的基础上，根据普京“大欧亚伙伴关系”和习近平“一带一路”以及我国实施自由贸易区战略，共同提出来的重大倡议。

一、区域全面经济伙伴关系(RCEP)经验借鉴

区域全面经济伙伴关系（Regional Comprehensive Economic Partnership, RCEP）谈判于 2012 年在柬埔寨首都金边正式启动。谈判成员国包括东盟十国、中国、日本、韩国、印度、澳大利亚和新西兰。RCEP 是目前亚太地区正在商谈的规模最大，参与成员国最多的自由贸易区谈判协定，旨在通过整合现有资源，加强区域经济贸易合作，全面实现亚太地区的贸易和投资自由化，推动地区经济的繁荣发展。

RCEP 涵盖的主要谈判议题有：货物贸易、服务贸易、投资、经济技

① Сергей Караганов, От поворота на Восток к Большой Евразии: глобальный контект. Международная жизнь, 5.2017. С.18.

② 《中华人民共和国和俄罗斯联邦联合声明》,《人民日报》,2016 年 6 月 26 日，第 2 版。

术合作、知识产权、竞争政策、争端解决机制和其他根据形势需要加入的谈判内容。RCEP谈判基于以下核心原则加以推进：第一，确保谈判内容符合WTO等多边贸易体制的监管规定，并同成员国之间现有的自由贸易协定内容相互兼容的基础上，在货物贸易、服务贸易、投资和其他议题上达成更加广泛和深入的贸易自由化承诺；第二，鉴于不同国家在经济发展水平上的差异，考虑引入灵活的安排机制和差别待遇条款，并对发展中国家和最不发达国家给予技术援助和能力建设，确保所有谈判成员国能够参与谈判，履行RCEP的权利和义务，分享谈判成果；第三，通过实现区域内部贸易自由化和投资便利化，增强贸易和投资的透明度，有利于各成员国全面参与全球和地区价值链；第四，关于投资议题谈判主要包括投资保护、促进、便利和自由化四方面内容，旨在构建自由、便利和竞争性的投资环境；第五，在取得谈判成员国一致同意的基础上，可以吸引其他外部伙伴国加入。

2017年11月，RCEP首次领导人会议在菲律宾首都马尼拉举行，并就持续的谈判发布联合声明。强调"致力于达成一个符合《RCEP谈判指导原则和目标》精神的协定，包含市场准入、规则和合作三大支柱，同时包含保障成员国维护合法公共政策目标的权利的条款"，"尽管谈判依然复杂并充满挑战，我们仍重申对于'达成一个现代、全面、高质量、互惠的'一揽子经济伙伴关系协定的承诺"①。《联合声明》指示各国部长们和谈判团队在2018年加紧努力，以结束RCEP谈判。RCEP历经8年共计31轮正式谈判，最终由15国达成一致，于2022年11月签署RCEP，2022年1月正式生效。

RCEP主要内容包括初始条款和一般定义、货物贸易、原产地规则、海关程序和贸易便利化、卫生和植物卫生措施、标准/技术法规和合格评定程序、贸易救济、服务贸易、自然人临时流动、投资、知识产权、电子商

---

① 《驱动经济一体化，促进包容性发展——〈区域全面经济伙伴关系〉(RCEP)谈判领导人联合声明》，中国商务部子网：中国自由贸易区服务网，http://fta. movcom. gov. cn/article/zhengwugk/201711/36157_html。

务、竞争、中小企业、经济技术合作、政府采购、一般条款和例外，机构条款、争端解决、最终条款以及市场准入附件共 56 个承诺表。总体来看，RCEP 是一个现代的、全面的、高质量的、互惠的大型区域自由贸易协定。RCEP 是迄今全球体量最大的自贸区，GDP 总规模达到近 30 万亿美元，总人口超过 20 亿，囊括了东亚主要经济体和新兴市场国家，涵盖全球三分之一的经济体量。RCEP 整合了东盟与中、日、韩、澳、新 5 国之间已有的双边自贸伙伴关系。RCEP 通过采用区域累积的原产地规则、深化了域内产业链和价值链。利用新技术推动海关便利化，促进了新型跨境物流发展。采用负面清单推进投资自由化，提升了投资政策透明度，有利于促进区域内经贸规则的优化和整合。货物贸易最终零关税的产品数量整体上将超过 90%，服务贸易和投资总体开放水平显著高于原有“10＋1”自贸协定，还纳入了高水平的知识产权、电子商务、竞争政策、政府采购等现代化议题。同时，RCEP 还照顾到不同国家国情，给予最不发达国家特殊与差别待遇，通过规定加强经济技术合作，满足了发展中国家和最不发达国家加强能力建设和实现高质量发展的实际需求。

二、欧亚全面伙伴关系的定位

欧亚全面伙伴关系应该聚焦亚欧大陆及其周边地区的区域经济一体化进程，而不是地缘政治集团。欧亚全面伙伴关系以“一带一路”为纽带，以丝绸之路经济带与欧亚经济联盟对接，21 世纪海上丝绸之路开辟三条蓝色经济通道即中国—印度洋—非洲—地中海蓝色经济通道、中国—大洋洲—南太平洋蓝色经济通道和经北冰洋连接欧洲的蓝色经济通道道，形成环亚欧大陆海上丝绸之路；中国—中亚、中蒙俄、中巴、新亚欧大陆桥等六大经济走廊陆上畅通亚太经济圈和欧洲经济圈为基本框架，整合欧亚经济联盟、上合组织经济合作、东盟乃至 RCEP 等亚欧地区现有众多经济一体化进程，消除“意大利面碗效应”，实现俄罗斯“大欧亚伙伴关系”倡议和中国“一带一路”倡议的有机结合和相互补充，共同致力于亚欧地区区域经济一体化发展。

欧亚全面伙伴关系，旨在遵循 WTO 基本规则的前提下，在整个亚欧地区达成自由贸易协定，通过整合现有资源，加强区域经济贸易合作，全面实现整个欧亚地区的贸易和投资自由化，推动地区经济的繁荣发展。涉及的主要谈判议题可以包括货物贸易、服务贸易、投资、经济技术合作、知识产权、竞争政策、争端解决机制和其他根据形势需要加入的谈判内容。

欧亚全面伙伴关系将成为美国主导的西方对中国和俄罗斯等国进行经济孤立的 TPP（被更加全面的美日印澳印太战略 QUAD 所替代），以及日欧和美欧（TTIP）自贸区的替代性洲际经济一体化进程。欧亚全面伙伴关系是俄罗斯“大欧亚”战略构想与中国“一带一路”倡议有机结合的产物，具有同样的地缘经济战略目标，即在整个欧亚地区实现基础设施互联互通，经济一体化发展，商品、资本、技术和服务自由流通，使得经济资源在整个欧亚地区实现有效配置，从而为全球经济规则的制定和世界经济的发展做出自己的贡献。如果欧亚全面伙伴关系能够实现突破性发展，对代表广大发展中国家利益的欧亚地区新兴经济体来说具有重大地缘经济意义，对推动全球经济体系的改革和对发展中国家参与全球经济贸易规则的制定具有重大现实意义。

三、欧亚全面伙伴关系的基本原则

由于整个亚欧地区经济多样性、安全复杂性以及宗教、文化传统多样性，欧亚全面伙伴关系谈判在坚持统一性原则的前提下，也必须具有一定的灵活性。鉴于此，欧亚全面伙伴关系谈判应坚持以下基本原则：

第一，开放合作，和谐包容。尊重各国发展道路和模式的选择，求同存异，谋求区域经济繁荣发展。欧亚全面伙伴关系倡议虽然是中俄两国提出来的重大倡议，以中国-欧亚经济联盟全面经济贸易伙伴关系为基础，同时向独联体、上合组织、东盟和欧盟开放，其他欧洲和亚洲感兴趣的国家、区域组织均可参与。在取得谈判成员国一致同意的基础上，可以吸引其他外部伙伴国加入。

第二，互利共赢，共同发展。所有参加国一律平等，兼顾各方利益和关切，考虑发展中经济体和最不发达经济体的实际情况，寻求利益契合点和合作最大公约数，体现各方智慧和创意，各施所长，各尽所能，充分发挥各方优势和潜力，努力构建互利共赢的自由贸易区网络。

第三，确保谈判内容符合 WTO 等多边贸易体制的基本规则，坚持透明度原则和非歧视原则，在同成员国之间现有的自由贸易协定内容相互兼容的基础上，在货物贸易、服务贸易、投资和其他议题上达成更加广泛和深入的贸易自由化承诺，最终实现贸易和投资自由化。

第四，正确处理统一性和灵活性的辩证关系。鉴于不同国家在经济发展水平上的差异，可以考虑引入灵活的安排机制和差别待遇条款，并对发展中国家和最不发达国家给予技术援助和能力建设，确保所有谈判成员国能够参与谈判，履行自由贸易协定的权利和义务，分享谈判成果。为此，俄罗斯总统普京建议，根据不同国家准备程度不同，“我们可以依靠一系列双边和多边层面合作深度、速度和水平以及市场开放程度不等的贸易协定”，就某些领域的合作项目达成一致，“为共同和谐发展奠定基础。”[①]他还认为，目前欧亚地区出现的多个一体化进程相互补充成为一体化网络，包括自贸区在内的一系列多边和双边协定，可以成为建设大欧亚伙伴关系的基础。

第五，通过实现区域内部贸易自由化和投资便利化，增强贸易和投资的透明度，有利于各成员国全面参与全球和地区价值链。关于投资议题谈判主要包括投资保护、促进、便利和自由化四方面内容，旨在构建自由、便利和竞争性的投资环境。

① Выступление В. Путина 17 июня 2016 года на пленарном заседании XX Петербургского международного экономического форума. http://www.kremlin.ru/events/president/news/52178.

第5节　亚欧经济伙伴关系建设路线图

中俄两国政府积极考虑和采纳了上述分析和建议。2017 年 7 月，习近平主席访问莫斯科期间两国元首签署的《关于进一步深化全面战略协作伙伴关系的联合声明》将 2016 年两国《联合声明》提到的“建设欧亚全面伙伴关系”改成了“建设欧亚经济伙伴关系”，即“双方将在开放、透明和考虑彼此利益的基础上，为推动地区一体化进程，继续就‘构建欧亚经济伙伴关系’制定相关措施”①，双方同时还在两国元首见证下签署了《关于欧亚经济伙伴关系协定联合可行性研究的联合声明》，显示了中俄两国深化互利合作、推进贸易自由化和区域经济一体化的决心，以及探讨全面、高水平、未来面向其他经济体开放的贸易和投资自由化制度安排的共同意愿②。

亚欧经济伙伴关系建设路线图需要着重解决建设的抓手、平台、出发点和建设的阶段等问题。

一、以丝绸之路经济带对接欧亚经济联盟为抓手，硬件基础设施和软件基础设施两方面对接齐头并进，“在整个欧亚大陆开辟共同经济空间”③

开辟共同经济空间可以从软件基础设施和硬件基础设施两个方面同时进行对接。软件基础设施对接，即贸易、投资规则、技术标准、法律基础、海关监管等的对接和相互适应。目的是优化市场软环境，推进贸

① 《中华人民共和国和俄罗斯联邦关于进一步深化全面战略协作伙伴关系的联合声明》，《人民日报》，2017 年 7 月 5 日，第 3 版。

② 中俄签署《关于欧亚经济伙伴关系协定联合可行性研究的联合声明》，中国商务部官网，http://www.mofcom.gov.cn/article/ae/ai/201707/20170702604249.shtml。

③ Заявления для прессы по итогам российско-китайских переговоров. 俄罗斯总统网站：http://www.kremlin.ru/events/president/transcripts/49433. 2015 年 5 月 8 日。

易和投资便利化、自由化，减少乃至消除有形和无形的贸易壁垒，消除各种要素在不同经济体之间自由流动的障碍。硬件基础设施对接，主要是指通过各种方式，加强互联互通建设，促进各相关国家之间加快交通、能源、信息等基础设施的网络化建设和跨境对接，打造跨亚欧物流运输体系，为畅通物流、人流和信息流提供硬件基础。

二、以上合组织为平台，推进亚欧区域经济一体化发展

2015年12月签署的《中俄总理第二十次定期会晤联合公报》明确指出，“双方认为上海合作组织是实现丝绸之路经济带建设与欧亚经济联盟建设对接的最有效平台”①。上合组织8个成员国和4个观察员国中有4个是欧亚经济联盟成员国，以及6个对话伙伴国都是“一带一路”沿线的重要国家。上合组织发表《宣言》不仅“支持中国关于建设丝绸之路经济带的倡议”②，而且还“认为该倡议契合上合组织发展目标”③。早在2002年通过的《上海合作组织宪章》就明确了经济合作的宗旨，即“支持和鼓励各种形式的区域经济合作，推动贸易和投资便利化，以逐步实现商品、资本、服务和技术的自由流动”④，与“旨在促进经济要素有序自由流动、资源高效配置和市场深度融合”的“一带一路”一脉相承，与致力于“开辟整个欧亚大陆的共同经济空间”的“大欧亚伙伴关系”相吻合。

三、软件基础设施对接

主要是解决中国与伙伴国之间贸易和投资规则、技术标准、法律基

① 《中俄总理第二十次定期会晤联合公报》，《人民日报》，2015年12月18日，第3版。

② 《上海合作组织成员国元首乌法宣言》，《人民日报》，2015年7月11日，第3版；《上海合作组织成员国元首理事会会议新闻公报》，《人民日报》，2015年7月11日，第2版。

③ 《上海合作组织成员国中方首脑（总理）关于区域经济合作的声明》，《人民日报》，2015年12月16日，第3版。

④ 《上海合作组织宪章》，上海合作组织秘书处官方网站，http://www.sectsco.org/CN11/show.asp?id=162.（上网时间：2002年6月15日）

础等涉及相互贸易、投资和经济合作的各种制度安排的对接和相互适应，并制定相关的统一规则和制度安排。目的是优化市场软环境，推进贸易和投资便利化、自由化，减少乃至消除有形和无形的贸易壁垒，消除各种要素在不同经济体之间自由流动的障碍，基本目标是建设自由贸易区。首先，以中国-欧亚经济联盟全面经济伙伴关系为核心。2016 年 6 月普京访华正式决定启动中国-欧亚经济联盟全面经济伙伴关系谈判，并将这一"5＋1 模式"看作是"全面欧亚伙伴关系的基础……建立大欧亚伙伴关系的第一步"。① 而这一步的关键应该将其定位为以自由贸易区为核心的全面经济贸易合作伙伴关系。其涵盖的主要谈判议题应该包括货物贸易、服务贸易、投资、经济技术合作、知识产权、竞争政策、争端解决机制和其他根据形势需要加入的谈判内容。谈判必须遵循平等原则，切忌被变成欧亚经济联盟的下设机制。同时坚持中国—欧亚经济联盟全面经济伙伴关系不排他原则，即不能损害中国与欧亚经济联盟成员国双边关系的发展。2017 年 10 月，中国与欧亚经济委员会结束了实质性的谈判，达成了一揽子经贸协定。2018 年 5 月，中国商务部代表与欧亚经济委员会代表在阿斯塔纳签署了这一协定。这是中国与欧亚经济联盟之间的唯一的经贸合作制度安排，涵盖了海关合作和贸易便利化、知识产权、部门合作以及政府采购等内容，包含了电子商务和竞争等新的议题。鉴于当前欧亚经济联盟成员国条件尚不成熟，自由贸易区成为今后发展的前景。

鉴于中国与欧亚经济联盟 5 个成员国之间经济发展水平、经济结构等方面的多样性和差异，本着所有伙伴国国都能参与进来的原则，在贸易和投资自由化总体目标原则下，对不同伙伴国区别对待，首先在"浅水区"达成一致，如推进贸易投资便利化，优化市场环境，减少无形的贸易壁垒，便利通关，简化海关、卫生检验检疫，提倡电子化报关等。然后逐步进入"深水区"，实现商品、资本、服务和技术的自由流动，即自由贸易

① Выступление В. Путина 3 сентября 2016 года на пленарном заседании Восточного экономического форума. http://www.kremlin.ru/events/president/news/52808.

区。进一步,将自由贸易区扩展的整个上合组织。同样,鉴于上合组织18 个成员国、观察员国和对话伙伴国国家大小、经济发展水平和经济结构的巨大差异,上合组织自贸区谈判可以不囿于成员国之间,也不囿于所有参加国达成一致,可以分阶段完成。此外,2015 年欧亚经济联盟与越南签署自由贸易协定,2016 年与新加坡、马来西亚、印尼、泰国等东盟5 个成员国就实现自由贸易的必要性达成一致,与印度开展自由贸易的可行性研究。中国与东盟于 2010 年就实现了自由贸易并进行“升级版”谈判,中国与巴基斯坦自贸区也升级,印度与东盟自贸区也在 2010 年启航。这些都为东盟融入亚欧经济一体化进程和更大范围的 RCEP 的形成奠定了基础,欧亚全面伙伴关系迎来曙光,见图 6.1。当然,欧亚全面伙伴关系不能没有欧盟的参与,与欧盟建立自由贸易区是亚欧各国梦寐以求的。

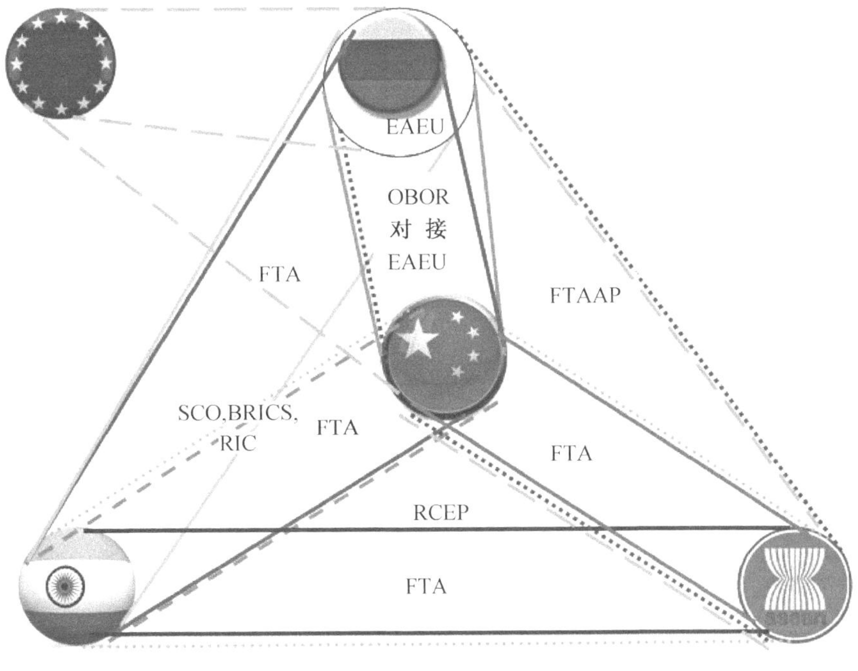

图 6.1　亚欧经济伙伴关系设想图

四、硬件基础设施对接

在双边和小多边层面加快基础设施互联互通建设，务实推进经济走廊的畅通。为此，2015 年 3 月发布的《推动共建丝绸之路经济带和 21 世纪海上丝绸之路的愿景与行动》规划了 6 大经济走廊，①畅通整个亚欧大陆的共同经济空间。其中，中蒙俄经济走廊连接中国"一带一路"、俄罗斯"跨欧亚发展带"和蒙古国"草原之路"，对接北方海航道共建"冰上丝绸之路"，引领中国东北地区和俄罗斯东西伯利亚和远东开发与开放，有利于俄罗斯北极地区的资源开发和利用，有助于东北亚区域经济合作。新业欧大陆桥、中国—中亚—西亚和中巴经济走廊对接哈萨克斯坦的"光明之路"和欧洲—高加索—亚洲交通走廊(TRACECA)以中亚为物流、客流、信息流、资金流、技术流等集散中心畅通欧亚经济联盟主要成员国，连接作为世界经济火车头的亚太经济圈和世界最大的发达经济体欧洲经济圈，将会带动广阔的中间腹地社会经济的全面发展，改变该地区国家经济对原料和能源的高度依赖，实现工业化和再工业化战略任务，走向全面现代化。

21 世纪海上丝绸之路连接中国—中南半岛经济走廊，经南海向西进入印度洋，衔接中巴、孟中印缅经济走廊，共同建设中国—印度洋—非洲—地中海蓝色经济通道；经南海向南进入太平洋，共建中国—大洋洲—南太平洋蓝色经济通道；积极推动共建经北冰洋连接欧洲的蓝色经济通道。推进海上互联互通和信息基础设施联通建设，提升海运便利化水平，加强海洋资源开发利用合作，其中包括北极开发利用，提升海洋产业合作水平。②

① 《推动共建丝绸之路经济带和 21 世纪海上丝绸之路的愿景与行动》，《人民日报》，2015 年 3 月 29 日，第 4 版。

② 国家发改委和海洋局联合发布《"一带一路"建设海上合作设想》，中国一带一路网，https://www.yidaiyilu.gov.cn/zchj/jggg/16621.htm.

第7章

构建亚欧经济伙伴关系的社会根基与风险防范

“一带一路”对接欧亚经济联盟，构建亚欧经济伙伴关系覆盖整个亚欧地区的绝大多数国家。然而该地区民族、宗教、习俗、语言等存在巨大差异；第二次世界大战后的遗留问题，特别是朝鲜半岛局势长期处于紧张状态，日本企图复活军国主义，领土争端尖锐化；西亚局势动荡，许多国家深受恐怖主义、极端主义、地方分离主义、有组织犯罪和毒品走私的困扰；“冷战”结束后出现“碎片化”发展趋势，各国各地区经济孤立发展。该地区面临严峻的安全形势，导致不信任和地缘政治角逐的上升。

“冷战”期间，中国处在苏联和美国的重重包围之中。一方面，苏联陈兵百万在中国东北、北部和西北地区边境地带，入侵阿富汗威胁中国西部边境，支持越南入侵柬埔寨并对中国边境进行挑衅；另一方面，美国与韩国、日本和中国台湾、东盟在中国编织了东部和东南沿海地区的封锁线。此外，印度还与中国爆发了边界战争。“冷战”结束后，尽管中国与周边国家迅速实现了关系正常化，但是周边国家的“中国威胁论”并没有消失，并随着中国改革开放和迅速崛起反而变本加厉，严重威胁着“一带一路”的推进实施。与此同时，美国在西亚地区发起的反恐战争反而使恐怖主义在全球蔓延，特别是亚欧大陆，包括阿富汗和巴基斯坦在内的中亚地区深受其害。恐怖主义的猖獗严重威胁着“一带一路”的安全。中国在推进“一带一路”过程中的海外利益受到严峻挑战。

2013年9月7日，习近平主席在哈萨克斯坦提出共建丝绸之路经济带的讲话中明确指出，建设丝绸之路经济带的目的是：通过区域大合作使欧亚各国经济联系更加紧密、相互合作更加深入、发展空间更加广阔。丝绸之路经济带涵盖了政策、交通、贸易、金融以及人文5个合作领域。“第一，加强政策沟通。各国就经济发展战略进行交流，协商制定区域合作规划和措施。第二，加强道路联通。打通从太平洋到波罗的海的运输大通道，逐步形成连接东亚、西亚、南亚的交通运输网络。第三，加强贸易畅通。各方应该就推动贸易和投资便利化问题进行探讨并作出适当安排。第四，加强货币流通。推动实现本币兑换和结算，增强抵御金融风险能力，提高本地区经济国际竞争力。第五，加强民心相通。加强人民友好往来，增进相互了解和传统友谊”。① 其中，民心相通是“五通”当中最基本必要条件。

第1节　中国与欧亚经济联盟国家人文交流状况

俄罗斯主导的欧亚地区，是丝绸之路经济带覆盖的核心地区。苏联解体后中亚国家获得独立，中国与这些国家的交往逐步展开，依托各领域的双边、多边合作，尤其是人文合作，中国与这些国家的相互认知也在不断加深。

中国与这些国家展开了一系列积极的人文合作活动：与俄罗斯互办“中国年”、“俄罗斯年”、“汉语年”、“俄语年”，与中亚诸国举办“上海合作组织国家文化展演”等等。在俄罗斯和中亚国家的孔子学院以及该地区愿意了解中国历史、文化、当代发展的人数也在增加。孔子学院在加强该地区人民与中国的相互了解、相互认知方面发挥着重要的作用。截至2013年年底，中国在中亚国家已建成10所孔子学院（哈萨克斯坦4所、吉尔吉斯斯坦3所、塔吉克斯坦1所、乌兹别克斯坦2所）。

① 习近平：《弘扬人民友谊　共创美好未来——纳扎尔巴耶夫大学的演讲》，《人民日报》，2013年9月8日，第2版。

其中，仅新疆一个地区，就在中亚国家建有7所孔子学院、12所孔子课堂以及20多个汉语教育中心①。不久的将来，中国将在中亚的哈萨克斯坦开设“农业孔子学院”，为哈萨克斯坦培育出既懂中文同时又掌握农业技术的复合型人才。这一举措比将有助于中哈两国在农业技术范畴的交流。

丝绸之路经济带穿越的很多国家特别是欧亚经济联盟成员国也大部分都是上合组织成员国，上合组织框架下的各项人文合作措施无疑为加强中国与这些国家间的相互认知做出了不小的贡献。上合组织包容了儒家文明、伊斯兰文明、东正教文明这世界三大文明。尊重多样文明、促进各种文明之间的交流自始至终得到各成员国的关注。早在上合组织成立不久的2002年，成员国文化部长就在北京举行会晤并共同签署和发表了《文化部长联合声明》，建立了上合组织成员国文化部长会晤机制，各国签署并努力落实《上海合作组织成员国政府间文化合作协定》，在组织框架内举办各类双边或多边文化交流活动，积极推动以“丝绸之路”为纽带的人文合作。每年上合组织元首峰会召开期间举办成员国艺术节、电影节、绘画展等活动已形成惯例。中国还先后与哈萨克斯坦、乌兹别克斯坦、俄罗斯等国互办文化节、文化日与“国家年”活动。2005—2006年，上合组织建立成员国教育部长会晤机制，签署《上海合作组织成员国政府间教育合作协定》，开始在各学科领域交换大学生、研究生和专家，支持各成员国相互承认学历及学位证书，进行联合教学。2007年，中国设立上合组织成员国来华留学奖学金项目，支持语言文化教学的推广。与此同时，中国还大力争取各成员国支持中国的俄语、哈萨克语、吉尔吉斯语、塔吉克语、乌兹别克语教学与研究。

另外，上合组织大学作为孔子学院的补充，在中国与丝绸之路经济带沿线国家的相互认知中也发挥着特殊的作用。2007年8月16日，在上海合作组织比什凯克元首峰会上，俄罗斯总统普京倡议成立“上海合

---

① 《中亚孔子学院架起“丝绸之路经济带”民心之桥》，2014年12月18日，中新网，http://www.chinanews.com/hr/2014/12-18/6890476.shtml。

作组织大学”。2009 年上半年，成员国五方协商一致，共同确定区域学、生态学、能源学、IT 技术和纳米技术这五个专业为优先合作方向，并遴选出本国的项目院校共计 53 所。2012 年 10 月 11 日，第四次上合组织成员国教育部长会议通过上合组织大学项目院校增至 74 所，其中哈萨克斯坦 13 所、吉尔吉斯斯坦 9 所、中国 20 所、俄罗斯 21 所、塔吉克斯坦 10 所、白俄罗斯 1 所[①]。所有这些活动无疑对加深中国与丝绸之路经济带沿线国家的相互认知、提高中国在周边国家的影响力、改善中国在相关国家的国家形象起到了积极的作用。

第 2 节　欧亚经济联盟国家对中国的认知现状

借助人文合作，中国与丝绸之路经济带沿线国家的相互认知在不断深入，随着丝绸之路经济带逐步展开，加强中国与这些国家的人文交流的必要性进一步凸显出来。这一方面是由于在人文合作与文化交流方面本身就存在着一些不尽如人意的地方；另一方面，也是由于中国提出“丝绸之路经济带”倡议之后，相关国家对这一倡议看法不一，需要借助人文交流的方式来提升相互认知的水平，增加互信，减少疑虑。

首先，中国与该地区人文合作的目标定位模糊，将增信释疑的短期目标误定为长期目标或者是战略目标。目标定位的模糊致使人文合作行动上有激情，但带有盲目性，更导致人文合作的对象以及方式出现偏差。其次，中国与该地区人文合作的对象覆盖面不够。上述人文合作活动多局限在高层以及已经学习或正在学习中文的国外民众，导致活动的知晓度不够，受众有限，效果自然大打折扣。第三，中国与该地区人文合作的方式还有改善的空间。与欧美发达国家相比，中国对人文合作的认识以及操作均起步较晚，具体的行为方式上存在生搬硬套西方方式的现

① 张全生、郭卫东：《中国与中亚的人文交流合作——以孔子学院为例》，《新疆师范大学学报》，2014 年 4 期。

象。不考虑地域差异的照搬极易造成投入与绩效不成正比的结果。第四，中国与该地区人文合作缺乏完整的统筹协调机制。人文合作涉及外交、文化、教育、宗教、旅游、交通、商务等诸多部门，单凭一个部门的努力很难彻底完成并获得预期效果。同时，面向俄罗斯和中亚地区的人文合作还需要整体布局、通盘协调。这既是由该地区的特质决定(原为一国后又分成若干独立国家，但人文纽带联系紧密)，也是基于已有的人文合作结果决定的。致使中国与俄罗斯人文合作进入倦怠期，与中亚人文合作进入迷茫期。前者做了很多工作，初有效果，但未达预期。后者是做了工作但做得不够，而中亚又受到俄罗斯和西方媒体的干扰，产生排华情绪，已有工作的成效更加不那么显著。

这样，推进共建丝绸之路经济带建设对人文合作提出了更高的要求。

从2013年9月“丝绸之路经济带”倡议提出后，得到了中国周边许多国家的广泛关注，俄罗斯和中亚国家更是如此。整体看来，俄罗斯和中亚国家对“丝绸之路经济带”倡议的反应具有理解支持与疑虑担忧共存的特点。一方面，这些国家认为，中方提出的“丝绸之路经济带”倡议对促进欧亚大陆国家的经济发展具有重大意义，与俄罗斯和中亚国家相关，在一定程度上符合上述国家的发展利益；但另一方面，俄罗斯和中亚国家也对丝绸之路经济带的目标、实施方式以及实现后果等提出了疑虑。

首先，俄罗斯和中亚国家都认可“丝绸之路经济带”倡议中有关基础设施建设与投资合作的内容。认为“丝绸之路经济带”倡议既可以推动这些国家的基础设施领域的发展，又将有助于它们获得中国企业“走出去”所带来的资本和技术红利，符合其利益、与其相关、要求参与。在习近平主席提出“丝绸之路经济带”倡议不久，吉尔吉斯斯坦总统阿坦巴耶夫就表示，吉方支持习近平主席共建“丝绸之路经济带”的倡议，愿同中方扩大经贸、能源、互联互通、人文等领域合作①。在参加2014年5月亚

① 《习近平同吉尔吉斯斯坦总统阿坦巴耶夫举行会谈》，《人民日报》，2013年9月12日，第1版。

信会议上海峰会期间，阿坦巴耶夫总统又重申：吉方愿意积极参与丝绸之路经济带建设，促进两国经贸往来、基础设施互联互通和人文交流①。俄罗斯总统普京也明确表示俄方支持建设丝绸之路经济带，促进交通基础设施互联互通，欢迎中方参与俄罗斯远东地区开发②。哈萨克斯坦驻华大使叶尔梅克巴耶夫认为，“丝绸之路经济带”将增加双边贸易额、投资额，促进交通物流基础设施发展，并且扩大人文交流③。土库曼斯坦驻华大使鲁斯捷莫娃则将丝绸之路经济带视为地区经济合作的重要的地缘政治空间，目的是扩大经济合作的机会、实现自然资源丰富的欧亚空间的平衡与协调发展。④

其次，中亚国家对“丝绸之路经济带”倡议有更多的认同感。一是由于中亚在历史上就处于丝绸之路必经之地，对“丝绸之路经济带”概念自然具有浓厚的历史情怀；二是中亚各国对交通基础设施建设的必要性、重要性与迫切性具有比以往更加清晰的认识，它们还将中国视为其进入太平洋以及与东盟开展合作的媒介，对丝绸之路经济带的实现具有一定期待；三是中亚国家总体上认为中国提出的“丝绸之路经济带”倡议更加可信。丝绸之路经济带与美国2011年提出的“新丝绸之路”计划有着显著区别，后者旨在建立以阿富汗为中心，联接中亚和南亚的经济发展带。美国的做法带有地缘政治战略意图，美国试图将中国、俄罗斯和伊朗排除在外，旨在降低中国和俄罗斯在中亚和南亚地区的影响力。相比之下，当前中国提出的“一路一带”战略涵盖了更多的国家，更符合亚洲国家的发展实际。有中亚智库学者认为，与俄罗斯、美国的中亚战略以及意图相比，只有中国遵守了承诺：“从美国宣布实施‘新丝绸之路’计划5

---

① 《习近平同吉尔吉斯斯坦总统阿坦巴耶夫举行会谈》，《人民日报》，2013年9月12日，第1版。

② 《习近平同俄罗斯总统普京会谈：强调扩大和深化务实合作，把中俄全面战略协作伙伴关系推向更高水平》，《人民日报》，2014年05月21日。

③ 《“中国接任主席国令亚信会议更具国际声望”——专访哈萨克斯坦驻华大使叶尔梅克巴耶夫》，2014年5月20日，人民网，http://world.people.com.cn/n/2014/0520/c384044-25041020.html。

④ 《鲁斯塔莫娃·齐纳尔：土方高度评价丝绸之路经济带战略构想》，2014年7月2日，人民网，http://finance.people.com.cn/n/2014/0702/c1004-25229886.html。

年之后居然没有落实一个项目。俄罗斯2004年做出的承诺在哪里？没有任何的项目！……而中国从2007年就开始落实针对塔吉克斯坦的低息贷款。"[①]四是中方的"丝绸之路经济带"倡议与中亚一些国家的发展战略有一定的相似度。例如，土库曼斯坦驻华大使就指出："丝绸之路经济带"构想与土库曼斯坦总统别尔德穆哈梅多夫关于复兴古老丝绸之路的国际倡议是完全符合的，这种复兴是以现代国际公路、铁路和天然气管道线路的新形式呈现，旨在中亚地区形成交通基础设施的分支线路，从而巩固地区和平、稳定与安全，倡导社会经济稳定发展，完全符合第三个千年的全球目标[②]。吉尔吉斯斯坦于2012年发布了《2013—2017年国家发展稳定战略》，该战略的具体实施项目、发展目标、发展纲领与丝绸之路经济带有很多切合点，因此吉尔吉斯斯坦对参与丝绸之路经济带、促进中吉经贸合作有强烈的现实需求。

第三，在肯定中方的"丝绸之路经济带"倡议的同时，俄罗斯和中亚国家也对此表示出一定的疑虑。一是关于"丝绸之路经济带"倡议最终目标存在争论。一部分俄罗斯中亚学者与官员认为，"丝绸之路经济带"倡议是一个区域经济一体化概念，借助基础设施建设推进沿线各国的经济发展，强化亚洲国家的经济地位，促进欧亚大陆国家间的商品、资金、人员的交流，发展与巩固正在进行中的区域经济一体化进程[③]，在这一点上，中国、俄罗斯与中亚各国具有共同利益。"俄方认同中国的观点，即中国中亚和俄罗斯是命运共同体和利益共同体。"[④]而另一部分学者与官员则认为，"丝绸之路经济带"倡议的目标是通过巩固中国在中亚地区的经济存在以扩大并加强中国在该地区的政治安全影响力，最终达到掌控

---

① "Экономический пояс Шелкового пути" Китая бросает вызов США и России. http://rus.ozodi.org/content/china-economic-strategy-challenges-usa-russia-/25226307.html。

② 《鲁斯塔莫娃·齐纳尔：土方高度评价丝绸之路经济带战略构想》，2014年7月2日，人民网，http://finance.people.com.cn/n/2014/0702/c1004-25229886.html。

③ Морской шелковый путь XXI века не выгоден России. http://www.mgimo.ru/news/experts/document250957.phtml。

④ Шелковый путь к империи Чингисхана. http://vz.ru/world/2013/9/13/650081.html。

中亚的目标[①]。例如，有学者指出，尽管“丝绸之路经济带”构想以社会经济内容为主，但“中国的策略完全基于其军事学说”[②]；中国利用丝绸之路的历史概念强调与中亚各国命运的历史共性，试图借此来博取上海合作组织成员国对自己的好感，打历史牌，并且，“北京在历史战术之外，再辅以金额巨大的贷款”以及经济合作来加强中国在地区的影响力，并以此战略来“试图借此解决与美国之间的经济矛盾”[③]。二是俄罗斯和中亚国家对丝绸之路经济带建设的方式存在疑虑。俄罗斯学者既担心中国在建设丝绸之路经济带时绕过俄罗斯，又忧虑丝绸之路经济带与俄方倡导的欧亚联盟的竞争关系。例如，俄罗斯部分学者认为，丝绸之路经济带的建设是将俄罗斯排除在外的一个一体化构想[④]，并且中方的“丝绸之路经济带”倡议不符合俄罗斯的利益，包括海上丝绸之路的“一带一路”倡议对俄罗斯现有的交通基础设施——西伯利亚大铁路以及北方海航道构成巨大竞争挑战，不利于俄与中亚以及亚太国家的经贸发展[⑤]。尽管部分著名的俄罗斯国际问题专家肯定，中方的丝绸之路经济带建设没有俄罗斯不可能实现、与欧亚经济联盟并不互相矛盾[⑥]，但仍然有一些俄罗斯智库学者认为，二者存在利益冲突，丝绸之路经济带与俄方主导的关税同盟及欧亚经济联盟在实现方式上存在差异，难以融合[⑦]。三是俄罗斯和中亚国家对丝绸之路经济带的实施后果存在疑虑。一方面，他们害怕伴随着丝绸之路经济带的实施，中国商品会源源不断进入俄罗斯和中

---

① Китай строит шелковый путь. http://voprosik.net/kitaj-stroit-shelkovyj-put/。

② “Экономический пояс Шелкового пути” Китая бросает вызов США и России. http://rus.ozodi.org/content/china-economic-strategy-challenges-usa-russia-/25226307.html。

③ Шелковый путь к империи Чингисхана, http://vz.ru/world/2013/9/13/650081.html.

④ “Шелковый путь”... мимо России. http://inst.eurasec.com/aktual_tem/4015/。

⑤ Морской шелковый путь XXI века не выгоден России. http://www.mgimo.ru/news/experts/document250957.phtml。

⑥ На пути к《Шелковому пути》?, http://www.mgimo.ru/news/experts/document251512.phtml; Александр Лукин: Евразийский экономический союз и Экономический пояс шелкового пути не противоречивают друг друга, а можно координировать. http://russian.china.org.cn/exclusive/txt/2014-06/27/content_32791115.htm。

⑦ Шелковый путь к империи Чингисхана, http://vz.ru/world/2013/9/13/650081.html.

亚市场，而后者会继续承担中国商品销售地、中国能源资源供应地的角色[①]；另一方面，他们担忧伴随着丝绸之路经济带的实施，中国与俄罗斯在中亚的竞争可能会加剧，不仅会影响到中俄关系的可持续发展，更会迫使中亚国家在外交以及一体化道路上不得不做出选择。有中亚学者指出，"如果中俄能够协商与划分各自的责任范围的话，习近平提出的'丝绸之路经济带'倡议将会成为现实；否则，中亚国家将会落入在中国与俄罗斯间进行选择的复杂境地，中俄关系也会严重恶化。在此条件下，很难讲丝绸之路经济带的落实，其实际执行将会被俄罗斯阻止"[②]。

俄罗斯中亚国家对于"丝绸之路经济带"倡议的疑虑与担忧，一方面固然是由于"丝绸之路经济带"倡议在中国国内处于完善阶段，国内各方有着不同的诠释，从而导致该倡议在周边国家存在或不尽人知或认知不够的状况；另一方面，在俄罗斯和中亚国家长期存在的一些非政治经济因素，从政治心态上、合作心理上对丝绸之路经济带的建设产生了令人不可忽视的负面影响。

客观地讲，不论是"丝绸之路经济带"倡议，还是上合组织框架下的各项合作项目，任何一个由中国提出的地区合作倡议和设想，在俄罗斯和中亚国家都会引起一些疑虑甚至误解。这是因为在上述国家长期存在的若干人文因素干扰着地区民众对"丝绸之路经济带"倡议乃至中国对外政策的认识。

首先，在俄罗斯和中亚国家依然存在着程度不一的"中国威胁论"。整体而言，"中国威胁论"在俄罗斯和中亚国家从未消失过，只是在不同国家、不同时期其影响力与传播力不同而已。20世纪90年代，在俄罗斯"中国威胁论"一度流行，直接引起了当地民众对中国产生负面看法，认

---

① 不论对"丝绸之路经济带"支持与否，学者都支持这一观点。参见 Китай строит шелковый путь，http://voprosik.net/kitaj-stroit-shelkovyj-put/；Россию и Китай свяжет новый шелковый путь，http://www.pravda.ru/economics/rules/globalcooperation/02-05-2014/1206269-china-0/。

② Константин Сыроежкин：《Концепция формирования "Экономического пояса на Шелковом пути"：Проблемы и перспективы》，http://www.ipp.kg/ru/news/2768/。

为中国将会对其构成“安全威胁”和“经济威胁”。俄罗斯著名民意调查机构“全俄社会舆论基金会”1997 年 11 月的一项调查结果显示:中国仅次于美国被认为会给俄罗斯带来军事威胁①。对中国好感度的提升始于 2007 年。2007 年 8 月 30 日“全俄社会舆论研究中心”公布的调查结果显示,俄罗斯人认为中国是与俄罗斯最友好的国家②。近年来,中国与俄罗斯互办国家年、互办旅游年等一系列人文合作活动对增进俄罗斯民众对中国的了解、降低“中国威胁论”的影响、提升中国在俄民众中的好感度发挥了重要作用。俄罗斯另一著名民意调查机构“列瓦达中心”近 20 年有关“俄罗斯人如何看待其他国家”的调查跟踪数据清晰地表明了上述观点,见表 7.1。

表 7.1 回答“您如何看待中国?”问题的历年数据

	非常好	基本持好感	基本持不好态度	非常差	难以回答
2014 年 5 月	13	64	6	2	15
2013 年 3 月	5	57	20	5	13
2011 年 2 月	7	61	17	4	12
2009 年 10 月	13	63	12	3	9
2007 年 5 月	4	61	19	3	12
2006 年 5 月	4	58	20	3	15
2005 年 8 月	6	59	18	4	12
2003 年 7 月	10	66	13	3	8
2000 年 7 月	9	67	12	2	10
1999 年 12 月	10	61	11	2	16
1998 年 12 月	10	57	14	4	14
1997 年 3 月	7	49	22	5	17
1995 年 3 月	9	40	17	5	30

资料来源:Отношение россиян к другим странам
http://www.levada.ru/05-06-2014/otnoshenie-rossiyan-k-drugim-stranam

相对于 20 世纪 90 年代以及 21 世纪初期,基于本国发展迟滞、中国

① 参见“全俄社会舆论基金会”网站,http://bd.fom.ru/report/cat/frontier/countries/china/t8030024。

② 《中国成俄民意中最友好国家,普京为未来关系打保票》,2007 年 9 月 10 日,《中国青年报》,http://news.163.com/07/0910/10/3O18V6BI000120GU.html。

飞速发展而引发的对“中国崛起”的心理恐慌及不适应情绪在俄“中国威胁论”拥有一定支持者的动因，更多是出于维护民族自尊、追求平等合作机会，“乌克兰危机”又为这种论调的发散提供了民族主义土壤。有俄罗斯学者认为，中国视俄罗斯为“小兄弟”，中国人并不平等地看待俄罗斯，且认为自身的发展会远超俄罗斯，在此前提下的合作俄罗斯不会满意①。

与俄罗斯不同，进入新世纪后，“中国威胁论”在中亚逐渐扩散，且集中在对与中国开展经济合作的批判上。主要包括以下观点：一是认为，获取中亚国家的能源及矿产资源是中国对中亚政策的核心目标，如不加以警惕，中亚将会沦为中国的“能源附庸”②；二是在夸大中国在中亚能源领域存在度的基础上，认为中国与中亚的油气合作项目严重损害了后者的国家利益，增强了国家经济对能源出口的依赖度，应停止双边的能源原材料领域的合作③；三是认为，在中亚存在中国“经济扩张”：中国商品在中亚国内市场占有主导地位、战略资源及资本向中国转移、中亚本国工业及农业对中国经济依赖过高、中国对中亚的低息贷款造成后者的金融依赖等等④。“中国威胁论”在俄罗斯和中亚的存在，除一些客观原因（本国经济发展滞后等）外，与当地官员和民众的排外情绪、对中国快速崛起及其在中亚影响力不断上升的恐慌构成了主要原因。究其根源，仍然是对中国的发展状况、中国的各项政策了解不够、理解不深。

其次，俄罗斯和中亚国家对与中国的人员往来抱有警惕的情绪。认为当地的中国人会给所在国家的经济安全带来威胁。有俄罗斯和中亚

---

① Воскресенский А.，Китай не считает Россию ровней. 2014.05.20. Профиль，http://www.mgimo.ru/news/experts/document251565.

② Адилов М.，В политике не бывает друзей и врагов，а есть только интересы.《Республика. Деловое обозрение》，3 ноября 2006г.；Жумагулов Е.，Чтобы гость не стал хозяином.《Свобода слова》，21 января 2010г.；Рысмамбетов Р.，Чего нам ждать от экспансии Китая?《Республика》，27 ноября 2012 г. 等等。

③ Кайгы Ш.，Настало время возвращать，www.zonakz.net。转引自 Сыроежкин К.，Нужно ли Казахстану бояться Китая：мифы и фобии двусторонних отношений. Астана—Алматы：ИМЭП при Фонде Первого Президента，2014，第 23 页。

④ Восток алеет все сильнее.《Эпоха》，24 февраля 2006г.；Залепухин С.，Посеявший ветер пожнет бурю.《Республика. Деловое обозрение》，3 июня 2011г.

国家的官员和学者指出，合法与非法的中国劳工排挤了当地人的就业机会，对当地劳动力市场构成压力①；中国人向俄罗斯和中亚的迁移是伴随着中国商品向上述国家的流入以及资本赢利向中国的流出②等等。因此，当地民众对中国人或多或少持负面看法。例如，2012 年哈萨克斯坦的一项调查表明，在 2007—2012 年间，哈社会对中国移民的负面看法有递增的趋势：对中国移民持负面看法的哈民众比例从 2007 年的 18%增加到 2012 年的 33%③。尽管中外学者在不同的场合以不同的形式来批驳这些观点，但由于信息的不对称、俄罗斯和中亚社会对当地中国人的"问题化"看法依然影响着上述国家对与中国进行人员交往抱有警惕。可喜的是，已经有学者认识到，要想改变这种误解，需要中亚社会对中国更多的了解④。

第三，俄罗斯和中亚国家对与中国的人文合作存在疑虑。近年来，中国与俄罗斯中亚国家展开了一系列积极的人文交往活动：中俄互办国家年、语言年、旅游年以及青年年；设立孔子学院，促进汉语教育的推广；在中亚诸国举办"上海合作组织国家文化展演"；在中国大中城市举办俄罗斯中亚国家画展、摄影展；开展友城交流；互换留学生等等。这些活动不仅促进了中国与俄罗斯中亚国家人民间的文化沟通，而且对改善我国在上述国家的国家形象起到了积极的作用。然而，随着中国与俄罗斯和中亚国家人文交往的不断展开，这些国家对人文合作也产生了一些疑虑，认为中国与俄罗斯和中亚发展人文合作的目标是通过消除语言文化

---

① Морзабаева Ж.，Қазахстану грозит《китаизация》?《Республика. Деловое обозрение》，3 ноября 2006г；强晓云著：《移民对当代中俄关系的影响》，时事出版社，2010 年，第 84 页、第 170-171 页。

② Кожирова С.，Китайская миграция как элемент региональной безопасности. Астана，2009г. 转引自 Сыроежкин К.，Нужно ли Казахстану бояться Китая：мифы и фобии двусторонних отношений. Астана—Алматы：ИМЭП при Фонде Первого Президента，2014，第 247 页。

③ Садовская Е.，Китайская миграция в Казахстане：мифы，объективизм и субъективность. http://www.centrasia.ru/news2.php? st=1192393800。

④ Китаю нужно больше знать мир，а миру—больше знать Китай.《Казахстан-Спектр》，2013，№3.

障碍来促进对外经济利益的实现，因而中国重视汉语教学、注重中国文化以及生活方式在上述地区的推广①。这势必会对当地的俄语地位、俄罗斯文化、中亚主体民族文化的巩固与发展产生一定不良影响，中国强大的经济实力又进一步加强了其与俄罗斯中亚国家文化影响力方面的竞争关系②。与欧美西方国家借助非政府组织来推动与中亚人文合作不同的是，中国在很大程度上是通过官方渠道而非公民社会机制来扩大其在中亚的"软实力"，这就使得中国对中亚人文合作带有极强的政府特色③。此外，一些学者还将对外经济援助也视为人文合作的内容，并对中国的援助文化进行评论。一方面，他们肯定中国向中亚国家提供低息贷款及援助时不附加任何政治条件、不干涉内政的正确性，认为正是这两个原则使中国援助比西方及俄罗斯的援助更加具有吸引力；但另一方面，他们指出，几乎所有中国对中亚国家的援助项目都是以"链接援助"的形式来落实，即基础设施项目与工业项目都大多由中国工人来完成，从而容易引发当地民众的不满④。

第3节　与欧亚经济联盟国家开展人文交流的设想

考察上述因素，不难发现，俄罗斯和中亚国家对中国的疑虑主要集中在对中国的理解。全球化与地区化背景下，全世界和整个地区都成为一个共享的空间。国与国之间的交往同呼吸一样自然与频繁，而交往的

① Серебрякова Н. В.，Центральноазиатская политика КНР как региональная проекция《теории гармо-ничного мира》, Мировые державы в Центральной Азии，Редактор-составитель Л. Е. Васильев. М：Институт Дальнего Востока. 2011. С. 74-75。

② Экспансии Китая в Киргизии—угроза интересам России? http://www.inosmi.ru/sngbaltia/20121204/202966810.html。

③ Лебедева М. М.，Фор Ж.，Высшее образование как потенциал《мягкой силы》России. Вестник МГИМО（У）. 2009. No 6. С. 200-205。

④ Содействие развитию государств Центральной Азии：стратегические горизонты российского участия，Российский совет по междунар. делам. М.：Спецкнига，2013，36-37。

增加一方面会促进相互理解,另一方面又会增加摩擦的可能性。一般而言,行为体很难确定对方的想法,行为体也无法像别人一样看待世界和看待自己。再加上客观存在的文化差异,误解几乎无可避免。一国提出的与周边国家直接相关的国际合作意愿受到一定的误解也是自然。可以说,误解、曲解始终存在于国际交往中,它们在特定条件下在不同程度上消损着国际关系顺利运行软资本的信任,这也是国家间关系必须面对、克服的现象。因此,即使中国最良好的愿望和正面的影响要被外界接受也不容易,可能长期被误解,也总会伴随着恶意的曲解。从这一意义上讲,中国提出的“丝绸之路经济带”倡议在周边国家俄罗斯和中亚引起一定程度的误解以及有意曲解也就在所难免。同时也应看到,误解是理解的前奏,理解恰恰是在不断克服、消弱误解的过程中获得。

中国最突出的国家利益可以分成三种:经济利益、安全利益与文化利益。经济利益最直接明显,它对于国家形象起到基础的作用。安全利益极为敏感,并且必须以硬实力来支撑,对于国家形象有保证的作用。文化利益则不仅以软实力建树对外形象,而且也以其价值观、思想、理念和原则去指导经济利益和安全利益,对于国家形象具有导引的作用。如果说经济利益与安全利益属于物质范畴,文化利益则属于非物质范畴。在国际关系中,基于权力与相互依赖的前提,一国在经济利益与安全利益上可能愿意或被迫与另一国共享、分担,但一旦文化利益上缺少共识的话,仍将会失去在经济利益与安全利益共享分担的主动意愿。这是因为,文化利益与理解信任相关,而缺乏理解和信任,即使有利益的驱动或制度的制约,也不能保证国际合作的长期性和有效性。显然,在国际交往不能只强调国家利益的物质内容,要更加展示理想、目标、原则上的共性。如果这些与外界的吻合越多,则被接受的程度越高,相互理解与相互信任的程度也越高,也就越有利于国际合作的实现。增进理解和信任需要通过人文合作来实现。因此,为保证“丝绸之路经济带”倡议的实现,一方面需要加强中国与地区国家尤其是俄罗斯的沟通,强调双方在亚欧大陆相互合作的利益共性；另一方面，则需在人文合作的目标、对象以及方式上有所创新。

在落实“丝绸之路经济带”倡议的进程中，如何继续加强与俄罗斯的战略理解与互信是我们需要解决的一个问题。这是因为中俄的良性合作不仅对两国有利，对中亚各国也大有裨益。如果协调好两国在中亚的合作关系，必然会推进双边合作，更有助于地区的和平发展，真正实现团结互信、平等互利、包容互鉴、合作共赢，共享和平，共同发展。从人文合作的角度看，有必要认识并强调中俄双方的共性，弱化尤其是非政治化双方的差异，强调中俄在中亚的合作远大于竞争，共识远多于分歧。

首先，中俄两国在中亚地区具有共同的安全利益。中国和俄罗斯都与中亚国家有着共同的边界，维护中国与中亚国家、俄罗斯与中亚国家以及中俄在中亚的边界安全是两国的共同责任和共同利益。打击“恐怖主义、极端主义与分离主义”是中国、俄罗斯在中亚的另一个重要的共同利益。三股势力不仅对中亚各国、对中国和俄罗斯也构成了一定程度的安全威胁，中国、俄罗斯与中亚国家一起进行合作，打击“三股势力”在中亚地区的负面影响，符合中俄中亚国家的安全利益。维持地区局势的稳定不仅与中俄的战略利益相关，也与中亚地区的利益相关。中亚是中国、俄罗斯的近邻地区，维护与保持本地区的政治稳定、政权稳定、社会稳定、国家间关系的稳定显然有利于中俄周边环境的稳定。地区局势的动荡与混乱既不利于中亚国家的发展，也会对中俄两国带来损害。因而，维护地区局势的稳定是中俄在中亚的共同利益。

其次，中俄两国在中亚具有共同的经济利益。中国、俄罗斯与中亚国家都有着传统的经贸往来关系。20多年前，俄罗斯与中亚还是统一的市场。中国与地区国家具有较强的经济互补性，良好的政治关系不断推进着中国、俄罗斯与中亚国家的经贸往来。中亚是俄罗斯、中国商品的销售市场，还是稳固的能源供应来源及能源中转来源，中俄都很重视中亚在两国对外经济合作中的特殊地位。另外，不论是中国、俄罗斯，还是中亚国家，都面临着发展国内经济的任务，比较优势为促进国内发展和地区发展提供了便利条件。

第三，现有的地区机制为中国、俄罗斯与中亚国家在本地区的合作提供了机制保障。上海合作组织是中俄两国进行地区合作的最佳平台，而亚信会议又为两国在整个亚洲的合作提供了新的可能。上合组织是中国与中亚国家发展多边合作的重要载体，也是中俄两国在中亚进行协调沟通的重要途径，它与中俄其他多边合作机制（如金砖国家等）一起构成了中国发展与俄罗斯关系的多边支柱，与双边形式一起保障并维持着中俄关系的高水平运行。由哈萨克斯坦总统纳扎尔巴耶夫倡议建立的亚洲相互协作与信任措施会议在促进成员国了解与信任、维护地区安全与稳定方面发挥着独特的作用，中国与俄罗斯同为亚信会议的成员国，亚信会议倡导的保障亚洲和平、安全、稳定、繁荣的目标也符合中俄两国在地区的基本利益。

值得一提的是，丝绸之路经济带并非排他的合作理念，恰恰相反，包容合作、共同参与、共同发展才是其基本合作理念。包括中俄在内的很多亚欧国家都能够参与丝绸之路经济带的建设，丝绸之路经济带的建设同样也会推动区域大合作的进程。同样，丝绸之路经济带与俄罗斯提出的建立欧亚联盟的提议也不存在竞争关系，因为在与中亚国家开展合作时，中国一直尊重俄罗斯在中亚的利益，理解俄罗斯对中亚的特殊关切，承认俄罗斯在中亚的特殊地位，也尽力使两国企业在商业领域的竞争保持在经济范围内，由市场的规律来解决，避免出现政治化的倾向。

可见，中国、俄罗斯两国在中亚具有深远的共同利益，具备开展地区合作的良性基础，中俄在中亚的合作显然大于竞争。恰如 2013 年秋天俄罗斯总理梅德韦杰夫访华时所言，俄中有着广泛的共同利益，保持密切合作符合两国和两国人民的根本利益，也对世界的和平、稳定与发展具有重要意义①。

---

① 《习近平会见梅德韦杰夫：加强中俄全面战略协作实现共同发展振兴》，《人民日报》，2013 年 10 月 23 日。

使俄罗斯和中亚国家客观看待中国的发展，全面看待丝绸之路经济带建设，还需要进一步加强中国与上述国家的人文交往，切实促进“丝绸之路经济带”倡议中的“民心相通”。

首先，急需明确并及时对外宣示中国与俄罗斯和中亚人文合作的目标。我们可能需要分别设立短期与长期两个目标。长期目标是：构建俄罗斯和中亚与中国相互包容、相互理解的共识氛围，保证中国与这些国家开展双边、多边合作的可持续性与长期性；短期目标则是：巩固并加强中国与俄罗斯和中亚关系中良好的民意基础、舆论基础，缩小对中国认知的差距。从短期目标看，中国与俄罗斯和中亚国家的人文合作，先要阐明如何在国际体系中包容俄罗斯中亚国家的意志与利益，帮助相关国家从全球化的角度理解中国崛起，从中国崛起中看到自身的意志权益以及实惠。

第二，需明确人文交往的主要对象。中国与俄罗斯和中亚进行人文交往的对象应是广大民众，既包括社会精英阶层，更包括基层群众。民心民意对于各国政府的外交决策已经开始产生越来越大的影响。因此，中国必须在积极推动官方外交发展的同时，与时俱进地开展与中亚各国公众的民间合作，使官民两者互相配合，同步协调，获得最佳的效果。

第三，需明确人文交往的主要原则。中国与俄罗斯和中亚国家的人文合作还应遵循平等对待，坦诚交流的原则。平等对待是指对待周边国家应自尊自信、谦虚包容。中国与俄罗斯中亚国家在历史、文化、政治、经济和社会等各方面各有优势和特点，应取长补短，共同发展。在摈弃“中国文化中心论”思想的同时，应增强多样性与统一性结合的意识。坦诚交流就是有一说一，有二说二，不隐瞒不夸大，开诚布公的摆事实讲道理，客观地讲述中国的外交政策，公正地看待周边国家的相关政策。

第三，需明确人文交往的方式。中国与中亚人文交往的方式应灵活多样，内外配合，以达到了解、理解乃至认同的效果。增进了解是起点。

一是可以促进中国与中亚大众媒体间的交流。促进中国媒体与当地媒体合资合作。以优厚的条件向中亚媒体供稿和提供节目，拓展双方在新闻产品制作、传播与营销方面的合作领域与渠道；举办新闻研讨班；定期进行中国和中亚主要媒体的互访，例如邀请中亚记者团参访我国少数民族地区和经济发达地区以了解我国的民族政策、经济发展现状等。二是通过高等教育合作来加强青年间的交流。教育领域合作的深化不仅能够为发展大学间教育合作提供更好的条件，同时也为促进国家间关系、推进一体化进程大有裨益。除继续扩大资助中亚留学生名额、增加中国俄罗斯中亚交换生项目以及孔子学院的汉语教学等措施外，还可以考虑筹备建立中国-中亚大学。

加深理解是关键。理解是为了缩小中亚关于中国认知的差距，增强该地区民众对中国发展惠及周边的客观性认识，这就需要丰富人文交流和社会沟通的手段。学术机构在这方面具有特殊重要地位。中国的驻外机构以及国内的智库可以与中亚的学术界、理论界建立广泛联系，积极推动双方加深对彼此政策的理解，加深对各自国情的理解，加深对对方文化的理解。例如，中国政府可以优先鼓励我国智库与该区域国家的学术机构开展智库交流，建立长期合作机制，开展项目合作，设立连线机制（遇危机事件时及时视频连线），加强沟通。鉴于中青年是最活跃的社会群体，智库交流应注重中青年学者的交流：中年学者的声望和社会联系容易使相互国家的政策更快、更准确地被当地社会理解；青年学者的活跃容易使相互国家的政策被更多数人了解和理解。

第四，需强化人文合作的能力建设。我们应尽快建立起与中亚开展人文合作的统筹协调机制。该机制应是国家整体公共外交统筹机制的组成部分，并兼顾中亚地区的特点。外交部新闻司下设的公共外交办公室是目前唯一单独为公共外交而设立的国家职能机构，虽负责外交部部属机构的公共外交事务以及部委间的有关公共外交的协调工作，但在机构级别上难以负起公共外交的统筹规划任务。可能需要建立一个直属于国务院的跨部门机构来负责我对外公共外交的统筹工作。

第4节　政治、安全风险及中国海外利益的保护

自2013年中国国家主席习近平提出建设“丝绸之路经济带”的倡议后，不仅得到了欧亚大陆众多国家的积极响应，更是促进了中国与这些国家的交往互动。随着交往的加深，中国海外利益的规模和范围也随之扩大，同时，中国海外利益的实现与保护也越来越受到一系列外部因素的制约。在全球化与地区经济一体化不断增进的背景下，“一带一路”主要覆盖地区——亚欧大陆局势的不确定性与风险也会影响到中国海外利益的实现，致使中国在亚欧地区海外利益的敏感性有上升的势头。中国海外利益及其维护越来越受到中国领导层的重视。2004年时任国家主席的胡锦涛就曾经强调：“要增强外交工作的创造性、主动性、进取性，维护和拓展我国国家利益；要增强我国海外利益保护能力，完善相关法律法规，健全预警和快速反应机制，改进工作作风，满腔热情地为在国外的我国公民和法人服务。”①2014年底，习近平主席在中央外事工作会议上指出：“要切实加强务实合作，积极推进‘一带一路’建设，努力寻求同各方利益的汇合点，通过务实合作促进合作共赢。要切实落实好正确义利观，做好对外援助工作，真正做到弘义融利。要切实维护我国海外利益，不断提高保障能力和水平，加强保护力度。”②中国海外利益的维护与拓展离不开对风险的认识与规避。在“一带一路”覆盖的亚欧大陆，中国海外利益面临的风险主要来自政治风险与安全风险两个方面。

一、政治风险

政治风险主要包括国内政治局势不稳、政府治理能力不强、地区国

① 《第十次驻外使节会议在京举行，胡锦涛温家宝讲话》，2004年8月30日，新华网，http://news.xinhuanet.com/newscenter/2004-08/30/content_1920365.htm。

② 《中央外事工作会议在京举行》，《人民日报》，2014年11月30日，第1版。

际机制多元等因素给中国海外利益保护带来的威胁。

1. 国内政治局势不稳

国内政治局势不稳或是由元首继任者不明造成，或是由国内政治派别过多而当局掌控能力有限造成。在亚欧地区某些国家面临着“首任总统危机”。例如哈萨克斯坦未来数年国内政治精英的矛盾斗争将会成为困扰其国内政治稳定的首要问题。总统的生理年龄较高，执政时间较长，执政理念与权力交接观念与当前国际主流观念以及民众需求之间的落差都可能产生不良后果。伴随着这些领导人逐步退出政治舞台，其威望与政治影响力也将随之消减；新一代政治精英的政治基础与社会资本也会随之发生变化与重组，原有的利益分配格局会被打破，新旧利益集团将开始交替。在新老交替时期，政治精英内部围绕领袖后时代（“后纳扎尔巴耶夫”现象）展开角逐，权力归属之争将会更加激烈。政治精英层面的多重调整，也可以视为是精英内斗激化的一种反映。而这些权力更替与精英争斗不可避免地会对中国的海外利益产生负面影响，例如：新一代执政精英可能对“一带一路”以及与中国合作的立场发生微调：不一定全盘否定或反对，但也不会将“一带一路”框架下的合作放在国家战略的首位；对“一带一路”的具体合作领域与基础设施建设具体路线可能会出现调整，当权力斗争白热化时甚至可能暂停与中国合作等等。

党派林立、政府对国内掌控能力有限是造成国内局势不稳的另一个因素。例如，曾经爆发过两次“颜色革命”的吉尔吉斯斯坦，尽管现政府对国家的控制能力有所提升，但国内反对派一直较为活跃，街头政治仍有不少的拥护者，使得政府的工作重心不得不在重发展与维稳之间摇摆，从而可能导致其国内发展战略缺乏可持续的后果。又如，阿富汗政权对其国内局势的控制能力也十分有限。从卡尔扎伊开始，阿富汗总统与政府的实际控制区仅在首都周边，总统沦为“喀布尔市市长”。政府对于国家内部各个部落的掌控能力严重不足，致使部落势力强大，部落封闭且相互间存在矛盾，矛盾激化造成时有武装冲突发生。虽然在以美国为首的联军帮助下，国内建立了民选政体，但是阿富汗的国家结构并没有发生太大变化，部落依旧是阿富汗的基石，中央政府不能任命部落长老，中央政府及地方行政机关“悬浮”于部落之上，其权力对部落地区影响十分有限。继而导致一带合作面临暂停的局面。

2. 政府治理能力不强

亚欧地区部分国家存在着不同程度的腐败现象，离依法治国还有很长的一段路要走。治理能力不强还会造成政府工作效率不足，从而会导致各项政策、协议的落实与推进产生较大的时间成本。另外，国家治理能力往往与政府履行国际合作的信用相关。通常情况下，治理能力不强的国家，政府履约的能力也差。即使与其达成双边协议，也很可能有始无终。例如，政府腐败与法治缺失已经成为阿富汗开展国际合作的硬伤。政府机构中的大规模腐败和缺少法治是阿富汗面临的最迫切的两个问题，不仅威胁阿富汗的经济发展，而且威胁到阿富汗政府的合法性。据《阿富汗每日瞭望报》报道，2014年，阿富汗人共行贿约12亿美元，超过120万公顷的土地被非法占有①。

3. 地区性国际机制重叠

在亚欧地区存在着多种多样的地区性、次地区性国际多边合作机制。一方面，这些机制的存在反映了地区各国对参与地区合作与治理的积极态度；另一方面，多种机制的并存也会对某些具体的区域合作项目产生相互制约的效应，加大区域合作的政治成本。例如，欧亚经济共同体、关税同盟、欧亚经济联盟的目标拉近了中亚主要国家与俄罗斯的依存关系，语言、思维方式、标准体系的相近性促使中亚在地区合作中更易接受俄罗斯的主导。同时还应看到，中国参与的地区机制在应对本地区国家突发安全事件中能力有限，不及俄罗斯主导的集体安全条约组织。后者可以出动快速反应部队或提供军事援助等应对突发事件，在国内政

① 《2014年阿富汗贿赂金额高达12亿美元》，2014年12月15日，中国青年网，http://news.youth.cn/jsxw/201412/t20141215_6258323.htm。

局可能发生动荡时，中亚部分国家会更加依靠于俄罗斯。基于安全方面的考虑，这些国家在面对不同区域经济合作构想中，就可能会选择更加能够保障其政治、安全与经济利益的方案。

此外，多个大国在亚欧地区的存在以及部分地区国家奉行的多元外交也会给中国海外利益带来一定程度的政治风险。基于政府治理能力与掌控能力不足，一些国家在某些领域对一个或数个大国高度依赖，而受经济利益的驱动，它们又可能对另一个或另一组国家心存期待，这就会造成这些国家在外交上出现左右逢源、摇摆不定，再加上某些大国在地区利益上的竞合互动，更加深了政治风险的严重性。

当然，海外利益的政治风险还包括国家主权维护、地区政治稳定等方面。由于中国与本地区绝大多数国家间都建立了友好的双边关系，与俄罗斯和中亚国家的边界划分也已明确，上述政治风险有所下降，因此笔者就不再赘述。

二、安全风险

在“一带一路”覆盖的亚欧地区某些国家存在相当大的安全风险。阿富汗是其中安全风险最高的国家。2015 年 4 月国外研究机构的报告显示，阿富汗在全世界最危险国家排名中名列第五①。在阿富汗，传统安全与非传统安全交织，表象为传统安全威胁（局部武装冲突、爆炸频繁），但根源是非传统安全威胁造成的。这些非传统安全威胁包括：极端主义、恐怖主义、毒品生产与贩毒、军火走私、跨国犯罪、难民等等。

从整个地区来看，本地区正面临着一系列复杂严峻的安全风险，既有传统的安全问题，也有非传统安全方面的挑战。既存在着冷战时期形成的安全和军事上的结盟及分裂，也存在着二战及冷战时期遗留下的领土与海洋权益等方面的问题，同时，亚洲地区还遭受着多种形式的非传

① 《2015 年 4 月阿富汗政治经济动态》，2015 年 5 月 15 日，中国驻阿富汗大使馆经商参处网站，http://af.mofcom.gov.cn/article/afdt/201505/20150500972965.shtml。

统安全威胁。所有这些安全挑战可以划分为以下四种类型。

第一,恐怖主义威胁与极端主义威胁已经成为本地区各国面临的共同的安全挑战。这些挑战没有国界之分,各方均利害相同、祸福与共。目前,亚洲已成为恐怖活动最猖獗的地区。据不完全统计,2014 年全球发生恐怖袭击事件 2 383 起,发生在亚洲的高达 1 794 起,占全球恐怖活动总量的 75.28%①。同时,“圣战萨拉菲”等思潮不仅推动极端主义势力在安全真空的中东国家掀起系列暴恐行为,而且还扩散到与中国相邻的阿富汗、巴基斯坦以及中亚国家。中东变局、美国和北约联军从阿富汗撤军的外溢效应也助长了中亚、南亚恐怖主义势力的猖獗。之前在外活动的恐怖主义势力向中亚腹地回流,与已在吉尔吉斯斯坦和塔吉克斯坦具有稳定基础的“伊斯兰解放党”以及费尔干纳盆地活跃着的“乌兹别克斯坦伊斯兰运动”遥相呼应,甚至互相联合,中亚国家的安全风险上升,反恐、反极端主义的压力随之加大。2017 年 8 月 30 日和 2018 年 11 月 23 日,中国驻吉尔吉斯比什凯克大使馆和驻巴基斯坦卡拉奇总领事馆分别遭受恐怖主义袭击。恐怖主义与极端主义势力在亚洲的活动,既严重危害到各国正常的社会生活与经济发展,也会波及中国在当地经贸投资、能源合作以及中国公民和企业人身财产安全,还会加重中国西部地区安全环境的恶化。共同的安全挑战需要亚信会议国家携手合作,共同应对。

第二,与恐怖主义和极端主义相关联的毒品种植与贩卖、武器走私、非法移民等跨国有组织犯罪,由地区热点冲突产生的难民等问题一起构成综合性的安全挑战。这些非传统安全挑战具有较高的联动性,需要亚信会议国家探寻综合性的、一体化的应对方案。以毒品种植与贩卖为例,阿富汗是世界上第三大鸦片生产国,据《阿富汗每日瞭望报》报道,联合国毒品犯罪署(UNODC)在 2014 年发布的年度报告表明,阿富汗鸦片种植面积已连续 3 年增长,2014 年阿富汗罂粟种植面积增加

① 《探寻亚洲未来安全发展之道:亚信非政府论坛首次年会扫描》,2015 年 5 月 29 日,人民网,http://theory.people.com.cn/n/2015/0529/c40531-27073780.html。

了7%,自美国发动阿战以来,阿鸦片产量增长了40倍[①]。中亚、南亚地区成为阿富汗毒品贩运和消费的重灾区,从阿富汗的非法武装和恐怖分子到中亚南亚的“三股势力”(恐怖主义,极端主义,分离主义),利用制毒、售毒、贩毒得到的巨额资金,招募恐怖分子,经营恐怖组织和营地,购买各种现代化先进武器,策划和开展各种恐怖袭击以及相关的煽动鼓惑等活动。近十几年来,阿富汗毒品通过巴基斯坦和中亚国家向中国新疆渗透,中国境内也出现毒品犯罪与恐怖主义纠缠一体的状况。尽管中亚国家已经建立了禁毒中心,然而,遏制毒品种植,贩卖与其他非传统安全威胁的联动还需要亚信会议国家加强沟通协调,寻找综合治理之法。

因地区热点冲突造成的人道主义灾难及难民问题也是不容无视的综合性安全挑战之一。传统安全威胁容易爆发人道主义灾难与难民问题,一旦难民跨过国界进入邻国,所产生的一系列非传统安全挑战例如流行病防控,资源利用危机等等则需要难民输出国与难民输入国之间的综合共同治理。以阿富汗局势难民为例,1979年苏联入侵阿富汗之后,有500万阿富汗难民逃到巴基斯坦。37年之后的2016年,巴基斯坦国内已经登记的阿富汗人仍有150万,另有150万是没有登记的[②]。大规模难民问题使得巴基斯坦政府与阿富汗政府定期举行磋商,但由于阿富汗局势不稳定及其他客观原因,双边层面解决难民问题的资源并不丰富,急需地区多边安全机制的介入。

第三,亚洲还存在着一些缺乏合作而滋生愈演愈烈的安全挑战。一是东亚和南亚的“海权竞争”、领土和海洋权益争端近年来有集中爆发的势头。东亚地区因历史原因而形成的领土领海争端长期存在,本身就难以化解,近年来集中爆发又引发一系列连锁反应,对地区安全的负面影

---

① 阿富汗是世界第三大鸦片生产国,中国驻阿富汗大使馆经商参处网站,2014年12月16日,http://af.mofcom.gov.cn/article/tbbd/201412/20141200834742.shtml。

② 《巴基斯坦收容难民上百万,不堪负担呼吁国际协助》,2016年6月23日,搜狐网,http://www.sohu.com./a/85551966_119625。

响值得注意。特别引人关注的有俄日“北方四岛”之争、日韩独（竹）岛之争、中国与日本、菲律宾、越南等国之间的海洋岛屿之争等。此外，泰柬之间、中印之间、印巴之间也存在不同程度的领土争议。二是美国“亚太再平衡”和“印太”战略对大国间的战略互信合作也造成了一定程度的消极影响，彼此误判的可能性增加。奥巴马政府将“关注”亚太的重点放在安全领域，全面加大“战略投入”。特朗普政府对中国的“贸易战”、“南海航行自由”给亚洲安全带来负面影响。一方面，导致中、俄等国对美国言行产生疑虑，另一方面又使亚洲部分存在疑华、恐华心理的国家进一步靠近美国，从而导致亚洲国家相互对立，彼此失和。中国已切实感受到美国重返亚太所带来的安全压力，俄罗斯也担心美国重返亚太与北约无止境“东进”对其形成双面夹击之势。大国间战略互信不足势必对东亚、南亚地区安全稳定构成挑战。三是中亚国家之间的资源利用冲突与边界划分问题则是缺乏合作引起非传统安全挑战的典型案例。油气和水资源的分布不均、利用失衡常会引起中亚国家之间的冲突，乌兹别克斯坦、吉尔吉斯斯坦、塔吉克斯坦在费尔干纳地区边界划分上一直争议不断，再加上费尔干纳盆地极端势力的影响以及三国国内民族主义情绪的上升，极易激化矛盾。

第四，能源安全、资源安全、生态安全、粮食安全，网络安全等非传统安全问题与“一带一路”国家的社会经济可持续发展息息相关，紧密相连，构成了与发展相关的可持续安全挑战。以能源运输安全为例，世界上共有9条重要的海上运输通道，其中4条在亚洲，如马六甲海峡。2013年，共有1 700万桶石油经该通道运输，同时，东亚也经过该通道向西亚和欧洲运输大量商品。然而，东南亚地区的海盗活动在一定程度上影响了这条通道的安全。为了保证海上能源运输安全，各国应共同出力打击海盗。再以中亚的生态安全与粮食安全为例，2000到2011年间，由于森林大火和持续干旱，造成中亚以及世界重要粮食出口国哈萨克斯坦农业产量下降，政府不得不限制谷物出口，使得塔吉克斯坦政府被迫动用种子粮度过粮食危机，对其社会经济的可持续发展构成了一定的威胁。此外，随着全球信息化和网络技术快速发展，网络犯罪、网络恐怖主义、黑客攻击和网络战给国家安全带来重大威胁。网络媒体在中东变局中的特殊角色与2013年“棱镜门”事件充分显示出网络安全对于一国社会可持续发展的重要。各国开始积极探索网络空间国家主权及利益维护：韩国、日本、印度、新加坡等国相继推出网络安全战略或相关规划对策，中国也成立由最高领导负责的中央网络安全和信息化领导小组，加快制定网络安全和信息化发展战略。

第五，海外中国公民的人身财产安全也是安全风险的另一个重要内容。正如前文所述，随着越来越多的中国人走出国门，在海外碰到的安全问题愈来愈严重，甚至一些恐怖分子已经把中国公民作为袭击的对象之一。造成中国公民在海外安全风险的主要原因如下。一是本地区一些国家本身治安环境有待提升。在一些经济发展不景气的国家，就业问题严峻，贫富差距较大，当地警察不作为，造成社会治安环境较差。二是所在国本身国内政治动荡。由此引发的人身安全风险在劳务合作、外派员工中较为多见。我国企业尤其是大型国企，多在一些欠发达国家或者省州开展海外业务，遇到治安状况欠佳的时候，极易遭遇种种安全问题。一旦社会动荡不安，中国人难免会被动地卷入其中，成为受害者。在一些国家，有的政治派别甚至通过劫持或杀害中国人质来引起国际关注，或迫使本国政府在国内政治问题上让步。三是对当地法律法规了解不充分造成的公民安全风险。中国公民对所在国的法律认知不够，不善于用合法的手段来保护自己的正当权益，采用极端方式处理纠纷而致使个人安全受到威胁。四是基于融合与适应不足而产生的个人安全风险。在国外，中国人比较喜欢生活在华人群体，与当地居民缺乏沟通交流，较为封闭，当地居民或因不了解或因误解袭击中国公民。五是由于个人防范意识的缺失而造成的安全风险。大多数国人在走出国门时，并不都具备防范危险的意识、应对危险的知识，从而使得中国公民在海外事故多发。六是当地极端分子基于排外情绪袭击或绑架中国公民。值得强调的是，尽管中国公民在海外遭遇到的个人安全风险成因众多，但通常情况下,这些风险与袭击事件并非专门针对中国公民。这些安全风险更是因中国对外交往不断加深、国家间人员往来日趋频繁而产生的一个必然现象。

面对如此复杂的传统安全与非传统安全风险共存的现实,中国的海外利益保护更加需要与周边国家的安全合作,用战略性眼光来防范这些安全风险。

三、中国海外利益保护的现状、问题与完善

目前,中国在保护海外利益方面做出了相当的努力。首先,海外利益保护的机构逐步建立。伴随着中国海外利益的不断拓展,为实现中国的海外利益保护,政府在机构建设上也进行了相应的调整。如外交部成立涉外安全事务司,领事司设立领事保护处和领事保护中心,设立"境外中国公民和机构安全保护工作部级联席会议"制度,财政部为外交部设立领事保护专项经费,商务部设立正部级的国际贸易谈判代表办公室以维护中国企业的海外利益并成立产业安全与进出口管制局。中国驻外使领馆也建立了相应的领事保护应急机制。其次,中国还初步建立了海外安全风险信息预警机制,制定了《海外安全风险评估和防范预警机制实施方案(暂行)》,外交部每年两次发布《中国海外安全风险评估报告》,颁布《中国境外领事保护和服务指南》供相关部门参考。2006年,外交部和国家旅游局首次发布了《中国公民出境旅游突发事件应急预案》。第三,海外利益保护的法规及指南性文件逐步系统化,为完善海外利益保护的国内法制建设奠定了一定基础。为了保障我国企业的海外经济利益,2009年商务部就颁布并实施了《境外投资管理办法》,2014年进行了修订。为引导企业维护海外利益,2011年外交部发布了《中国企业海外安全风险防范指南》,同年中国对外承包工程商会编写了《境外中资企业机构和人员安全管理指南》,后来被商务部以文件形式正式在行业内印发。第四,中国积极参与海外利益保护的国际机制。中国是上合组织、亚信会议、亚欧会议等国际机制的成员国,积极参与在上述国际机制框

架下的政治、安全合作，在推进与其他成员国各领域合作的同时，也维护着中国的海外利益。同时，中国是一些多边贸易协定的参与者，如《多边投资担保机构公约》（MIGA）以及《与贸易有关的投资措施协议》（TRIMs）等有关海外直接投资公约的成员国。同时，中国还是WTO的成员国，在WTO的框架下也可以一定程度地维护海外经济利益。在双边层面，中国正在和很多国家开展双边投资保护协定的谈判，商务部已经同130多个国家签署了投资保护协定，目前还和一些重点国家正在谈判。

当然，对于正在崛起的中国而言，海外利益保护还是一个新兴事务。尽管政府各主要部门已经采取了一系列措施，从机构保障、机制建设、法规建设上做出了努力，然而中国海外利益的保护依然存在一些不足：国内尚未建立起海外利益保护的法律制度体系；海外利益保护的国内机制尚需完善（例如海外投资保险制度的建立、统筹协调机制等）；海外利益保护的危机处理机制还应细化；海外利益保护的国际合作还应推展；海外利益保护的参与主体单一等等。

一般来说，国家海外利益保护的完善要借助提升以下几种能力来实现：国家能力建设、外交能力（或国家关系）建设、机制能力建设、国家形象建设①。

首先，国家能力建设层面，要求中国提升国家的制度能力以从法制与机构上有机地维护国家海外利益。其中包括：中国应该继续完善海外利益保护的国内法律体系，例如可尽快出台对外投资法、对外援助法等；建立海外投资保险制度，以有效防范海外政治等风险；加强国内部门之间、中央与地方之间、地方与地方之间、政府与企业、公民、社会组织之间的沟通和协调；当条件成熟时，适度扩大国内社会组织参与海外利益保护的机会、拓展参与主体等等。

① 唐昊：《关于中国海外利益保护的战略思考》，《现代国际关系》，2011年第6期；吴志成：《从利比亚撤侨看中国海外国家利益的保护》，《欧洲研究》，2011年第3期；陈积敏：《论中国海外投资利益保护的现状与对策》，《国际论坛》，2014年第5期。

其次，外交能力建设层面包括：积极拓展中国与地区各国的友好关系，扩大国家间的相互依存度，打造利益共同体；确立以对话与外交方式解决海外利益冲突的原则；加强中国创造地区与国际公共产品的努力；在加强外交机构海外利益危机处理能力的基础上，可以考虑适度扩大外交部门的职权和范围等等。

第三，机制能力建设层面包含本国机制与国际机制两个方面。本国机制主要是指以本国力量为主导的海外利益危机处理机制，例如，针对海外利益突发事件，可设立以保护海外公民为主要任务的专职机构，包括外交、情报、卫生、军队、民航、远洋船队等部门人员，切实有效保护我国的海外利益①。国家海外利益的产生离不开与国际社会的互动，因此，积极参与、完善海外利益保护的国际机制具有重要意义。参与国际机制的意义在于通过遵守国际规则来维护本国的海外利益。即使国际规则没有道德内容，仍有可能被利己的国家所遵守，因为违反规则会损害其利益，损害其国际信用以及将来签约的能力②。

第四，国家形象建设主要指通过国际认同、减少误解疑虑来维护国家的海外利益。包括：中国在国际事务中继续采取公正的态度来处理国际争端；国家通过政府间、民间的各种形式的人文合作来推动他国对中国的理解与认识，帮助他国民众树立起对中国较为全面、客观的认知，虽然不一定总是正面的，但一定是真实客观的认知；中国海外企业在社会责任方面为当地社会所作出的努力；中国公民在国外的合理行为、积极融入当地社会等等。应当看到，国家形象的塑造是一个长期的过程，任何急功近利的行为都有可能产生南辕北辙的效果。

综上所述，在“一带一路”建设过程中，中国海外利益的保护是一个系统工程，它既需要全面统筹规划，也需要耐心细致认真；它既需要中国提升自身的能力建设，还需要中国完善与外部世界的互动机制；它既需

① 曹琳琳：《试论中国国家海外利益保护的网络构建》，《理论界》，2012年第5期。

② ［美］罗伯特·基欧汉著，苏长和等译：《霸权之后：世界经济政治中的合作与纠纷》，上海人民出版社，2001年，第151页。

要对中国国家利益有个全面认识，也需要对地区与他国国家利益进行平衡，唯有这样，中国才能在互利共赢的基础上，合法、合理地维护好自身的海外利益。

参考文献

【中文】

[1] 习近平:《习近平在推进"一带一路"建设工作5周年座谈会上强调,坚持对话协商共建共享合作共赢交流互鉴推动共建"一带一路"走深走实造福人民》。《人民日报》,2018年8月28日,第1版。

[2] 习近平:《开辟合作新起点　谋求发展新动力——在"一带一路"国际合作高峰论坛圆桌会上的开幕辞》,《人民日报》,2017年5月16日,第3版。

[3] 习近平:《携手推进"一带一路"建设——在"一带一路"国际合作高峰论坛开幕式上的讲话》,《人民日报》,2017年5月15日,第3版。

[4] 习近平:《联通引领发展　伙伴聚焦合作——在"加强互联互通伙伴关系"东道主伙伴对话会上的讲话》,《人民日报》,2014年11月9日,第2版。

[5] 习近平:《亚洲新未来——迈向命运共同体》,《人民日报》,2015年3月29日,第3版。

[6] 习近平:《携手建设中国—东盟命运共同体——在印度尼西亚国会的演讲》,《人民日报》,2013年10月3日,第2版。

[7] 习近平:《弘扬人民友谊　共创美好未来——在纳扎尔巴耶夫大学的演讲》,《人民日报》,2013年9月8日,第3版。

[8] 胡锦涛:《坚定不移沿着中国特色社会主义道路前进为全面建成小康社会而奋斗——中国共产党第十八次全国代表大会上的报告》,北京:人民出版社,2012年。

[9] 李克强:《在上海合作组织成员国总理第十二次会议上的讲话》,《人民日报》,2013年11月30日,第2版。

[10] 李克强:《在上海合作组织成员国总理第十三次会议上的讲话》,《人民日报》,2014年12月16日,第2版。

[11] 李克强:《在上海合作组织成员国总理第十四次会议大范围会谈时的讲话》,《人民日报》,2015年12月16日,第2版。

[12] 艾仁智、万华伟著:《"一带一路"沿线国家主权信用风险展望(2017)》,北京:中国经济出版社,2017 年。

[13] 丁晓星:《绸之路经济带的战略性与可行性分析 ——兼谈推动中国与中亚国家的全面合作》,《人民论坛·学术前沿》,2014 年第 2 期(下),第 71-78 页。

[14] 冯维江、徐秀军著:《一带一路:迈向治理现代化的大战略》,北京:机械工业出版社,2016 年。

[15] 郭连成:《俄罗斯东部开发新战略与中俄区域经济合作的进展评析》,《俄罗斯东欧中亚研究》,2014 年第 5 期,第 52-60 页。

[16] 国家发改委和海洋局联合发布《"一带一路"建设海上合作设想》,中国一带一路网 2017 年 6 月 20 日,https://www. yidaiyilu. gov. cn/zchj/jggg/16621. htm.

[17]《国务院关于加快实施自由贸易区战略的若干意见[国发(2015)69 号]》,中国政府网 2015-12-17,http://www. gov. cn/zhengce/content/2015-12/17/content_10424. htm。

[18] 国务院口岸工作部际联席会议办公室印发《关于国际贸易"单一窗口"建设的框架意见》,国家口岸管理办公室:中国国际贸易单一窗口 2016 年 10 月 9 日,http://www. singlewindow. cn/tzgg/1652. html.

[19] [英]哈·麦金德著,林尔蔚、陈江译:《历史的地理枢纽》,北京:商务印书馆,1985 年。

[20] 韩银安著:《地缘经济学和中国地缘经济战略》,北京:世界知识出版社,2011 年。

[21] 郝玉柱、孙志伟著:《国家战略:一带一路热点问题深度剖析》,北京:中国经济出版社,2017 年。

[22] 黄雯著:《中国企业对"一带一路"沿线国直接投资的国家风险研究》,北京:经济科学出版社,2017 年。

[23] 靳玉言、李克著:《崛起大战略:"一带一路"战略全剖析》,北京:台海出版社,2016 年。

[24] 李敦瑞、李新:《地缘经济学研究综述》,《国外社会科学》,2009 年第 1 期,第 42-48 页。

[25] 李海龙:《构建命运共同体——中国外交的新思维》,《郑州轻工业学院学报》

（社会科学版），2014 年第 3 期，第 48-52 页。
[26] 李敬、雷俐、邓靖著：《“一带一路”相关国家贸易投资关系系列丛书》，北京：经济日报出版社，2017 年。
[27] 李新、胡贝贝：《欧亚全面伙伴关系：起源与路径》，《俄罗斯东欧中亚研究》，2017 年第 6 期，第 58-75 页。
[28] 李新：《中亚经济发展战略与丝绸之路经济带合作空间对接研究》，《新疆师范大学学报》（哲学社会科学版），2017 年第 3 期，第 104-114 页。
[29] 李新：《丝绸之路经济带对接欧亚经济联盟：共建欧亚共同经济空间》，《东北亚论坛》，2016 年第 4 期，第 60-71 页。
[30] 李新、张鑫：《“一带一路”视域下区域一体化发展探析》，《新疆师范大学学报》（哲学社会科学版），2016 年第 4 期，第 109-115 页。
[31] 李新：《上合组织：共建丝绸之路经济带的重要平台》，《俄罗斯学刊》，2016 年第 2 期，第 29-37 页。
[32] 李新：《中俄蒙经济走廊推动东北亚区域经济合作》，《俄罗斯中亚东欧研究》，2015 年第 4 期，第 25-33 页。
[33] 厉以宁、林毅夫、郑永年著：《读懂“一带一路”》，北京：中信出版社，2015 年。
[34] 刘伟著：《读懂“一带一路”蓝图》，北京：商务印书馆，2017 年。
[35] 刘卫东著：《“一带一路”引领包容性全球化》，北京：商务印书馆，2017 年。
[36] 陆南泉著：《中俄经贸关系现状与前景》，北京：中国社会科学出版社，2011 年。
[37] [美]罗伯特·吉尔平著，杨宇光、杨炯译：《全球政治经济学——解读国际经济秩序》，上海人民出版社，2006 年。
[38] 朴光姬、钟飞腾、李芳著：《“一带一路”建设与东北亚能源合作》，北京：中国社会科学出版社，2017 年。
[39] 秦玉才、周谷平、罗卫东著：《“一带一路”读本》，杭州：浙江大学出版社，2015 年。
[40] [美]斯皮克曼著，刘愈之译：《和平地理学》，北京：商务印书馆，1965 年。
[41] 苏畅：《当前中亚宗教极端势力特点及发展趋势》，《新疆师范大学学报》（哲学社会科学版），2014 年第 1 期，第 55-61 页。
[42] 苏格：《全球视野之“一带一路”》，《国际问题研究》，2016 年第 2 期，第 1-13 页。

[43] 孙壮志:《丝绸之路经济带:打造区域合作新模式》,《中国投资》,2014 年第 11 期,第 31-33 页。

[44]《推动共建丝绸之路经济带和 21 世纪海上丝绸之路的愿景与行动》;《人民日报》,2015 年 3 月 29 日,第 4 版。

[45] 王灵桂著:《中国:"一带一路"将带来包容性全球化》,北京:社会科学文献出版社,2017 年。

[46] 王义桅著:《"一带一路":机遇与挑战》,北京:人民出版社,2015 年。

[47] 王义桅著:《"一带一路":中国崛起的天下担当》,北京:人民出版社,2017 年。

[48] 王治来著:《中亚史》,北京:人民出版社,2010 年。

[49] 徐飞著:《纵横"一带一路":中国高铁全球战略》,上海:格致出版社,2017 年。

[50] 徐绍史主编:《一带一路双向投资大型丛书》,北京:机械工业出版社,2016 年、2017 年。

[51] 杨恕、王术森:《丝绸之路经济带:战略构想及其挑战》,《兰州大学学报》(社会科学版),2014 年第 1 期,第 23-30 页。

[52] 于洪君著:《"一带一路":联动发展的中国策》,北京:人民出版社,2017 年。

[53] 詹小美、李君秩、曹小曙著:《全球空间与"一带一路"研究系列丛书》,陕西师范大学出版总社,2016 年。

[54] 张丽君、时保国著:《"一带一路"背景下的中国陆路边境口岸》,北京:中国经济出版社,2017 年。

[55] 张其仔等著:《"一带一路"国家产业竞争力分析》,北京:社会科学文献出版社,2017 年。

[56] 张晓涛著:《中国与"一带一路"沿线国家经贸合作国别报告》,北京:经济科学出版社,2017 年、2018 年。

[57] 张蕴岭、袁正清著:《"一带一路"与中国发展战略》,北京:社会科学文献出版社,2017 年。

[58] 赵晋平著:《重塑"一带一路"经济合作新格局》,杭州:浙江大学出版社,2016 年。

[59] 中俄签署《关于欧亚经济伙伴关系协定联合可行性研究的联合声明》,中国商务部官网 2017 年 7 月 2 日,http://www.mofcom.gov.cn/article/ae/ai/201707/20170702604249.shtml。

[60]《中共中央关于全面深化改革若干重大问题的决定》,《人民日报》,2013 年 11 月 16 日,第 1 版。

[61]《中国图们江区域合作开发规划纲要》. 中国网. http://www.china.com.cn/news/txt/2009-11/17/content_18902483.htm.

[62]《中华人民共和国与俄罗斯联邦关于丝绸之路经济带建设和欧亚经济联盟建设对接合作的联合声明》,《人民日报》,2015 年 5 月 9 日,第 2 版。

[63] 朱宇、A. 奥斯托洛夫斯基主编:《中国—俄罗斯经济合作发展报告(2018)》,北京:社会科学文献出版社,2018 年。

[64] [美]兹比格纽·布热津斯基著,中国国际问题研究所译:《大棋局:美国的首要地位及其地缘战略》,上海人民出版社,2007 年。

【俄文】

[1] Астанинский клуб, доклад《Геоэкономика Евразии》[R]. Ноябрь 2015 года, Астана, Казахстан.

[2] Базанова Е., Лютова М., Папченкова М., Россия свободна для Китая [N]. Ведомости. 12.05.2015.

[3] Байдаков М., Бассанини Ф., Громыко Ю. и др., Трансевразийский пояс Razvitie[M]. М.: Праксис, 2012 г.

[4] Барабанов М., Макиенко К. и др., Военная реформа: на пути к новому облику российской армии [R]. Аналитический доклад Международного дискуссионного клуба《Валдай》. Москва, июль 2012.

[5] Бордачёв Т., Новое евразийство[J], Россия в глобальной политике. №2, 2015 г. Сс. 23-31.

[6] Бордачёв Т., Создавая Евразию вместе[N], газета《Известия》, 15 апреля 2015 года, С. 3.

[7] Выступление В. Путина 17 июня 2016 года на пленарном заседании XX Петербургского международного экономического форума[R/OL]. http://www.kremlin.ru/events/president/news/52178.

[8] Выступление В. Путина на торжественном приёме в честь глав делегаций-участников Саммита Россия-АСЕАН[R/OL]. http://russian-asean20.ru/

transcripts/20160519/169250. html.

[9] Глазьев С. , Концептульные предложения по практической реализации идеи Большого евразийского партнёрства. 27. 09. 2018. http://eurasian-sp. ru/conceptualnye-predlozheniya-po-prokticheskoi-idei-bolshogo-evrazijsogo-partnerstva/.

[10] Глазьев С. , Сергей Глазьев: Евразийское партнерство. 27. 09. 2018. htpps://izborsk-club. ru/15903.

[11] Глазьев С. , Сергей Глазьев поддержал участие России в проекте《Один пояс-один путь》. http://delovoe. tv/event/Sergej_Glaz_tv_pjdderzhal_uchastie_Rossii_v_proekte_Odin_poyas_odin_put_/.

[12] Глазьев С. , Советник президента РФ С. Глазьев: понимание общности интересов в строительстве общего евразийского партнёрства — главное ожидание от форума《Пояса и пути》в Пекине. http://russian. cri. cn/3060/2017/05/12/ls604489. htm.

[13] Глазьев С. , Советник президента РФ: связь ЕАЭС и《Пояс и пути》подтолкнет торговлю. https://rossaprimavera. ru/news/21344a20.

[14] Глазьев С. , Советник президента РФ подчеркнул важность реализации совместных инвестиционных проектов в рамках сопряжения ЕАЭС и《Пояса и пути》. https://rus. yidaiyilu. gov. cn/news/53604. htm.

[15] Государственная программа《Социально-экономическое развитие Дальнего Востока и Байкальского региона》[R/OL]. http://minvostokrazvitia. ru/upload/iblock/b0e/gp_mvr_visual. pdf.

[16] Государственная программа Российской Федерации《Социально-экономическое развитие Арктической зоны Российской Федерации на период до 2020 года》[R/OL]. http://goverment. ru/media/files/AtEYgOHutVc. pdf.

[17] Доклад В. И. Якунина на заседании Президиума РАН, Москва, 11 марта 2014 г. Интегральный проект солидарного развития на Евро-Азиатском континенте (научно-практическая концепция) [R]. Март 2014 года.

[18] Доклад Института современного развития: экономические интересы и задачи